이렇게
기막힌
적중률

KB086274

정보보안기사(산업기사)

2권·기출문제

당신의 합격을 위한 **이렇게 기막힌 적중률!**

차례

PDF 다운로드 안내

스터디 카페 구매인증 혜택 : 필기 최신 기출문제 3회분 PDF는 이기적 스터디 카페에서 구매인증 후 받을 수 있습니다. 검색창에 '이기적 스터디 카페'를 검색하거나 cafe.naver.com/yjbooks를 입력하세요. 실시간 시험정보 및 후기 등 다양한 혜택을 받을 수 있습니다.

무료 동영상 강의 제공(최신 기출문제 3회분)

• 정보보안기사 학습방법은 이기적 홈페이지에서 무료 동영상 강좌로 제공(license.youngjin.com)합니다.
• 내용 문의는 임호진 저자의 임베스트 정보보안기사 사이트나 메일로 해주시기 바랍니다.
  – 카페 : cafe.naver.com/limbestboan
  – 메일 : limhojin123@naver.com

정보보안기사 필기
최신 기출문제

* 본 문제는 실제 시험지를 기준으로 작성된 것으로, 저자가 시험응시 후 복원한 문제입니다.

1과목	**시스템 보안**

≡ 상 시스템 보안 〉 시스템 보안 위협 및 공격에 대한 예방 및 대응

01 다음 중 Directory Traversal 공격에 대한 설명으로 옳은 것은?

① 공격자가 OS의 조작 커멘드를 이용하는 애플리케이션에 대해서 OS의 디렉터리 작성 커맨드를 삽입하여 실행한다.

② 공격자가 입력 파라미터 등에 SQL문을 삽입하여 애플리케이션에 임의의 SQL문을 전달하여 실행한다.

③ 공격자가 싱글 사이온을 제공하는 디렉터리 서비스에 대해 무단으로 얻은 자격 증명을 사용하여 로그인하고 여러 응용 프로그램을 무단으로 사용한다.

④ 공격자는 파일 이름을 입력하는 응용 프로그램에 대해 상위 디렉터리를 의미하는 문자열을 사용하여 비공개 파일에 액세스한다.

> Directory Traversal 공격은 웹 브라우저에서 상위 경로로 접근하여 특정 시스템 파일을 다운로드하는 공격 방법이다.
>
> http://www.test.kr/board/down.jsp?filename=../../../../../../ ../../../etc/passwd
>
> 위와 같이 경로 조작 문자열("../../")을 입력하여 중요 파일에 접근한다.

정답 ④

≡ 하 시스템 보안 〉 시스템 보안 위협 및 공격에 대한 예방 및 대응

02 운영체제를 설치할 때 파티션을 분할하는 이유가 아닌 것은?

① 각각 볼륨에서 발생된 문제가 다른 볼륨으로 전이되는 것을 방지할 수 있다.

② 시스템 영역과 사용자 영역이 분리되어 있으므로 백업이 용이하다.

③ SUID 공격에 대해 단일 파티션보다 안전하다.

④ 파일 시스템 성능은 단일 파티션보다 낮아진다.

> 운영체제를 파티션하는 것은 시스템 영역과 사용자 영역을 분리해서 사용하기 위한 것이다. 시스템 영역은 운영체제 관련 프로그램이 설치되고 사용자 영역은 사용자 파일을 보관한다. 파일을 파티션 했다고 파일 시스템의 성능이 낮아지지 않는다.

정답 ④

03 다음 문장의 기능을 수행하기 위한 nmap의 명령 옵션은?

> 해당 스캐닝 기법은 방화벽이 존재하더라도 해당 서버에 서비스가 오픈되어 있는지, 필터링이 되어 있는지 등을 파악하기 위해
> 사용되며, 다른 스캔 기법보다 더 비밀스럽고 타켓 호스트에 log가 남지 않는 방법이다.

① -sU   ② -sS

③ -sP   ④ -sT

nmap 옵션 중에서 "-s"는 스캐닝의 종류를 의미하고 "S"는 TCP의 SYN 패킷을 전송하여 스캐닝하는 SYN SCAN을 하라는 것이다.

SYN SCAN(스텔스 스캐닝)

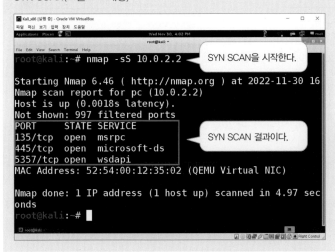

정답 ②

04 무작위 대입 공격(Brute-Force Attack) 및 사전 공격(Dictionary Attack) 등 사용자의 패스워드 크래킹 취약점을 점검하기 위한 도구가 아닌 것은?

① John the Ripper
② L0phtcrack
③ Pwddump
④ WinNuke

WinNuke는 윈도우 운영체제를 대상으로 하는 원격 서비스 거부 공격 방법으로 청색폭탄(Blue Bomb)이라고도 한다. 운영체제에 부하를 유발하여 정지시킨다.

정답 ④

05 접근 통제 모델 중 주체나 그들이 소속되어 있는 그룹들의 ID에 근거하여 객체에 대한 접근을 제한하는 접근 통제 방식은?

① 임의적 접근 통제(Discretionary Access Control)
② 강제적 접근 통제(Mandatory Access Control)
③ 직무 기반 접근 통제(Task-based Access Control)
④ 역할 기반 접근 통제(Role-based Access Control)

임의적 접근 통제(자율적)는 신분 기반으로 접근 통제를 수행하는 방법으로 사용자 ID를 근거로 해서 객체(파일)에 대한 접근 통제를 수행한다.

정답 ①

06 다음 중 파일 디스크립터(File Descriptor)에 대한 설명으로 틀린 것은?

① 사용자가 직접 관리하므로 사용자가 참조할 수 있다.
② 파일을 관리하기 위해 시스템이 필요로 하는 정보를 보관한다.
③ 일반적으로 보조 기억 장치에 저장되어 있다가 파일을 오픈(Open)할 때 주기억 장치로 옮겨진다.
④ 파일 제어 블록(File Control Block)이라고도 한다.

파일 디스크립터(File Descriptor)는 리눅스 운영체제에서 파일에 대한 정보를 기술하고 유지하는 기억 장치의 영역으로 물리적 장치들을 파일로 관리하고 리눅스 쉘은 작업에 필요한 파일들에 번호를 부여하여 관리한다.

파일 디스크립터

파일 디스크립터	설명
0	Standard Input(표준 입력)
1	Standard Output(표준 출력)
2	Standard Error(표준 에러)

정답 ①

07 유닉스 시스템 계열에서 파일 무결성 검사 도구는?

① umask
② mount
③ tripwire
④ TCP-Wrapper

리눅스 파일의 무결성을 검사하는 도구는 tripwire이고 umask는 디폴트 권한을 관리한다. mount는 파일 시스템을 연결하기 위해서 사용되며 TCP-Wrapper는 특정 프로그램에 특정 IP가 접근할 수 있도록 허용하거나 거부하게 한다.

정답 ③

08 다음 문장에서 설명하는 것은?

> 실시간 트래픽 분석과 IP 네트워크상에서 패킷 로깅이 가능한 가벼운(Lightweight) 네트워크 침입 탐지 시스템이다. 프로토콜 분석, 내용 검색/매칭을 수행할 수 있으며 오버플로우, Stealth 포트스캔, CGI 공격, SMB 탐색, OS 확인 시도 등의 다양한 공격과 스캔을 탐지할 수 있다.

① Tripwire   ② Wireshark
③ Snort   ④ iptables

Snort는 네트워크로 전송되는 패킷을 탐지하여 침입 여부를 확인한다. 특정 공격 코드를 Rule에 등록하여 탐지할 수 있다. iptables는 리눅스 방화벽 프로그램이며 Wireshark는 네트워크의 패킷을 스니핑하는 도구이다.

정답 ③

09 버퍼 오버플로우에 대한 대책이 아닌 것은?

① Non-Executable 스택 사용
② rtl(return to libc) 사용
③ 스택 가드(Stack Guard) 또는 스택 쉴드(Stack Shield) 사용
④ ASLR(Address Space Layout Randomization) 사용

rtl(return to libc) 공격은 Non-Excutable 스택 비트(NX-bit)에 보안이 적용되었을때 공격하는 기법으로 NX-bit 설정으로 Shellcode를 삽입해도 스택 복귀주소(RET : Return Address)에 overwrite가 되지 않아 공격이 실패한다. 이러한 부분을 우회하기 위한 방법이 Return to Libc이다. 즉, 공유 라이브러리 함수의 주소를 참조하여 스택 복귀주소를 overwrite하고 호출하는 공격 방법이다.

버퍼 오버플로우 공격에 대한 대응 방법으로 Non-Excuteable 스택 사용, 스택가드(Stack Guard), ASLR(Address Space Layout Randomization)은 정보보안기사 필기 및 실기, 소프트웨어 보안 약점 진단원에서 중요한 기출문제이다.

정답 ②

10 다음 문장에서 설명하는 스토리지는?

> 공격자가 시스템의 로그파일을 삭제하거나 변조한다면 공격자가 어떠한 행위를 하였는지 파악하는데 어려움이 존재한다. 이러한 이슈를 해결하고자 로그의 위변조 방지를 위해 사용한다.

① HOT 스토리지   ② WORM 스토리지
③ DISK 스토리지   ④ NAS 스토리지

WORM(Write Once Read Many)은 시스템에 공격자가 침입하면, 자신의 공격 행위를 삭제하기 위해서 중요한 로그파일에 대한 삭제를 시도한다. 만약 공격자가 시스템의 모든 로그파일을 삭제나 변조한다면 공격자가 어떤 행위를 했는지 증명하기가 쉽지가 않다. WORM 스토리지는 이러한 문제점을 해결하기 위해서 한 번만 기록 가능하고 그 다음은 읽기만 가능한 스토리지로써 WORM 스토리지에 로그파일을 기록하게 하면 공격자는 로그파일을 삭제하거나 변조하는 것이 불가능하다.

정답 ②

11 제로데이 공격의 특징은?

① 보안 패치가 제공되기 전에 알려지지 않은 취약점을 이용하여 공격한다.
② 특정 웹 사이트에 대해 날짜와 시간을 결정하고 여러 대의 PC에서 동시에 공격한다.
③ 특정 대상에게 피싱 메일을 보내 불법 사이트로 안내한다.
④ 부정 중계가 가능한 메일 서버를 찾은 후 그것을 기반으로 체인 메일을 대량으로 송신다.

제로데이 공격(Zero day Attack)은 패치되기 전에 취약점을 이용한 공격 기법이다.

정답 ①

12 ICMP 패킷에 응답하지 못하도록 실행하는 명령은?

① sysctl – w kernel.ipv4.icmp_echo_ignore_all=0
② sysctl – w kernel.ipv4.icmp_echo_ignore_all=1
③ sysctl – w kernel.ipv4.icmp_echo_ignore_broadcasts=0
④ sysctl – w kernel.ipv4.icmp_echo_ignore_broadcasts =1

본 문제는 기출문제로 icmp_echo_ignore_all을 1로 설정하여 모든 ICMP 응답(Reply) 패킷을 차단한다. 만약 모든 브로드캐스트를 차단하려면 icmp_echo_ignore_broadcasts를 1로 설정한다. (영문 이름 정확히 알아야 함)

정답 ②

13 윈도우 시스템에서 administrator 계정의 암호를 마지막으로 변경한 날짜를 확인하는 명령어는?

① passwd
② net user administrator
③ net share
④ net date

net user 명령어는 윈도우 운영체제에서 사용자 정보를 확인할 때 사용하는 명령어이다.

사용자 암호 설정 정보 확인

정답 ②

14 패스워드 복잡성 설정을 위한 OS별 해당 파일이 올바르게 짝지은 것은?

① SOLARIS, /etc/security/pwquality.conf
② LINUX(RHEL5), /etc/pam.d/system-auth
③ AIX, /etc/default/passwd
④ LINUX(RHEL7), /etc/default/security

리눅스 PAM 모듈은 사용자의 패스워드 복잡도, 패스워드 오류 횟수 관리 등을 설정하여 관리한다.

정답 ②

15 다음 지문은 웹 서버의 로그이다. 로그를 통해 알 수 있는 정보는?

```
17.248.162.109 − − [04/Jun/2014:16:03:56 +0900] "POST /Upload_Process.php HTTP/1.1" 200 14105
17.248.162.109 − −[04/Jun/2014:16:04:18 +0900] "GET /bbs/up/KISA_ushell.php.kr/bbs/up/KA_ushell.php.kr
HTTP/1.1" 200 1434
17.248.16.109 − −[04/Jun/2014:16:04:21 +0900] "GET /bbs/up/KA_ushell.php.kr?acKA_ushell.php.
kr?ac=shell HTTP/1.1" 200 1443
17.248.16.109 − −[04/Jun/2014:16:04:22 +0900] "GET /bbs/up/KA_ushell.php.kr?acKA_ushell.php.
kr?ac=upload HTTP/1.1" 200 1546
17.248.16.109 − −[04/Jun/2014:16:04:25 +0900] "GET /bbs/up/KA_ushell.php.kr?acKA_ushell.php.kr?ac=eval
HTTP/1.1" 200 1400
17.248.16.109 − −[04/Jun/2014:16:04:27 +0900] "GET /bbs/up/KA_ushell.php.kr?acKA_ushell.php.
kr?ac=shell HTTP/1.1" 200 1443
17.248.16.109 − −[04/Jun/2014:16:04:31 +0900] "POST /bbs/up/KA_ushell.php.kr?acKA_ushell.php.kr
HTTP/1.1" 200 1491
17.248.16.109 − −[04/Jun/2014:16:04:34 +0900] "POST /bbs/up/KA_ushell.php.kr?acKA_ushell.php.kr
HTTP/1.1" 200 1502
17.248.16.109 − −[04/Jun/2014:16:04:39 +0900] "POST /bbs/up/KA_ushell.php.kr?acKA_ushell.php.kr
HTTP/1.1" 200 8210
17.248.16.109 − −[04/Jun/2014:16:04:45 +0900] "POST /bbs/up/KA_ushell.php.kr?acKA_ushell.php.kr
HTTP/1.1" 200 4024
17.248.16.109 − −[04/Jun/2014:16:04:52 +0900] "POST /bbs/up/KA_ushell.php.kr?acKA_ushell.php.kr
HTTP/1.1" 200 1502
```

① IIS(Internet Information Services) 웹 서버 로그이다.
② 클라이언트가 사용하는 웹 브라우저를 알 수 있다.
③ 헤더를 포함한 데이터 크기를 알 수 있다.
④ 서버에서 전송한 데이터 크기를 알 수 있다.

위의 로그에서 "HTTP/1.1 200 14105"은 HTTP 버전, HTTP 응답 코드(200) 및 전송 바이트 수를 의미한다. 그리고 클라이언트의 웹 브라우저 정보를 확인하기 위해서는 User−Agent 값을 확인해야 하지만 본 문제의 로그파일에는 User−Agent 값이 없다.

정답 ④

16 쿠키(Cookie)의 속성 중 Set-Cookie 응답 헤더에 설정하는 속성으로 클라이언트(웹 브라우저 등)에서 스크립트(자바스크립트 등)를 통해 해당 쿠키에 접속하는 것을 차단해 주는 속성은?

① path 속성   ② httpOnly 속성
③ domain 속성   ④ secure 속성

httpOnly 설정은 정보보안기사와 소프트웨어 보안 약점 진단원에서 아주 중요한 문제이다. 웹 브라우저에서 자바스크립트를 통하여 Document.cookie를 볼 수 없게 하는 것이 httpOnly 설정이다. 그리고 SSL에서만 세션 정보에 접근할 수 있게 하는 설정은 secure 속성이다.

정답 ②

17 리눅스(Linux) inode의 블록 관리(Block Management) 방법에 해당하지 않는 것은?

① Single Indirect Block
② Double Indirect Block
③ Triple Indirect Block
④ Quadruple Indirect Block

리눅스 블록 관리

블록 관리	설명
단일 간접 블록(Single Indirect Block)	inode block을 가리키며 실제 데이터 블록을 가리키는 포인터들로 구성된다.
이중 간접 블록(Double Indirect Block)	인덱스 블록이 2개의 계층으로 구성되며 첫 번째 인덱스 블록은 두 번째 인덱스 블록을 가리키는 포인터이고 두 번째 인덱스 블록은 실제 데이터 블록을 가리키는 포인터이다.
삼중 간접 블록(Triple Indirect Block)	인덱스 블록이 3개의 계층으로 구성되며 첫 번째 및 두 번째 인덱스 블록은 다른 인덱스 블록의 포인터이고 세 번째 인덱스 블록은 실제 데이터 블록을 가리키는 포인터이다.

정답 ④

18 악성코드 구동을 위하여 사용되는 윈도우 레지스트리는?

① HKEY_CLASSES_ROOT
② HKEY_USERS
③ HKEY_CURRENT_USER
④ HKEY_CURRENT_CONFIG

HKEY_CLASSES_ROOT은 파일의 각 확장자에 대한 정보와 파일과 프로그램 간 연결에 대한 정보이다.

정답 ①

19 유닉스 시스템에서 실행 중인 프로세스별 CPU 점유율, 메모리 점유율, 시스템 부하율 등 전반적인 모니터링이 가능한 명령어는?

① df

② iostat

③ netstat

④ top

리눅스 top 명령어는 CPU, 메모리, 시스템 부하 정보를 실시간으로 확인할 수 있다.

top 명령어 실행

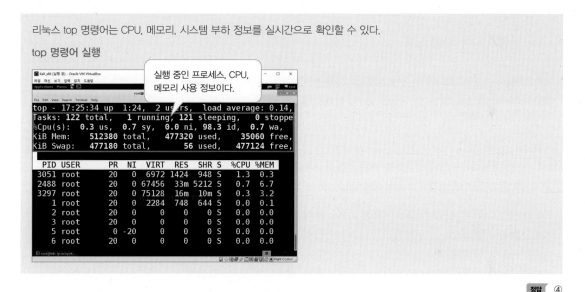

실행 중인 프로세스, CPU, 메모리 사용 정보이다.

정답 ④

20 안드로이드 앱의 SSL 연결 시 CA 등록을 통한 중간자 공격을 방어하기 위해 도입된 기술은?

① App Signning

② SSL Pinning

③ IDS

④ IPS

SSL Pinning은 SSL/TLS로 암호화 통신에 사용되는 인증서를 최종 서버의 인증서로 조정하는 방식 HPKP(HTTP Public Key Pining)이라고 한다. 즉, SSL/TLS 사용 시에 중간의 보안 장비 또는 공격자가 제공한 인증서를 기반으로 암호화 통신을 진행하는 중간자 공격에 대응하기 위한 방법이다.

정답 ②

≡ 상 네트워크 보안 〉 네트워크 공격 기술의 이해 및 대응

21 해커의 위치를 실시간으로 추적하는 기술인 역추적(Traceback) 중 IP Traceback, StackPi 등은 어떤 모델인가?

① 출발지 적용 가능 모델
② 중계지 적용 가능 모델
③ 도착지 적용 가능 모델
④ 근원지 적용 가능 모델

역추적 기술이란 공격자의 위치를 찾을 수 있는 기술을 의미한다. Proactive IP Traceback은 사전에 역추적 경로 정보를 생성하여 패킷에 삽입하는 방법이다. 이러한 역추적 기술을 적용한 모델을 중계지 적용 가능 모델이라고 한다.

정답 ②

≡ 상 네트워크 보안 〉 네트워크 기반 공격 기술의 이해 및 대응

22 다음 중 MDM(Mobile Device Management)의 기능과 관리 내용으로 틀린 것은?

① 기능 : 보안 관리 및 도난 방지   관리 내용 : 기기의 루팅 탐지 및 차단
② 기능 : 앱 관리   관리 내용 : 원격 앱 설치 및 관리
③ 기능 : 자산 관리   관리 내용 : 기기 분실 관리
④ 기능 : 설정 관리   관리 내용 : 네트워크 설정

MDM의 자산관리는 기기 분실 관리를 하는 것이 아니라 하드웨어 및 소프트웨어, 자산 현황 및 OS 업데이트, 소프트웨어 배포 및 설치, 모니터링을 수행한다.

정답 ③

≡ 상 네트워크 보안 〉 네트워크 기반 공격 기술의 이해 및 대응

23 네트워크 보안 솔루션에서 탐지되는 특정 패턴과 시계열(Time Series) 데이터의 조합에 의한 보안 상관 분석은?

① 특정한 패턴에 대한 분석
② 임계치 값에 의한 분석
③ 정책 기반 상관 분석
④ 시나리오 기반 상관 분석

특정 패턴과 시계열 데이터에 대해서 상관 분석을 하는 것은 정책 기반 상관 분석이다.

정답 ③

24 다음 문장에서 설명하는 공격은?

> 이것은 인텔 CPU에서 사용하는 비순차적 명령 실행(Out of Order Execution)의 특권 명령(Privileged instruction) 검사 우회 버그를 악용하여 해킹 프로그램이 CPU의 캐시 메모리에 접근하고, 데이터를 유출하는 공격이다.

① 캐시 포이즈닝   ② 스펙터
③ 멜트다운   ④ 미라이

멜트다운(Meltdown)은 Intel x86 아키텍처에서 메모리 데이터 보안 공격으로 사용자 애플리케이션을 통해서 운영체제 메모리에 접근할 수 있는 보안 취약점이다. 자주 출제되는 보안기사 기출문제이다.

정답 ③

25 다음과 같은 경우에 사용되는 네트워크 환경 설정 파일은?

> • DNS 서버가 작동하지 않을 때
> • 별도의 네트워크를 구성하여 임의로 사용하고자 할 때
> • 다른 IP 주소를 가진 여러 대의 서버가 같은 도메인으로 클러스터링(Clustering)되어 운영되는 상태에서 특정 서버에 접속하고자 할 때
> • 잘못된 환경 설정이 서버 접속 자체를 막으며 해킹 등에 오용될 수 있을 때

① inetd.conf 파일
② hosts 파일
③ services 파일
④ named.conf 파일

리눅스 혹은 윈도우 운영체제에서 hosts 파일은 DNS 파일로 도메인 이름에 대해서 IP 주소를 구할 수 있다. 따라서 공격자가 hosts 파일을 임의로 변조하면 공격자의 웹 사이트로 접속할 수도 있게 된다.

정답 ②

26 데이터 복구 기법 피하기(Data Sanitization) 방법으로 틀린 것은?

① 데이터 치환
② 디가우징(Degaussing)
③ 물리적으로 디스크 파괴
④ 데이터 덮어쓰기

데이터 치환은 데이터 파기 기법과 관련이 없다. 치환은 특정 데이터를 특정 데이터로 바꾸는 것이기 때문이다.

정답 ①

27 무선통신 환경에서 사용되는 보안 프로토콜 중 다음 문장에서 설명하는 프로토콜은?

> IEEE 802.11i 규격을 완전히 수행하는 표준 프로토콜이다. 이전 WEP의 취약점을 보완한 대안 프로토콜로 AES-CCMP을 통한 암호화 기능을 향상, EAP 사용자 인증 강화 등이 포함된다.

① WPA
② WPA2
③ SSID
④ TKIP

WPA2는 무선랜 보안 기술로 AES-CCMP 암호화 방식으로 사용하고 IEEE 802.1x/EAP 인증 방식을 사용한다.

정답 ②

28 IPsec의 터널 모드(Tunneling Mode)에서 AH(Authentication Header)를 추가한 IP Packet 구성 순서로 옳은 것은?

① New IP Header – AH – Original IP Header – Original Payload
② AH – New IP Header – Original IP Header – Original Payload
③ AH – New IP Header – AH – Original IP Header – Original Payload
④ New IP Header – Original IP Header – Original Payload – AH

IPSEC의 터널 모드는 새로운 헤더를 붙이는 방식으로 새로운 헤더에 새로운 IP가 부여 되어서 특정 IP로 차단된 네트워크를 통과할 수 있다. 또한 패킷 전체를 암호화한다.

정답 ①

29 스푸핑 방법 중 주로 시스템 간 트러스트(신뢰) 관계를 이용하기 위해 사용되는 공격 방법은?

① IP 스푸핑
② DNS 스푸핑
③ ARP 스푸핑
④ Host 스푸핑

IP Spoofing은 신뢰 관계에 있는 두 시스템 사이에서 허가받지 않은 자가 자신의 IP 주소를 신뢰 관계에 있는 호스트의 IP 주소로 바꾸어서 속이는 공격 기법으로 rlogin, rsh, rcp와 같은 IP 인증을 공격한다.

정답 ①

30 Memcached DDoS 공격 기법에 대한 설명으로 틀린 것은?

① 공용 네트워크상에 공개된 대량의 Memcached 서버(분산식 캐시 시스템)에 존재하는 인증과 설계의 취약점을 이용한다.
② 스니핑 기법을 이용해 더 많은 트래픽을 발생시킨다.
③ 공격자는 일반적으로 UDP 11211 포트를 이용하여 공격한다.
④ 이러한 공격 방식을 Amplification Attack(증폭 공격)이라고도 한다.

Memcached DDoS은 웹 사이트와 네트워크 속도를 높이기 위해서 사용한 데이터베이스 캐시인 Memcached를 대상으로 하는 DDoS 공격이다.

정답 ②

31 다음 문장에서 설명하는 것은?

인터넷이나 다른 네트워크의 메시지가 호스트에 도착했을 때, 전달되어야 할 특정 프로세스를 인식하기 위한 방법으로 TCP와 UDP에서 단위 메시지에 추가되는 헤더 내에 넣어지는 16bit 정수의 형태를 갖는다.
이것을 사용하여 호스트에 전달된 데이터를 상위 응용 프로그램에서 넘겨줄 수 있다. 웹 서비스나 파일 전송 서비스, 전자우편과 같은 서비스에 대하여 영구적으로 이것을 할당한다.

① Port Number　　　　　　　② Protocol
③ Checksum　　　　　　　　④ Routing

TCP와 UDP에서 추가하는 16bit 정수는 포트 번호이다. 포트 번호는 메시지를 전달하기 위해서 사용되는 번호로 특정 프로세스가 인식한다.

정답 ②

32 APT(Advanced Persistent Threat) 공격 과정에 대한 순서를 올바르게 나열한 것은?

ㄱ. 특정 표적을 대상으로 목표를 정한다.
ㄴ. 지속적으로 정보를 수집한다.
ㄷ. 특정 표적이 된 대상으로 침투하여 해를 끼친다.
ㄹ. 복합적이고 지능적인 수단(다양한 해킹기술)을 이용한다.

① ㄱ → ㄴ → ㄹ → ㄷ　　　　② ㄴ → ㄱ → ㄷ → ㄹ
③ ㄱ → ㄹ → ㄴ → ㄷ　　　　④ ㄴ → ㄱ → ㄹ → ㄷ

APT(Advanced Persistent Threat) 공격 과정은 특정 표적(타켓 기반 공격)에 대해서 목표를 정한다. 지능적 수단으로 해킹을 하며 지속적으로 정도를 수집한다. 그리고 침투하여 공격한다.
즉, 침투, 탐색, 수집/ 공격, 유출 단계로 이루어진다. APT 단계는 정보보안기사 실기 기출문제이다.

정답 ③

33 다음 문장에서 괄호 안에 들어갈 단어는?

> 침입탐지시스템(IDS : Intrusion Detection System)은 대상 시스템의 보안 정책을 파괴할 수 있는 침입을 실시간으로 탐지하는 기능을 가진 보안 시스템이다. 탐지 영역을 중심으로 분류하면 시스템 내부에 설치되어 내부 사용자나 외부 사용자의 비인가적 행위나 해킹 시도를 탐지하는 (ㄱ)와 네트워크 사의 패킷 정보를 분석해서 공격을 탐지하는 (ㄴ)로 분류할 수 있다. 또한, 탐지 방법을 중심으로 분류하면 알려진 축적된 공격 정보를 이용해 (ㄷ)를 탐지하는 (ㄹ), 정상 행위와 비정상 행위를 분류해 이를 기준으로 사용자의 행위가 정상 행위인지에 대한 여부를 조사함으로써 (ㅁ)를 탐지하는 (ㅂ)으로 분류할 수 있다.

① ㄱ : Network-based IDS   ㄴ : Host-based IDS   ㄷ : Behavior-base
   ㄹ : Misused Detection   ㅁ : Knowledge-base   ㅂ : Anomaly Detection
② ㄱ : Network-based IDS   ㄴ : Host-based IDS   ㄷ : Behavior-base
   ㄹ : Anomaly Detection   ㅁ : Knowledge-base   ㅂ : Misused Detection
③ ㄱ : Host-based IDS   ㄴ : Network-based IDS   ㄷ : Knowledge-base
   ㄹ : Misused Detection   ㅁ : Behavior-base   ㅂ : Anomaly Detection
④ ㄱ : Host-based IDS   ㄴ : Network-based IDS   ㄷ : Behavior-base
   ㄹ : Misused Detection   ㅁ : Knowledge-base   ㅂ : Anomaly Detection

- 시스템 내부 즉, 서버에 설치되어서 비인가자의 행위 및 이상행위를 탐지하는 것은 호스트 기반 IDS이다.
- 네트워크 패킷을 복제하여 패킷 내에서 특정 시그니처를 탐지하는 것은 네트워크 기반 IDS이다.
- 알려진 공격의 특정 패턴(문자열)을 롤(Rule)로 등록하고 탐지하는 것은 시그니처 기반 혹은 지식 기반 탐지, 오용탐지(Misused)라고 한다.
- 사용자의 정상적인 행위를 저장하고 이와 다른 행위가 발생하면 침입으로 탐지하는 것을 이상탐지(Anomaly)라고 한다.

정답 ③

34 다음 문장에 대한 설명으로 옳은 것은?

> ㄱ. OS에서 버그를 이용하여 루트 권한 획득 또는 특정 기능을 수행하기 위한 공격 코드 및 프로그램을 의미한다.
> ㄴ. 악의적인 프로그램을 건전한 프로그램처럼 포함하여 일반 사용자들이 의심 없이 자신의 컴퓨터 안에서 이를 실행시키고 실행된 프로그램은 특정 포트를 열어 공격자의 침입을 돕고 추가적으로 정보를 자동 유출하며 자신의 존재를 숨기는 기능 등을 수행하는 공격 프로그램이다.

① ㄱ은 exploit 코드를 설명한다.
② ㄱ은 Trojan 공격 프로그램을 설명한다.
③ ㄴ은 Bomb 공격 프로그램을 설명한다.
④ ㄴ은 Worm 코드를 설명한다.

exploit는 취약점을 이용하여 공격하는 것이고 Trojan 공격은 자기복제를 하지 않고 개인정보 등을 유출하는 악성코드이다.

정답 ①

35 네트워크 기반 공격인 Smurf 공격의 대응 방법을 모두 고른 것은?

> ㄱ. 네트워크로 유입되는 패킷 중에 Source 주소가 내부 IP인 패킷을 차단한다.
>
> ㄴ. 라우터에서 다른 네트워크로부터 자신의 네트워크로 들어오는 IP Broadcast 패킷을 막도록 설정한다.
>
> ㄷ. IP Broadcast Address로 전송된 ICMP 패킷에 대해 응답하지 않도록 시스템을 설정할 수 있다.
>
> ㄹ. 사용하지 않는 UDP 서비스를 중지한다.

① ㄱ, ㄴ   ② ㄴ, ㄷ

③ ㄷ, ㄹ   ④ ㄱ, ㄹ

Smurfing은 정보보안기사 필기 및 실기에서 빈번히 출제되는 문제이다. ICMP 패킷을 전송을 브로드캐스트하고 ICMP 패킷의 응답을 피해자에게 전송하는 DDoS 공격이다. 따라서 Direct Broadcast를 차단하여 대응할 수 있다.

Smurfing 공격 예제(실기출제)

```
hping3 10.10.10.255 --icmp --flood -a 20.20.20.10
```

IP의 마지막 주소를 255로 해서 브로드캐스트하고 20.20.20.10으로 응답하게 하여 20.20.20.10을 DDoS 공격한다.

정답 ②

36 방화벽의 동적 패킷 필터링 특징으로 옳은 것은?

① IP 주소 변환이 이루어지므로 방화벽 내부의 네트워크 구성을 외부에서 숨길 수 있다.

② 암호화된 패킷의 데이터 부분을 디코딩하여 허용된 통신인지 여부를 결정할 수 있다.

③ 리턴 패킷에 관해서는 과거에 통과한 요구 패킷에 대응하는 패킷만 통과시킬 수 있다.

④ 패킷의 데이터 부분을 확인하여 응용 프로그램 계층에서 무단 액세스를 방지할 수 있다.

방화벽(Firewall) 패킷 필터링 방법

패킷 필터링	설명
정적 패킷 필터링	정해진 접근 통제 정책에 따라 패킷을 허용하거나 차단한다.
동적 패킷 필터링	• 방화벽 접속상태를 감시하여 IP 주소, Port 번호, 세션 정보를 기록하여 패킷을 허용하거나 차단한다. • 요청 패킷과 응답 패킷을 추적한다.

정답 ③

37 Dynamic NAT(Network Address Translation)에 대한 설명으로 틀린 것은?

① 하나의 NAT 시스템에서 사용하는 공인 IP는 항상 고정된 값을 사용한다.
② 사설 IP 주소를 공인 IP 주소로 매칭하여 변환하는 프로토콜이다.
③ 내부 네트워크에서는 사설 IP 주소만 사용한다.
④ NAT을 이용하면 사설 IP 주소 대역이 노출되지 않아 보안성이 높다.

Static NAT는 하나의 공인 IP에 하나의 사설 IP를 사용하는 방법으로 공인 IP를 효율적으로 사용할 수가 없다. Dynamic NAT는 공인 IP를 효율적으로 사용하기 위해서 공인 IP 여러 개와 사설 IP 여러 개를 매핑하는 것으로 공인 IP가 사설 IP보다 적을 때 유리한 방식이다.

정답 ①

38 OSPF 프로토콜이 최단 경로 탐색에 사용하는 기본 알고리즘은?

① Bellman-Ford 알고리즘
② Dijkstra 알고리즘
③ 거리 벡터 라우팅 알고리즘
④ Floyd-Warshall 알고리즘

OSPF(Open Shortest Path First)는 동적 라우팅 프로토콜로 다익스트라 알고리즘을 사용한다.

정답 ③

39 리눅스 시스템에서 messages 파일을 보니 다음과 같은 내용을 확인할 수 있었다. 파일의 내용을 토대로 추정할 수 있는 공격은?

Nov 10 16:36:19 chakra kernel : device eth1 entered promiscuous mode

① Spoofing 공격
② Sniffing 공격
③ ICMP Source Quench 공격
④ 원격 접속 공격

본 문제는 정보보안기사 필기 및 실기에 출제된 문제이다. 네트워크를 스니핑할 때 설정하는 무차별 모드(Promiscuous Mode)에 대한 것이다. 무차별 모드를 설정하면 목적지가 자신이 아닌 IP 패킷까지 수신받으며, 스니핑 모드라고도 한다.

무차별 모드 설정과 해제(명령어 실기 출제)
설정 : ifconfig eth0 promisc
해제 : ifconfig eth0 -promisc

정답 ②

40 라우터에서는 출발지 주소와 목적지 주소를 기반으로 하여 패킷의 출입을 통제하는 문장을 사용하는데 이를 이용하여 패킷의 전달 여부를 제어하고, 특정 프로토콜을 사용하는 패킷의 전달을 차단하는 것은?

① ACL
② Frame-Relay
③ Port-Security
④ AAA

라우터에서 출발지 주소와 목적지 주소를 기반으로 패킷 전달 여부를 제어하는 것은 ACL(Access Control List)이다. 라우터의 ACL을 소스 IP 주소와 프로토콜로 차단 혹은 허용하는 Standard Access Control List가 있고, 소스 IP와 목적지 IP를 모두 검사하여 프로토콜, 포트를 허용 및 차단하는 Extended Access Control List가 있다.

정답 ①

3과목	애플리케이션 보안

41 와이어샤크(WireShake) 프로그램을 이용하여 POP3 트래픽을 점검할 때 어떤 포트를 검색해야 하는가?

① 143   ② 25
③ 110   ④ 125

POP3는 Mail Box에서 자신의 메일을 읽어 오는 프로토콜로 110번 포트를 사용한다. 메일을 읽은 후 Mail Box에서 해당 메일은 삭제된다. 143번 포트는 IMAP이 사용하고 IMAP은 Mail Box에서 메일을 읽어도 삭제되지 않는다. 그리고 25번 포트는 SMTP가 메일을 발송할 때 사용하는 포트 번호이다.

정답 ③

---

42 C언어로 작성된 응용 프로그램에서 버퍼 오버플로 취약점의 발생을 방지하기 위해 사용이 권고되는 라이브러리 함수가 아닌 것은?

① strncat   ② sscanf
③ snprintf   ④ strncpy

버퍼 오버플로 취약점에 대비하려면 경계값을 검사하는 API를 사용해야 한다. 따라서 strncat, snprintf, strncpy 함수는 길이 값을 검사한다. 본 문제는 정보보안기사 필기 및 소프트웨어 보안 약점 진단원(버퍼 오버플로 혹은 취약한 API사용)에서 출제되었다.

정답 ②

43 서버를 점검하는 중 다음과 같은 문장이 포함된 ASP 스크립트가 존재하는 것을 알게 되었다. 이때 의심되는 공격은?

〈% eval request("cmd") % 〉

① Buffer Overflow   ② CSRF
③ 웹셸(WebShell)   ④ DoS/DDoS

ASP의 eval 함수는 코드를 동적으로 구성하여 실행할 수 있는 함수이다. 즉, cmd로 입력되는 스크립트를 실행하기 때문에 보기에서 관련된 것은 웹셸(정보보안기사 실기 기출)이 된다. 단, 2022년부터 변경된 개발 보안 가이드에 의하면 eval 함수를 사용한 보안 약점은 코드 삽입 보안 약점이다(소프트웨어 보안 약점 진단원 기출).

정답 ③

44 SET(Secure Electronic Transaction) 프로토콜의 단점이 아닌 것은?

① 상인에게 지불 정보가 노출된다.
② 암호 프로토콜이 너무 복잡하다.
③ RSA 동작은 프로토콜의 속도를 저하시킨다.
④ 지불 게이트웨이에 거래를 전자적으로 처리하기 위한 별도의 하드웨어와 소프트웨어를 요구한다.

SET은 이중서명을 지원하기 때문에 구매자 정보와 판매자 정보를 분리해서 전자서명한다. 따라서 상인에게 지불정보(카드번호)가 노출되지 않는다.

정답 ①

45 행정안전부가 통합 인증 게이트웨이 기술 규격에서 정의하는 SSO의 정의와 약어 풀이로 옳은 것은?

① Signature Sign On : 일회 인증만으로 추가 인증 없이 여러 시스템과 서비스를 이용할 수 있게 하는 인증 서비스
② Single Sign On : 일회 인증만으로 추가 인증 없이 여러 시스템과 서비스를 이용할 수 있게 하는 인증 서비스
③ Signature Sign On : 다수의 서명으로 여러 시스템과 서비스를 이용할 수 있게 하는 인증 서비스
④ Single Sign On : 다수의 서명으로 여러 시스템과 서비스를 이용할 수 있게 하는 인증 서비스

SSO(Single Sign On) 일회 인증만으로 추가 인증 없이 여러 시스템과 서비스를 이용할 수 있게 하는 인증 서비스이다. 즉, SSO는 사용자의 편의성을 증대하기 위해서 통합 인증을 수행한다.

정답 ②

46 데이터베이스 보안 유형에 해당하지 않는 것은?

① 접근 제어(Access Control)
② 허가 규칙(Authorization Rules)
③ 가상 테이블(Views)
④ 정보집계(Aggregation)

접근 제어, 허가 규칙, 가상 테이블은 보안 기법에 해당하지만 정보집계는 보안 유형에 해당하지 않는다. 가상 테이블은 특정 칼럼만을 보여주게 하기 때문에 보안 유형에 해당된다.

정답 ④

47 다음은 DRM(Digital Rights Management)의 구성요소 중 무엇에 대한 설명인가?

지적재산권으로 보호되어야 할 정보의 단위로 일반적으로 패키저를 통해 패키징 되기 이전의 원본을 의미한다.

① 콘텐츠(Contents)
② 사용자(User)
③ 식별(Identification)
④ 권한(Permission)

콘텐츠는 원본 저작권자가 만든 디지털 산출물(예 eBook)로 패키저를 통해서 패키징하여 배포된다.

정답 ①

48 다음은 무엇에 대한 설명인가?

웹은 URL 기반으로 요청을 처리하는 구조이다. 해당 요청이 특정 사용자의 정상적인 요청인지를 구분하기 위해 사용자가 작업 페이지를 요청할 때마다 hidden 값으로 클라이언트에게 토큰을 전달한 뒤 해당 클라이언트의 데이터 처리 요청 시 전달되는 값과 세션에 저장된 값을 비교하여 유효성을 검사한다.

① XSS 필터링
② CAPTCHA
③ CSRF 토큰
④ COOKIE SECURE 옵션

• CSRF는 웹 브라우저(HTML)에 Hidden 필드에 세션 이외의 추가 인증인 CSRF 토큰을 저장하고 서버 호출 시에 CSRF 토큰을 전달하여 추가 인증한다. 그리고 CAPTCHA는 정상적인 사용자 호출인지 프로그램(Agent)에 의한 호출인지를 구별하기 위한 것이다.
• CSRF는 정보보안기사 필기/실기, 소프트웨어 보안 약점 진단원에서 중요한 문제이다.

정답 ③

49 다음 문장에서 설명하는 보안 시스템은?

> UTM, DLP, SLL, Inspection, SSL VPN, Anti APT 등 다양한 기능을 통합해 지원하며 Layer 7까지 제어하고 암호화 트래픽 제어 가능한 보안 시스템

① NGFW(Next Generation Firewall)
② NAC(Network Access Control)
③ IPS(Intrusion Prevention System)
④ WIPS(Wireless Intrusion Prevention System)

차세대 방화벽(Next Generation Firewall)은 포트, 프로토콜뿐만 아니라 애플리케이션 레벨까지 검사를 수행하여 애플리케이션 식별 및 제어, SSL 세션 해독, URL 필터링, 알려지지 않은 공격 대응 등을 수행한다.

정답 ①

50 디지털 콘텐츠의 무단 복제 및 사용을 막고 원작자의 권리와 이익을 보호해 주는 기술과 서비스를 통칭하는 용어는?

① DRM(Digital Rights Management)
② ECRM(Electronic Customer & Relationship Management)
③ TPM(Total Productive Maintenance)
④ SSL(Secure Socket Layer)

DRM(Digital Rights Management)은 디지털 콘텐츠의 저작권을 보호하기 위한 것으로 라이선스 관리, 디지털 콘텐츠 배포 등 원작자가 관리를 수행한다.

정답 ①

51 HTTP 요청 메시지를 구성하는 순서로 옳은 것은?

① Request Line → Header → Blank Line → Body
② Request Line → Blank line → Header → Body
③ Request Line → Header → Body → Blank Line
④ Request Line → Body → Blank Line → Header

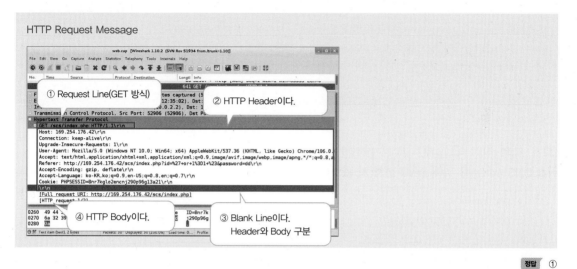

HTTP Request Message

정답 ①

52 다음 문장은 어떤 FTP(File Transfer Protocol) 공격 유형을 설명하고 있는가?

> 이 FTP 공격은 익명 FTP 서버를 이용해 그 FTP 서버를 경유해서 호스트를 스캔하며, FTP PORT 명령을 이용하고 FTP 서버를 통해 임의의 네트워크 접속을 릴레이하며, 네트워크를 포트 스캐닝하는데 사용하는 공격이다.

① Brute Force 공격
② FTP 서버 자체 취약점 공격
③ Anonymous FTP Attack
④ Bounce Attack

FTP 서버를 포트스캐닝하는 공격은 FTP Bounce Attack이다. FTP Bounce Attack은 FTP가 명령 전송 포트와 데이터 전송 포트가 분리된 약점을 이용한다.

정답 ④

53 소프트웨어 보안 취약점 중에서 입력 값 검증 및 표현과 관련이 없는 것은?

① SQL 인잭션
② 경로 조작 및 자원 삽입
③ 위험한 형식의 파일 업로드
④ 경쟁 조건

본 문제는 정보보안기사 필기 및 실기, 소프트웨어 보안 약점 진단원에서 중요한 문제이다.
경쟁 조건(Race Condition)은 다중 스레드 환경에서 하나의 공유 자원을 경합하면서 발생되는 문제로 소프트웨어 보안 약점에서는 시간 및 상태(검사 시점과 사용 시점)로 구분된다. 그리고 입력 값 검증 및 표현은 SQL 인젝션, 코드 삽입, 운영체제 명령어 삽입, 경로 조작 및 자원 삽입, 위험한 형식의 파일 업로드 등이 있다.

정답 ④

54 DNS 서비스를 위해 BIND 설치 시 관련이 없는 항목은?

① /etc/named.conf
② /etc/named.iscdlv.key
③ /etc/named.rfc1912.zones
④ /etc/root.rndc.key

DNS 서버의 설정 파일은 named.conf 파일이고 관련 데몬 프로세스의 이름은 named이다. rndckey(/etc/rndc.key) 파일은 named의 보안을 향상하기 위한 인증키 파일이다. 따라서 rndckey 파일은 BIND 설치와는 관련이 없다.

정답 ④

55 XML 디지털 서명의 유형이 아닌 것은?

① Enveloping Signature
② Enveloped Signature
③ Detached Signature
④ Keyinfo Signature

XML 디지털 서명의 유형

유형	설명
Enveloping Signature	데이터가 Signature 구조 내에 존재한다.
Enveloped Signature	데이터가 밖에서 Signature 구조를 포함한다.
Detached Signature	데이터가 밖에 있으며 Signature 구조를 포함하지 않는다.

정답 ④

56 전자투표 시스템이 가져야 할 암호 기법이 아닌 것은?

① 공개키/개인키를 이용한 암호화 및 복호화
② 전자서명(Digital Signature)
③ 은닉암호
④ 포그 컴퓨팅(Fog Computing)

포그 컴퓨팅(Fog Computing)은 엣지 디바이스(⑩ 아두이노, 라즈베리파이 등)을 인터넷에 연결하여 서비스할 수 있는 컴퓨팅 기술이다. 즉, 전자투표와는 관련이 없다.

정답 ④

57 높은 수준의 권한을 가진 사용자들만이 접근할 수 있는 정보를 낮은 수준의 권한을 가진 사용자들이 접근할 수 있는 객체에 저장하였다. 이것은 DB 보안의 어떤 통제를 위반하는 것인가?

① 접근 통제
② 추론 통제
③ 무결성 통제
④ 흐름 통제

DB 보안 통제 방법은 흐름 통제, 추론 통제, 접근 통제, 허가 규칙, 가상 테이블, 암호화가 있다. 흐름 통제는 접근 가능한 객체 간의 정보 흐름을 조정하는 것이고 추론 통제는 간접 접근을 통한 추론을 통제한다.

정답 ④

58 웹 응용 프로그램에서 운영체제 명령어 삽입 취약점이 존재할 경우 사용할 수 있는 특수문자를 사용한 명령어 조합으로 틀린 것은?

① pwd;ls -al : pwd 명령과 ls 명령이 순차적으로 실행된다.
② pwd || ls -al : pwd 명령이 실패해야 ls -al 명령이 실행된다.
③ ls -al | more : ls 명령의 결과값을 more 명령의 입력 값으로 사용한다.
④ ls && pwd : ls 명령이 실패해야 pwd 명령이 실행된다.

운영체제 명령어 삽입 취약점을 이용한 공격은 멀티라인을 지원하는 특수문자(|, &, ;)나 파일 리다이렉트 특수문자(〉, 〉 〉)를 사용하는 공격이다. 위의 보기 ④에서 pwd 명령은 실행되지 않는다.

보기 ④ 실행

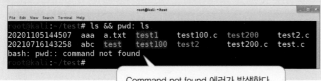

Command not found 에러가 발생한다.

정답 ④

59 SMTP 서버의 릴레이 기능 제한 여부 점검시 틀린 것은?

① vi 편집기를 이용하여 sendmail.cf 설정 파일을 열어 아래와 같이 주석을 제거한다.

   RS $%error $@ 5.7.1 $: "550 Relaying denied"

② /etc/mail/access 파일을 삭제한다.

③ /etc/mail/access에 특정 IP, Domain, Email Address 및 네트워크에 대한 Sendmail 접근 제한을 확인한다.

   localhost.localdomain RELAY

   localhost RELAY

   127.0.0.1 RELAY

   Spam.com REJECT

④ 수정했거나 생성했을 경우 makemap 명령으로 DB 파일을 생성한다.

   # makemap hash /etc/mail/access.db 〈 /etc/mail/access

/etc/mail/access 파일은 메일 서버로 접근하는 호스트나 도메인의 접근을 통제하는 파일로 허가할 호스트나 도메인은 통과 (RELAY)하고 거부하려면 REJECT 혹은 DISCARD를 한다.

정답 ②

60 포렌식의 기본 원칙에 대한 설명으로 틀린 것은?

① 정당성의 원칙 : 모든 증거는 적법한 절차를 거쳐서 획득한 것이어야 하며, 위법한 절차를 거쳐 획득한 증거는 증거 능력이 없다.

② 재현의 원칙 : 법정에 증거를 제출하려면 똑같은 환경에서 같은 결과가 나오도록 재현할 수 있어야 한다.

③ 신속성의 원칙 : 컴퓨터 내부의 정보는 휘발성을 가진 것이 많아서 신속하게 이루어져야 한다.

④ 무결성 원칙 : 수집된 정보는 연계 보관성을 만족시켜야 하고, 각 단계를 거치는 과정에 대한 추적이 불가능해야 한다.

디지털 포렌식 무결성 원칙

• 수집된 증거가 위변조되지 않았는가?

• 일반적으로 해시 값을 이용하여 수집 당시 저장 매체의 해시 값과 법정 제출 시 저장 매체의 해시 값을 비교하여 무결성을 입증해야 한다.

정답 ④

≡ 상 정보보안 일반 〉 암호학

61 MAC(Message Authentication Code)에 대한 설명으로 틀린 것은?

① MAC은 데이터가 불법적으로 수정, 삭제, 삽입되었는지를 검증할 목적으로 데이터에 덧붙이는 코드이다.

② 공격자는 변조된 데이터에 대한 MAC을 생성 및 기존 MAC을 대체하여 데이터 수진자를 속일 수 있으므로 MAC의 생성 및 검증 과정에서는 반드시 송신자가 공유한 비밀키를 사용해야 한다.

③ 수진자는 전송된 메시지에 대한 MAC을 계산한 다음 수신한 MAC과 비교하여 메시지의 위변조 여부를 검증한다.

④ MAC은 메시지의 위변조 검증만 수행하기 때문에 MAC 생성에 이용되는 해시함수의 안전성은 MAC의 안전성과는 무관하다.

MAC(Message Authentication Code)은 메시지 인증에 사용되는 작은 정보로 비밀키를 입력받고 해시함수를 사용해서 고정 길이 암호문을 출력한다. MAC 인증을 사용하는 것은 HMAC, CMAC가 있다. 따라서 MAC 인증도 해시함수의 안전성이 중요하다.

정답 ④

≡ 하 정보보안 일반 〉 보안 요소 기술

62 금융보안에서의 데이터 접근 통제에 대한 설명으로 틀린 것은?

① 부정 거래 패턴(규칙) 및 이용자 정보 등 시스템 운영에 필요한 데이터 또는 패턴 생성, 변경, 삭제 등의 관리 기능

② 비인가 관리자 또는 역할이 서로 다른 관리자가 사전에 정한 패턴 및 데이터의 무단 생성, 변경, 삭제 등의 권한 기능

③ 비인가 행위를 유발하는 송.수신 데이터의 통제 기능

④ 접속 일시, 접속 성공 및 실패, 접근 IP, MAC, 계정 유형, 서비스 열람, 변경, 삭제 등의 행위 기록 기능

보기 ④는 접근 통제가 아니라 접속 기록 및 행위로그에 관련된 내용이다.

정답 ④

63 Kerneros 키 분배 프로토콜의 기반 기술에 해당하는 것은?

① Needham-Schroeder 프로토콜

② Challenge-Response 프로토콜

③ Diffie-Hellman 프로토콜

④ RSA 이용 키 분배 프로토콜

Needham-Schroeder 프로토콜은 Roger Needham과 Michaek Schroeder가 대칭키와 KDC(Key Distribution Center)를 사용해서 제한한 프로토콜로 KDC(키 분배)는 공개키 알고리즘인 디피헬만이나 RSA의 신분 위장 공격을 보완했다.

정답 ①

64 인증서의 생성, 발행, 폐기를 관리하는 기관은?

① CA   ② RA

③ VA   ④ CRL

인증기관 CA는 인증서의 생성, 발행, 폐기를 관리하는 기관이고 등록 기관인 RA는 사용자를 확인하는 기관이다. CRL은 인증서 취소 목록이다.

정답 ①

65 다음 문장에서 설명하는 프로토콜은?

공개키 암호에 대한 시초가 되었으며 두 사용자가 안전하게 키를 교환하는 방식으로 이 프로토콜의 효용성은 이산대수 계산의 어려움에 의존한다.

① Needham-Schroeder 프로토콜

② RSA 프로토콜

③ Diffie-Hellman 프로토콜

④ 커버로스 프로토콜

Diffie-Hellman 프로토콜은 최초의 공개키 알고리즘으로 이산대수 문제를 배경으로 하고 있다. RSA는 소인수 분해, ECC는 타원 곡선, DSA는 이산대수 문제를 배경으로 한다.

정답 ③

66 대칭키 암호 알고리즘 중 국내에서 권고하고 있는 알고리즘이 아닌 것은?

① SEED
② HIGHT
③ LEA-128/192/256
④ DES

DES는 보안 취약점이 발견된 암호화 알고리즘으로 대칭키 암호화 시에 사용하면 안 된다. SEED와 HIGHT, LEA, ARIA는 국내에서 개발된 암호화 알고리즘이다.

정답 ④

67 다음 문장에서 설명하는 접근 통제 모델은?

- 무결성 레벨에 따라서 정보 접근 제한
- No Write up
- No read down

① 비바 모델
② 벨라파듈라 모델
③ RBAC 모델
④ 인증 패스워드 모델

무결성 레벨에 따른 접근 통제 모델은 비바 모델이고, 기밀성을 강조한 접근 통제 모델은 벨라파듈라 모델이다.

정답 ①

68 다음 중 'X.509 인증서 구조'의 내용이 아닌 것은?

① 버전(Version)
② 일련번호(Serial Number)
③ 비밀키 정보(Private Key Information)
④ 유효기간(Period of Validity)

X.509 인증서 구조
- 인증서 버전, 인증서 고유번호, 발급자의 서명, 발급자 정보
- 인증서 유효기간, 주체 정보, 공개키, 주체키

보기 ③의 비밀키는 인증서에서 보관하지 않는다.

정답 ③

69 SHA-384(Secure Hash Algorithm)의 Block Size는?

① 160

② 224

③ 512

④ 1024

SHA-256의 블록 크기는 512이며, SHA-384의 블록 크기는 1024이다.

정답 ④

70 디지털 서명에 대한 공격을 예방하기 위해 공개키를 취급하는 소프트웨어는 공개키의 해시 값을 표시하는 수단을 준비해 놓고 있다. 이러한 해시 값을 무엇이라고 하는가?

① 인증서

② 핑거프린트

③ 키 블록

④ 패딩

디지털 서명에 대한 공격 유형

공격 유형	설명
중간자 공격	공개키가 정확한 사용자인지에 대한 확인이 필요하다. * 핑거프린트 : 공개키를 취급하는 소프트웨어는 공개키의 해시 값을 표시하는 수단을 준비
일방향 해시함수 공격	디지털 서명에서 사용하는 해시함수는 충돌 내성을 가져야 한다.
공개키 암호 공격	의미가 파악되지 않는 메시지에 디지털 서명을 유도한다.
잠재적 위조	개인키가 없는 공격자가 의미 있는 메시지를 만들고 올바른 디지털 서명을 하는 공격이다.

정답 ②

71 패스워드 입력 방식에 대한 단점을 개선한 인증 기술로 스마트폰과 같은 디바이스에서 사용하는 인증 수단을 온라인에 연동하여 사용자를 인증하는 기술은?

① HSM

② mOTP

③ 지문

④ FIDO

FIDO(Fast Identity Online)는 바이오 인증 기술을 사용해서 별도의 패스워드 없이 인증서 전자서명과 본인 확인이 가능하다.

정답 ④

72 RSA 공개키 암호화 방식의 키 교환 사용 설명으로 틀린 것은?

① RSA는 공개키/개인키 쌍인 KUa = {e,n}, KRa = {d,n}를 사용한다.

② A가 암호화되지 않은 평문으로 A의 공개키를 B에게 전송한다.

③ B는 공유 비밀키를 생성, A에게서 받은 A의 공개키로 암호화 전송한다.

④ 암호화할 때의 키를 개인키(Private Key), 복호화할 때의 키를 공개키(Public Key)라고 한다.

RSA 알고리즘에서 공개키로 암호화하고 개인키로 복호화한다. 예를 들어 대칭키(세션키)를 전달할 때 공개키로 암호화해서 전달하면 서버는 개인키로 복호화하여 대칭키를 전달하게 된다.

정답 ④

73 공개키 기반 구조(PKI)에서 최상위 인증 기관(CA)을 무엇이라 하는가?

① Top CA

② Super CA

③ Root CA

④ Ultra CA

공개키 기반 구조에서 가장 최상위 인증 기관을 Root CA라고 한다.

정답 ③

74 생체인증 기술의 정확성을 나타내는 FRR(False Rejection Rate)와 FAR(False Acceptance Rate)에 대한 설명으로 틀린 것은?

① 시스템에 접근하려 할 때, FAR이 높으면 사용자 편의성이 증대된다.

② 시스템에 접근하려 할 때, FRR이 낮으면 사용자 편의성이 증대된다.

③ 시스템의 생체인증 보안성을 강화하게 되면 FRR이 높아진다.

④ 시스템의 생체인증 보안성을 강화하게 되면 FAR이 높아진다.

FAR(False Acceptance Rage, Type II Error)은 비인가자를 정상 인가자로 승인하는 것으로 보안성을 강화하게 되면 FAR이 낮아진다.

정답 ④

75 다음 중 온라인 열쇠 분배 방법인 Kerberos 방식에 대한 설명으로 틀린 것은?

① 분산 컴퓨팅 환경에서 대칭키를 이용하여 사용자 인증을 제공하는 중앙 집중형 인증 방식이다.
② 데이터의 기밀성은 보장되지만 무결성은 보장하지 못하는 치명적인 단점이 있다.
③ 사용자의 비밀키가 사용자의 워크스테이션에 임시로 저장되므로 침입자에 의해 유출될 가능성이 있다.
④ 패스워드 추측 공격에 취약하다.

커버로스는 기밀성과 무결성, 프라이버시를 제공하는 강력한 사용자 인증을 제공한다. 무결성을 위해서 데이터 유효성 확인을 수행하고 전송되는 데이터를 암호화하여 기밀성 및 프라이버시를 제공한다.

정답 ②

76 CTR(CounTeR) 모드에 대한 설명으로 틀린 것은?

① 이전 암호문 블록과 독립적인 키 스트림을 생성하지 않는다.
② 키 스트림의 의사난수성은 카운터를 사용함으로써 성취될 수 있다.
③ 암호화 시 피드백이 존재하지 않는다.
④ 서로 독립적인 n비트 암호문 블록을 생성한다.

CTR 모드는 서로 독립적인 n비트 암호문 블록을 생성한다. 즉, 키스트림을 생성하고 키스트림과 태그를 통해서 암호화를 수행하게 된다.

정답 ①

77 메시지에 대한 충돌저항성을 갖는 해시함수를 설계할 경우 공격자가 초당 2^{32}개의 해시 값을 계산할 수 있는 능력이 있고 정보의 가치가 1,024초 이후에는 위조가 가능하다면 공격자가 충돌 쌍을 찾지 못하도록 하는 최소 해시 값의 비트수는?

① 32
② 64
③ 84
④ 96

해시 값의 크기에 따른 충돌 가능성은 확률로 데이터 크기에 따라 충돌 가능성을 계산한다. 예를 들어 32비트 길이의 해시값을 사용하는 경우 9292개의 데이터 요소를 다룸으로 100번에 한 번꼴로 충돌이 발생한다.
$2^{32} \times 2^{10초} = 2^{42} + 2^{42} = 84$

정답 ③

78 일방향 해시함수에 대한 설명으로 틀린 것은?

① SHA-256의 해시 값은 32바이트이다.
② 일방향 해시함수를 사용해서 메시지 인증코드를 구성할 수 있다.
③ SHA-1에 대한 충돌 내성은 깨지지 않아 안전하게 사용할 수 있다.
④ 일방향 해시함수를 통해 파일의 무결성을 보장할 수 있다.

보안에 안전한 해시함수는 SHA-2 이상의 계열을 사용해야 한다. 따라서 SHA-1 계열은 보안에 취약한 해시함수이다.

정답 ③

79 사용자의 역할에 기반을 두고 접근을 통제하는 RBAC(역할 기반 접근 통제) 모델에 대한 설명으로 틀린 것은?

① 주체의 인사이동이 잦은 조직에 적합한 접근 통제 방식이다.
② 자원 관리자 혹은 보안 관리자가 자원 접근 권한을 다른 사용자에게 부여한다.
③ 임의적 접근 통제 방식과 강제적 접근 통제 방식의 단점을 보완한 접근 통제 기법이다.
④ 최소 권한의 원칙과 직무 분리의 원칙을 지킨다.

RBAC는 직무별 Role을 생성하여 Role 단위로 권한을 부여할 수 있어서 편의성이 높은 접근 통제 기법이다. 보기 ②에서 자원 관리자 혹은 보안 관리자가 자원 접근 권한을 다른 사용자에게 부여하는 것은 RBAC와 관련이 없다.

정답 ②

80 Diffie-Hellman 키 분배 프로토콜을 이용하여 송신자 "A"와 수신자 "B"간에 동일한 비밀키를 분배하고자 한다. 다음과 같은 조건이 주어졌을 때, 송신자 "A"와 수신자 "B"가 분배받는 비밀키 값은?

- Diffie-Hellman 키 분배 프로토콜에서 사용하는 이산 대수 : $g^a \bmod p$
- 송신자 A : g = 3, p = 7, a = 2
- 수신자 B : g = 3, p = 7, a = 3

① 1   ② 3
③ 5   ④ 7

$3^{2*3} \bmod 7$을 계산하면 729 mod 7 = 1이 된다. 여기서 mod는 나머지를 계산하는 것이다.

정답 ①

하 정보보안 관리 및 법규 〉 정보보호 관리

81 계정도용 및 불법적인 인증 시도 통제방안으로써 "불법 로그인 시도 경고" 통제 방안 예시로 올바르지 않은 것은?

① 해외 IP 주소 등 등록되지 않은 IP 주소에서의 접속 시 차단 및 통지
② 주말, 야간 접속 시 문자 알림
③ 관리자 등 특수 권한 로그인 시 알림
④ 동일 계정으로 동시 접속 시 접속 차단 조치 또는 알람 기능

불법 경고 로그인과 관련된 내용은 해외 IP, 주말 및 야간 접속, 동시 접속이 해당된다.

정답 ③

하 정보보안 관리 및 법규 〉 정보보호 관련 윤리 및 법규

82 개인정보보호법에 따른 권리의 보유 및 행사 주체인 정보주체에 해당하지 않는 것은?

① 처리되는 정보에 의하여 알아볼 수 있는 사람
② 개인정보를 처리하는 사람
③ 처리되는 정보의 주체가 되는 사람
④ 법인이나 단체가 아닌 살아있는 사람

개인정보보호법에서 "정보주체"란 처리되는 정보에 의하여 알아볼 수 있는 사람으로서 그 정보의 주체가 되는 사람을 말한다. "개인정보처리자"란 업무를 목적으로 개인정보 파일을 운용하기"개인정보처리자"란 업무를 목적으로 개인정보 파일을 운용하기 위하여 스스로 또는 다른 사람을 통하여 개인정보를 처리하는 공공기관, 법인, 단체 및 개인 등을 말한다.

정답 ②

중 정보보안 관리 및 법규 〉 정보보호 관리

83 개인정보보호법상 정보주체의 동의 없이 사용할 수 없는 사례는?

① 통계 작성, 과학적 연구, 공익적 기록보존 등을 위해 가명 처리 후 사용하였다.
② 범죄의 수사와 공소의 제기 및 유지를 위해 정보주체의 민감정보를 수집하였다.
③ 공공기관의 자체 감사를 하며, 해당 직원의 개인정보를 처리하였다.
④ 인터넷 사이트를 운영하면서 SNS 회사로부터 이용자의 이름, 휴대폰번호, 이메일, 주소를 제공받아 사용하였다.

본 문제는 개인정보보호법 상에 동의 없이 처리하는 항목이다. 가명 처리 후 사용은 개인정보보호법 특례조항에 포함되어 있고 범죄 수사 및 공소 제기, 공공기관 법령에서 정하는 소관 업무를 처리하기 위해서는 동의를 받지 않아도 된다. 하지만 보기 ④의 동의 후 처리가 가능하다.

정답 ④

84 지식정보보안 컨설팅 전문업체로 지정받을 수 있는 법인 임원의 결격사유가 아닌 것은?

① 미성년자
② 파산선고를 받고 복권되지 아니한 사람
③ 금고 이상의 형의 집행유예를 선고받고 그 유예기간 중에 있는 사람
④ 벌금형을 받고 벌금을 미납한 사람

지식정보보안 컨설팅 전문업체 법인 임원의 결격사유

가. 미성년자 · 금치산자 또는 한정치산자
나. 파산선고를 받은 자로서 복권되지 아니한 자
다. 금고 이상의 실형의 선고를 받고 그 집행이 종료(집행이 종료된 것으로 보는 경우를 포함한다)되거나 집행이 면제된 날부터 2년이 지나지 아니한 자
라. 금고 이상의 형의 집행유예의 선고를 받고 그 집행유예기간 중에 있는 자
마. 제28조제1호 또는 제3호 내지 제5호의 규정에 의하여 지정이 취소된 법인의 취소 당시의 임원이었던 자(취소된 날부터 2년이 지나지 아니한 자에 한한다)

정답 ④

---

85 개인정보처리에 관한 설명으로 틀린 것은?

① 개인정보보호법은 인터넷 구간과 내부망의 중간지점에 고유식별정보를 저장하는 경우에는 이를 암호화하도록 요구하고 있다.
② 정보통신망 이용촉진 및 정보보호 등에 관한 법률은 개인정보처리시스템에 접속할 수 있는 사용자 계정을 발급하는 경우 개인정보취급자별로 한 개의 사용자 계정을 발급하도록 요구하고 있다.
③ 영상정보처리기기 운영자는 영상정보처리기기의 설치 목적과 다른 목적으로 영상정보처리기기를 임의로 조작하거나 다른 곳을 비춰서는 아니되며, 녹음 기능은 사용할 수 없다.
④ 학술연구 등의 목적을 위하여 필요한 경우로서 특정 개인을 알아볼 수 없는 형태로 개인정보를 제공하는 경우에는 정보주체의 동의 없이 개인정보를 이용, 제공할 수 있다.

사용자 계정 발급은 1인 1 ID가 기본이지만 정보통신망법 법률에 포함되지 않고, 책임자의 승인 후 필요에 따라 공유 계정을 사용할 수 있다.

정답 ②

86 GDPR의 적용 대상으로 틀린 것은?

① EU 주민의 정보와 무관하지만 제공하는 물품과 서비스에 EU의 생산품이 포함된 기업
② EU 지역에 사업장은 없지만 인터넷 홈페이지를 통해 EU에 거주하는 주민에게 물품 및 서비스를 제공하는 기업
③ EU에 거주하는 주민의 행동을 모니터하는 기업
④ EU에 사업장을 운영하는 기업

GDPR 적용 기업은 EU에서 사업장을 운영하거나 인터넷으로 EU 주민에게 물품을 판매, EU 주민 행동 모니터링, EU 주민의 민감정보 및 아동정보를 처리하는 기업, 공개적으로 접근 가능한 장소에 CCTV를 운영하는 기업이다.

정답 ①

87 외주 및 협력업체의 인력에 대한 보안을 강화하기 위한 보호 대책으로 틀린 것은?

① 외부 위탁용역 및 협력업체 인력과의 계약 시에 보안 관련 사항을 포함시켜야 한다.
② 협력업체 직원 등의 외주 인력은 회사 업무 수행 시 내부 직원과 동일한 수준으로 정보보호 정책을 준수하여야 한다.
③ 외주 인력에게 회사의 중요 정보에 접근을 허용하는 경우 한시적으로 제한하여 허용하고 주기적인 점검이 이루어져야 한다.
④ 업무상 필요에 의해 협력업체 직원이 회사 정보시스템에 대한 접속 및 외부로의 접속이 요구되는 경우 협력업체 책임자의 승인을 받는다.

보기 ④에서 협력업체 책임자의 승인이 아니라 접속하려는 기업 책임자의 승인을 받아야 한다.

정답 ④

88 정보보호 정책을 구현하기 위한 요소에 대한 설명으로 틀린 것은?

① 정책은 조직의 경영 목표를 반영하고 정보보호 관련 상위 정책과 일관성을 유지한다.
② 표준은 정보보호 정책의 상위 개념이며 정책 목적을 달성하기 위하여 세부적인 사항을 사규 또는 내규 등으로 정리한 내용이므로 조직 내에서 준수하도록 하는 강제성은 없다.
③ 지침은 정보보호의 정책을 달성하기 위해 도움이 될 수 있는 구체적인 사항을 설명한 권고 사항으로 정보보호 활동에 필요하거나 도움이 되는 세부 정보를 설명하는 내용이다.
④ 절차는 정책을 만족하기 위하여 수행하여야 하는 사항들을 순서에 따라 단계적으로 설명하며 구체적 적용을 위해 필요한 세부적인 방법을 기술한 내용이다.

표준은 조직 내에서 준수하도록 강제성을 가진다.

정답 ②

89 다음 중 일반직원 대상의 통상적인 정보보호 교육 및 훈련의 내용에 해당하지 않는 것은?

① 정보보호 요구사항
② 정보보호 사고 발생 시 사용자의 법적인 책임
③ 조직의 정보보호 관리 통제 방법
④ 조직의 정보보호 시스템 구성도 및 운영 방법

정보보호 시스템 구성도 및 운영 방법은 대외비 자료이다. 따라서 일반직원을 대상으로 하는 교육 내용에 포함하지 말아야 한다.

정답 ④

90 업무 연속성 관리 단계가 아닌 것은?

① 전략 수립 단계
② 구현 단계
③ 운영 관리 단계
④ 종료 단계

업무 연속성 관리 단계

업무 연속성 관리 단계	설명
시작 단계	정책 수립 및 제반 사항을 준비한다.
전략 수립 단계	업무 영향 평가 및 위험평가를 통한 전략을 수립한다.
구현 단계	운영 프로그램 수립, 복구계획 및 절차, 초기 시험을 한다.
운영 관리 단계	지속적인 테스트 및 유지보수, 교육을 수행한다.

정답 ④

91 사회공학 기법을 악용한 전화 금융사기, 전자금융사기 등 금융소비자 대상의 공격이 고도화, 지능화됨에 따라 각 금융회사는 금융소비자의 재산을 보호하기 위한 시스템으로 오후 9시에 종로의 편의점에서 결제된 신용카드가 동일 오후 9시 5분에 모스크바에서 결제 요청되는 등의 이상 금융거래를 탐지해주는 시스템은?

① FDS(Fraud Detection System)
② DLP(Data Loss Prevention)
③ RMS(Risk Management System)
④ ESM(Enterprise Security Management)

FDS는 전자금융거래에서 사용되는 단말정보, 접속로그, 거래정보 등을 분석하여 금전 및 사적인 이득을 취하기 위해서 발생되는 각종 부정 거래행위를 탐지 및 예방한다.

정답 ①

92 정보통신 서비스 제공자가 개인정보 유출 시 이용자에게 알려야 하는 법률적 의무사항으로 옳지 않은 것은?

① 이용자가 상담 등을 접수할 수 있는 부서 및 연락처
② 유출 등이 발생한 원인
③ 정보통신서비스 제공자 등의 대응 조치
④ 이용자가 취할 수 있는 조치

개인정보보호법 제39조4의 정보통신서비스 제공자 등이 신고할 내용은 다음과 같다.
• 이용자에 대한 통지 여부
• 유출된 개인정보의 항목 및 규모
• 유출된 시점과 그 경위
• 정보통신서비스 제공자 등의 대응 조치
• 이용자가 취할 수 있는 조치
• 담당부서, 담당자 및 연락처

정답 ②

93 클라우드 컴퓨팅 발전 및 이용자 보호에 관한 법률에서 정의하는 용어에 대한 설명으로 틀린 것은?

① "클라우드 컴퓨팅"이란 정보통신자원을 이용자의 요구나 수요 변화에 따라 정보통신망을 통하여 신축적으로 이용할 수 있도록 하는 정보처리체계를 말한다.
② "클라우드 컴퓨팅 기술"이란 클라우드 컴퓨팅의 구축 및 이용에 관한 정보통신기술로서 가상화 기술, 분산처리 기술 등을 말한다.
③ "클라우드 컴퓨팅 서비스"란 클라우드 컴퓨팅을 활용하여 상용으로 타인에게 정보통신자원을 제공하는 서비스 등을 말한다.
④ "이용자 정보"란 클라우드 컴퓨팅 서비스 이용자가 클라우드 컴퓨팅 서비스에 등록하는 계정 정보를 말한다.

"이용자 정보"란 클라우드 컴퓨팅 서비스 이용자(이하 "이용자"라 한다)가 클라우드 컴퓨팅 서비스를 이용하여 클라우드컴퓨팅서비스를 제공하는 자(이하 "클라우드 컴퓨팅 서비스 제공자"라 한다)의 정보통신자원에 저장하는 정보(「지능정보화 기본법」 제2조제1호에 따른 정보를 말한다)로서 이용자가 소유 또는 관리하는 정보를 말한다.

정답 ④

94 다음 중 디지털 저작권에 대한 설명으로 틀린 것은?

① 본인이 촬영하고 편집한 동영상은 저작물에 따로 등록하지 않아도 저작권이 적용될 수 있다.

② 온라인 비대면 수업과 회의 참가자의 사진을 허락 없이 촬영하여 업로드한 경우 초상권 침해가 될 수 있다.

③ 공공 데이터 포탈에서 공개하고 있는 데이터의 경우 저작권자는 공개한 공공기관이므로 공공 데이터는 별도의 저작권자의 이용 허락 없이 활용할 수 있다.

④ 비영리직 목적으로 사용하도록 승인한 공개 소프트웨어는 개인, 기업 모두 자유롭게 사용할 수 있다.

> 비영리 목적으로 승인한 공개 소프트웨어도 공개 소프트웨어 라이선스 규약에 따라서 사용해야 한다.

정답 ④

95 다음 중 위험분석 접근 방법에 대한 설명으로 옳은 것은?

① 기준선 접근법은 모든 시스템에 대하여 표준화된 보호 대책의 세트를 흐름도의 형태로 제공하며, 계량화가 가능한 장점이 있다.

② 비형식적 접근법은 경험자의 지식에 기반하지 않고 구조적인 방법론을 사용하여 위험분석을 시행하는 방식이다.

③ 상세 위험분석 접근법은 자산분석, 위협분석, 취약점 분석의 각 단계를 수행하여 위험을 평가하는 방법이다.

④ 복합 접근법은 고위험 영역을 식별하여 베이스라인 접근법을 사용하고, 다른 영역은 비정형 접근법을 사용하여 효율적으로 소규모의 조직 위험평가를 실시할 때 유용한 방법이다.

> 위험분석 접근 방법에서 상세 위험분석은 정성적 위험분석과 정량적 위험분석을 의미하며 자산분석. 위협분석. 취약점 분석을 수행하고 위험평가를 수행한다.

정답 ③

96 다음 문장에서 괄호 안에 들어갈 내용은?

> 위험이란 비정상적인 일이 발생할 수 있는 (ㄱ)을 말하며, (ㄴ)분석은 (ㄴ)을 분석하고 해석하는 과정으로 조직 자산의 (ㄷ)
> 을 식별하고, (ㄹ) 분석을 통해 발생 가능한 위험의 내용과 정도를 결정하는 과정이다.

① ㄱ : 가능성　　　 ㄴ : 위협　　　 ㄷ : 취약성　　　 ㄹ : 위험
② ㄱ : 취약성　　　 ㄴ : 위험　　　 ㄷ : 가능성　　　 ㄹ : 위협
③ ㄱ : 확률　　　　 ㄴ : 위험　　　 ㄷ : 취약성　　　 ㄹ : 위협
④ ㄱ : 가능성　　　 ㄴ : 위험　　　 ㄷ : 취약성　　　 ㄹ : 위협

> 위험이란 발생 가능성을 의미하고 위험분석은 위험을 분석하는 것으로 정성적 위험분석과 정량적 위험분석이 있다. 취약점
> 은 자산에 대해서 발생할 수 있는 약점이며 위협분석을 통해서 결정한다.

정답 ④

97 거버넌스 체계에 있어서 정보보호에 대한 경영진의 관심 및 참여가 정보보호 목표 달성에 있어서 제일 중요한 요소이다. 정보보호 운영 활동 전반에 경영진의 참여가 이루어질 수 있도록 보고하고 경영진이 정보보호 관련 의사결정에 참여할 수 있도록 운영해야 한다. 다음 중 경영진 참여에 대한 사항으로 가장 부적절한 것은?

① 경영진 참여가 이루어질 수 있도록 보고, 의사결정 등의 책임과 역할을 문서화하지 않았지만 정기적으로 보고하고 있다.
② 경영진이 직접 정보보호 활동에 참여도 가능하지만 정보보호 위원회를 구성하여 정교한 의사결정 등을 결정할 수 있다.
③ 조직의 규모 및 특성에 맞게 보고 및 의사결정 절차, 대상, 주기 등을 결정할 수 있다.
④ 경영진 참여가 원칙이나 내부 위임전결 등의 규정이 있는 경우에는 정보보호를 담당하고 있는 책임자가 경영진의 의사결정을 대행할 수 있다.

> 경영진 참여는 의사결정 체계 및 책임과 역할을 문서화해야 한다. 특히 취약점 검사, 위험평가, 내부감사 등은 경영진의 승인
> 을 받아야 한다.

정답 ①

98 정보보안관리 및 보안 제어에 대한 프라이버시의 연장선에 있는 국제경영시스템으로 조직이 개인정보를 관리하는 방법을 포함하여 프라이버시 보호에 대한 지침을 제공하고 전 세계의 프라이버시 규정 준수를 입증하는 표준은?

① ISMS-P
② ISO 27001
③ ISMS
④ ISO 27701

> ISO 27701은 ISO 27001(ISMS) 인증을 받은 기업이 개인정보를 포함해서 인증받는 개인정보보호 관리체계이다.

정답 ④

99 조직의 위험평가를 수립하고 운영에 대한 사항으로 적절하지 않은 것은?

① 위험관리를 위한 위험평가 방법 선정은 베이스라인 접근법, 상세위험분석법, 복합 접근법, 위협 및 시나리오 기반 등의 다양한 방법론 중에서 해당 조직에 맞는 방법론을 선정하고 유지하여야 한다.

② 위험관리를 위한 수행인력, 기간, 대상, 예산 등의 방법 및 절차를 구체화한 위험관리계획을 수립하여야 하며, 위험평가 참여자는 외부위험관리전문가로 구성된다.

③ 위험관리 계획에 따라 위험평가를 연 1회 이상 정기적으로 또는 필요한 시점에 수행하여야 한다. 매년 위험평가 대상에 변동이 없어도 위험평가는 수행되어야 한다.

④ 조직에서 수용 가능한 목표 위험수준을 정하고 그 수준을 초과하는 위험을 식별하여야 한다. 수용 가능한 목표 위험수준(DoA : Degree of Assurance)을 정보보호 최고책임자 등 경영진 의사결정에 의하여 결정하여야 한다.

위험관리는 위험관리계획을 수립해야 하지만 외부위험관리전문가로 구성해야 하는 것은 아니다.

정답 ②

100 유럽의 국가들이 자국의 정보보호시스템을 평가하기 위해 각각의 기준을 제정하여 시행하는 것은?

① TCSEC　　　　　　　　　　　② ITSEC
③ TNI　　　　　　　　　　　　　④ TDI

ITSEC(Information Technology Security Evaluation Criteria)
• 운영체제와 장치를 평가하기 위해 유럽에서 만든 정보보호 지침이다.
• 기밀성, 무결성, 가용성을 다룬다.

정답 ②

* 본 문제는 실제 시험지를 기준으로 작성된 것으로, 저자가 시험응시 후 복원한 문제입니다.

1과목	시스템 보안

☰ 상　시스템 보안 〉 시스템 보안 위협 및 공격에 대한 예방 및 대응

01 서버 시스템의 접근 통제 관리에 대한 설명으로 틀린 것은?

① 윈도우 시스템 이벤트에는 시스템, 어플리케이션, 보안 이벤트가 있으며 감사로그는 제어판 – 관리 도구 – 로컬 보안설정 – 감사정책에서 각각 설정할 수 있다.

② 윈도우 시스템은 도메인 환경에서 사용자 인증을 위하여 레지스트리가 익명의 사용자에 의해 접근할 수 있도록 설정하여야 한다.

③ iptables, tcp wrapper 도구를 사용하면 서버 시스템의 네트워크 접근 통제 기능을 설정할 수 있다.

④ Unix 서버 시스템에서 불필요한 파일에 설정된 SUID와 SGID 비트를 제거하여 실행 권한이 없는 프로그램의 비인가된 실행을 차단하여야 한다.

> 윈도우 시스템에서 레지스트리(Registry)는 윈도우 운영체제의 모든 환경 설정 정보를 가지고 있다.
> 익명 사용자 제한은 HKEY_LOCAL_MACHINE₩SYSTEM₩CurrentControlSet₩Control₩Lsa 에서RestrictAnonymous 값을 2로 설정하면 된다.

정답 ②

☰ 상　시스템 보안 〉 시스템 보안 위협 및 공격에 대한 예방 및 대응

02 다음은 passwd 파일 구조를 나타내는 그림이다. "G"가 의미하는 것은?

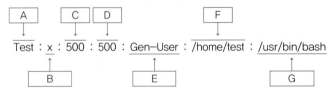

① 홈디렉터리 위치

② 지정된 셀(Shell)

③ 패스워드

④ 설명

> /etc/passwd 파일에서 A는 사용자 ID, B의 x 패스워드는 shadow 파일에 저장되어 있는 것을 의미한다. C는 User id, D는 Group id, E는 설명, F는 사용자 홈디렉터리, G는 사용자가 사용하는 Shell이다.
> 본 문제는 정보보안기사 필기와 정보보안산업기사 실기에서 자주 출제되는 문제이다.

정답 ②

03 안드로이드 adb를 통해 접속 후 쓰기 가능한 디렉터리는?

① /system/

② /data/app

③ /data/local/tmp/

④ /bin/

안드로이는 /data/local/tmp/ 디렉터리는 임의의 파일을 업로드 할 때 많이 사용되는 것으로 쓰기가 가능한 디렉터리이다.

안드로이드 디렉터리 구조

구분	설명
/data/app	안드로이드 apk가 설치될 때 백업 apk가 저장된다.
/data/data	사용자 정보, 동영상, 그림, 음악과 같은 리소스 파일이 저장된다.
/data/dalvic–cache	달빅 바이트 코드 파일이 저장되어 있다.
/data/misc	사용자 정보가 기록되고 블루투스, WiFi 등의 기록이 보관된다.

정답 ③

04 다음 보기에서 설명하는 공격 위협은?

웹 사이트에 개인정보, 계정정보, 금융정보 등의 중요정보가 노출되거나 에러 발생 시 과도한 정보(애플리케이션 정보, DB 정보, 웹 서버 구성 정보, 개발 과정의 코멘트 등)가 노출될 경우, 공격자들의 2차 공격을 위한 정보로 활용될 수 있다.

① XPath 인젝션

② 디렉터리 인덱싱

③ 운영체제 명령 실행

④ 정보 누출

정보누출은 중요정보가 노출되거나 에러 발생 시에 과도한 정보가 노출되는 보안 약점이다.

구현 단계 보안 약점 항목(정보 노출)

구분	설명
사용자 하드 디스크에 저장되는 쿠키를 통한 정보 노출	개인정보, 인증정보 등이 영속적인 쿠키에 저장될 때 발생하는 보안 약점이다.
오류 메시지 정보 노출	예외 발생 시 예외 이름이나 스택 트레이스를 출력하는 경우 프로그램 내부 구조가 파악된다.
잘못된 세션에 의한 데이터 정보 노출	서로 다른 세션에서 데이터를 공유하여 발생하는 보안 약점이다.

정답 ④

05 인증 장치에 대한 설명으로 옳은 것은?

① USB 메모리에 디지털 증명서를 넣어 인증 디바이스로 하는 경우 그 USB 메모리를 접속하는 PC의 MAC 어드레스가 필요하다.
② 성인의 홍채는 변화가 없고 홍채 인증에서는 인증 장치에서의 패턴 갱신이 불필요하다.
③ 정전용량 방식의 지문인증 디바이스는 LED 조명을 설치한 실내에서는 정상적으로 인증할 수 없게 될 가능성이 높다.
④ 인증에 이용하는 접촉형 IC 카드는 카드 내의 코일의 유도 기전력을 이용하고 있다.

홍채인식은 비용이 많이 들고 야외에서 태양광으로 인해 인식률이 떨어지며 시선을 고정하지 않으면 올바르게 인식되지 않는다. 그리고 홍채를 형성하고 있는 조직은 생후 1~2년간 빗살 무늬 형태로 변화하게 되고 그 이후에는 패턴이 변하지 않는 것으로 알려져 있다. 따라서 성인의 홍채뿐만 아니라 어린이들의 홍채 패턴은 변화가 없다.

정답 ②

06 컴퓨터 시스템에 대한 하드닝(Hardening) 활동으로 틀린 것은?

① 사용하지 않는 PDF 소프트웨어를 제거하였다.
② 시스템 침해에 대비하여 전체 시스템에 대한 백업을 받아두었다.
③ 운영체제의 감사 기능과 로깅 기능을 활성화하였다.
④ 운영체제 보안 업데이트를 수행하였다.

하드닝(Hardening)은 시스템 보안을 견고하게 하기 위해서 취약점을 줄여서 보안을 강화하는 활동을 의미한다. 즉, 사용하지 않은 PDF를 삭제하거나 감사 기능, 로깅 기능, 보안 업데이트, 패치 적용 등의 활동을 의미한다.

정답 ②

07 다음 보기에서 설명하는 기억 장치의 메모리 반입 정책은?

입력된 프로그램을 수용할 수 있는 공간 중 가장 큰 공간을 할당한다.

① 최초 적합(First Fit)
② 최상 적합(Best Fit)
③ 최악 적합(Worst Fit)
④ 다음 적합(Next Fit)

정보보안기사에서 가상 메모리 관리 기법(메모리 관리 기법)은 시스템 보안에 자주 출제되는 주제이다. 그중에서 메모리 배치(Placement) 기법은 First Fit, Best Fit, Worst Fit, Next Fit이 있다. Worst Fit은 가장 잘 맞지 않은 공간에 데이터를 배치하는 기법으로 큰 사이즈 공간에 데이터를 배치해서 사용하고 남은 공간(단편화)을 활용할 수 있게 한다.

정답 ③

08 악성 프로그램에 대한 설명으로 틀린 것은?

① 바이러스 : 한 시스템에서 다른 시스템으로 전파하기 위해서 사람이나 도구의 도움이 필요한 악성 프로그램이다.

② 웜 : 한 시스템에서 다른 시스템으로 전파하는 데 있어서 외부의 도움이 필요하지 않은 악성 프로그램이다.

③ 백도어 : 사용자의 동의없이 설치되어 컴퓨터 정보 및 사용자 개인정보를 수집하고 전송하는 악성 프로그램이다.

④ 논리 폭탄 : 합법적 프로그램 안에 내장된 코드로서 특정한 조건이 만족되었을 때 작동하는 악성코드이다.

웜 바이러스는 자기 스스로 복제하는 바이러스로 웜은 독자적으로 실행되고 다른 실행 프로그램이 필요하지 않다. 웜은 네트워크를 사용해서 자신의 복사본을 전송하여 네트워크를 손상시킨다. 보기 ②에서 웜은 독자적으로 실행되지만 웜을 전파하기 위해서 외부의 도움이 전혀 필요 없지는 않다.

정답 ③

09 다음은 SUID 프로그램이 일반 권한에서 관리자 권한으로 상승하여 처리하는 전사적인 과정을 나타내고 있다. 심볼릭 링크를 이용한 레이스 컨디션 공격이 실행되는 단계는?

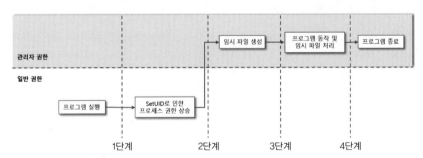

① 1단계

② 2단계

③ 3단계

④ 4단계

백도어 프로그램을 개발하고 Setuid를 설정한 후에 심볼릭 링크를 생성한다. 심볼릭 링크를 통해서 백도어를 호출할 수 있게 되고 Setuid로 관리자(Root) 권한을 획득하게 된다.

정답 ③

10 다음은 IDS Snort Rule이다. Rule이 10~11째 2바이트의 값이 0xFFFF인지를 검사하는 Rule이라 할 대 ㄱ ~ ㄷ의 올바른 키워드는 무엇인가?

> alert tcp any any → any any (flow: to_server; (ㄱ): "|FF FF|"; (ㄴ):9; (ㄷ):2; msg:"Error"; sid: 1000002;)

① ㄱ : value   ㄴ : offset   ㄷ : content
② ㄱ : value   ㄴ : content   ㄷ : offset
③ ㄱ : content   ㄴ : depth   ㄷ : offset
④ ㄱ : content   ㄴ : offset   ㄷ : depth

Snort 옵션

구분	설명
content	특정 문자열을 포함하고 있는 패킷을 탐지한다.
depth	• content 옵션 명령이 검사할 바이트 수를 지정하는 옵션이다. • offset과 같이 사용해서 탐지 성능을 향상한다.
offset	패킷 문자열 검색의 시작 위치를 지정한다.

정답 ④

11 매크로 바이러스에 대한 설명으로 틀린 것은?

① 플랫폼과 무관하게 실행된다.
② 주로 이메일을 통해 감염된다.
③ 문서 파일의 기능을 악용한다.
④ EXE 형태의 자동화된 기능을 포함한다.

매크로 바이러스는 Office 내에 기생되는 것으로 EXE 형태가 아니다.

매크로 생성

매크로 바이러스를 생성한다.

정답 ④

12 Windows에서 파일이 삭제된 직후 일정 시간(기본15초) 안에 동일한 이름의 파일이 생성되는 경우 방금 삭제된 파일의 테이블 레코드를 재사용하는 경우가 있다. 이러한 특징을 갖는 기능은?

① 파일 시스템 터널링   ② Shellbags

③ 윈도우 파일 프로텍션   ④ 타임스톰핑

정보보안기사 시험에 처음 등장한 주제이다.

파일 시스템 터널링(File System Tunneling)이란 짧은 시간(기본 15초) 안에 폴더에 동일한 이름의 파일이 생성되면 생성 시간을 변경하지 않고 유지하는 기능을 의미한다. 터널링 기능은 FAT, NTFS가 모두 지원한다.

파일 시스템 터널링 설정

레지스트리 키	값
HKEY_LOCAL_MACHINE₩SYSTEM₩CurrentControlSet₩Control₩FileSystem₩ MaximumTunnelEntryAgeInSeconds	초 단위 캐시 유지 시간
HKEY_LOCAL_MACHINE₩SYSTEM₩CurrentControlSet₩Control₩FileSystem₩ MaximumTunnelEntries	• 0 : 터널링 비활성화 • 1 : 터널링 활성화

정답 ①

13 리눅스 Capabilities에서 실행 바이너리에 커널 모듈을 올리거나 내릴 수 있는 권한을 할당할 수 있는 Capability는 무엇인가?

① CAP_CHOWN   ② CAP_AUDIT_CONTROL

③ CAP_SYS_MODULE   ④ CAP_MAC_ADMIN

리눅스 Capabilities List는 리눅스에 구현되는 연산 또는 행위들에 허용되는 능력(권한)을 보여 준다.

Capabilities List

Capability	설명
CAP_CHOWN	파일의 UID와 GID를 임의적으로 변경할 수 있게 한다.
CAP_AUDIT_CONTROL	커널 감시 기능을 사용할 수 있다.
CAP_SYS_MODULE	커널 모듈을 올리거나 내릴 수 있다.
CAP_MAC_ADMIN	MAC(강제적 접근권한)을 재정의한다.

정답 ③

14 다음 중 로그의 성격이 다른 것은?

① 데이터베이스 로그   ② 웹 서버 로그

③ 메일 서버 로그   ④ 유닉스 계열의 syslog

syslog는 리눅스 운영체제에 대한 로그를 기록하는 데몬(Daemon) 프로세스로 syslogd라는 프로그램으로 로그를 기록한다.

정답 ④

15 윈도우 운영체제의 레지스트리에 대한 설명으로 틀린 것은?

① 시스템 구성정보를 저장하는 데이터베이스로 SYSTEM.DAT, USER.DAT 파일을 말한다.

② 레지스트리는 regedit.exe 전용 편집기에 의해서만 편집이 가능하다.

③ 윈도우 레지스트리 키는 HKEY_CLASS_ROOT, HKEY_CURRENT_USER, HKEY_LOCAL_MACHINE, HKEY_USERS, HKEY_CURRENT_CONFIG 등이 있다.

④ 레지스트리 백업 및 복구는 shell.exe를 구동하여 행한다.

> 본 문제는 과거 정보보안기사 기출문제와 동일하다. 레지스트리 백업과 복구는 regedit.exe에서 파일 내보내기로 백업하고 가져오기로 복구한다.

정답 ④

16 대부분의 응용 프로그램에서 생성된 파일은 그 응용 프로그램이 생성한 파일임을 인식할 수 있도록 항상 동일한 몇 바이트를 파일 내부의 특정 위치에 가지고 있다. 특정 위치의 고정값이 의미하는 것은?

① 시그니처(Signature) ② 확장자(Extensions)

③ 메타데이터(Metadata) ④ 레코드(Record)

> 본 문제는 시그니처(Signature)의 정의이다. 예를 들어 윈도우 실행 파일의 시그니처는 PE이다. PE(Protable Executable)는 윈도우 운영체제에서 실행 가능한 프로그램이라는 의미이다.

정답 ①

17 다음 그림은 a.a.a.a 시스템에서 UDP 패킷을 TTL=1부터 하나씩 늘려 가면서 b.b.b.b로 전송하고, TTL=4일 때 b.b.b.b 시스템에 UDP 패킷이 도달하고 ICMP Port Unreachable(Type 3) 패킷이 a.a.a.a 시스템으로 돌아왔다. 무엇을 하기 위한 과정인가?

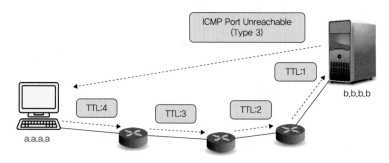

① ICMP scan ② traceroute

③ ping ④ UDP scan

> 리눅스에서 실행하는 traceroute(윈도우 : tracert) 명령어는 패킷이 전달되는 경로를 추적한다. 경로 추적을 위해서 ICMP 프로토콜을 사용한다. 본 문제는 정보보안기사에서 2회 이상 출제되었다.

정답 ②

18 다음 보기에서 설명하는 Windows 시스템의 인증 구성 요소는?

> • 사용자에게 SID(Security Identifier)를 부여한다.
> • SID에 기반하여 파일이나 디렉터리에 대한 접근 허용 여부를 결정한다.
> • 이에 대한 감사 메시지를 생성한다.

① LSA(Local Security Authority)
② LAM(Local Authentication Manager)
③ SAM(Security Account Manager)
④ SRM(Security Reference Monitor)

SRM(Security Reference Monitor)은 SID를 기반으로 파일이나 디렉터리에 대한 접근 허용 여부를 결정하고 감사 메시지를 생성한다. SID(Security Identifier)는 보안 식별자이다.

SID 확인

500번은 시스템 관리자(Administrator) 계정이다.

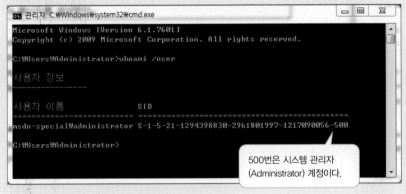

SID는 3회 이상 정보보안기사에 출제된 문제이다.

정답 ④

19 BIOS에 대한 설명으로 틀린 것은?

① 하드 디스크의 구성, 종류, 용량을 확인할 수 있다.
② 전원이 공급되지 않으면 정보가 유지되지 않는다.
③ 운영체제와 하드웨어 사이의 입출력을 담당하는 펌웨어이다.
④ BIOS에 저장된 시스템 시간은 포렌식 관점에서 중요하다.

BIOS 정보는 비휘발성 메모리인 ROM에 저장되기 때문에 전원이 공급되지 않아도 정보가 유지된다.

정답 ②

20 다음 중 인증의 방법이 아닌 것은?

① 당신이 알고 있는 것(Something You Know)
② 당신이 위치를 알고 있는 곳(Somewhere You Know)
③ 당신이 가지고 있는 것(Something You Have)
④ 당신 모습 자체(Something You Are)

인증 방식에 따른 분류

인증 구분	설명	기반	종류
Type I 인증	Something you know	지식	Password, Pin, Passphrase
Type II 인증	Something you have	소유	Smart Card, Tokens
Type III 인증	Something you are	존재(생체)	홍채, 지문, 정맥
Type IV 인증	Something you do	행동	음성, 서명, Keystroke Dynamics

사용자 인증 방법은 매번 정보보안기사 필기시험에 출제되고, 2-Factor 인증은 2개 이상의 인증 방법을 같이 사용하는 것으로 정보보안기사와 SW 보안 약점 진단원 1교시형 기출문제이다. 예를 들어 Password와 Pin을 같이 사용하는 것은 2 Factor 인증이 아니다. (22년 SW 보안 약점 진단원 1교시 출제)

정답 ②

≡ 상 네트워크 보안 〉 네트워크 공격 기술의 이해 및 대응

21 패킷 필터링을 위한 규칙에 대한 설명으로 틀린 것은?
(단, 서비스에 사용되는 포트는 기본값이며, Internal은 내부, External은 외부 네트워크를 의미한다.)

번호	From	To	Service	Action
1	Internal	External	80/TCP	Allow
2	Any	169.168.2.25	21/TCP	Allow
3	Internal	169.168.10.10	53/TCP	Allow
4	Any	Any	Any	Deny

① 내부에서 외부로 나가는 웹 서비스에 대해서 허용한다.
② 서버(169.168.2.25)로 FTP 서비스 연결은 어디에서나 가능하나 데이터 전송은 원활하게 이루어지지 않을 수 있다.
③ 필터링 규칙에 명시하지 않은 모든 프로토콜에 대해서는 거부한다.
④ 서버(169.168.10.10)로 DNS 서비스는 내부에서 이용이 가능하나 Message 정보가 512바이트보다 클 경우에는 허용하지 않는다.

> 방화벽 접근 통제 룰(Rule)을 보는 것은 보안기사, ISMS-P 심사원 시험에서 한 문제는 출제되는 것이다. 보기 ④를 보면 512 바이트보다 큰 패킷을 통제하는 기능은 없다. 하지만 본 문제의 의도 중에서 53번 포트는 DNS 서버를 의미하고 DNS는 TCP 와 UDP 모두를 사용한다. DNS 서버는 패킷의 크기가 512바이트보다 크면 TCP 포트를 사용해서 질의하게 된다.

정답 ④

≡ 상 네트워크 보안 〉 네트워크 기반 공격 기술의 이해 및 대응

22 UDP Flooding의 대응 방안으로 틀린 것은?

① 미사용 프로토콜 필터링
② 도착지 IP별 임계치 기반 차단
③ 패킷 크기 기반 차단
④ Anycast를 이용한 대응

> DDoS 공격에 대응하기 위해서 발신자의 IP를 차단할 수 있다. 하지만 도착지의 IP를 차단하면 정상적인 서비스를 하지 못하게 된다.

정답 ②

23 클라우드 시스템 및 서비스와 관련한 보안 측면의 설명으로 틀린 것은?

① 클라우드 서비스를 구동하기 위해 필수적인 가상화 시스템 내 하이퍼바이저가 취약할 경우 이를 활용하는 여러 개의 가상머신(VM)이 동시에 피해를 입을 가능성을 고려해야 한다.

② 기존 네트워크 보안 기술(방화벽, IPS/IDS)로는 가상화 내부 영역에 대한 침입탐지가 어렵다.

③ 사용자의 가상머신들이 상호 연결되어 내부의 가상머신에서 다른 가상머신으로의 패킷 스니핑, 해킹, DDoS 공격, 악성코드 전파 등의 공격 경로가 존재한다.

④ 가상화 기술 중 스토리지 가상화와 네트워크 가상화에 보안 위협이 존재하나 메모리 가상화에는 보안 위협이 존재하지 않는다.

본 문제는 정보보안기사 필기에 한 번 기출되었다. 메모리 가상화의 경우 메모리 트랩 기법을 사용해서 컨테이너 내부에서 발생되는 호스트 운영체제의 루트 권한 탈취 공격을 할 수 있다.

정답 ④

24 다음 중 원격지 서버의 스니핑 모니터링 프로그램인 sentinel을 이용하여 스니퍼를 탐지하는 예시와 그에 대한 의미로 틀린 것은?

① ./sentinel −a −t 211.47.65.4 : ARP 테스트

② ./sentinel −d −f 1.1.1.1 −t 211.47.65.4 : DNS 테스트

③ ./sentinel −e −t 211.47.65.4 : Etherping 테스트

④ ./sentinel −t 211.47.65.4 −f 1.1.1.1 −d −a − : 3개의 테스트 중 하나만 테스트

sentinel 스니핑 프로그램은 오래된 프로그램으로 현재 업데이트가 되지 않는 프로그램이다. 따라서 추가적인 공부는 필요 없지만 tcpdump는 학습이 필요하다. 본 문제 또한 인터넷에 있는 자료를 그대로 출제한 것뿐이다. 보기 ④의 경우 3개의 테스트를 동시에 실행하는 것이다.

sentinel 실행

```
./sentinel −a −t 211.47.65.xx # ARP 테스트

./sentinel −d −f 1.1.1.1 −t 211.47.65.4 # DNS 테스트

./sentinel −e −t 211.47.65.4 # etherping 테스트

./sentinel −t 211.47.65.4 −f 1.1.1.1 −d −a −e # 3개의 테스트를 동시에 수행
```

실행 결과

```
Results : 212.47.65.143 tested positive to etherping test
```

위와 같이 postive가 나오면 212.47.65.143에서 스니핑(무차별) 모드(Promisc 모드)를 실행 중인 것이다.

정답 ④

25 다음 문장의 괄호 안에 들어갈 명령어를 순서대로 나열한 것은?

> 시스코 라우터에서 CPU 평균 사용률을 보기 위해서는 (ㄱ)의 명령어를 사용하고 라우터 인터페이스 하드웨어 정보를 보기 위
> 해서는 (ㄴ)을 사용하며, 메모리의 전체 용량, 사용량, 남은 용량 등을 확인하기 위해서는 (ㄷ) 명령어를 사용한다.

① ㄱ : show process   ㄴ : show controllers   ㄷ : show flash

② ㄱ : show process   ㄴ : show controllers   ㄷ : show memory

③ ㄱ : show process   ㄴ : show interface   ㄷ : show flash

④ ㄱ : show process   ㄴ : show interface   ㄷ : show memory

시스코 라우터 명령어

명령어	설명
show process	• CPU 사용률을 보여 준다. • show process CPU : 해당 CPU 사용률 통계 정보
show controllers	라우터 시리얼 인터페이스에 연결된 케이블 유무 상태와 케이블 타입을 확인한다.
show memory	메모리 상태를 확인한다.
show version	라우터 버전을 확인한다.
show flash	라우터 플래시 메모리에 저장된 내용을 확인한다.
show diag	라우터에 장착된 인터페이스 모듈과 카드 타입을 확인한다.
show ip route summary	라우팅 테이블에 등록된 경로 개수와 유형 등을 확인한다.

정보보안기사에서 라우터 관련 명령어는 라우터 패스워드 변경과 라우터 명령 모드, ACL(Access Control List) 설정을 학습
해야 한다.

정답 ②

26 다음 보기에서 설명하는 해커의 분류는?

> • 해킹 수행 코드가 적용될 수 있을 만한 취약점을 발견할 때까지 여러 번 시도해 시스템 침투에 성공하는 경우도 있으며, 성공된 해킹에 대해 자랑하고 다닌다.
> • 보안상 취약점을 새로 발견하거나 최근 발견된 취약점을 주어진 상황에 맞게 바꿀만한 능력이 없다.

① Elite   ② Script Kiddie
③ Developed Kiddie   ④ Lamer

해커의 분류

등급	설명
레이머(Lamer)	컴퓨터 지식이 없이 단순히 해커를 동경하는 사람이다.
스크립트 키디 (Script Kiddle)	• 네트워크와 운영체제에 대해서 약간의 지식만 있다. • 잘 알려진 툴을 사용해서 인터넷 사용자를 괴롭힌다.
디벨로트 키드 (Developed Kiddle)	대부분의 해킹 지식을 알고 있으며 취약점을 발견하고 침투에 성공할 수 있다.
앨리트(Elite)	최고 수준의 해커로 포괄적인 지식으로 해킹하고 흔적도 완벽히 지워서 추적이 어렵다.

정답 ③

27 SNMP 커뮤니티 스트링에 대한 설명으로 틀린 것은?

① 기본적으로 Public, Private로 설정된 경우가 많다.
② 모든 서버 및 클라이언트에서 동일한 커뮤니티 스트링을 사용해야만 한다.
③ MIB 정보를 주고받기 위하여 커뮤니티 스트링을 사용한다.
④ 유닉스 환경에서 커뮤니티 스트링 변경은 일반 권한으로 설정한다.

SNMP Community String은 통신상에서 일종의 패스워드 역할을 하는 문자열로 SNMP Agent와 SNMP Manger가 동일한 Community String을 가지고 있어야 통신할 수 있다. 따라서 일반 권한으로 Community String을 변경할 수 있게 하면 보안에 취약하게 된다.

Community String 보안 설정

구분	설명
보안 점검	SNMP Community String 복잡성 설정 여부 점검
양호	SNMP Community 이름이 public, private가 아닌 경우
취약	SNMP Community 이름이 public, private인 경우

정답 ④

28 TCP 세션 하이재킹의 공격 순서로 옳은 것은?

> ㄱ : 공격자는 스니핑을 하여 세션을 확인하고 적절한 시퀀스 넘버를 획득한다.
>
> ㄴ : 서버는 새로운 시퀀스 넘버를 받아들이며, 다시 세션을 연다.
>
> ㄷ : RST 패킷을 보내 서버 쪽 연결만 끊는다. 서버는 잠시 closed 상태가 되나 클라이언트는 그대로 established 상태로 남는다.
>
> ㄹ : 공격자는 새로 시퀀스 넘버를 생성하여 서버로 보낸다.
>
> ㅁ : 공격자는 정상적인 연결처럼 서버와 시퀀스 넘버를 교환하고 공격자와 서버 모두 established 상태가 된다.

① ㄱ → ㄴ → ㄷ → ㄹ → ㅁ

② ㄱ → ㄹ → ㄷ → ㄴ → ㅁ

③ ㄱ → ㄴ → ㄹ → ㄷ → ㅁ

④ ㄱ → ㄷ → ㄹ → ㄴ → ㅁ

세션 하이재킹(Session Hijacking)

• 인증을 위한 모든 검증을 우회 : TCP를 이용해서 통신하고 있을 때 RST(Reset) 패킷을 보내 일시적으로 TCP 세션을 끊고 시퀀스 넘버를 새로 생성하여 세션을 빼앗고 인증을 회피한다.

• 세션을 스니핑 추측(Brute-force Guessing)을 통해 도용이나 가로채어 자신이 원하는 데이터를 보낼 수 있는 공격 방법이다.

정답 ④

---

29 침입탐지 시스템(Intrusion Detection System)의 이상 탐지(Anomaly Detection) 방법 중 다음 보기에서 설명하는 방법은 무엇인가?

> • 과거의 경험적인 자료를 토대로 처리한다.
>
> • 행위를 관찰하고 각각의 행위에 대한 프로 파일을 생성한다.
>
> • 프로 파일들을 주기적으로 관찰하여 이상을 측정한다.

① 예측 가능한 패턴 생성(Predictive Pattern Generation)

② 통계적 접근법(Statistical Approaches)

③ 비정상적인 행위 측정 방법들(anomaly measures)의 결합

④ 특징 추출(Feature Selection)

IDS 이상탐지(행위기반 침입탐지)

방법	설명
통계적 접근	과거 경험적 자료를 토대로 처리하며 행위 관찰 및 각 행위에 대한 프로 파일을 생성하고 프로 파일을 주기적으로 관찰한다.
특징 추출	특정 침입패턴을 추출하는 방법이다.
신경망	주기적인 행동 프로 파일 학습을 수행한다.

정답 ②

30 다음 중 일반적으로 사용되는 서비스와 해당 서비스의 기본 설정 포트 연결이 틀린 것은?

① SSH(Secure Shell) − 22
② SMTP(Simple Mail Transfer Protocol) − 25
③ FTP(File Transfer Protocol) − 28
④ HTTPS(Hyper−Text Transfer Protocol over Secure socket layer) − 443

FTP는 명령 전송을 위해서 21번 포트를 사용하고 Active Mode인 경우 데이터 전송을 위해서 20번 포트를 사용한다.
Passive Mode는 데이터 전송을 위해서 FTP 서버가 1024 이후 포트 번호를 결정하여 FTP 클라이언트에게 알려준다.
FTP는 매번 출제되는 정보보안기사 필기 문제이다.

정답 ③

31 네트워크 도청을 예방하기 위한 대책으로 틀린 것은?

① 업무용 무선 AP와 방문자용 AP를 같이 사용한다.
② 무선 AP의 비밀번호는 쉽게 예측하지 못하는 안전한 비밀번호로 설정한다.
③ 업무용 단말기는 방문자용 AP에 접속하지 않도록 조치한다.
④ 중요정보는 암호화 통신을 이용하여 전송한다.

본 문제는 ISMS−P 결함으로 많이 출제되는 문제이다. 즉. 업무용 AP와 방문자용 AP를 분리하고 방화벽에 연결하여 접근 통제해야 한다. 예를 들어 상급종합병원에서 환자용 무선 네트워크와 업무용 무선 네트워크를 분리해야 한다.

정답 ①

32 다익스트라(Dijkstra) 알고리즘을 사용하는 라우팅 프로토콜에 대한 설명으로 틀린 것은?

① 대규모 망에 적합한 알고리즘이다.   ② 거리 벡터 알고리즘이다.
③ OSPF에서 사용된다.   ④ 링크 상태 알고리즘이다.

다익스트라 라우팅 알고리즘은 Link State를 사용하고 벨만포드 알고리즘은 Distance vector(거리기반) 알고리즘을 사용한다.
Link State 알고리즘은 대규모 네트워크에 적합한 알고리즘으로 OSPF 라우팅 프로토콜을 사용한다.

정답 ②

33 IPSec을 구축하기 위해서는 SA를 사용한다. SA 매개 변수에 포함되는 내용으로 틀린 것은?

① AH Information   ② Routing Protocol
③ IPSec Protocol Mode   ④ Sequence Number Counter

IPSEC의 SA(Security Association)는 인증 헤더(Authentication Header), ESP(Encapsulated Security Payload), IPSEC Protocol Mode(전송 모드, 터널 모드), Sequence Number Counter가 있다.

정답 ②

34 최근 장시간 악성코드를 잠복시킨 후 일정 시간이 되면 공격을 시도하여 정보 유출 및 내부망 마비 등 피해를 유발시키는 APT 공격이 잦아지고 있다. APT는 무엇의 약자인가?

① Advanced Pain Threat

② Advanced Post Threat

③ Advanced Persistent Target

④ Advanced Persistent Threat

APT(Advanced Persistent Threat)는 사회 관계망 서비스(Social Network Service)를 사용하여 정보수집, 악성코드 배포를 수행하고 공격 표적을 선정하여 지속적으로 공격을 수행하는 것이다.

정답 ④

35 BYOD(Bring Your Own Device)의 보안 기술 중 다음 보기에서 설명하는 모바일 기기 보안 기술은?

> 한 개의 모바일 기기에 동일한 OS의 다중 인스턴스를 제공하는 소프트웨어 기반의 방법으로서 업무용과 개인용의 두 모드를 동시에 사용할 수 있도록 하는 기술이다.

① 클라우드 DaaS(Desktop As A Service)

② 모바일 가상화(Hypervisors)

③ 컨테이너화(Containerization)

④ 가상 데스크톱 인프라(Virtual Desktop Infrastructure)

모바일 가상화는 모바일 프로세서의 가상화 자원 부족, 기업 운영체제, 실시간 운영체제 등을 소프트웨어로 관리하여 모바일 단말기로 안전하게 업무를 사용할 수 있는 기술이다.

정답 ②

36 다음 문장의 괄호 안에 들어갈 말은?

> Anti Sniffer 도구들의 특징은 로컬 네트워크에서 네트워크 카드의 (   ) 여부를 체크하여 스니퍼가 돌고 있는지를 파악한다.

① Duplex Mode   ② MAC

③ Promiscuouse Mode   ④ ARP

어떤 사용자가 네트워크에 전송되는 패킷(Packet)을 스니핑하고 있는지 판단하는 방법은 네트워크 인터페이스에 무차별 모드(Promiscuouse Mode)가 설정되어 있는지 확인하는 방법이다. 무차별 모드는 자신에게 전송되는 패킷 중에서 목적지 MAC 주소가 자신의 것이 아닌 것도 수신받는 것을 의미한다. 무차별 모드 설정 여부를 통해서 스니핑 여부를 판단하는 것이고 무차별 모드 문제는 보안기사 필기 및 실기에서 자주 출제되는 문제이다.

정답 ③

37 다음 공개 해킹 도구 중 사용 용도가 다른 도구(소프트웨어)는?

① 넷버스(Netbus)
② 스쿨버스(Schoolbus)
③ 백오리피스(Back Orifice)
④ 키로그23(Keylog23)

해킹 도구

도구	설명
넷버스(Netbus)	쉽고 고전적인 해킹 도구로 path.exe 파일을 만들고 유포하여 원격 조정이 가능하다.
스쿨버스(Schoolbus)	전형적인 트로이목마로 백오리피스나 넷버스처럼 사용이 쉽다.
백오리피스(Back Orifice)	TCP/IP로 연결된 컴퓨터를 간단한 콘솔이나 GUI 프로그램 사용하여 제어한다.

즉, 넷버스, 스쿨버스, 백오리피스는 모두 원격 관리를 할 수 있는 해킹 도구이지만, 키로그23(Keylog23)은 키보드 입력을 도청하는 도구이다.

정답 ④

38 RFID 보안 기술에서 암호 기술을 사용하는 보호 대책은?

① Kill 명령어 기법
② 블로커 태그 기법
③ XOR(Exclusive OR) 기반 원타임 패드 기법
④ Sleep 명령과 Wake 명령어 기법

XOR 기반 원타임 패드 기법
• RFID 태그가 RFID 리더기에 자신이 발생한 비밀키 K를 전송한다.
• RFID 리더기는 RFID 태그에 자신이 전달하는 모든 메시지에 K를 XOR하여 전달한다.
• RFID 태그가 다시 K에 대해 XOR를 수행해서 원래의 메시지를 복원한다.

RFID 암호화 기술은 XOR 기반 원타임 패드 기법 이외에도 다음과 같은 방법이 있다.

RFID 암호화 기술

암호화 기술	설명
Hash Lock	저장된 ID를 보호하기 위해서 해시함수를 사용한다.
Randomized Hash Lock	Hash Lock 기법을 개선하여 질의응답 방식으로 위치 추적 문제를 해결했다.
Hash Chain	해시를 반복 적용한 값을 계속 태그에 저장하고 다른 해시를 적용한 값을 RFID 리더기에 전달한다.
Reencryption	공개키 암호화에 사용하는 기법으로 유로화 지폐에 적용하기 위해서 개발되었다.

정답 ③

39 포트 스캐너로 유명한 nmap에서 대상 시스템의 운영체제를 판단할 때 이용하는 기법을 가장 잘 표현하고 있는 것은?

① Telnet 접속 시 운영체제가 표시하는 고유한 문자열을 분석하는 배너그래빙(Banner Grabbing)
② 운영체제별로 지원하는 서비스 및 열려 있는 포트의 차이
③ 운영체제별로 고유한 식별자 탐지
④ TCP/IP 프로토콜 표준이 명시하지 않은 패킷 처리 기능의 운영체제별 구현

포트 스캐닝 도구 nmap은 제1회 보안기사 필기부터 운영체제 식별 방법에 대해서 출제되었다. 즉, 운영체제 식별을 위한 nmap −O 옵션과 TTL의 기본값을 이용하여 운영체제를 식별할 수 있다는 것이 출제되었다. nmap에서 상대방의 운영체제 종류를 알 수 있는 것은 패킷을 처리할 때 운영체제별로 다른 특성을 이용하는 것이다.

정답 ④

40 리눅스 환경에서 트래픽을 분석하기 위해 MRTG(Multi Router Traffic Grapher)를 사용한다. 다음 중 MRTG를 설치 및 수행하는데 필요 없는 프로그램은?

① C Compiler
② Perl
③ Gd Library
④ Libpcap

MRTG(Multi Router Traffic Grapher)은 Network Link상의 트래픽 로드를 측정하는 도구로 SNMP를 이용하여 라우터나 스위치 등으로부터 트래픽 정보를 수집하고 실시간으로 부여해 준다. MRTG 프로그램 사용 시 Libpcap 라이브러리는 설치하지 않아도 된다.

정답 ④

≡ 하   애플리케이션 보안 > 보안 취약점 및 개발 보안

41 PGP 서비스와 관련하여 디지털 서명 기능을 위해 사용되는 알고리즘은?

① 3DES

② DSS/SHA

③ RSA

④ Radix-64

PGP 특징

PGP 서비스	설명
전자서명	DSS/SHA 또는 RSA/SHA로 전자서명이 가능
메시지 암호화	CAST-128, IDEA, 3DES로 메시지 암호화
1회용 세션키 생성	Diffie-Hellman 혹은 RSA로 키 분배
이메일 호환	RADIX-64로 바이너리를 ACS Code로 변환
세그먼테이션	메시지 최대 사이즈를 제한

정답 ②

≡ 하   애플리케이션 보안 > 인터넷 응용 보안

42 OTP에 대한 설명으로 틀린 것은?

① 의미 있는 숫자로 구성한다.

② 비밀번호 재사용이 불가능하다.

③ 비밀번호 유추가 불가능하다.

④ 사전 공격(Dictionary Attack)에 안전하다.

OTP는 무작위 난수를 발생해야 하므로 의미 있는 숫자로 구성되면 안 된다. 그리고 사용할 때마다 난수가 변경되므로 패스워드를 계속 대입하는 사전 공격에 안전하다.

정답 ①

≡ 상   애플리케이션 보안 > 인터넷 응용 보안

43 웹 애플리케이션 취약성 조치 방안에 대한 설명으로 틀린 것은?

① Server Side Session 방식은 침해 가능성도 있고, 구조상 다양한 취약점에 노출될 수 있으므로 가볍고 안전한 Client Side의 Cookie를 사용한다.

② 모든 인자에 대해 사용 전에 입력 값 검증을 수행하도록 구성한다.

③ 파일 다운로드 시 위치는 지정된 데이터 저장소를 지정하여 사용하고 데이터 저장소 상위로 이동되지 않도록 구성한다.

④ SSL/TLS와 같은 기술을 이용하여 로그인 트랜잭션 전체를 암호화한다.

클라이언트 쿠키가 세션 정보를 관리하면 세션 하이재킹과 같은 공격으로 인증을 우회할 수 있다. 세션 정보는 서버에서 관리해야 하며 쿠키에는 인증과 같은 중요정보 저장을 허용하지 않아야 한다.

정답 ①

44 다음 보기에서 설명하는 FTP 공격은?

> • FTP 서버가 데이터를 전송할 때 목적지가 어디인지 검사하지 않는 설계상의 문제점을 이용하는 공격이다.
> • FTP 서버의 전송 목적지 주소를 임의로 지정하여 FTP 서버를 경유해 임의의 목적지로 메시지나 자료를 전송하도록 할 수 있다.

① FTP Bounce Attack
② Anonymous FTP Attack
③ TFTP Attack
④ FTP Anyconnect Attack

FTP Bounce Attack은 FTP 서버가 데이터 채널을 생성할 때 목적지를 검색하지 않는 FTP의 구조적 취약점을 이용하는 것으로 공격 목적은 네트워크의 열려 있는 포트를 스캐닝한다.

정답 ①

45 웹 애플리케이션의 취약성을 악용하는 공격 방법 중 웹 페이지에 입력한 문자열이 Perl의 system 함수나 PHP의 exec 함수 등에 건네지는 것을 이용해 부정하게 셸 스크립트를 실행시키는 것은?

① HTTP Header Injection
② OS Command Injection
③ CSRF(Cross-Site Request Forgery)
④ Session Hijacking

운영체제 명령어 삽입(OS Command Injection)은 웹 화면에서 운영체제 명령어인 ls, netstat, rm 등의 명령어를 입력하여 실행하는 것으로 웹에서 운영체제 명령어를 실행하면 웹 페이지가 있어야 가능하다. 웹 페이지에서 운영체제 명령어를 실행하기 위해서 system 함수나 exec 함수 등을 사용해야 한다. 본 문제는 보안기사 필기와 실기에서 Command Injection이라는 주제로 세 번 정도 출제되었다.

Tip Code Injection과 Command Injection의 차이점
Command Injection은 운영체제 명령어를 입력하는 것으로 system 혹은 exec 함수를 사용할 때 발생한다. 하지만 Code Injection(코드 삽입)은 2022년부터 보안 약점 가이드에 추가된 것으로 운영체제 명령어가 아닌 동적 스크립트를 입력 값으로 받고 eval 함수에서 실행하게 된다.

정답 ②

46 다크웹(Dark Web)에 대한 설명으로 틀린 것은?

① 공공 인터넷을 사용하는 오버레이 네트워크(Overlay Network)이다.

② 딥 웹(Deep Web)은 다크웹의 일부분이다.

③ 토르(TOR) 같은 특수한 웹 브라우저를 사용해야만 접근할 수 있다.

④ 다크넷에 존재하는 웹 사이트를 의미한다.

딥웹(Deep Web)과 다크웹(Dark Web) 차이점

딥웹	다크웹
• 다크웹보다 범위가 넓고 웹 검색 엔진에서 접속할 수 있는 콘텐츠를 다룬다. • 기관이나 기업에서 사용하는 인트라넷, gmail 같은 무료 서비스에 적용된다. • 피싱 이메일, 가짜 로그인 프롬프트와 같은 다양한 사기형 로그인 자격증명에 집중된다.	• 딥웹의 일부로 그 범위가 작다. • 주로 범외 활동, 내부 고발, 반대 의향 표시에 사용된다. • 트로이 목마, 웜, 키로거 같은 바이러스나 멀웨어가 포함된 불법 자료를 다운로드할 때 위험하다.

정답 ②

47 다음 보기에서 설명하는 것은?

> • 카드 사용자, 상점, 지불-게이트웨이 간에 안전한 채널을 제공한다.
> • 신용카드번호가 상점에는 알려지지 않고 지불-게이트웨이에 알려진다.
> • 상점에 의한 사기 가능성이 감소한다.
> • 서명 기능이 있어 부인방지 서비스를 제공한다.

① SSL(Secure Socket Layer)

② SET(Secure Electronic Transaction)

③ SOC(Security Operation Center)

④ Lattice Security Model

정보보안기사 필기에서 매번 출제되는 문제로 SET은 신용카드 결제를 처리할 수 있는 지불 프로토콜이다.

정답 ②

48 DNS 캐시 포이즈닝으로 분류되는 공격은?

① DNS 서버의 소프트웨어 버전 정보를 얻어 DNS 서버의 보안 취약점을 판단한다.
② PC가 참조하는 DNS 서버에 잘못된 도메인 관리 정보를 주입하여 위장된 웹 서버로 PC 사용자를 유도한다.
③ 공격 대상의 서비스를 방해하기 위해 공격자가 DNS 서버를 이용하여 재귀적인 쿼리를 대량으로 발생시킨다.
④ 내부 정보를 얻기 위해 DNS 서버에 저장된 영역 정보를 함께 전송한다.

DNS Cache Poisoning 공격은 스니핑이 불가능한 환경에서 DNS 서버의 캐시 정보를 조작하여 공격하는 방법이다. Recursive DNS 서버에 반복적 쿼리를 요청하여 발생하는 부하를 막기 위해서 캐시와 TTL(Time To Live) 동안 유지하는데 공격자는 다수의 쿼리 요청과 조작된 DNS 응답을 전송하여 공격자의 사이트로 접속을 유도하게 만든다.

정답 ②

49 DDoS 공격 형태 중 자원 소진 공격이 아닌 것은?

① ICMP Flooding　　　　　　　　② SYN Flooding
③ ACK Flooding　　　　　　　　　④ DNS Query Flooding

본 문제는 한국인터넷진흥원의 DDoS 대응 가이드의 기준으로 분류해야 정확한 답을 알 수 있다.

공격 유형에 따른 공격 방안

공격 유형	공격 방안
대역폭 소진 공격	UDP Flooding 및 ICMP Flooding, TCP Flooding
웹 서버 자원 소모 공격	Syn, ACK, Fin Flooding
DB 연결 부하 유발 공격	Get 및 Post Flooding
웹 서버 자원 소모 공격	Slow header, Slow data Flooding

정답 ①

50 다음 표의 소극적, 적극적 암호 공격 방식의 구분이 옳은 것은?

	소극적 공격	적극적 공격
①	트래픽 분석	삽입 공격
②	재생 공격	삭제 공격
③	메시지 변조	재생 공격
④	메시지 변조	삽입 공격

소극적 공격은 패킷을 훔쳐보는 공격인 스니핑이고 적극적 공격은 변조 및 악성 행위를 수행하는 공격이다. 따라서 트래픽 분석은 소극적 공격이고 삽입 및 삭제 공격, 메시지 변조, 재생 공격은 적극적 공격이다.

정답 ①

51 다음 문장의 괄호 안에 알맞은 용어는?

> 과거 (   ) 공격은 불특정 다수를 대상으로 데이터를 암호화하고 이에 대한 몸값을 요구하는 방식이 대부분이었다. 그러나 최근에는 높은 금액을 지불할 수 있는 대규모 엔터프라이즈 환경이 주로 공격 대상이 되고 있고 암호화뿐만 아니라 데이터 유출 후인터넷 공개를 미끼로 협박하는 형태의 공격 방식으로 진화되고 있다. 컴퓨터 시스템을 감염시켜 접근을 제한하고 일종의 몸값을 요구하는 악성 소프트웨어의 한 종류이다.

① 워터링 홀   ② 스팸
③ 스피어피싱   ④ 랜섬웨어

랜섬웨어의 정의를 물어보고 있는 아주 쉬운 문제이다. 즉, 데이터를 암호화하고 금품을 요구하는 것은 랜섬웨어이다. 보안기사에서 랜섬웨어가 어렵게 출제될 때는 랜섬웨어 종류별 특징을 질문한다.

정답 ④

52 MS SQL 서버 인증 모드에 대한 설명 중 성격이 다른 하나는?

① SQL Server 기본 인증 모드이다.
② 데이터베이스 관리자가 사용자에게 접근 권한 부여가 가능하다.
③ 윈도우 인증 로그온 추적 시 SID 값을 사용한다.
④ 트러스트되지 않은 연결(SQL 연결)을 사용한다.

과거 한번 출제된 문제로 MS SQL 데이터베이스 연결 시에 윈도우 인증을 통한 연결과 데이터베이스 인증을 통한 연결의 차이점을 질의한 것이다. 윈도우 인증은 윈도우 보안 주체 토큰을 사용해서 인증하고 DB를 통한 인증은 데이터베이스 사용자ID와 패스워드를 사용해서 인증한다.
보기 ④에서 신뢰되지 않은 연결을 사용하면 안 된다. 서버 인증은 신뢰된 연결을 통해서 사용하는 것이다.

정답 ④

53 다음 보기에서 설명하는 보안 솔루션은?

> • 한 번의 로그인만으로 기업의 각종 시스템이나 인터넷 서비스에 접속하게 해주는 보안 응용 솔루션이다.
> • 각각의 시스템마다 인증 절차를 밟지 않고도 1개의 계정만으로 다양한 시스템에 접근할 수 있어 ID, 비밀번호에 대한 보안 위험 예방과 사용자 편의 증진, 인증 관리비용의 절감 효과가 있다.

① DRM   ② SSO
③ OTP   ④ APT

SSO(Single Sign-On)는 통합 보안 솔루션으로 한 번의 인증을 통해서 여러 시스템의 인증을 자동으로 할 수 있는 보안 솔루션이다.

정답 ②

54 데이터베이스 보안 방법으로 틀린 것은?

① 데이터베이스 서버를 백업하며 관리한다.
② Guest 계정을 사용하여 관리한다.
③ 데이터베이스 쿼리만 웹 서버와 데이터베이스 서버 사이에 통과할 수 있도록 방화벽을 설치한다.
④ 데이터베이스 관리자만 로그인 권한을 부여한다.

Guest 계정은 삭제되거나 비활성화되어야 하는 계정이다.

정답 ②

55 다음 보기에서 설명하는 웹 공격의 명칭은?

브라우저로 전달되는 데이터에 포함된 악성 스크립트가 개인의 브라우저에서 실행되어 공격이 진행되는 웹 해킹의 일종이다.

① XSS(Cross Site Scripting)
② SQL(Structured Query Language) Injection
③ CSRF(Cross-Site Request Forgery)
④ 쿠키(Cookie) 획득

XSS(Cross Site Scripting) 공격은 게시판 및 입력 화면에 자바스크립트를 입력하여 공격하는 방법으로 웹 브라우저를 공격 대상으로 한다.

정답 ①

56 버퍼 오버플로우에 대한 보안 대책이 아닌 것은?

① 운영체제 커널 패치
② 경계 검사를 하는 컴파일러 및 링크 사용
③ 스택 내의 코드 실행 금지
④ 포맷 스트링 검사

• 웹 부분 버퍼 오버플로우에 대한 보안 대책은 첫 번째로 경계값 설정 및 검사이고 두 번째는 취약한 API를 사용하면 안 된다는 것이다. 또한 메모리 내에 실행 권한 금지 및 동적 메모리 주소를 할당할 수 있어야 한다.
• 포맷 스트링은 C언어나 JAVA에서 포맷이 있는 문자열을 출력할 때 출력하는 데이터와 포맷이 맞지 않아서 발생하는 보안 약점으로 %n, %hn을 사용해서 특정 코드를 실행할 수 있다.

정답 ④

57 SSO(Single Sign On)와 관련이 없는 것은?

① Delegation 방식
② Propagation 방식
③ 웹 기반 쿠키 도메인 SSO
④ 보안 토큰

SSO 인증 방식은 Delegation, Propagation, 웹 기반 쿠키 도메인 SSO가 있다.

정답 ④

58 S/MIME의 주요 기능이 아닌 것은?

① 봉인된 데이터(Enveloped Data)
② 서명 데이터(Signed Data)
③ 순수한 서명(Clear-signed Data)
④ 비순수 서명과 봉인된 데이터(Unclear Signed and Enveloped Data)

S/MIME는 서명된 데이터, 클리어 서명 데이터(순수한 서명), 봉인된 데이터로 구성된다.

S/MIME 구성요소

구성요소	설명
서명된 데이터 (Signed Data)	송신자의 개인키를 사용해서 MIME 메시지를 서명한다.
클리어 서명 데이터 (Clear-signed Data)	• 디지털 서명만 base64를 사용해서 부호화한다. • S/MIME 기능이 없는 수신자도 메시지를 볼 수 있다.
봉인된 데이터 (Enveloped Data)	MIME 메시지를 암호화한 데이터를 의미한다.

정답 ④

59 DNS(Domain Name System)에 대한 설명으로 틀린 것은?

① DNS 서비스는 클라이언트에 해당하는 리졸버(resolver)와 서버에 해당하는 네임 서버(name server)로 구성되며, DNS 서비스에 해당하는 포트 번호는 53번이다.
② 주(Primary) 네임 서버와 보조(Secondary) 네임 서버는 DNS 서비스 제공에 필요한 정보가 포함된 존(Zone) 파일을 기초로 리졸버로 부터의 요청을 처리한다.
③ ISP 등이 운영하는 캐시 네임 서버가 관리하는 DNS 캐시에 IP 주소, UDP 포트 번호, DNS 메시지 ID 값이 조작된 정보를 추가함으로써 DNS 캐시 포이즈닝(Poisoning) 공격이 가능하다.
④ DNSSEC 보안 프로토콜은 초기 DNS 서비스가 보안 기능이 포함되지 않았던 문제점을 해결하기 위해 개발되었으며, DNS 데이터의 비밀성, 무결성, 출처 인증 등의 기능을 제공한다.

DNSSEC는 DNS 데이터 위변조에 대응할 수가 있고 메시지 송신자 인증, 전자서명을 제공하여 피싱 및 파밍 유도 DNS를 차단할 수 있다. 하지만 기밀성은 제공하지 않는다.

정답 ④

60 다음 문자에서 설명하는 전자서명 기법은?

> 전자화폐의 일종인 e-cash는 익명성을 제공하기 위해 서명자가 문서의 내용을 보지 않은 상태에서 전자서명을 생성하는 기법을 사용한다.

① 이중서명
② 그룹서명
③ 은닉서명
④ 검증자 지정서명

은닉서명(Blind Signature)은 서명자의 신원정보를 노출시키지 않고 수행하는 전자서명으로 프라이버시 보호를 할 수 있다.

정답 ③

4과목	정보보안 일반

61 다음은 특정 블록 암호 운영 모드의 암호화 과정이다. 해당하는 모드는?

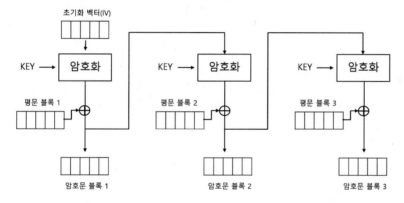

① ECB 모드(Electronic Code Book Mode)
② CBC 모드(Cipher Block Chaning Mode)
③ CFB 모드(Cipher FeedBack Mode)
④ OFB 모드(Output FeedBack Mode)

CFB 모드(Cipher FeedBack Mode)는 패딩을 추가하지 않고 블록 단위 암호화를 스트림 암호화 방식으로 구성하여 비트 단위로 암호화를 수행한다(패딩이 필요 없음, 암호문에 대해서 암호화를 반복하면 평문이 됨). CBC와 마찬가지로 IV(초기화 벡터)가 사용되며, 암호화는 순차적으로 처리해야 하며 복호화는 병렬 처리가 가능하다.

정답 ③

62 접근 통제 모델에 대한 각각의 설명 중 옳은 것은?

① 비바(Biba) 모델 : 임의적 접근 통제(DAC : Discretionary Access Control)를 기반으로 하는 상태 머신 모델이다.

② 벨-라파듈라(Bell-LaPadula) 모델 : 객체에 대한 무결성 또는 가용성을 유지하는 데 중점을 두고 있으며, 기밀성의 측면에는 대처하지 않는다.

③ 비바(Biba) 모델 : 비밀 채널을 방지하며, 내부 및 외부 객체 일관성을 보호한다.

④ 클락-윌슨(Clark-Wilson) 모델 : 허가받은 사용자가 허가받지 않고 데이터를 수정하는 것을 방지한다.

> **클락-윌슨 모델 특징**
> • 무결성 중심의 상업용으로 설계한 것으로 Application의 보안 요구사항을 다룬다.
> • 정보의 특성에 따라 비밀 노출 방지보다 자료의 변조 방지가 더 중요한 경우에 사용한다.
> • 주체와 객체 사이에 프로그램이 존재. 객체는 항상 프로그램을 통해서만 접근할 수 있다.

정답 ④

63 해시함수의 분류 중 MDC(Modification Detection Cryptography)에 포함되지 않는 알고리즘은?

① MD(Message Digest)

② SHA(Secure Hash Algorithm)

③ LSH(Lightweight Secure Hash)

④ H-MAC(Hash-MAC)

> 일방향 암호화 기법은 해시함수이다. 해시함수 중에서 키가 존재하지 않은 알고리즘은 MDC(Modification Detection Cryptography)이고 키가 존재하는 해시함수를 사용하면 MAC(Message Authentication Cryptography)이다. H-MAC(Hash-MAC)은 MAC 알고리즘으로 키가 있는 해시함수로 원본 데이터에 키를 더하여 해시값을 출력한다.

정답 ④

64 실시간으로 인증서 유효성을 검증하는 OCSP(Online Certificate Status Protocol)의 서비스가 아닌 것은?

① ORS : 온라인 취소 상태 확인 서비스 ② DPD : 대리인증 경로 발견 서비스
③ CRL : 인증서 폐지 목록 확인 서비스 ④ DPV : 대리인증 경로 검증 서비스

OCSP Version 2.0에 포함되는 서비스

서비스	설명
ORS	• Online Revocation Status, 온라인 취소 상태 확인 • 특정 인증서의 취소 상태를 검사
DPD	• Delegated Path Discovery, 대리 인증 경로 발견 서비스 • 인증 경로 발견 기능을 서버로 위임하여 서버가 선택
DPV	• Delegated Path Validation, 대리 인증 경로 검증 서비스 • 클라이언트가 특정 인증서의 경로 검증 기능을 서버에 위임

CRL(Certification Revocation List)는 공개키 기반 구조에서 해지 혹은 유효하지 않은 인증서의 목록이다.

정답 ③

65 접근 통제정책 구성요소에 대한 설명을 틀린 것은?

① 사용자 : 시스템을 사용하는 주체이다.
② 사원 : 사용자가 사용하는 객체이다.
③ 행위 : 객체가 행하는 논리적 접근 통제이다.
④ 관계 : 사용자에게 승인된 허가(읽기, 쓰기, 실행)이다.

접근 통제는 주체(사용자), 객체(정보), 접근(활동)으로 구성된다. 본 문제에서는 사용자가 주체, 사원은 객체, 관계는 접근에 해당한다.

정답 ③

66 다음 중 전자서명 인증 업무지침에 따라 공인인증기관이 지켜야 할 구체적인 사용이 아닌 것은?

① 공인인증서의 관리에 관한 사항
② 전자서명 생성 정보의 관리에 관한 사항
③ 공인인증기관 시설의 보호에 관한 사항
④ 공인인증기관 지정 절차에 관한 사항

전자서명 인증 업무지침은 인증관리센터의 기능, 인증업무의 위탁, 인증기관의 역할, 인증기관의 책임과 의무, 등록기관의 역할, 가입자 정보보호, 인증서 발급, 재발급 및 폐지 신청거부 금지, 인증기관 운영 실태 확인 등을 포함하고 공인인증기관의 지정 절차는 포함되지는 않는다.

정답 ④

67 IAM(Identity Access Management)에 대한 설명으로 틀린 것은?

① 전사적 계정 관리, 권한 관리의 구현에 필요한 모든 요소를 일반적으로 IAM이라고 부른다.

② IAM은 계정 관리를 담당하는 IM 분야와 권한 통제를 담당하는 AM으로 나눠진다.

③ 사용자가 시스템을 사용하기 위해 로그인 ID를 발급하는 과정을 프로비저닝이라고 한다.

④ 사용자가 시스템에 로그인할 때 본인임을 증빙하는 과정을 인가(Authorization)라고 한다.

인가(Authorization)는 인증이 완료된 사용자에게 권한을 부여하는 것이고 로그인할 때 본인임을 증빙하는 것은 인증 (Authentication)이다.

정답 ④

68 전자서명을 적용한 예에 해당되지 않는 것은?

① Code Signing ② X.509 Certificate

③ SSL/TLS Protocol ④ Kerberos Protocol

커버로스 프로토콜은 티켓 기반의 컴퓨터 네트워크 인증 프로토콜로 전자서명 기능은 포함되지 않는다.

정답 ④

69 다음 문장과 같이 처리되는 프로토콜은?

ㄱ. A는 자신의 비표인 R_A, 자신의 ID, B의 ID가 포함된 메시지를 KDC에 전송한다.

ㄴ. KDC는 암호화된 메시지를 A에게 전송한다. 이 안에는 A의 비표, B의 ID, A와 B의 세션키 및 B에게 줄 암호화된 티켓이 포함되어 있다. 전체 메시지는 A의 키로 암호화되어 있다.

ㄷ. A는 B의 티켓을 B에게 보낸다.

ㄹ. B는 자신의 시도인 R_B를 A와 B의 세션키로 암호화한 뒤에 A에게 보낸다.

ㅁ. A는 B의 시도에 대한 응답으로 R_B-1을 A와 B의 세션키로 암호화한 뒤에 B에게 보낸다.

① Diffie-Hellman

② Needhan-Schroeder

③ Otway-Rees

④ Kerberos

위의 문제는 Needhan-Schroeder에 대한 설명으로 Needhan-Schroeder 프로토콜은 중간자 공간에 취약한 단점이 있다.

정답 ②

70 송신자 A와 수신자 B가 RSA를 이용하여 키를 공유하는 방법에 대한 설명으로 틀린 것은?

① 미국 MIT의 Rivest, Shamir, Adelman이 발표한 공개키 암호화 방식으로 이해와 구현이 쉽고, 검증이 오랫동안 되어서 가장 널리 쓰이고 있다.
② A가 암호화되지 않은 평문으로 A의 공개키를 B에게 전송한다.
③ B는 공유 비밀키를 생성, A에게서 받은 A의 공개키로 암호화 전송한다.
④ A는 자신의 공개키로 공유 비밀키를 추출하고 데이터를 암호화 전송한다.

RSA는 공개키를 전송하는 것으로 자신의 공개키로 공유 비밀키를 추출하지 않는다. 공개키를 전송하고 공개키를 전송받은 사용자는 세션키를 만들어서 공개키로 암호화하여 송신자에게 전송한다.

정답 ④

71 암호문에 대응하는 일부 평문이 가용한 상황에서의 암호 공격 방법은?

① 암호문 단독 공격
② 알려진 평문 공격
③ 선택 평문 공격
④ 선택 암호문 공격

알려진 평문 공격은 공격자가 일정 부분의 평문과 대응하는 암호문을 가진 상태에서 공격하는 것이다. 암호문 공격 기법은 매회 한 문제씩 출제된다.

정답 ②

72 합성수 n을 사용하는 RSA 전자서명 환경에서 메시지 M에 대해 난수 r과 공개 검증키 e를 가지고 reM mod n 값을 서명자에게 전송하는 전자서명 기법은 무엇인가?

① 은닉서명   ② 위임서명
③ 부인방지   ④ 이중서명

은닉서명은 D.Chaum이 제시한 전자서명 기법으로 사용자 A가 서명자 B에 자신의 메시지를 보여주지 않고 서명하는 방법이다.
• 공개 정보 n과 e를 이용하여 메시지 작성자가 메시지 m에 대해서 mod 계산 결과값을 서명자에게 전달 후 서명자는 해당 값에 RSA 알고리즘을 이용하여 서명한다.
• 서명자에게 m이 공개되지 않고 메시지 작성자가 mod 연산을 수행한 mk^e mod n 결과값만 전달된다.

정답 ①

73 다음 문장에서 설명하는 위험분석 방법론을 옳게 연결한 것은?

> ㄱ. 어떤 사건도 기대대로 발생하지 않는다는 사실에 근거하여 일정 조건하에서 위협에 대해 발생 가능한 결과들을 추정하는 방법
> ㄴ. 각각의 위협을 상호 비교하여 최종 위협요인의 우선순위를 도출하는 방법

① ㄱ : 확률 분포법, ㄴ : 순위 결정법 　　② ㄱ : 시나리오법, ㄴ : 델파이법
③ ㄱ : 델파이법, ㄴ : 확률 분포법 　　　④ ㄱ : 시나리오법, ㄴ : 순위 결정법

위험평가 기법 중에서 시나리오법과 순위 결정법에 대한 설명이다.

정답 ④

74 다음 중 공개키 암호의 필요성으로 틀린 것은?

① 무결성 　　　　　　　　　　② 키 관리 문제
③ 인증 　　　　　　　　　　　④ 부인방지

공개키 암호화 알고리즘은 메시지의 기밀성을 제공하고 개인키로 서명하기 때문에 인증 기능을 제공한다. 또한 대칭키 암호화 알고리즘이 제공하지 못하면 부인방지 기능을 제공할 수 있다. 즉, 송신자의 개인키로 암호화 후 수신측에서 공개키로 복호화하여 확인할 수 있다. 물론 공개키 암호화 알고리즘은 무결성도 제공한다. 하지만 무결성은 공개키 암호화 알고리즘의 필요성에 해당되지는 않는다.

정답 ①

75 다음 중 커버로스(Kerberos)의 구성요소가 아닌 것은?

① KDC(Key Distribution Center) 　　② TGS(Ticket Granting Service)
③ AS(Authentication Service) 　　　④ TS(Token Service)

커버로스의 구성요소는 클라이언트, KDC(Key Distribution Center), AS(Authentication Server), TGS(Ticket Granting Server), Kerberos Database, Service로 구성된다.

정답 ④

76 공개키 암호 알고리즘이 아닌 것은?

① RSA(Rivest, Shamir, Adelman) 　　② ECC(Elliptic Curve Cryptosystems)
③ ElGamal 　　　　　　　　　　　④ Rijndeal

Rijndeal 암호화 알고리즘은 대칭키 암호화 알고리즘으로 Rijndeal 기반으로 AES 암호화 알고리즘을 개발한 것이다.

정답 ④

77 키를 분배하는 방법이 아닌 것은?

① KDC(Key Distribution Center)
② 공개키 암호 시스템
③ Diffie-Hellman 키 분배 알고리즘
④ Kerberos

커버로스(Kerberos)는 티켓 기반 인증 시스템으로 대칭키 암호화 알고리즘을 사용한다.

정답 ④

78 해시함수 h와 주어진 입력 값 x에 대해 h(x)=h(x′)을 만족하는 x′(!=x)를 찾는 것이 계산적으로 불가능한 것을 의미하는 것은?

① 압축성
② 일방향성
③ 두 번째 역상저항성
④ 충돌 저항성

해시함수의 특징

특징	설명
역상 저항성	주어진 임의의 출력 값 y에 대해서 y=h(x)를 만족하는 입력 값 x를 찾는 것이 계산적으로 불가능하다.
두 번째(2차) 역상 저항성	주어진 입력 값 x에 대해 h(x)=h(x′), x!=x′를 만족하는 다른 입력 값 x′를 찾는 것이 계산적으로 불가능하다.
충돌 저항성	h(x)=h(x′)를 만족하는 임의의 두 입력 값 x, x′를 찾는 것이 계산적으로 불가능하다.

정보보안기사에서 매우 중요한 내용이다.

정답 ③

79 다음 문장에서 설명하는 것은?

> • 메시지 전체를 대칭 암호로 암호화하고 대칭 암호키만 공개키로 암호화한다.
> • 대칭 암호키를 메시지로 간주하고 이것을 공개키로 암호화한 것이다.

① 타원 곡선 암호 시스템
② 하이브리드 암호 시스템
③ 세션 키(의사난수 생성기)
④ 이중 암호 시스템

대칭키 암호화 알고리즘과 공개키 암호화 알고리즘을 혼용해서 사용하는 것으로 하이브리드(혼합) 암호 시스템이다.

정답 ②

80 메시지 출처 인증(Message Origin Authentication)에 활용되는 암호 기술 중 대칭키 방식에 해당하는 것은?

① 전자서명
③ 이중서명
② 해시함수
④ 메시지 인증코드

메시지 인증코드는 대칭키 방식에 해당된다.

메시지 인증코드의 사용

메시지 인증코드	설명
SWIFT	국제 은행 간의 송금을 안전하게 하기 위해서 만들어진 것으로 무결성 확인 및 메시지 인증을 위해서 메시지 인증코드를 사용한다.
IPSEC	IP에 보안 기능을 추가하는 것으로 인증과 무결성에 메시지 인증코드를 사용한다.

SSL/TLS 웹 브라우저에서 암호화를 수행하고 인증과 무결성을 위해서 메시지 인증코드를 사용한다.

정답 ④

5과목   정보보안 관리 및 법규

81 주요 직무자 지정 및 관리 시 고려해야 할 사항으로 틀린 것은?

① 개인정보 및 중요정보의 취급, 주요 시스템 접근 등 주요 직무의 기준을 명확히 정의하여야 한다.
② 주요 직무를 수행하는 임직원 및 외부자를 주요 직무자로 지정하고 그 목록을 최신으로 관리하여야 한다.
③ 업무 필요성에 따라 주요 직무자 및 개인정보취급자 지정을 최소화하는 등 관리방안을 수립, 이행하여야 한다.
④ 파견근로자, 시간 근로자 등을 제외한 임직원 중 업무상 개인정보를 취급하는 자를 개인정보취급자로 지정하고 목록을 관리하여야 한다.

주요 직무자란

• 개인정보, 인사정보, 영업비밀, 산업기밀, 재무정보를 취급
• 중요 정보시스템인 서버, 데이터베이스, 응용 프로그램 등 및 개인정보처리시스템 관리
• 정보보호 및 개인정보보호 관리 업무 수행
• 보안시스템 운영

개인정보취급자를 주요 직무자로 지정하지는 않는다.

정답 ④

82 정보통신기반보호법에서 정하는 주요 정보통신기반시설 보호 계획의 수립 등에 포함되지 않는 사항은?

① 주요정보통신기반시설의 취약점 분석, 평가에 관한 사항
② 정보보호 책임자 지정에 관한 사항
③ 주요정보통신기반시설 및 관리 정보의 침해사고에 대한 예방, 백업, 복구 대책에 관한 사항
④ 주요정보통신기반시설의 보호에 관하여 필요한 사항

정보보호 최고책임자 지정은 정보통신망법에 해당하는 것으로 정보통신 분야 자산총액 5조, 매출액 5천 이상인 기업은 과학기술정보통신부 장관에게 신고해야 한다. (신고대상 기업의 겸직금지)

정보보호 최고책임자 업무

가. 정보보호 계획의 수립 · 시행 및 개선
나. 정보보호 실태와 관행의 정기적인 감사 및 개선
다. 정보보호 위험의 식별 평가 및 정보보호 대책 마련
라. 정보보호 교육과 모의 훈련 계획의 수립 및 시행

정답 ②

83 다음 내용에 따른 국내 대리인의 필수 공개 정보로 잘못된 것은?

국내대리인을 지정해야 하는 국외사업자는 개인정보처리방침에 국내대리인의 정보를 공개하여야 한다.

① 법인명, 대표명   ② 주소
③ 고객센터 연락처   ④ 이메일

국내대리인을 지정할 때는 국내대리인의 성명(법인의 경우 명칭, 대표자 성명), 주소, 전화번호, 전자우편 주소를 개인정보처리방침에 포함해서 공개해야 한다.

정답 ③

84 정보통신기반 보호법에 의거하여 주요정보통신기반시설을 지정할 때 주요 고려사항으로 틀린 것은?

① 다른 정보통신기반시설과의 상호연계성
② 업무의 정보통신기반시설에 대한 의존도
③ 업무의 개인정보 보유 건수
④ 정보통신기반시설을 관리하는 기관이 수행하는 업무의 국가 사회적 중요성

주요정보통신기반시설 지정에 업무에서 보유한 개인정보 보유 건수는 해당되지 않는다.

정답 ③

85 정보통신망 이용 촉진 및 정보 보호 등에 관한 법률에서 정의하는 용어에 대한 설명으로 틀린 것은?

> ㄱ. "전자문서"란 컴퓨터 등 정보처리능력을 가진 장치에 의하여 전자적인 형태로 작성되어 송수신되거나 암호화되어 저장된 문서형식의 자료로서 표준화된 것을 말한다.
> ㄴ. "개인정보"란 생존 및 사망한 개인에 관한 정보로서 성명, 주민등록번호 등에 의하여 특정한 개인을 알아볼 수 있는 부호, 문자, 음성, 음향 및 영상 등의 정보(해당 정보만으로는 특정 개인을 알아볼 수 없어도 다른 정보와 쉽게 결합하여 알아볼 수 있는 경우에는 그 정보를 포함한다)를 만한다.
> ㄷ. "침해사고"란 해킹, 컴퓨터 바이러스, 논리폭탄, 메일폭탄, 서비스 거부 또는 고출력 전자기파 등의 방법으로 정보통신망 또는 이와 관련된 정보시스템을 공격하는 행위를 하여 발생한 사태를 말한다.
> ㄹ. "게시판"이란 그 명칭과 관계없이 정보통신망을 이용하여 일반에게 공개할 목적으로 부호, 문자, 음성, 음향, 화상, 동영상 등의 정보를 이용자가 게재할 수 있는 컴퓨터 프로그램이나 기술적 장치를 말한다.

① ㄱ, ㄴ   ② ㄴ, ㄷ
③ ㄷ, ㄹ   ④ ㄴ, ㄹ

"전자문서"란 컴퓨터 등 정보처리능력을 가진 장치에 의하여 전자적인 형태로 작성되어 송수신되거나 저장된 문서 형식의 자료로서 표준화된 것을 말한다.
개인정보보호법의 개인정보의 용어 정의는 다음과 같다.
"개인정보"란 살아 있는 개인에 관한 정보이다.

정답 ①

86 조직의 정보보호 교육 대상자에 해당되지 않는 사람은?

① 조직의 중요한 고객
② 최고 경영자
③ 조직의 신입직원
④ 조직이 제공하는 정보를 이용하는 일반 외부 이용자 그룹

교육대상자는 모든 임직원 및 외부 업체 등을 포함한다. 하지만 중요한 고객은 교육 대상에 해당되지 않는다.

정답 ①

87 다음 문장은 위험분석에 관한 설명이다. 괄호 안에 들어갈 내용은?

- 자산의 (ㄱ)을 식별하고 존재하는 (ㄴ)을 분석하여 이들이 (ㄷ) 및 (ㄹ)이 미칠 수 있는 영향을 파악하여 보안위험의 내용 과 정도를 결정하는 과정이다.
- (ㄴ)은 잠재적 (ㄹ)이 현실화되어 나타날 손실액과 이러한 손실이 발생할 확률의 곱(잠재적 손실액)이다.

---

① ㄱ : 위험   ㄴ : 위험   ㄷ : 발생 가능성   ㄹ : 취약점
② ㄱ : 취약점   ㄴ : 위험   ㄷ : 발생 가능성   ㄹ : 위협
③ ㄱ : 위험   ㄴ : 취약점   ㄷ : 위험   ㄹ : 발생 가능성
④ ㄱ : 발생 가능성 ㄴ : 위험   ㄷ : 취약점   ㄹ : 위험

취약점은 조직의 정보자산이 가질 수 있는 약점이고 위협은 보안에 해를 끼치는 행위이다. 위험은 위협 대상이 비정상적인 악영향을 미치는 결과를 가져올 가능성을 의미한다. 위험 = 자산 * 위협 * 취약점이다.

정답 ②

---

88 다음 보기에서 설명하는 위험평가 방법은?

- 모든 시스템에 기본적인 보호 수준을 정하고 이를 달성하기 위한 보호 대책을 선택하여 적용할 수 있다.
- 시간과 비용을 많이 들이지 않고 기본적인 보호 대책을 선택하여 적용할 수 있다.
- 과보호 또는 부족한 보호 대책이 적용될 가능성이 존재한다.

---

① 기준선 접근법
② 비정형 접근법
③ 상세 위험분석
④ 복합 접근방법

위험평가 방법 중에서 시간과 비용이 들지 않고 기본적인 보호 수준을 정하여 검사하는 것은 기준선 접근법(Baseline)이다.

정답 ①

---

89 정보보호관리체계 구축 시 발생 가능한 문제점과 해결방안에 대한 설명으로 틀린 것은?

① 관련 부서와의 조정이 곤란하다.
② 직원들이 일상 업무에 바빠 관리체계 구축 작업에 시간을 내기 어렵다.
③ 직원들은 자신의 책임을 피하기 위해 문제점이 발생하면 즉시 상사에게 보고하는 경향을 보인 다.
④ 관리체계 구축에는 경영자의 리더십이 필수적으로 요구된다.

직원들의 의도와 관계없이 문제점이 발생하면 상사에게 보고하는 것은 문제점으로 볼 수 없다.

정답 ③

90 다음 보기에서 설명하는 시스템 보안 평가 기준은?

- 보안제품 개발자에게 제공되어야 할 서비스에 대한 지침을 제시한다.
- 구매자에게는 필요한 서비스 지침을 제공한다.
- 기능성과 보증성에 대한 요구사항으로 구성된다.
- 기능은 비밀성, 무결성, 가용성, 책임성 4가지로 분류된다.
- 보증 평가등급인 7개 등급으로 분류된다.

① TCSEC   ② ITSEC   ③ CTCPEC   ④ CC

캐나다 CTCPEC(Canadian Trusted Computer Product Evaluation Criteria)에서 개발한 평가 기준으로 기능 기준을 비밀성, 무결성, 가용성, 책임성 4가지로 분류하고 평가등급은 T0~T7까지 8등급으로 구성된다.
즉, 본 문제는 마지막 구분 7등급이 잘 못 출제된 것으로 보인다.

정답 ③

91 100만 명 미만의 정보주체에 관한 개인정보를 보유한 중소기업의 내부관리계획의 내용에 포함하지 않아도 될 사항은?

① 개인정보 보호책임자의 지정에 관한 사항
② 개인정보 유출사고 대응 계획 수립, 시행에 관한 사항
③ 개인정보의 암호화 조치에 관한 사항
④ 개인정보 처리업무를 위탁하는 경우 수탁자에 대한 관리 및 감독에 관한 사항

내부관리계획에 포함되어야 하는 사항(중요)

1. 개인정보 보호책임자의 지정에 관한 사항
2. 개인정보 보호책임자 및 개인정보취급자의 역할 및 책임에 관한 사항
3. 개인정보취급자에 대한 교육에 관한 사항
4. 접근 권한의 관리에 관한 사항
5. 접근 통제에 관한 사항
6. 개인정보의 암호화 조치에 관한 사항
7. 접속기록 보관 및 점검에 관한 사항
8. 악성프로그램 등 방지에 관한 사항
9. 물리적 안전조치에 관한 사항
10. 개인정보 보호조직에 관한 구성 및 운영에 관한 사항
11. 개인정보 유출사고 대응 계획 수립 · 시행에 관한 사항
12. 위험도 분석 및 대응방안 마련에 관한 사항
13. 재해 및 재난 대비 개인정보처리시스템의 물리적 안전조치에 관한 사항
14. 개인정보 처리업무를 위탁하는 경우 수탁자에 대한 관리 및 감독에 관한 사항
15. 그 밖에 개인정보 보호를 위하여 필요한 사항

개인정보가 1만 명 미만 개인, 소상공인, 단체의 경우 내부관리계획을 하지 아니할 수 있고 100만 명 미만 12에서 14를 포함하지 아니할 수 있다.

정답 ④

92 비즈니스 연속성에서 고장과 관계된 수용될 수 없는 결과를 피하기 위해 재해 후에 비즈니스가 복구되어야 하는 최단 시간 및 서비스 수준을 의미하는 것은?

① RTO   ② WRT
③ RP   ④ MTD

RTO(Recovery Time Objective)는 비즈니스 연속성 확보를 위한 목표 복구 시간을 정의하는 것이다.

정답 ①

93 정보의 수집, 가공, 저장, 검색, 송신, 수신 중에 정보의 훼손, 변조, 유출 등을 방지하기 위한 관리적, 기술적 수단인 정보보호의 목적으로 틀린 것은?

① 기밀성 서비스 제공
② 무결성 서비스 제공
③ 가용성 서비스 제공
④ 추적성 서비스 제공

정보보호의 목적은 기밀성, 무결성, 가용성이다.

정답 ④

94 위험분석의 구성요소가 아닌 것은?

① 비용   ② 취약점
③ 위협   ④ 자산

위험은 자산, 위협, 취약점으로 구성된다. 이때 비용은 포함되지 않는다.

정답 ①

95 정보보호의 예방 대책을 관리적 예방 대책과 기술적 예방 대책으로 나누어 볼 때 관리적 예방 대책에 속하는 것은?

① 안전한 패스워드를 강제로 사용
② 침입차단 시스템을 이용하여 접속을 통제
③ 가상 사설망을 이용하여 안전한 통신 환경 구현
④ 문서처리 순서의 표준화

정보보호 관련 문서를 표준화하거나 관리하는 것은 관리적 예방 대책에 해당된다.

정답 ④

96 건물 관리 및 화재 등 사고 관리를 위해 건물 입구를 비추도록 설치된 영상정보처리기기에서 사용할 수 있는 기능으로 옳은 것은?

① 사고를 확인하기 위한 카메라 줌인, 줌아웃
② 범인을 추적하기 위한 카메라 이동
③ 사고 내용을 확인하기 위한 음성 녹음
④ 사고 내용을 전달하기 위한 영상 전송

영상정보처리 시에 녹음 기능은 사용하면 안되며 개인영상정보의 제공은 정보주체의 동의가 있는 경우, 정보주체 또는 제3자의 급박한 생명, 신체, 재산의 이익을 위해서 인정된 경우, 알아볼 수 없는 형태로 개인 영상정보를 제공하는 경우, 보호위원회의 심의·의결을 거친 경우, 국제기구에 제공하기 위한 경우, 범죄의 수사와 공소의 제기 및 유지에 필요한 경우, 법원의 재판업무 수행에 필요한 경우, 형 및 감호, 보호처분의 집행에 필요한 경우이다.
보기에서 범인을 추적하기 위해서 카메라를 이동하는 것은 해당되지 않는다. 사고 내용을 전달하기 위한 영상 전송은 가능하다.

정답 ④

97 다음 문장의 정보보호 대책 선정 시 영향을 주는 제약사항으로 옳은 것은?

> 많은 기술적 대책들이 직원의 능동적인 지원에 의존하기 때문에 이러한 제약사항을 고려하여야 한다. 만약 직원이 대책에 대한 필요성을 이해하지 못하고 문화적으로 수용할 만하다는 것을 알지 못한다면 대책은 시간이 지날수록 비효율적인 것이 된다.

① 환경적 제약　　　　　　　　　② 법적 제약
③ 시간적 제약　　　　　　　　　④ 사회적 제약

정보보호 보호 대책 선정 시에는 시간적 제약, 재정적(비용) 제약, 기술적 제약, 사회적 제약, 법적 제약을 고려해야 한다. 이 중에서 문화적으로 수용할 만하다는 것을 알지 못하는 것은 사회적 제약에 해당된다.

정답 ④

98 개인정보보호 법령에 따른 영상정보처리기기의 설치, 운영과 관련하여 정보주체가 쉽게 인식할 수 있도록 설치하는 안내판의 기재 항목이 아닌 것은?

① 설치 목적　　　　　　　　　　② 영상정보 보관기간
③ 설치 장소　　　　　　　　　　④ 촬영 범위

영상정보 안내판에는 설치 목적 및 장소, 촬영 범위 및 시간, 관리책임자 성명 및 연락처가 포함되어야 한다.

정답 ②

99 개인정보보호법상 개인정보 유출사고의 통지, 신고 의무에 대한 설명으로 틀린 것은?

① 정보통신서비스 제공자 등은 개인정보의 유출 등의 사실을 안 때에는 지체없이 유출 등의 내역을 해당 이용자에게 알려야 한다.

② 정보통신서비스 제공자 등은 1천 명 이상의 정보주체에 관한 개인정보의 유출 등의 사실을 안 때에는 지체 없이 유출 등의 내역을 방송통신위원회 또는 한국인터넷진흥원에 신고하여야 한다.

③ 정보통신서비스 제공자 등은 정당한 사유 없이 유출 등의 사실을 안 때부터 24시간을 경과하여 통지, 신고해서는 아니 된다.

④ 정보통신서비스 제공자 등은 이용자의 연락처를 알 수 없는 등 정당한 사유가 있는 경우에는 유출 등의 내역을 자신의 인터넷 홈페이지에 30일 이상 게시하여야 한다.

개인정보 유출 사고 신고

대상	신고 기준	신고 기한
개인정보처리자	1천 명 이상 정보주체의 개인정보 유출된 경우	지체없이(5일 이내)
정보통신서비스 제공자 등	1명 이상 이용자의 개인정보가 유출(분실,도난,유출)된 경우	지체없이(24시간 이내)
상거래기업 및 법인	1만 명 이상 신용정보주체의 개인정보가 유출된 경우	지체없이(5일 이내)

정답 ②

100 정보보호 거버넌스 국제표준으로 옳은 것은?

① ISO27001
② BS10012
③ ISO27014
④ ISO27018

ISO27014 표준은 정보보호 거버넌스 국제 표준이고 ISO 27001은 정보보호관리체계 국제표준이다. ISO27017과 SO27018은 클라우드에 대한 정보보호 및 개인정보보호에 대한 국제표준이다.

정답 ③

* 본 문제는 실제 시험지를 기준으로 작성된 것으로, 저자가 시험응시 후 복원한 문제입니다.

1과목 │ 시스템 보안

⬛ 상 시스템 보안 〉 시스템 보안 위협 및 공격에 대한 예방 및 대응

01 다음 문장은 리눅스 시스템에 침해 흔적을 조사하기 위해 루트 권한을 가진 setuid를 찾는 명령어로 괄호 안에 들어갈 적합한 것은?

find / −user root −type f ₩(   ) − exec ls −al { } ₩;

① − perm −06000 ₩　　　　　　　　② − perm −00100 ₩

③ − perm −00400 ₩　　　　　　　　④ − perm −00200 ₩

find 명령어의 perm 옵션은 권한으로 검색을 하는 옵션이다. perm 옵션에 "−06000"의 의미는 4000과 2000 둘 중 하나만 만족해도 검색하는 옵션으로 4000은 setuid이고 2000은 setgid가 된다.

우선 파일의 소유자가 root인 것을 찾기 위해서 "−user root" 옵션을 사용하고 파일만 검색하기 위해서 "−type f" 옵션이 사용되었다.

setuid와 setgid가 설정된 파일 리스트

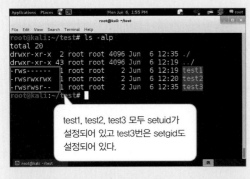

setuid와 setgid가 설정된 파일 리스트

위의 예를 보면 −6000으로 조회하면 setuid와 setgid 모두가 설정되어 있는 test3 파일만 조회된다. 하지만 문제에서는 setuid를 찾는 명령을 물었으므로 아래와 같이 실행해야 한다.

setuid가 설정된 모든 파일 찾기

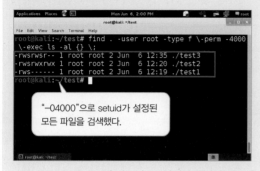

setuid, setgid, sticky 비트는 정보보안기사 필기에 매번 출제되는 문제이고 find 명령어는 실기에서도 출제된다.

정답 ①

☰ 상 시스템 보안 〉 시스템 보안 위협 및 공격에 대한 예방 및 대응

02 관리자 A는 개별 그룹으로 신규 사용자 등록(kim, jang) 작업을 어느날 수행한 후 1주일 뒤 아래와 같은 시스템 내용을 보고 판단하였다. 올바른 판단은?

```
#ls −al /etc/passwd
        −rw−r−−r−− 1 root root 54192 Jan 20 2015 passwd
#ls −al /home/jang
        drwxr−x−−− 2 jang jang 120 Jan 27 05:12
#ls −al /home/kim
        drwxr−xr−x 2 kim kim 120 jan 20 04:12
```

① 패스워드 파일(/etc/passwd)은 누구든지 직접 수정 가능하다.
② 사용자 jang은 /etc/passwd 파일의 권한을 설정할 수 있다.
③ 사용자 kim은 사용자 계정의 jang 디렉터리에 들어가서 읽을 수도 없고 실행을 못 시킬 것이다.
④ jang은 kim의 패스워드를 바꿀 수 있다.

본 문제의 핵심은 디렉터리에 대해서 진입하려면 '어떤 권한이 있어야 하는가'이다. 즉, 다른 사용자가 특정 디렉터리에 진입하기 위해서는 다른 사용자(Other User) 권한에 실행 권한이 있어야 가능하다.

디렉터리 진입

정답 ③

03 다음 중 트로이목마 프로그램인 루트킷에 대한 설명으로 가장 부적절한 것은?

① 루트킷의 웹 사이트지는 자신과 다른 소프트웨어를 보이지 않게 숨기고 사용자가 공격자의 소 프트웨어를 인지하고 제거할 가능성을 피한다.
② 윈도우용 루트킷에는 FU-Rootkit, Hxdef100, NTRootkit 등이 있다.
③ 리눅스용 루트킷에는 Suckit, lrk4, lrk5, adore 등이 있다.
④ 자기 복제를 하여 다른 컴퓨터에 루트킷을 설치함으로써 그 피해가 커질 수 있다.

트로이목마 바이러스는 자기 복제를 하지 않는다. 매번 출제되는 문제이다.

정답 ④

04 다음 중 프로세스 스케줄링과 관계가 가장 먼 것은?

① 페이지(Paging)
② 스와핑(Swapping)
③ 레이스컨디션(Race Condition)
④ 환형 대기(Circular Wait)

Paging과 Segmentation은 메모리 관리 방법으로 Paging은 Page 단위인 고정 크기로 메모리를 할당하는 방법이고, Segmentation은 Segment 단위인 가변 길이로 메모리를 할당하는 방법이다.

정답 ③

05 다음 중 윈도우(Windows)의 Administrators 그룹에 대한 설명으로 틀린 것은?

① 대표적인 관리자 그룹으로 윈도우 시스템의 모든 권한을 가지고 있다.
② 사용자 계정을 만들거나 없앨 수 있다.
③ 윈도우가 사용 가능한 모든 자원에 대한 권한을 설정할 수 있다.
④ 해당 컴퓨터 밖의 네트워크에서도 일반 사용자보다 특별한 권한을 행사할 수 있다.

Administrators 그룹이 네트워크 밖에서 특별한 권한을 가지고 있지 않다.

Windows 운영체제의 관리자 계정

Windows 운영체제의 관리자 그룹

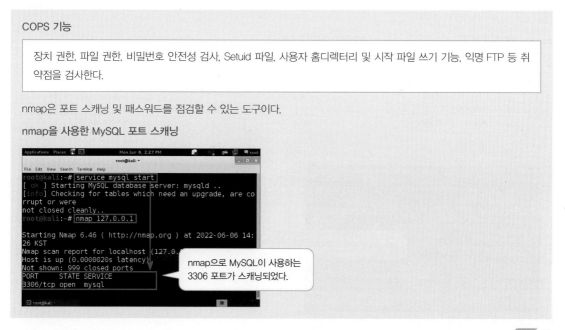

정답 ④

▦ 하 | 시스템 보안 〉 시스템 보안 위협 및 공격에 대한 예방 및 대응

06 다음 중 취약점 점검 도구에 대한 설명으로 틀린 것은?

① COPS/COPE : 네트워크 기반의 취약점 분석 도구로 컴퓨터, 서버, N/W IDS의 보안 취약점을 분석한다.

② Nessus : 네트워크 취약점 점검 도구로써 클라이언트-서버 구조로 클라이언트의 취약점을 점검하는 기능이 있다.

③ nmap : 시스템 내부에 존재하는 취약성을 점검하는 도구로써 취약한 패스워드 점검 기능 등이 있다.

④ SAINT : 네트워크 취약점 분석 도구로써 HTML 형식의 보고서 기능이 있으며 원격으로 취약점을 점검하는 기능이 있다.

COPS 기능

장치 권한, 파일 권한, 비밀번호 안전성 검사, Setuid 파일, 사용자 홈디렉터리 및 시작 파일 쓰기 기능, 익명 FTP 등 취약점을 검사한다.

nmap은 포트 스캐닝 및 패스워드를 점검할 수 있는 도구이다.

nmap을 사용한 MySQL 포트 스캐닝

정답 ①

07 웹 쿠키(Cookies)에 대한 설명으로 올바른 것은?

① 쿠키는 서버가 아닌 클라이언트에 저장된다.
② 쿠키는 웹 서버에 저장되므로 클라이언트에서 제어할 수 없다.
③ 쿠키는 실행 가능한 파일로 바이러스로 동작할 수 있다.
④ 쿠키는 강력한 인증 기능을 제공한다.

쿠키는 클라이언트에 저장되는 데이터로 세션 쿠키와 영속적 쿠키가 있다.

쿠키의 종류

세션 쿠키(Session Cookie)	영속적 쿠키(Persistent Cookie)
웹 브라우저가 실행되고 있는 동안만 쿠키 값이 유효하다.	하드 디스크에 유효기간 동안 저장된다.
서버를 사용하는 동안 사용자 정보를 유지하기 위해서 사용된다.	사이트 재방문 시 사용자 정보를 기억하기 위해서 사용된다.

쿠키의 보안

구분	설명
만료일 설정	쿠키 유효기간 설정 cookie.setMaxAge(24*60*60);
Secure 옵션	SSL로 연결 시에만 쿠키 전송 cookie.setSecure(true);
쿠키 값 접근 차단	자바 스크립트에서 쿠키 접근 차단 cookie.setHttpOnly(true);

정답 ①

08 사용자 PC가 언제 부팅되었는지를 확인하기 위해 입력해야 하는 명령어는?

① net statistics workstation
② net computer boot time
③ net reboot time
④ net time boot

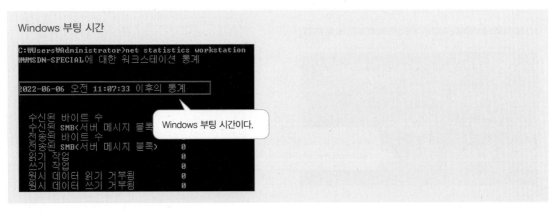

Windows 부팅 시간

정답 ①

09 다음 중 은폐형 바이러스에 대한 설명으로 가장 적합한 것은?

① 파일이 감염될 경우 그 파일의 내용을 확인할 수 없다.

② 감염된 파일의 길이가 증가하지 않은 것처럼 보이게 하고, 감염 전의 내용을 보여주어 바이러스가 없는 것처럼 백신과 사용자를 속인다.

③ 바이러스 분석가에게 분석을 어렵게 하고 백신 개발을 지연시키도록 여러 단계의 기법을 사용한다.

④ 백신으로 진단이 어렵게 바이러스 프로그램의 일부 또는 전체를 암호화한다.

은폐형 바이러스는 기억 장소에 존재하고 감염된 파일의 길이가 증가하지 않은 것처럼 하여 백신이 감염된 부분에 접근할 때 감염되기 전의 내용을 보여준다.

정답 ②

10 다음 보기에서 설명하는 공격 위협은 무엇인가?

> 웹 애플리케이션에서 사용자 입력 값에 대한 필터링이 제대로 이루어지지 않을 경우, 공격자는 사용자 입력 값을 받는 게시판, URL 등에 악의적인 스크립트(Javascript, VBScript, ActiveX, Flash 등)를 삽입하여 게시글이나 이메일을 읽는 사용자의 쿠키(세션)를 탈취하여 도용하거나 악성코드 유포 사이트로 Redirect 할 수 있다.

① SSI 인젝션

② XPath 인젝션

③ 크로스사이트 스크립팅

④ 악성 콘텐츠

XSS는 Stored XSS와 Reflected XSS로 분류된다. Stored XSS는 게시판에 악성 스크립트를 올리고 사용자가 클릭하면 악성 스크립트를 실행하게 하는 공격이고, Reflected XSS는 악성 스크립트가 포함된 첨부 파일을 사용자에게 메일을 보낸다. 사용자가 해당 첨부 파일을 열면 악성 스크립트가 실행되고 해당 악성 스크립트를 통해서 웹 서버를 공격하는 것이다.

정답 ③

11 소유권 없는 파일을 찾는 명령어 및 옵션이 아닌 것은?

① find / -ls 2 〉 /dev/null

② find / ₩(-nouser -o -nogroup ₩) -xdev -exec ls -al { } ₩; 2〉 /dev/null

③ find / -nouser -print

④ find / -nogroup -print

보기 ① 지문은 문법 오류이다. find 명령어 옵션으로 "-ls"라는 것은 없다. 파일 소유자가 없는 파일을 찾는 것은 "-nouser" 옵션이고 그룹 소유자가 없는 파일을 찾는 것은 "-nogroup"이다.

정답 ①

12 다음 보기에서 설명하고 있는 내용의 괄호 안에 들어갈 올바른 항목은?

> 포렌식 관점에서 파일 시스템 영역은 매우 중요하다고 볼 수 있다. 특히, (   )(은)는 파일, 디렉터리 및 메타 정보까지 파일 형태로 관리하여 파일과 디렉터리를 분석하여 정보를 알아내는데 유용하다.

① MBR
③ FAT

② BIOS
④ NTFS

Windows 운영체제에서 사용하는 파일 시스템은 NTFS이다. NTFS는 메타 데이터 지원, 계층형 파일 시스템 관리, 확장 기능, 암호화 기능, 클러스터 단위 관리를 수행한다.

정답 ④

13 도구의 기능과 도구명이 짝지어진 것 중 틀린 것은?

① 운영체제별 로그 변조 탐지 도구 – Chklastlog
② 운영체제별 감사로그 관리 도구 – NATAS
③ 취약점 진단 도구 – SATAN
④ 접근 통제 관련 로깅 도구 – Syslogd

나타스(NATAS)는 메모리, 부트, 파일 영역 모두에 상주하는 바이러스이다. 또한 나타스라는 이름으로 웹 해킹 사이트도 존재한다.

정답 ②

14 다음은 passwd 파일 구조를 나타내는 그림이다. "A"는 무엇인가?

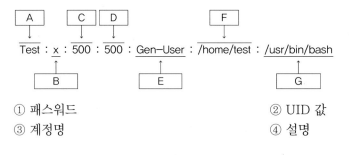

① 패스워드
③ 계정명

② UID 값
④ 설명

제일 처음 나오는 것은 사용자 계정(ID)이다.

/etc/passwd 파일에서 계정 리스트 확인

정답 ③

중 시스템 보안 〉 시스템 보안 위협 및 공격에 대한 예방 및 대응

15 Syslog와 같은 시스템 로그를 추가로 스캔하여 어떠한 행위가 발생했는지를 분석하는 시스템 로깅 도구는?

① Nikto

② X-scan

③ N-stealth

④ Swatch(Simple Watcher)

Swatch(The Simple Watcher and filter)는 Perl로 개발된 실시간 로그 모니터링 도구로 특정 패턴에 반응하여 요청한 작업에 대해 콘솔 출력, 메일 전송이 가능하다.

정답 ④

상 시스템 보안 〉 시스템 보안 위협 및 공격 기법

16 다음 문장의 괄호 안에 해당하는 것은 무엇인가?

> 안드로이드는 리눅스 커널을 기반으로 개발되어 일반 사용자 계정과 루트 계정의 두 가지 유형의 사용자 계정으로 나뉜다. 운영 체제 변경이나, 특정 명령 실행, 도구 설치 등을 하기 위해서는 루트 권한이 필요하다. (   )(은)는 루트 액세스 권한을 얻어 장치를 완전히 제어하는 것을 말한다. 특히, 기기의 생산자나 판매자가 걸어놓은 제약을 풀기 위해서 사용한다.

① 버퍼 오버플로우   ② 루팅

③ 인젝션   ④ 접근 제어

루팅(Rooting)은 안드로이드 운영체제를 해킹하여 최고 관리자 권한을 획득하는 행위를 의미한다. 즉, 루트 권한을 획득하여 안드로이드에 제약된 기능을 해제할 수 있다.

정답 ②

17 리눅스 proc 파일 시스템에서 ASLR(Address Space Layout Randomization) 설정 값을 확인할 수 있는 파일은 무엇인가?

① /proc/sys/kernel/randomize_va_space
② /proc/sys/kernel/watchdog
③ /proc/sys/kernel/panic
④ /proc/sys/kernel/random

ASLR(Address Space Layout Randomization)은 메모리의 주소를 동적으로 할당하게 하는 것으로 /proc/sys/kernel/randomize_va_space에 0을 설정하면 해제하는 것이고 1은 랜덤 스택 및 라이브러리 활성화, 2는 랜덤 스택, 라이브러리, 힙을 활성화한다.

정답 ①

18 다음 중 무결성(Integrity) 검사를 위한 도구가 아닌 것은?

① tripwire   ② fcheck
③ Samhain   ④ prstat

시스템의 성능을 측정할 수 있는 도구로 vmstat와 prstat가 있다.

```
# prstat
PID     USERNAME   SIZE    RSS    STATE   PRI NICE   TIME      CPU      PROCESS/NLWP
4068    root       1952K   1728K  cpu1    49   0     0:00:00   0.1%     prstat/1
20078   root       1108M   472M   sleep   59   0     0:00:01   0.0%     limbest/1
```

정답 ④

19 버퍼 오버플로우 공격을 완화할 수 있는 방법으로 스택과 힙 영역에 쉘 코드 등을 실행하지 못하도록 하는 메모리 보호 기법에 해당하는 것은?

① ASLR   ② DEP/NX bit
③ Format String   ④ Stack Canary

DEP(Data Execution Prevention)/NX(Never eXecute) bit는 데이터 영역에서 코드 실행권한을 제거하는 것이다. 즉, Shellcode가 삽입되어서 실행할 수 없게 한다.

DEP/NX bit 설정

```
cat /proc/sys/kernel/exec-shield
exec-shield =0 : ExecShield 보호 비활성화
exec-shield =1 : ExecShield 보호 활성화
```

정답 ②

20 다음에서 설명하는 공격 위협은 무엇인가?

> 해당 취약점이 존재하는 경우 부적절하게 권한이 변경되거나 시스템 동작 및 운영에 악영향을 줄 가능성이 있으므로 "|", "&",
> ";", "'" 문자에 대한 필터링 구현이 필요하다.

① 운영체제 명령 실행   ② XPath 인젝션
③ 디렉터리 인덱싱   ④ 정보 누출

웹 애플리케이션에서 system(), exec()와 같은 시스템 명령어를 실행하는 함수를 제공할 때 입력 값을 제대로 필터링하지 않아서 공격자가 운영체제 명령어를 실행하는 취약점이다. 운영체제 명령 실행으로 공격자는 백도어 설치, 관리자 권한 탈취 등을 할 수 있다.

 정답 ①

2과목   네트워크 보안

21 다음 중 OSI 7계층의 데이터 링크 계층과 관련성이 가장 적은 것은?

① 통신 경로상의 지점 간(Link-to-Link)의 오류 없는 데이터 전송
② 멀티포인트 회선 제어 기능
③ 데이터 압축 및 암호화
④ 정지-대기 흐름 제어 기법

OSI 7계층에서 메시지에 대해서 포맷 변환, 압축, 암호화와 같은 작업을 하는 것은 프레젠테이션(Presentation) 계층이다. 데이터 링크(Data Link) 계층은 에러 제어를 수행하는 계층이다.

 정답 ③

22 바이러스 및 공격으로부터 IoT(Internet of Thing) 기기를 보호할 수 있는 접근 제어, 기기 인증, 통신 암호화, 가용성 등과 같은 보안 요구사항을 알기 쉽게 나타내도록 IoT용 SoA(Service oriented Architecture)는 4계층으로 구성된다. 다음 중 IoT용 SoA 4계층에 포함되지 않는 것은 어떤 계층인가?

① 센싱 계층   ② 네트워크 계층
③ 트랜스포트 계층   ④ 서비스 계층

사물인터넷(IoT : Internet of Things)은 네트워크를 사용해서 다양한 디지털 기기를 연결하는 것으로 다양한 장치를 연결하기 위한 핵심 기술로 SoA(Service Oriented Architecture)를 사용한다.

IoT의 4계층 아키텍처

계층	설명
감지 계층(Sensing Layer)	RFID, 센서 등과 같은 하드웨어를 통합한다.
네트워크 계층(Network Layer)	기본적인 네트워크를 지원하고 유선 혹은 무선으로 데이터를 전송한다.
서비스 계층(Service Layer)	IoT 서비스를 생성하고 관리한다.
인터페이스 계층(Interface Layer)	다른 애플리케이션과 상호작용하는 방법을 제공한다.

본 문제는 정보보안기사 필기시험에 처음 출제되었다. 향후 IoT 4계층 아키텍처는 실기 단답형으로 출제가 가능하다.

정답 ③

━━ 상 　네트워크 보안 〉 네트워크 기반 공격 기술의 이해 및 대응

23 RIP(Routing Information Protocol)는 Distance Vector 라우팅 알고리즘을 사용하고 30초마다 모든 전체 라우팅 테이블을 Active Interface로 전송한다. 원격 네트워크에서 RIP에 의해 사용되는 최적의 경로 결정 방법은 무엇인가?

① Hop Count
② Routed Information
③ TTL(Time To Live)
④ Link Length

RIP(Routing Information Protocol)는 거리 기반(Distance Vector) 알고리즘으로 경로를 결정하는 방법을 사용한다. RIP의 거리 기반 최적 경로 선택 방법은 Hop Count를 사용하고 Hop이란, 출발지부터 웹 사이트지까지 지나는 라우터의 수를 의미한다. RIP는 이를 매트릭으로 사용한다. RIP의 최대 Hop 수는 16으로 15개까지는 패킷을 전달하지만 매트릭이 16이 되면 해당 패킷의 경로는 유효하지 않은 것으로 결정한다.

정답 ①

━━ 하 　네트워크 보안 〉 네트워크 일반

24 다음 중 VPN에 대한 설명으로 가장 옳지 않은 것은?

① SSL VPN은 웹 브라우저만 있으면 언제 어디서나 사용할 수 있다.
② IPsec VPN은 네트워크 계층에서 안전하게 정보를 전송하는 방법이다.
③ IPsec VPN은 운영 방식에 따라 트랜스포트 모드만 지원하고 암호화 여부에 따라 ESP, AH 프로토콜을 사용한다.
④ 기본적으로 SSL VPN과 IPsec VPN은 데이터의 기밀성과 무결성은 동일하며, 단지 데이터의 암호화 구현 방식에 차이가 있다.

IPSEC VPN은 네트워크 계층에서 작동하는 VPN으로 트랜스포트 모드와 터널링 모드를 모두 지원한다. IPSEC VPN을 사용하기 위해서는 2개의 서버 장치가 필요하며 전용 소프트웨어도 설치해야 한다. 즉, IPSEC VPN은 네트워크와 네트워크를 연결할 때 사용되고 SSL VPN은 클라이언트와 네트워크를 연결할 때 사용된다.

정답 ③

25 사용자마다 계정 및 패스워드를 설정하고 원격에서 텔넷으로 라우터에 접속할 때, 계정 및 패스워드를 이용하여 로그인할 수 있도록 설정한 것은 무엇인가?

① Router(config)#username XXXX password XXXX
   Router(config)#line vty 0 4
   Router(config-line)#login local

② Router#username XXXX password XXXX
   Router(config)#line vty 0 4
   Router(config-line)#login local

③ Router(config)#line vty 0
   Router(config-if)#username XXXX password XXXX
   Router(config-line)#login local

④ Router#username XXXX
   Router(config)#password XXXX
   Router(config)#line vty 0 4
   Router(config-line)#login local

CISCO 라우터 원격 Telnet 방법은 다음과 같다.

no login과 login local의 차이점

구분	설명
no login	Telnet 로그인 시 패스워드 없이 로그인이 가능하다.
login	로그인 시에 username 없이 가능하다.
login local	Telnet 로그인 시 local database에 있는 정보를 가지고 사용자를 인증한다.

line vty 0 4에서 0은 Virtual terminal first number이고, 4는 Virtual terminal last number를 의미하며 Virtual terminal에 동시에 다섯대 접속이 가능하다라는 것이다.
지금까지 라우터 관련 문제는 라우터 패스워드 변경 방법, 접근 통제 설정, Telnet 연결 방법 등이 출제되었다.

정답 ①

26 다음 보기에서 설명하고 있는 것은 무엇인가?

> 의심스런 트래픽을 탐지할 뿐만 아니라, 위협이 되는 트래픽을 발견하게 되면 어떻게 대응할 지를 미리 정의해 놓고 해당 패킷을 제거한다.

① Instrusion Prevetion System ② Screeneal Subnet
③ Knowledge-Based IDS ④ Signature-Based IDS

IPS는 공격 시그니처를 찾아내 네트워크에 연결된 기기에서 수상한 활동이 이루어지는지 감시하여 자동으로 해결 조치함으로써 중단시키는 보안 솔루션이다.

정답 ①

27 네트워크에서 큰 크기의 파일을 전송할 때 정상적인 경우에 전송 가능한 최대 사이즈로 조각화되어 전송되며, 이때 Fragment Number를 붙여 수신측에서 재조합을 하게 한다. Fragmentation Offset 을 위조하여 중복되게 하거나 공간을 두어 재조합을 방해하는 공격은 OSI 7계층 중 어느 계층에서 발생하는 것인가?

① OSI 2계층   ② OSI 3계층

③ OSI 4계층   ④ OSI 5계층

OSI 7계층에서 OSI 3계층인 네트워크 계층에는 IP 프로토콜이 존재한다. IP 프로토콜은 패킷을 분할하기 위해서 Flags와 Fragmentation Offset 필드를 가지고 있다. Flags와 Fragmentation Offset 필드는 패킷을 전송할 때 패킷의 크기가 너무 크면 패킷은 분할되고 패킷이 분할될 경우에 분할된 패킷을 수신자가 수신 이후에 다시 조립을 해야 하기 때문에 패킷 분할과 관련된 정보가 있는 것이다.

정답 ②

28 다음 문장의 괄호 안에 들어갈 알맞은 용어는?

> (　　)(은)는 산업 제어 시스템(Industrial Control System)에 대한 공정 기반 시설, 설비를 바탕으로 작업 공정을 감시하고 제어하는 컴퓨터 시스템으로 최근 이를 대상으로 이루어진 사이버 공격으로 인해 전력 공급 체계 등 사회 기반 시설 운영에 피해가 발생하고 있다.

① PLC   ② SCADA

③ Stuxnet   ④ Modbus

SCADA(Supervisory Control And Data Acquisition) 시스템은 산업공정, 기반시설, 설비 등을 제어하기 위한 산업 제어 시스템이다. 그리고 스턱스넷(Stuxnet)은 2010년에 발견된 웜 바이러스로 Microsoft Windows 운영체제를 통해서 감염되어서 독일 지멘스 사의 SCADA 시스템의 소프트웨어 및 장비를 공격한다.

정답 ②

29 Snort에서 Rule에 대한 정보 제공을 위해 사용되며, 탐지에 영향 없는 옵션의 명령어 형식은?

① msg   ② rawbytes

③ drop   ④ reject

Snort의 룰 옵션 중에서 msg는 경고가 발생하는 경우 해당 문장을 로그파일에 기록하는 것이다. 즉, 탐지와는 관련이 없다.

Snort Rule

```
alert tcp any any - 〉 any 80 (msg:"Call WEB";content:"myweb";nocase;threshold : type threshold, track by_src,
count 3, seconds 20; sid:100001;)
```

위의 예는 80번 포트를 20초 동안 3번 반복해서 호출하고 전송되는 패킷에 "myweb"이라는 문자가 있으면, 로그파일에 "Call WEB"이라는 로그를 기록하는 것이다.

정답 ①

30 다음 중 Windows 계열의 시스템에 대한 포트 스캐닝을 할 수 없는 것은?

① TCP SYN Scan

② TCP FIN Scan

③ TCP Connect Scan

④ UDP SCAN

TCP FIN, XMAS SCAN, NULL SCAN은 Stealth Scan으로 로그를 기록하지 않고 해당 시스템의 포트를 스캐닝하며 유닉스 계열의 시스템에서만 사용할 수 있다. 만약 TCP FIN, XMAS SCAN, NULL SCAN을 실행했는데 결과가 없다면 Windows 계열의 시스템으로 판단할 수 있다.

Windows 운영체제 대상 TCP SCAN과 FIN SCAN 실행 결과

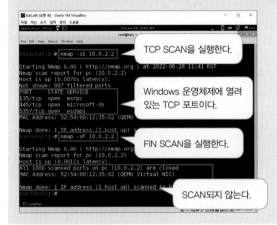

정답 ②

31 무선랜 보안에 대한 설명으로 가장 옳지 않은 것은?

① Open System 인증 방식은 어떤 무선 단말이라도 AP를 경유하여 인터넷에 접속하도록 허용하는 방식을 의미하며, 실질적인 인증을 하지 않고 무선 단말과 AP 간 전달되는 데이터가 평문 형태로 전달된다.

② Shared Key(SK) 인증 방식은 무선 단말 사용자가 AP에 설정된 키와 동일한 키를 입력하는 경우 AP를 경유하여 인터넷에 접속을 허용한다.

③ 무선 단말과 AP 간 전달되는 데이터를 암호화하는 경우 WEP 암호 방식이 이용될 수 있으며, 이 방식은 AES 대칭키 암호 알고리즘을 이용하여 매우 높은 강도의 비밀성을 제공한다.

④ RSN(Robust Security Network)에서는 WPA-Personal과 WPA-Enterprise 모드가 있는데, WPA-Personal 모드에서는 미리 설정된 비밀키를 이용하는 반면 WPA-Enterprise 모드에서는 RADIUS 서버를 이용한다.

무선 LAN 암호화 방식에서 WEP(Wired Equivalent Privacy) 인증 기법을 사용하면 스트림 암호화 기법인 RC4를 사용한다. AES 대칭키 암호화 기법을 사용하려면 WPA2 기법을 사용해야 한다.

강화된 보안 네트워크 : RSN(Robust Security Network)

• WEP의 고정된 키를 사용하지 않고 동적으로 생성되는 TKIP나 CCMP를 사용한다.

• EAP 인증 절차나 사전 공유키(Pre-Shared Key)와 같은 상호인증 절차를 밟고 인증 절차에 따라 생성된 키를 사용해서 패킷마다 다른 암호화키를 사용한다.

RSN

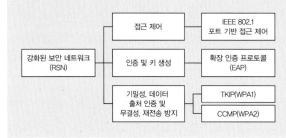

정답 ③

32 다음은 모바일 악성코드에 관한 설명이다. 어떤 악성코드에 관한 설명인가?

저장 매체나 인터넷으로 전파되던 악성코드가 휴대전화 통신망으로 전파되기 시작하여 휴대전화에 저장된 전화번호로 악성코드를 퍼트린다.

① Card trap, A   ② CommWarrior
③ Hobbies, A   ④ Brader

컴워리어(CommWarrior)는 변종 웜으로 MMS(Mobile Messager Service)로 감염되어 휴대전화의 전화번호를 사용해서 악성코드를 퍼뜨린다.

정답 ②

33 다음 장비 중 네트워크 계층 장비를 바르게 설명한 것은?

① 리피터 : 불분명해진 네트워크 신호 세기를 다시 증가시키기 위한 장비이다.
② 더미 허브 : 데이터를 보낼 때 모든 곳에 데이터를 똑같이 복사해서 보낸다.
③ 브리지 : 랜과 랜을 연결하는 네트워크 장치이다.
④ 라우터 : 서로 다른 프로토콜을 사용하는 네트워크를 연결해 주는 장비이다.

보기 ④는 게이트웨이 때문에 다소 문제가 어렵게 느껴진다. 본 문제는 네트워크 계층 장비를 묻고 있기 때문에 라우터가 된다.

게이트웨이와 라우터의 차이점

구분	설명
게이트웨이(Gateway)	• 서로 다른 통신망, 프로토콜을 사용하는 네트워크 간의 통신을 가능하게 하는 컴퓨터 혹은 소프트웨어를 의미한다. • 종류가 다른 네트워크 간의 통로 역할을 수행한다.
라우터(Router)	패킷의 위치를 추출해서 최상의 경로를 지정하고 지정된 경로에 따라서 패킷을 다음 장치로 전향시키는 장치이다.

위의 표에서 게이트웨이는 개념적인 용어이고 라우터는 하드웨어 장비이다. 즉, 라우터가 게이트웨이로 사용될 수 있고 게이트웨이는 다른 장비나 소프트웨어가 될 수도 있다.

정답 ④

34 다음 문장은 무선랜 환경에서 어떠한 AP(Access Point)를 설명하고 있는가?

관리자의 허가 없이 비인가적으로 설치되어 외부인 또는 내부인이 악의적인 목적으로 내부 네트워크에 침입 가능한 보안 위험성을 야기시킬 수 있는 AP이다.

① Normal AP
② Rogue AP
③ Honeypot AP
④ Ad-hoc AP

AP(Access Point)의 종류

구분	설명
Rogue AP	공격자가 설치한 AP로 사용자 접속을 유도한다.
Honeypot AP	기업의 SSID를 도용해서 건물 외부에 설치하고 사용자의 ID와 패스워드를 갈취한다.
Ad-hoc AP	AP를 사용하지 않고 PC에 있는 무선 LAN 카드가 직접 통신을 수행한다.

정답 ②

35 다음 중 세션 하이재킹(Session Hijacking)에 대한 설명으로 가장 옳지 않은 것은?

① 클라이언트와 서버 간의 통신을 관찰할 수 있을 뿐만 아니라 신뢰(Trust)를 이용한 세션은 물론 Telnet, FTP 등 TCP를 이용한 거의 모든 세션의 탈취가 가능하다.

② 인증에 대한 문제점을 해결하기 위해 도입된 일회용 패스워드(OTP)로 Token Based authentication, Kerberos(토큰 기반 인증)을 이용한 세션의 탈취도 가능하다.

③ 서버와 클라이언트가 TCP를 이용해서 통신하고 있을 때, RST 패킷을 보내 일시적으로 TCP 세션을 끊고, 시퀀스 넘버를 새로 생성하여 세션을 빼앗고 인증을 회피한다.

④ 실제 DNS 서버보다도 빨리 공격 대상에게 DNS 응답(Response) 패킷을 보내 공격 대상이 잘못된 IP 주소로 이름 해석을 하도록 하여 잘못된 웹 접속을 유도하는 공격이다.

보기 ④는 DNS Spoofing 공격 방법이다. 정상적인 TCP 연결에서 공격자가 RST(Reset) 명령을 전송하여 TCP 세션을 종료하게 하고 새로운 Sequence Number를 생성하여 인증을 회피한다.

정답 ④

36 다음 화면은 DoS 공격을 실시한 TCP Dump이다. 네트워크 패킷들의 특징을 보았을 때 무슨 공격을 한 것으로 보이는가?

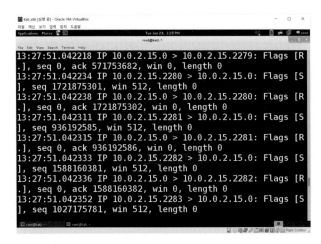

① UDP 플러딩(Flooding)
② SYN 플러딩(Flooding)
③ Bonk 공격
④ Land 공격

발신자의 IP와 수신자의 IP를 동일하게 해서 전송하는 DoS 공격 기법은 Land Attack이다.

tcpdump와 ping 3을 사용한 DoS 공격과 탐지

```
tcpdump -i lo -v ip src 10.0.2.15 -w land.ca
p
tcpdump: listening on ...        rnet), ca
pture size 65535 bytes
Got 49892
```
> tcpdump로 전송되는
> 패킷을 스니핑한다.

```
hping3 10.0.2.15 -S --flood -a 10.0.2.15
HPING 10.0.2.15 (eth0 10.0.2.15): S set, 40 headers + 0
data bytes
hping in floo...              shown
^C
--- 10.0.2.15
24945 packets ...          eived, 100% pack
et loss
round-trip min/avg/max = 0.0/0.0/0.0 ms
```
> hping3를 사용해서
> Land Attack을 실행한다.

정답 ④

하   네트워크 보안 〉 네트워크 보안 기술

37 자신의 컴퓨터가 인터넷을 통해 웹 사이트지를 찾아가면서 구간의 게이트웨이 정보나 걸리는 시간 등을 표시해 줌으로써 인터넷 경로상의 네트워크 경로를 파악할 수 있게 하는 명령어는?

① Tcpdump

② Ping

③ Traceroute(Tracert)

④ Netstat

traceroute 명령어에 대한 설명으로 이미 출제된 기출문제이다.

정답 ③

하   네트워크 보안 〉 네트워크 보안 기술

38 다음 스크린드 서브넷 구조에 대한 설명으로 가장 옳지 않은 것은?

① 외부 인터넷 환경에서 접속이 되어야 한다.

② 스크리닝 라우터 사이에 듀얼 홈드 게이트웨이가 위치하는 구조이다.

③ 다른 방화벽에 비해 설치 및 관리가 쉽다.

④ 서비스 속도가 느리다.

스크린드 서브넷 구조는 스크린드 라우터 2개와 하나의 듀얼 홈(Bastion Host) 방화벽으로 구성되는 것으로 보안성은 우수하지만 설치와 관리가 어렵다.

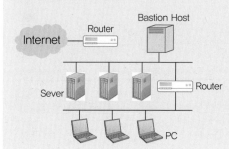

정답 ③

39 다음 클라우드 컴퓨팅 보안에 대한 설명으로 가장 옳지 않은 것은?

① 가상화 시스템의 취약점을 상속한다.
② 정보 위탁에 따른 정보 유출의 가능성이 있다.
③ 집중화로 보안 적용이 용이하다.
④ 자원 공유 및 집중화에 따른 서비스 장애가 발생할 수 있다.

클라우드 컴퓨팅은 가상화 기술을 사용해서 가상환경을 제공하는 것으로 가상화 시스템에 보안 취약점이 발견되면 그 취약점은 상속된다. 또한 클라우드 컴퓨팅을 사용하는 기업은 클라우드 컴퓨팅의 운영과 관리를 외부 기관에 위탁한다. 따라서 정보 위탁에 따른 유출 가능성이 존재한다. 클라우드 사용자들은 하나의 시스템을 가상화하여 사용하기 때문에 자원공유를 하게 되지만, 하나의 물리적 서버에 장애가 발생하면 그 서버를 사용하는 모든 기업이 피해를 보게 된다.

정답 ③

40 N-IDS가 수집하여 처리하는 패킷들에서 다음과 같은 형태의 패킷들이 발견되었다. 이에 대한 설명으로 가장 옳은 것은?

출발지 IP	목적지 IP	출발지 포트	목적지 포트	TCP 세그먼트
S1	D1	P1	P2	SYN
S1	D1	P3	P4	SYN
D1	S1	P2	P1	SYN, ACK
S1	D1	P1	P2	RST
D1	S1	P4	P3	SYN, ACK
S1	D1	P3	P4	RST
S1	D1	P5	P6	SYN
D1	S1	P6	P5	RST, ACK

① S1 시스템이 D1 시스템에 대해 SYN Flooding 공격을 시도하였다.
② S1 시스템이 D1 시스템에 대해 TCP SYN 스캔을 시도하였다.
③ S1 시스템이 D1 시스템에 대해 TCP CONNECT 스캔을 시도하였다.
④ S1 시스템이 D1 시스템에 대해 Stealth 스캔을 시도하였다.

S1 시스템이 D1 시스템에 대한 TCP 세그먼트를 보면 SYN, RST가 있다. 즉, TCP SYN 스캔 시에 발생되는 것이다.

정답 ②

≡ 하 애플리케이션 보안 〉 보안 취약점 및 개발 보안

41 다음 암호화 구현에 대한 설명으로 잘못된 것은?

① 대칭키 알고리즘 이용시에는 키 길이를 128bit 이상으로 사용하는 것이 안전하다.

② 비대칭키 알고리즘 이용시에는 키 길이를 2,048bit 이상으로 사용하는 것이 안전하다.

③ 입력된 메시지는 취약한 AES(Advanced Encryption Standard) 대신 안전한 DES(Data Encryption Standard) 알고리즘으로 암호화한다.

④ 해시함수 사용 시 Salt 값을 사용한다.

대칭키 암호화 알고리즘 중에서 AES가 보안에 안전하고 DES 알고리즘은 보안에 취약하다. 즉, RC2, RC4, RC5, RC6, MD5, MD5, SHA1, DES 알고리즘은 보안에 취약한 알고리즘이다.

안전한 암호화 알고리즘

대칭키 암호화 알고리즘	비대칭키(공개키) 암호화 알고리즘
SEED	RSA
ARIA-128/192/256	KCDSA(전자서명용)
AES-128/192/256	RSAES-OAEP
Camelia-128/192/256	ElGamal
Blowfish	ECC
MISTY1	ECKCDSA 등
KASUMI 등	

대칭키는 128bit 이상 비대칭키는 2048 이상의 키를 사용해야 한다.

정답 ③

≡ 하 애플리케이션 보안 〉 인터넷 응용 보안

42 전자입찰 시 필요한 보안 요구사항과 거리가 먼 것은?

① 비밀성　　　　　　　　② 공평성

③ 무결성　　　　　　　　④ 동시성

전자입찰 시 보안 요구사항

보안 요구사항	설명
독립성	전자입찰 시스템의 각 구성 요소들은 독자적인 자율성을 보장받아야 한다.
공평성	전자입찰이 수행될 때 모든 정보는 공개되어야 한다.
비밀성	각 구성요소 간에 개별정보는 노출되어서는 안 된다.
무결성	전자입찰 시 입찰자 자신의 정보를 확인 가능해야 하고 누락 및 변조 여부를 확인할 수 있어야 한다.
안전성	참여자들 간의 공모가 방지되어야 하고 입찰 공고자와 서버의 독단이 발생하면 안 된다.

정답 ④

43 디지털 증거의 특성을 설명한 것으로 가장 적절하지 않은 것은?

① 내용 자체가 변하지 않는 한 어느 매체에 저장되어도 동일하다.
② 간단한 조작만으로 정보를 변경하거나 삭제할 수 있다.
③ 컴퓨터 디스크에 항상 안전하게 보관할 수 있다.
④ 대량의 정보가 저장 매체에 저장되고 대량으로 유통될 수 있다.

디지털 증거의 특성

특성	설명
매체 독립성	• 각종 디지털 저장 매체에 저장되어 있거나 네트워크를 통해서 전송 중인 정보 그 자체이다. • 정보의 값이 같으면 어느 매체에 저장되어 있어도 동일한 가치이므로 원본과 사본 구별이 불가능하다.
비가시성	• 디지털 증거는 사람의 지각으로 바로 인식이 불가능하다. • 일정한 변환 절차를 통해서 가시성과 가독성을 가지며, 디지털 증거와 변환된 자료와의 동일성 여부가 중요하다.
취약성	삭제 및 변경 등이 용이하기 때문에 디지털 증거에 대해서 무결성 문제가 중요하다.
대량성	방대한 분량의 정보를 하나의 저장 매체에 저장 가능하다.
전문성	디지털 증거의 압수, 분석 등에서 디지털 포렌식 전문가가 필수적으로 필요하다.
네트워크 관련성	네트워크를 통해서 연결되어 있기 때문에 디지털 증거의 관할권을 어느 정도까지 인정할 것인지에 대한 문제가 발생한다.

정답 ③

44 다음 문장이 설명하는 스팸메일 대응 방안으로 가장 옳은 것은?

> • 메일 헤더에 표시된 발송 정보가 실제 메일을 발송한 서버와 일치하는지를 비교하여 발송자 정보의 위변조 여부를 파악할 수 있는 기술이다.
> • 발송자의 서버를 DNS에 미리 등록하고 수신자의 서버에 메일이 도착하면 등록된 서버로부터 발신되었는지 확인 후 스팸 메일을 차단하는 기술이다.

① Procmail
② Sender Policy Framework
③ Sanitizer
④ Spam Assassion

스팸메일 차단 시스템은 광고성 메일 및 음란 메일과 같은 유해한 메일을 발송하는 IP를 차단하는 RBL(Real Time Blocking)과 모든 메일 서버를 DNS에 등록 후, 메일이 전송되면 수신측 메일 서버는 메일 헤더를 분석하여 송신자를 파악 후 송신자가 송신측 DNS에 실제로 등록되는 있는지 확인해서 차단하는 SPF(Sender Policy Framework) 방식이 있다.

정답 ②

45 DNS 서버가 알고 있는 모든 유형의 레코드를 리턴하고 DNS 관련 DoS(서비스 거부) 공격에 많이 이용되는 질의 유형은?

① NS ② ANY

③ A ④ TXT

DNS 증폭(Amplification)은 Open DNS Resolver 서버를 이용해서 DNS Query의 Type을 "ANY"로 설정한다. "ANY"로 설정하면 다양한 TYPE인 A, NS, CNAME, AAAA 등의 모든 레코드를 요청하기 때문에 요청한 쿼리 패킷보다 크게 증폭된다. DNS 증폭 공격은 매우 정교한 DOS 공격으로 DNS Reflector Attack이라고도 한다.

정답 ②

46 다음 중 FTP 서버의 Bounce Attack에 대해 바르게 설명한 것은?

① 분산 반사 서비스 거부 공격(DRDoS)으로 악용할 수 있다.
② 접근이 FTP의 PORT command를 악용하여 외부에서 직접 접근 불가능한 내부망 컴퓨터상의 포트에 FTP 서버를 통해 접근할 수 있다.
③ login id를 입력 후 다음 응답코드를 줄 때까지의 반응 속도 차이를 이용하여 실제 계정이 존재하는지를 추측할 수 있다.
④ active, passive 모드를 임의로 변경할 수 있다.

FTP Bounce Attack은 Anonymous FTP 서버를 사용해서 PORT 명령을 조작하여 공격 대상 네트워크를 스캔거나 FTP 서버로 하여금 공격자가 원하는 곳으로 데이터를 전송하게 한다.

FTP Port command

Windows	Linux
ftp ftp 〉 open 〈서버명 〉〈포트 번호 〉	ftp 〈서버명 〉〈포트 번호 〉 혹은 웹 브라우저 및 탐색기에서 ftp://서버명:포트 번호

정답 ②

47 다음 중 리버스 도메인에 대한 설명이 잘못된 것은?

① 도메인 이름을 IP 주소로 변환하기 위해 네임 서버에 설정하는 특수 도메인이다.
② IP 주소를 도메인 이름으로 변환하기 위해 네임 서버에 설정하는 특수 도메인이다.
③ "역질의"라고도 한다.
④ IP 주소에 해당하는 숫자와 특수 문자열 in-addr.arpa로 구성되어 있다.

리버스 도메인은 IP 주소를 도메인 이름으로 변환하기 위해서 네임 서버에 설정하는 특수 도메인이다. 리버스 도메인을 이용하는 대표적인 예는 메일 서버(SMTP)의 스팸 필터이다. 일부 메일 서버는 메일을 수신하고 웹 사이트로 전달하기 전에 발신인의 IP 주소를 리버스 도메인으로 변환하여 DNS에 역질의 한다. 역질의 결과로 얻은 도메인을 발신자 메일 계정에 포함된 도메인과 비교하여 일치 여부를 확인한다.

정답 ①

48 다음 중 SSL(Secure Socket Layer) 프로토콜에 대한 설명으로 잘못된 것은?

① 웹 서버와 브라우저 간의 안전한 통신을 위해 넷스케이프사에 의해 개발되었다.

② 세션 계층에서 적용되며 응용 계층의 FTP, TELNET, HTTP 등의 프로토콜의 안전성 보장을 위해서 사용된다.

③ SSL 프로토콜은 TCP/IP상의 444/TCP 포트만을 사용하여야 한다.

④ SSL을 사용하기 위해서는 우리가 흔히 사용하는 URL 표기 방식인 "http://*" 대신에 "https://*"을 사용해야 한다.

SSL은 443 포트를 사용해서 암호화 통신을 한다. 전송 구간 암호화 시에 SSL 3.0 이상, TLS 1.2 이상을 사용해야 한다.

정답 ③

49 클라이언트(웹 브라우저)와 서버(웹 서버) 간 개인정보, 금융정보, 패스워드 등의 중요정보를 안전하게 전송하기 위해 사용되는 암호 채널은?

① S/MIME   ② PGP

③ SSH   ④ SSL

웹 브라우저와 웹 서버 간 안전한 전송을 위한 암호 채널은 SSL이다.

SSL과 TLS

구분	설명
SSL	1995년 Netscape에서 개발한 것으로 인터넷상에 개인정보보호, 인증, 데이터 무결성을 지원하기 위해서 개발되었다.
TLS	• TLS는 SSL의 업데이트 버전으로 SSL의 최종 버전인 3.0과 거의 비슷하다. • TLS는 SSL의 업데이트 버전이다.

정답 ④

50 다음 보기에서 설명하는 데이터베이스 보안 솔루션의 종류는?

• 조직의 보안 정책 구성에 따라 사용 허가 및 로깅 여부를 결정한다.
• 독립된 서버로 구축되기 때문에 이중화 구성을 필요로 한다.
• 네트워크를 우회하여 접근하는 경우 보안 취약점이 발생한다.
• 독립된 서버로 다중 인스턴스에 대한 통제가 가능하다.

① 데이터베이스 백업 솔루션

② 데이터베이스 감사 솔루션

③ 데이터베이스 암호화 솔루션

④ 데이터베이스 접근 제어 솔루션

DB 접근 제어 솔루션은 ID/Password, MAC 기반, 2-Factor 인증 등을 지원하고 접속 및 권한 제어, 감사 로그기록 보관, 모니터링, 보고서 생성 등을 지원한다.

DB 접근 제어

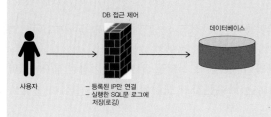

정답 ④

≡ 중 　애플리케이션 보안 〉보안 취약점 및 개발 보안

51 다음 중 익명 FTP에 대한 보안 대책으로 틀린 것은?

① 익명의 사용자에게 쓰기 권한을 부여하여 자유롭게 파일 업로드 및 다운로드하여 사용할 수 있게 한다.
② 반드시 사용하지 않을 경우 서비스를 제거한다.
③ 핵심 디렉터리의 권한을 설정하여 접근하지 못하도록 설정한다.
④ 익명의 사용자가 접근하여 파일을 내려받을 수 있으므로 개인정보나 중요정보는 보이지 않도록 마스킹 처리한다.

FTP 보안에서 익명의 사용자는 차단하고 자유롭게 업로드 및 다운로드할 수 있게 해서는 안 된다.

정답 ①

≡ 상 　애플리케이션 보안 〉인터넷 응용 보안

52 ebXML의 구성요소가 아닌 것은?

① 비즈니스 프로세스
② EDI 문서
③ 핵심 컴포넌트
④ 전송, 교환 및 패키징

ebXML의 구성요소는 비즈니스 프로세스, 핵심 컴포넌트, 등록 저장소, 거래 당사자, 전송 교환 및 패키징이 있다.

정답 ②

53 SQL 인젝션(Injection) 공격에 대한 설명으로 가장 적절하지 않은 것은?

① 클라이언트의 입력 값을 조작하여 사용자 인증 절차를 우회하는 등의 SQL문을 생성하여 서버의 DB를 공격하는 기법이다.

② 준비된 명령문(Prepared Statement) 등을 이용하는 안전한 코딩 기법을 활용하여 SQL 인젝션 공격을 감소시킬 수 있다.

③ SQL 인젝션 공격에 대응하는 방법으로는 클라이언트부터 전달된 입력 값을 점검 없이 SQL문으로 변환하지 않고 DBMS에서 처리될 수 있는 특수문자가 포함되어 있는지 검사하는 방법이 있다.

④ SQL 인젝션 공격에 대응하는 방법으로 허용되지 않는 입력 값에 대해 블랙 리스트 방식으로 차단하는 방법을 사용하는 것이 화이트리스트 방식보다 높은 보안성을 제공한다.

> 블랙 리스트(Black List) 방식이란, 등록된 것만 차단하는 것이다. 따라서 등록되지 않은 것은 허용되게 된다. 즉, 블랙 리스트가 아니라 화이트 리스트 방식으로 차단해야 한다. 화이트 리스트(White List)는 등록된 것만 허용하고 모두 차단하는 방식이다.

정답 ④

54 다음 중 랜섬웨어(Ransomware)에 대한 설명과 거리가 먼 것은?

① 컴퓨터나 스마트폰에 저장된 파일을 암호화한 뒤 복호화 키를 주는 대가로 돈을 요구하는 악성 프로그램이다.

② Brow lock인 경우 수사 기관을 사칭한 뒤 허가받지 않은 사이트를 방문한 대가로 벌금을 지불하도록 유도하는 등의 피해가 발생한다.

③ 암호 시스템인 RSA 서명을 위조해 암호화한 통신을 가로채는 악성 프로그램이다.

④ Cryptolocker인 경우 사용자의 파일에 강력한 암호화 알고리즘을 적용하여, 복호화 키에 대한 비용을 지불하지 않고는 파일 복구가 불가능하게 만드는 등의 피해가 발생한다.

> 랜섬웨어는 개인의 문서, 이미지 혹은 기업의 영업 정보 등을 암호화하고 금품을 요구하는 행위이다. RSA의 전자서명을 위조할 수는 없다.

정답 ③

55 다음 중 관리자 페이지 노출 취약점을 제거하기 위한 점검 방법으로 가장 적절하지 않은 것은?

① 추측하기 쉬운 관리자 페이지 경로(/admin, /manager, /system 등) 접근을 시도하여 관리자 페이지가 노출되는지 확인한다.

② 추측하기 쉬운 포트(7001, 8080, 8443, 8888 등) 접속을 시도하여 관리자 페이지가 노출되는지 확인한다.

③ 관리자 페이지 로그인 후 식별된 하위 페이지(/admin/main.asp, /admin/menu.html 등) URL을 새 세션에서 직접 입력하여 인증 과정 없이 접근 가능한지 확인한다.

④ 관리자 페이지 로그인 후 세션이 발행된 페이지의 리퀘스트를 취득하여 일정 시간이 지난 후에 재전송 시 정상 처리가 되는지 확인한다.

문제에서 "관리자 페이지 노출"이라는 것은 인터넷에 관리자 페이지 URL이 노출되는 것을 의미한다. 따라서 관리자 웹 페이지의 접근 경로 및 포트 번호 등을 변경하거나 추측하기 쉬운 URL을 사용하지 않아야 한다. 또한 보기 ④의 로그인 세션을 갈취한 후에 일정한 시간이 지난 후 세션을 재전송하는 것은 "안전한 세션 관리"를 위해서 일정한 시간 동안 사용이 없는 경우 로그아웃을 시키는 기능이다.

정답 ④

56 다음 웹 서비스 공격 유형으로 적절한 것은?

```
POST / HTTP/1.1
Host : vulnerable-website.com
Content-Length : 20
Transfer-Encoding : chunked


GET /home HTTP/1.1
Host : attacker-website.com
Foo : X
```

① XSS   ② SSRF
③ HTTP Smuggling   ④ CSRF

HTTP Request Smuggling 공격은 네트워크로 전송되는 패킷(Packet)에 대하여 네트워크 홉(Hops) 별로 HTTP Request를 처리하는 것이다. 즉, Content-Length와 Transfer-Encoding을 동시에 전달하여 네트워크 홉 별로 HTTP Request의 길이를 잘 못 인식하게 만드는 공격이다.

Contet-Length(길이 정보)

```
POST / HTTP/1.1
Host : vulnerable-website.com
Content-Length : 20
```

위의 예에서 Content-Length의 길이 값은 20인데 실제 HTTP Body의 길이가 다르면 HTTP Request가 HTTP 프로토콜이 잘리거나, 요청을 기다리는 현상이 발생한다.

Transfer-Encoding

```
POST / HTTP/1.1
Host : vulnerable-website.com
Transfer-Encoding : chunked
```

Transfer-Encoding에서 chunked는 대용량 파일을 스트리밍으로 전송하기 위해서 사용된다. chunked가 지정되면 하나의 데이터를 여러 개의 HTTP Request로 구성할 수 있도록 한다.

정답 ③

≡ 상 애플리케이션 보안 〉 보안 취약점 및 개발 보안

57 다음은 보안 기술에 대해 설명한 것이다. 괄호 안에 들어갈 가장 올바른 것은?

( )은(는) 디지털 콘텐츠의 불법 복제와 유포를 막고 저작권 보유자의 이익과 권리를 보호해주는 기술과 서비스를 말한다. 전자책, 음악, 비디오, 게임 등등 각종 디지털 콘텐츠의 불법 유통과 복제를 방지하고, 보호된 콘텐츠로 인해 저작권 당사자에게 발생하는 이익을 관리하여 주는 기술과 서비스이다.

① DRM(Digital Rights Management)
② 스테가노그래피(Steganography)
③ 디지털 워터마크(Digital Watermark)
④ 보안 토큰(Security Token)

DRM(Digital Rights Management) 솔루션은 모든 문서에 대해서 자동 암호화, 암호화된 문서의 실시간 모니터링, 문서 반출 관리를 수행할 수 있는 보안 솔루션이다. 따라서 인증된 사용자만이 해당 문서를 복호화해서 확인할 수 있다.

정답 ①

≡ 상 애플리케이션 보안 〉 보안 취약점 및 개발 보안

58 Spam Assassin은 들어오는 메일을 미리 설정해 둔 패턴에 따라서 스팸으로 의심되면 삭제를 하거나 분리시키는 기능을 하는 스팸 필터링 도구이다. 이러한 도구에서 스팸 필터링 분류 기준이 아닌 것은?

① 헤더 검사
② 본문 내용
③ IP 필터링
④ 첨부 파일만 필터링 가능

Spam Assassin은 스팸메일을 필터링하는 공개 소프트웨어로 화이트 및 블랙 리스트 필터링, 텍스트 분석, 메일의 헤더와 본문 분석, 베이시언 필터링 등의 기능을 지원한다. 베이시언 필터링은 조건부 확률로 A라는 단어가 나오고 B라는 단어가 포함되었을 때 스팸메일 여부를 확률로 계산한다.

정답 ③

59 취약점 제거를 위해 보안 사항을 고려하여 안전한 코드를 작성하였다. 다음 코드를 통해 차단할 수 있는 보안 취약점은 무엇인가?

```
〈%@ taglib prefix="c" uri="http://java.sun.com/jsp/jstl/core"% 〉
〈%@ taglib uri="http://java.sun.com/jsp/jstl/functions" prefix="fn" % 〉
검색 결과 : 〈c:out value="${m.content}"/ 〉
```

① SQL Injection 취약점
② XSS(Cross Site Scripting)
③ 부적절한 에러 처리를 통해 정보 노출
④ 경로 조작(Path Traversal) 취약점

위의 문제에서 제시된 코드는 "소프트웨어 보안 약점 진단원"에 나와 있는 코드이다. 즉, XSS 공격에 대비하기 위해서 JSTL 이라는 태크를 사용해서 대응한다. JSTL c:out을 사용해서 HTML에 출력하면 XSS가 발생하지 않는다.

XSS 대비하기 위한 안전한 코드(1)

```
JSP에서 출력 값에 JSTL c:out을 사용하여 처리한다.
〈%@ taglib prefix="c" uri="http://java.sun.com/jsp/jstl/core"% 〉
〈%@ taglib uri="http://java.sun.com/jsp/jstl/functions" prefix="fn" % 〉
검색 결과 : 〈c:out value="${m.content}"/ 〉
〈script type="text/javascript" 〉
```

XSS 대비하기 위한 안전한 코드(2)

```
1 : 〈% String keyword = request.getParameter("keyword"); % 〉
2 : // 방법1. 입력 값에 대하여 스크립트 공격 가능성이 있는 문자열을 치환한다.
3 : keyword = keyword.replaceAll("&", "&amp;");
4 : keyword = keyword.replaceAll("〈", "&lt;");
5 : keyword = keyword.replaceAll("〉", "&gt;");
6 : keyword = keyword.replaceAll("₩", "&quot;");
7 : keyword = keyword.replaceAll("'", "&#x27;");
8 : keyword = keyword.replaceAll("/", "&#x2F;");
9 : keyword = keyword.replaceAll("(", "&#x28;");
10:keyword = keyword.replaceAll(")", "&#x29;");
11:검색어 : 〈%=keyword% 〉
```

정답 ②

60 다음 보기에서 설명하는 것은?

> 결제자의 다양한 정보를 수집해 패턴을 만든 후 패턴과 다른 이상 결제를 잡아내고 결제 경로를 차단하는 보안 방식으로, 보안 솔루션에 의존하던 기존 보안과 달리 빅데이터를 바탕으로 적극적인 보안 개입을 하는 것이 특징이다.

① 이상 행위 탐지시스템(FDS)
② 침입탐지시스템(IDS)
③ 블록체인(Blockchain)
④ SET(Secure Electronic Transaction)

FDS는 전자금융거래에서 사용되는 단말 정보, 접속로그, 거래 정보 등을 분석하여 금전 및 사적인 이득을 취하기 위해서 발생되는 각종 부정 거래행위를 탐지 및 예방한다. 그래서 FDS는 궁극적으로 예방 통제를 웹 사이트로 하고 있으나 탐지 통제에도 해당된다. 왜냐하면 불법적인 신용카드를 사용 전에 식별하면 예방 통제나 오탐이 발생하기 때문에 탐지 통제가 이루어진다.

정답 ①

4과목	정보보안 일반

61 다음 문장은 송신자 "A"가 수신자 "B"에게 메시지를 보낼 때, 발생할 수 있는 보안 위협에 대응하는 보안 기술을 설명한 것이다. 각각의 보안 서비스로 알맞게 나타낸 것은?

> ㄱ. "A"로부터 "B"에게 전송된 메시지가 변경 없이 전송되었는지를 확인하는 보안 서비스
> ㄴ. 수신자 "B"가 받은 메시지가 분명히 송신자 "A"가 보낸 것인가를 확인하는 보안 서비스
> ㄷ. 전송 중의 메시지가 공격자에게 노출되는 것에 대응하는 보안 서비스

① ㄱ : 기밀성　　ㄴ : 인증　　ㄷ : 무결성
② ㄱ : 가용성　　ㄴ : 무결성　　ㄷ : 기밀성
③ ㄱ : 부인봉쇄　　ㄴ : 가용성　　ㄷ : 무결성
④ ㄱ : 무결성　　ㄴ : 인증　　ㄷ : 기밀성

메시지가 변경되었는지 확인하는 방법은 해시함수를 사용해서 해시 값을 비교하는 방법으로 무결성 검사이다. 그리고 인증은 정당한 사용자인지 확인하는 것으로 지식, 소유, 행위, 생체기반 인증이 있다. 따라서 송신자 A가 보낸 것을 확인하는 것은 인증에 해당된다. 예를들어 공개키로 암호화한 것을 전송하고 개인키로 복호화한다면 개인키 소유자라는 것을 인증하게 된다. 기밀성은 메시지가 노출되는 것을 방지하기 위해서 암호화를 수행하는 것이다.

정답 ④

62 Rabin 암호 시스템에서 암호문의 제곱근을 구하여 복호화하면 평문 후보가 몇 개 나오는가?

① 1　　　　　　② 2　　　　　　③ 3　　　　　　④ 4

Rabin 암호 시스템은 합성수 모듈러에 관하여 제곱근을 찾기 어려운 사실을 이용하여 안정성을 얻는 암호화 기법이다. 암호화와 복호화 연산이 오직 한 번의 곱셈으로 이루어져서 연산 속도가 매우 빠른 장점이 있고 복호화를 수행하는 경우 동등 확률로 4개의 평문 후보가 나타난다.

정답 ④

63 다음 중 전자상거래에서 이중서명에 대한 설명으로 잘못된 것은?

① 카드 결제에서 계좌정보나 구매 물품 목록의 노출을 방지하는 효과가 있다.
② 이중서명의 검증은 위변조 여부 확인일 뿐 사용자 인증은 포함되지 않는다.
③ 판매자가 결제정보를 위변조하는 것을 방지한다.
④ 이중서명에 대한 검증은 판매자가 수행한다.

이중서명은 공개키와 개인키를 사용하므로 사용자 인증도 포함된다.

검증 과정

상점 검증	Payment Gateway 검증
• 상점은 자신의 개인키로 암호화된 구매정보 복호화 • 상점은 구매정보에 해시를 적용함 • 검증 해시 값 중에서 해시(구매정보) 부분과 일치를 확인 • 고객의 공개키로 전자서명 확인 • 전자서명을 풀어서 나온 값과 검증 해시 값 확인	• PG사는 전자서명을 자신의 개인키로 복호화 • 복호화로 대칭키를 획득하고 암호화된 결제정보를 복호화 • PG사는 결제정보에 해시 적용 • 검증 해시값에서 해시(결제정보)와 일치 확인 • 고객의 공개키로 전자서명 확인 • 전자서명을 풀어서 나온 값과 검증 해시 값 확인

정답 ②

64 다음 중 접근 통제의 원칙에 대한 설명으로 올바르지 않은 것은?

① 시스템 주체에게 권한을 부여할 때는 조직의 업무 효율을 떨어뜨리지 않게 주체의 업무에 필요로 하는 만큼 충분한 권한이 부여되어야 한다.
② 경영자나 관리자 한 사람이 업무의 발생, 승인, 변경, 확인, 배포 등을 처음부터 끝까지 처리할 수 없도록 해야 한다.
③ 보안 정책에 따른 접근 허용된 주체와 주체의 접근 가능한 접근 통제 규칙을 설정하고, 접근 규칙에 해당하지 않는 모든 접근에 대해서는 위반으로 간주한다.
④ 금지된 주체와 객체의 리스트들에 대해서 미리 접근 통제 규칙을 설정하고, 접근 통제 규칙에 설정되지 않은 모든 접근에 대해서는 허용한다.

위의 문제는 정보보호의 원칙인 알 필요성의 원칙, 직무 분리, 최소 권한이 있다. 보기 ①의 경우 "충분한 권한"은 최소 권한의 원칙을 위배한다.

정답 ①

65 KDC를 이용한 키 분배 방식에 대한 설명 중 옳지 않은 것은?

① 사용자들은 사전에 KDC와 마스터 키를 공유해야 한다.
② 사용자의 요청이 있는 경우, KDC는 일회용 세션키를 생성한다.
③ 사용자들 간에는 사전에 공유한 비밀정보가 필요하지 않다.
④ KDC는 일회용 세션키를 사용자의 공개키로 암호화하여 전송한다.

대칭키는 암호화키와 복호화키가 동일한 것으로 일정한 기간 대칭키를 사용하면 세션키라고 한다. 세션키는 송신자와 수신자 간에 공유되어야 암호화 및 복호화를 수행할 수 있다. 이때 수신자의 공개키를 사용해서 세션키를 암호화한 후에 수신자에게 전송한다. 그러면 수신자는 자신의 개인키로 복호화하여 세션키를 획득하게 된다. 본 문제에서 보기 ④는 사용자의 공개키로 암호화하여 전송하는 것이 아니라 수신자의 공개키로 암호화하여 전송해야 수신자가 개인키로 복호화할 수 있다.

정답 ④

66 다음 중 키 분배(Key Distriution) 프로토콜과 관련 없는 것은?

① 키 분배 센터는 비밀키를 만들어서 대칭키 암호화 통신을 원하는 사람들에게 키를 나누어 주는 역할을 한다.
② 키를 분배받는 모든 사람은 키 분배 센터를 신뢰해야 한다.
③ 같은 키를 소유하는 관련된 사용자들은 관리기관(TA : Trusted Authority)을 제외하고 정보가 누설되지 않도록 하여 비밀정보를 보호해야 한다.
④ 키 관리기관은 사내 사용자가 담당하는 역할에 근거하여 자원에 대한 접근을 관리한다.

자원에 대한 접근을 관리하는 것은 접근 통제이고 키 관리기관은 암호키(비밀키)를 관리하는 기관이다.

정답 ④

67 다음은 무엇에 대한 설명인가?

- 전자서명과 관련한 대표적인 표준으로 1994년 미국에서 만들어진 표준이다. 이것은 DSA(Digital Signature Algorithm)를 사용하는데, DSA는 슈노어(Schnorr)와 엘가말(ElGamal)의 알고리즘을 기반으로 하며, 서명 생성이나 암호키 생성에서는 SHA-1을 이용한다.
- NIST가 안전성과 특허 사용료를 이유로 기존의 기업과 정부 기관에서 널리 사용하고 있는 RSA 방식을 배제하고, ElGamal 알고리즘을 사용하여 차별화하고 있다.

① 타원 곡선 전자서명 　　　　　② DSS
③ RSA 　　　　　　　　　　　　④ KCDSA

DSS(Digital Signature Standard)는 부인방지를 위해서 사용되며 FIPS(Federal Information Processing Standard) 186-4의 디지털 서명 알고리즘 중 하나이다.

정답 ②

68 다음 보기에서 설명하고 있는 공개키 기반 구조의 구성요소는?

> 자신의 도메인 내의 사용자와 인증기관들이 준수해야 하는 정책을 수립하고, 인증기관의 공개키를 인증하고 인증서, 인증서 취소목록 등을 관리한다.

① 정책승인기관(Policy Approving Authority)
② 정책인증기관(Policy Certification Authority)
③ 인증기관(Certification Authority)
④ 등록기관(Registration Authority)

PCA(Policy Certification Authority)는 PAA(Policy Approving Authority) 하위 기관으로 도메인 내의 사용자와 인증기관이 준수해야 할 정책을 수립하고 인증기관의 공개키를 인증하고 인증서, 인증서 취소 목록 등을 관리한다.

정답 ②

69 다음 중 "커버로스(Kerberos)"의 세 가지 요소에 속하지 않는 것은?

① 사용자   ② 클라이언트
③ SSO(Single Sign On) 서버   ④ 서버

Kerberos 구성요소는 클라이언트, KDC(Key Distribution Center), AS(Authentication Server), TGS(Ticket Granting Server), Kerberos Database, Service, Kerberos 영역으로 구성된다.

정답 ①

70 다음 중 AES-CCM 운영 모드의 특징이 아닌 것은?

① 암호화 블록의 크기가 128bit이다.
② 메시지 인증은 GHASH를 사용한다.
③ 패딩(Padding)이 불필요하다.
④ 인증 암호화 운영 모드에 해당된다.

- AES-GCM mode가 GHASH 함수를 사용해서 인증을 보장한다.
- CCM(Counter with CBC-MAC) 모드는 128bit 블록암호화로 CTR(Counter) Mode와 CBC-MAC이 결합된 형태이다.

AES-CCM mode 입력 요소

입력 요소	설명
Payload	암호화 및 MAC 계산에 사용
Associated data	인증 데이터
Nonce	Payload나 Associated data에 할당된 유일한 값

정답 ②

71 다음 문장은 어떤 인증 기법을 설명하고 있는가?

무선 네트워크에서 기기를 인증하는 IEEE 표준 인증 기법으로서, 사용자 ID 인증과 동적 키 관리 및 계정을 지원한다. PAP, CHAP, RADIUS, PEAP, WEP 등의 프로토콜들이 사용되며, 포트를 기반으로 네트워크 접근을 제어한다.

① IEEE 802.1x
② IEEE 802.11i
③ WiFi Protected Access
④ Extensible Authentication Protocol

IEEE 802.1x는 무선 랜 인증 구조를 제공하는 것이다. 무선 랜의 표준. 인증 메시지 교환 시에 EAP(Extensible Authentication Protocol)를 사용한다.
• 인증 프로토콜인 PAP, CHAP, EAP 등 지원
• 동적 보안키 관리 및 키 분배
• 포트에 대한 사용자 인증 제공

정답 ①

72 다음 중 메시지 인증 방식의 해시함수 사용 기법이 아닌 것은?

① 키 공유 해시함수 사용
② 암호화된 해시함수 사용
③ 공개키 암호 체계에서 송신자 개인키 해시함수 사용
④ 공개키 암호화된 해시함수 사용

전자서명에서 송신자의 개인키로 해시 값을 암호화하기 때문에 보기 ③은 맞는 것이고 보기 ④가 답이 된다.

정답 ④

73 해시(Hash)된 패스워드를 알아내기 위한 레인보우 테이블 공격을 방어하기 위해 암호에 추가된 임의의 값은 무엇인가?

① Hash
② Salt
③ Extender
④ Rebar

레인보우 테이블은 해시함수를 사용해서 만들어낸 해시 값을 저장하는 것이다. 해시함수는 입력이 동일하면 출력이 동일하기 때문에 해시 값을 이용하여 사용자 패스워드를 알아낸다. 따라서 사용자가 입력한 패스워드에 임의의 Salt 값을 추가하여 패스워드를 보호해야 한다. (SW 진단원 기출문제)
Salt 값은 정보보안기사 필기에 자주 등장하는 문제이다.

정답 ②

74 다음 중 Kerberos V4의 단점을 개선한 Kerberos V5의 장점으로 옳지 않은 것은 무엇인가?

① Kerberos V4는 암호화 시스템으로 DES만을 사용하지만, Kerberos V5는 모든 종류의 암호화 시스템을 사용할 수 있다.

② Kerberos V4는 인터넷 프로토콜(IP) 주소 외에 다른 특정 네트워크 주소를 사용하지 못하였지만, Kerberos V5는 어떤 유형의 네트워크 주소도 사용될 수 있다.

③ Kerberos V4는 인증 서버로부터 클라이언트로 가는 메시지의 패스워드에 기초한 키로 암호화된 내용물을 포함하고 있어 패스워드 공격(Password Attacks)에 취약하였으나, Kerberos V5는 메시지에 암호화된 내용을 포함하지 않아 패스워드 공격에 취약하지 않다.

④ Kerberos V4의 티켓 유효기간(Ticket lifetime)의 값은 최대 시간이 제한되어 있었으나, Kerberos V5는 유효기간이 따로 없다.

Kerberos V4는 DES 암호화 알고리즘을 사용한 보안취약점이 있다. 하지만 Kerberos V5는 블록암호화 기법 중에서 CBC 모드를 사용하고 안전한 암호화 알고리즘을 사용한다.

Kerberos version 4	Kerberos version 5
DES 암호화 알고리즘 사용	다른 종류의 안전한 암호화 알고리즘 사용 가능
IP 주소 사용	다른 형식의 주소 사용 가능
메시지 바이트 순서 표시 고정	ASN.1과 BER 인코딩 규칙 표준 사용
티켓 유효시간 최대 $2^8*5=1280$분	시작 시간과 끝 시간 표시(유효시간)
인증 발송을 지원 안 함	인증 발송을 지원함
상호인증 지원 안 함	Kerberos와 Kerberos 간의 상호인증 지원
DES 비표준 모드인 PCBC 모드 사용	표준 모드인 CBC 모드 사용
세션키의 연속적 사용으로 재생 공격(Replay attack)이 가능	단 한 번만 사용되는 서브 세션키 협약 가능
패스워드 추측 공격 가능	사전 인증 기능으로 패스워드 추측 공격이 더 어려워짐

정보보안기사에서 매번 출제는 주제이다.

정답 ③

75 다음에서 설명하는 블록 암호 알고리즘은 무엇인가?

- 입출력 크기(bit) : 128
- 비밀키 크기(bit) : 128/192/256
- 참조 규격 : KATS KS X.1213-1

① SEED   ② HIGHT

③ ARIA   ④ TDEA

ARIA는 경량 및 하드웨어 구현을 위해 최적화된 Involutional SPN 구조의 범용 블록 암호화 알고리즘이다.

ARIA 암호화 알고리즘

- 고정 길이의 입·출력(128-비트)
- 가변 길이의 키 길이 지원(128/192/256-비트 키)
- 라운드 키 길이(128-비트)
- 라운드 수 키 : 라운드 128:12, 192:14, 256:16라운드
- 간단한 연산 사용으로 초경량 환경에 효율적
- 바이트 단위의 연산으로 하드웨어에 효율적

국내에서 개발한 SEED, ARIA, HIGHT, LEA 등의 알고리즘 특징은 시험에 자주 출제되므로 꼭 학습해야 한다.

정답 ③

76 다음은 접근 통제 모델에 대한 설명이다. (ㄱ) ~ (ㄷ)에 들어갈 말을 옳게 나열한 것은?

- (ㄱ) 모델은 주체와 객체의 등급을 비교하여 접근 권한을 부여하는 방식으로서, 관리자만이 정보자원의 분류를 설정하고 변경하는 방법이다.
- 일반적으로 ACL을 사용하는 (ㄴ) 모델은 주체의 신분에 근거하여 접근 통제를 적용한다.
- (ㄷ) 모델은 (ㄱ) 모델과 (ㄴ) 모델의 단점을 보완한 접근 통제 모델로서, 역할에 기반을 두고 접근을 통제하는 모델이다.

① ㄱ : RBAC   ㄴ : MAC   ㄷ : DAC

② ㄱ : RBAC   ㄴ : DAC   ㄷ : MAC

③ ㄱ : DAC   ㄴ : MAC   ㄷ : RBAC

④ ㄱ : MAC   ㄴ : DAC   ㄷ : RBAC

- DAC 모델은 자율 기반 접근 통제 모델로 자신이 접근 통제를 관리한다.
- MAC는 관리자에 의해서 접근 통제가 관리된다.
- RBAC는 역할 기반의 접근 통제를 관리해서 편의성을 향상시킨다.

정보보안기사에서 매번 출제되는 주제이다.

정답 ④

77 8차 기약 다항식으로 만든 LFSR(Linear Feedback Shift Register)의 출력이 가질 수 있는 주기는 어느 것인가?

① 8　　　　　　　　　　　　　　　② 16
③ 17　　　　　　　　　　　　　　　④ 127

LFSR(Linear Feedback Shift Register)는 레지스터에 입력되는 값이 이전 상태의 값들의 선형 함수(XOR)로 계산되는 구조로 레지스터가 가질 수 있는 값은 유한적이며, 특정 주기에 의한 반복을 통해 최대주기 수열을 얻을 수 있다.
- 최대주기는 $2^m - 1$
- LFSR의 길이가 짧으면 쉽게 해독
- 출력될 값을 예측하는 데 필요한 수열의 양을 계산할 수 있다.

정답 ③

78 다음 중 해시함수의 조건이 아닌 것은?

① 압축　　　　　　　　　　　　　　② 일방향
③ 생일 공격　　　　　　　　　　　　④ 충돌 회피

생일자 공격(Birthday Attacks)
23명 중에서 같은 생일을 가지는 사람이 두 사람이나 그 이상이 있을 확률은 1/2보다 크다는 결과이다. 생일자 역설을 근거로 한 해시함수의 최소 비트는 160bit 이상이 되어야 한다. 그래서 국내의 경우 패스워드 암호화 시에 SHA256 이상의 해시함수를 사용하는 것이다.

정답 ③

79 다음 중 전자서명의 특징으로 볼 수 없는 것은?

① 위조 불가　　　　　　　　　　　　② 부인 불가
③ 데이터 불법 유출 불가　　　　　　④ 변경 불가

전자서명의 특징

특징	설명
서명자 인증(Authentication)	전자서명을 생성한 서명인을 검증 가능(서명자의 공개키)
부인방지(Non-Repudiation)	서명인은 자신이 서명한 사실을 부인 불가
위조 불가(Unforgeable)	서명인의 개인키가 없으면 서명을 위조하는 것은 불가함
변경 불가(Unalterable)	서명이 완료된 문서를 변경하는 것은 불가
재사용 불가(Not-Reusable)	서명이 완료된 문서를 다른 문서의 서명으로 재사용 불가

정답 ③

80 다음 중 ACL(Access Control List)에 대한 설명으로 옳지 않은 것은?

① 어떤 사람들이 ACL 타켓에서 어떤 행위를 할 수 있는지 나타낸다.
② ACL은 관련된 객체에 대하여 접근 행렬에서 열의 내용을 반영한다.
③ 접근 권한의 취소가 쉽다.
④ 게시자 또는 게시자의 그룹이 다수일 때 편리하다.

ACL(Access Control List)에서 열은 객체를 나타내고 행은 주체를 의미한다. ACL은 주체와 객체의 권한을 접근 행렬로 표현하고 접근 권한 관리를 관리한다.

정답 ④

| 5과목 | 정보보안 관리 및 법규 |

81 다음 클라우드 SaaS 서비스 중 반드시 클라우드 보안인증 표준등급으로 인증받아야 되는 서비스가 아닌 것은?

① 전자결제 서비스
② 개인정보 유통 보안 서비스
③ 소프트웨어 개발 환경(개발, 배포, 운영, 관리 등)
④ 이메일/메신저 서비스

클라우드 서비스 보안 인증 제도

클라우드컴퓨팅 서비스(이하 '클라우드서비스') 보안 인증제도는 클라우드서비스 제공자가 제공하는 서비스에 대해 "클라우드컴퓨팅 발전 및 이용자 보호에 관한 법률" 제32조 제2항에 따라 정보보호 기준의 준수 여부 확인을 인증기관에 요청하는 경우 인증기관이 이를 평가·인증하여 이용자들이 안심하고 클라우드서비스를 이용할 수 있도록 지원하는 제도이다.

클라우드서비스 보안 인증제도는 IaaS, SaaS, DaaS 인증으로 구분되며, SaaS 인증은 표준등급과 간편등급으로 구분할 수 있다. 표준등급 인증의 유효기간은 5년이며, 간편등급의 유효기간은 3년이다.
클라우드 서비스 대상에 전자결제, 인사 및 회계 관리, 보안 서비스, PaaS 등 중요 데이터를 다루는 SaaS 서비스는 표준등급으로 인증을 신청해야 한다. 그 외 서비스들은 사업자가 표준등급 또는 간편등급 중 선택하여 인증을 신청할 수 있다.

정답 ④

82 인터넷에 공개된 서버를 운영하는 경우 적절하지 못한 보안 방법은?

① 공개 서버를 운영하는 경우 이에 대한 보호 대책을 수립, 이행한다.

② 공개 서버는 내부 네트워크의 서버팜 영역에 설치하고 침입 차단 시스템 등 보안 시스템을 통해 보호한다.

③ 공개 서버에 개인정보 및 중요정보를 게시하거나 저장하여야 할 경우 책임자 승인 등 허가 및 게시 절차를 수립 · 이행한다.

④ 조직의 중요정보가 웹 사이트 및 웹 서버를 통해 노출되고 있는지 여부를 주기적으로 확인하여 중요정보 노출을 인지한 경우 이를 즉시 차단하는 등의 적절한 조치를 취한다.

> 공개 서버란, 인터넷망에 노출되어 있는 서버로 기업 네트워크의 서브넷(Subnet) 중에서 인터넷이 가능한 인터넷 존에 설치하여야 한다. 서버팜은 기업 내부에서만 연결이 가능한 서브넷으로 침입 차단 시스템 등 보안 시스템을 통해 보호하고 직접적인 인터넷 연결을 차단해야 한다.

정답 ②

83 정보보호 관리체계는 정보보호를 스스로, 체계적으로, 지속적으로 하기 위해 3가지 요소가 필요하다. 관련이 적은 것은?

① 정보보호 조직과 인력

② 정보보호 사업의 추진과 예산 배정

③ 정보보호 규정에 기반한 전산적인 정보보호 활동

④ 정보보호 운영에 필요한 보안 솔루션

> 정보보호 관리체계를 지속적으로 유지하기 위해서는 예산, 조직, 인력 및 정보보호 활동이 필요하다. 보안 솔루션은 정보보안을 효과적으로 운영하고 관리하기 위해서 필요한 것이다.

정답 ④

84 다음 중 정보통신기반보호위원회에 대한 설명으로 틀린 것은?

① 주요정보통신기반시설의 보호에 관한 사항을 심의하기 위하여 국무총리 소속하에 정보통신기반보호위원회를 구성한다.

② 정보통신기반보호위원회의 위원장은 국무총리가 되고, 위원회의 위원은 대통령령으로 정하는 중앙행정기관의 차관급 공무원과 위원장이 위촉하는 사람으로 한다.

③ 정보통신기반보호위원회의 효율적인 운영을 위하여 위원회에 공공분야와 민간분야를 각각 담당하는 실무위원회를 둔다.

④ 정보통신기반보호위원회의 위원은 위원장 1인을 포함한 25인 이내의 위원으로 구성한다.

정보통신기반 보호법 제3조(정보통신기반보호위원회)에서 위원장은 국무조정실장이 되고 위원회의 위원은 대통령령으로 정하는 중앙행정기관의 차관급 공무원과 위원장이 위촉하는 사람으로 한다.

제4조 정보통신기반보호위원회의 기능

1. 주요정보통신기반시설 보호정책의 조정에 관한 사항
2. 제6조제1항에 따른 주요정보통신기반시설에 관한 보호계획의 종합·조정에 관한 사항
3. 제6조제1항에 따른 주요정보통신기반시설에 관한 보호계획의 추진 실적에 관한 사항
4. 주요정보통신기반시설 보호와 관련된 제도의 개선에 관한 사항
   4의2. 제8조제5항에 따른 주요정보통신기반시설의 지정 및 지정 취소에 관한 사항
   4의3. 제8조의2제1항 후단에 따른 주요정보통신기반시설의 지정 여부에 관한 사항
5. 그 밖에 주요정보통신기반시설 보호와 관련된 주요 정책사항으로서 위원장이 회의에 부치는 사항

정답 ②

85 정보통신 서비스 제공자가 이용자의 컴퓨터나 모바일 등에 영리 웹 사이트의 광고성 프로그램 등을 설치할 경우 준수해야 하는 사항으로 옳지 않은 것은?

① 정보통신서비스 제공자는 영리 웹 사이트의 광고성 정보가 보이는 프로그램을 이용자의 컴퓨터나 모바일에 설치하려면 이용자의 동의를 받아야 한다.

② 정보통신서비스 제공자는 영리 웹 사이트의 개인정보를 수집하는 프로그램을 이용자의 컴퓨터나 모바일에 설치하려면 이용자의 동의를 받아야 한다.

③ 정보통신서비스 제공자는 영리 웹 사이트의 광고성 정보가 보이는 프로그램의 용도와 삭제 방법을 고시하여야 한다.

④ 정보통신서비스 제공자는 영리 웹 사이트의 광고성 정보를 편리하게 차단하거나 신고할 수 있는 소프트웨어나 컴퓨터 프로그램을 개발하여 보급하여야 한다.

정보통신 서비스 제공자는 영리 웹 사이트의 광고성 프로그램 설치 시에 이용자의 동의를 받아야 하지만 영리 웹 사이트 광고성 프로그램을 개발하거나 보급하지는 않는다.

정답 ④

86 다음 중 전기통신사업자와 전기통신사업자의 전기통신역무를 이용하여 정보를 제공하거나 정보의 제공을 매개하는 자로서, 정보보호 관리체계 인증을 의무적으로 받아야 할 대상이 아닌 것은?

① 집적정보통신시설 사업자
② 정보통신서비스 부문 3개월간 일일평균 이용자수 100만 명 이상인 사업자
③ 정보통신서비스 부문 100억 원 이상인 사업자
④ 연간 매출액 또는 세입 등의 1,000억 원 이상인 사업자

ISMS(Information Security Management System) 의무인증 대상자(정보통신망법 제47조 2항)

구분	설명
ISP(Internet Service Provider) 사업자	「전기통신사업법」 제6조제1항에 따른 허가를 받은 자로서 서울특별시 및 모든 광역시에서 정보통신망서비스를 제공하는 자
IDC(Internet Data Center)	정보통신망법 제46조에 따른 집적정보통신시설 사업자
다음 조건에 해당하는 기업	• 연간 매출액 또는 세입이 1,500억 원 이상인 자 중에서 다음에 해당되는 경우 　– 「의료법」 제3조의4에 따른 상급종합병원 　– 직전연도 12월 31일 기준으로 재학생 수가 1만 명 이상인 「고등교육법」 제2조에 따른 학교 • 정보통신서비스 부문 전년도(법인인 경우에는 전 사업연도를 말한다) 매출액이 100억 원 이상인 자 • 전년도 직전 3개월간 정보통신서비스 일일평균 이용자 수가 100만 명 이상인 자

> **정답** ④

87 다음의 업무를 모두 수행하는 기관은?

> • 금융, 통신 등 분야별 정보통신기반 시설을 보호하기 위하여 구축, 운영
> • 취약점 및 침해 요인과 그 대응방안에 관한 정보 제공
> • 침해사고가 발생하는 경우 실시간 경보, 분석체계 운영

① 정보공유분석센터
② 한국인터넷진흥원
③ 관리기관
④ 지식정보보안 컨설팅 업체

정보공유분석센터 역할

> • 해킹, 컴퓨터 바이러스, 논리·메일폭탄, 서비스 거부 또는 고출력 전자기파 등의 사이버테러에 대한 정보 수집
> • 수집된 정보 분석 및 최적의 대응방안 수립
> • 공격, 탐지, 대응, 예방을 할 수 있도록 배포
> • 경찰청 사이버 테러 대응센터 등 관계기관과의 연계

> **정답** ①

88 다음 문장은 위험관리를 위한 위험처리 방안 중 어떤 방안을 설명한 것인가?

> 발생할 위험을 감내할 수 없으므로 위험의 근원이 되는 자산을 제거하거나 해당 업무를 수행하지 않는 방안

① 위험수용   ② 위험제거

③ 위험전이   ④ 위험회피

위험대응 전략(방안)

전략	설명
위험수용	위험을 받아들이고 비용을 감수한다.
위험감소	위험을 감소시킬 수 있는 대책을 채택하여 구현한다.
위험회피	위험이 존재하는 프로세스나 사업을 포기한다.
위험전가	잠재적 비용을 제3자에게 이전하거나 할당한다.

정보보안기사 필기 및 실기에서 중요한 내용이므로 암기가 필요하다.

정답 ④

89 다음 문장의 내용을 포함하는 지침으로 가장 적합한 것은?

> • 책임과 역할   • 업무의 중요도 등급 및 업무 영향 분석
> • 복구 전략 수립   • 교육 및 훈련
> • 사후 관리   • 비상 연락망

① 문서관리 지침   ② 위험평가관리 지침

③ 침해사고대응 지침   ④ 업무연속성관리 지침

정보보호 관리체계 관리 지침

지침	특징
문서관리	문서번호 작성규칙, 문서등록, 변경, 폐기 등에 관한 사항
위험평가	위험평가계획, 위험평가 방법, 위험평가 대상 및 주기
침해사고대응	침해등급, 침해대응 절차, 관련 조직, 유관기관
업무연속성관리	업무복구 우선순위, 목표복구시점 및 시간, 복구 방법, 조직

정답 ④

90 다음 중 개인정보 처리자가 정보주체에게 사유를 알리고 열람을 제한하거나 거절할 수 있는 경우로 옳지 않은 것은?

① 법률에 따라 열람이 금지되거나 제한되는 경우

② 다른 사람의 생명, 신체를 해할 우려가 있거나 다른 사람의 재산과 그 밖의 이익을 부당하게 침해할 우려가 있는 경우

③ 공공기관이 개인정보를 처리하지 아니하면 다른 법률에서 정하는 소관 업무를 수행할 수 없는 경우

④ 공공기관이 학력 및 채용에 관한 시험, 자격 심사에 관한 업무를 수행할 때 중대한 지장을 초래하는 경우

개인정보보호법 제35조 4항

1. 법률에 따라 열람이 금지되거나 제한되는 경우

2. 다른 사람의 생명 · 신체를 해할 우려가 있거나 다른 사람의 재산과 그 밖의 이익을 부당하게 침해할 우려가 있는 경우

3. 공공기관이 다음 각 목의 어느 하나에 해당하는 업무를 수행할 때 중대한 지장을 초래하는 경우

가. 조세의 부과 · 징수 또는 환급에 관한 업무

나. 「초 · 중등교육법」 및 「고등교육법」에 따른 각급 학교, 「평생교육법」에 따른 평생교육시설, 그 밖의 다른 법률에 따라 설치된 고등교육기관에서의 성적 평가 또는 입학자 선발에 관한 업무

다. 학력 · 기능 및 채용에 관한 시험, 자격 심사에 관한 업무

라. 보상금 · 급부금 산정 등에 대하여 진행 중인 평가 또는 판단에 관한 업무

마. 다른 법률에 따라 진행 중인 감사 및 조사에 관한 업무

정답 ③

91 정보보호 조직 구성원의 역할과 책임에 대한 설명으로 틀린 것은?

① 최고 경영자 : 정보보호를 위한 총괄책임이 있다.

② 데이터 관리자 : 정보자산에 대한 책임을 보유한 현업 관리자이다.

③ 프로세스 관리자 : 해당 정보 시스템에 대한 조직의 정보보호 정책에 따라 적절한 보안을 보증할 책임이 있다.

④ 사용자 : 조직의 정보보호 정책에 따라 수립된 절차를 준수할 책임이 있다.

데이터 관리자는 데이터 품질, 등록, 변경, 삭제 등에 관련한 책임을 가지는 것이다.

정답 ②

92 다음 중 개인정보보호 관련 법률과 그 소관 부처가 올바르게 짝지어진 것은?

① 개인정보 보호법 – 법무부
② 위치정보의 보호 및 이용 등에 관한 법률 – 국방부
③ 지방공기업법 – 국토교통부
④ 전자서명법 – 과학기술정보통신부

전자서명법은 과학기술정보통신부가 관리하고 개인정보보호법은 개인정보보호위원회가 관리한다.

정답 ④

93 개인정보의 가명, 익명처리 시 개인정보 일부 또는 전부를 대체하는 일반화 방법으로 다음 설명에 해당되는 기술은?

> 올림, 내림, 반올림 등의 기준을 적용하여 집계 처리하는 방법으로 일반적으로 세세한 정보보다는 전체 통계정보가 필요한 경우 많이 사용

① 상하단 코딩(Top and Bottom Coding)
② 제어 라운딩(Controlled Rounding)
③ 랜덤 라운딩(Random Rounding)
④ 일반 라운딩(Rounding)

개인정보 일부 또는 전부 대체 기업 중에서 일반화(범주화) 기술로 라운딩 기법이 있다.

일반화(범주화) 기술

기술	설명
일반 라운딩	올림, 내림, 반올림 등의 기준을 적용하여 집계 처리하는 방법으로, 일반적으로 세세한 정보보다는 전체 통계정보가 필요한 경우 많이 사용한다.
랜덤 라운딩	수치 데이터를 임의의 수인 자릿수, 실제 수 기준으로 올림(round up) 또는 내림(round down)하는 기법이다.
제어 라운딩	라운딩 적용 시 값의 변경에 따라 행이나 열의 합이 원본의 행이나 열의 합과 일치하지 않는 단점을 해결하기 위해 원본과 결과가 동일하도록 라운딩을 적용하는 기법이다.
상하단 코딩	• 정규 분포의 특성을 가진 데이터에서 양쪽 끝에 치우친 정보는 적은 수의 분포를 가지게 되어 식별성을 가질 수 있다. • 이를 해결하기 위해 적은 수의 분포를 가진 양 끝단의 정보를 범주화 등의 기법을 적용하여 식별성을 낮추는 기법이다.

본 문제는 향후 정보보안기사 필기 및 실기에서 지속적인 출제가 가능하다.

정답 ④

94 다음 중 개인정보처리자가 내부관리계획을 수립 · 시행할 때 반드시 포함되어야 하는 사항이 아닌 것은?

① 개인정보보호책임자 지정에 관한 사항
② 개인정보취급자 상/벌에 관한 사항
③ 개인정보 암호화 조치에 관한 사항
④ 개인정보처리시스템 접근 통제에 관한 사항

내부관리계획

개인정보 보호책임자의 지정에 관한 사항

개인정보 보호책임자 및 개인정보취급자의 역할 및 책임에 관한 사항

개인정보취급자에 대한 교육에 관한 사항

접근 권한의 관리에 관한 사항

접근 통제에 관한 사항

개인정보의 암호화 조치에 관한 사항

접속기록 보관 및 점검에 관한 사항

악성프로그램 등 방지에 관한 사항

물리적 안전조치에 관한 사항

개인정보 보호조직에 관한 구성 및 운영에 관한 사항

개인정보 유출사고 대응 계획 수립 · 시행에 관한 사항

위험도 분석 및 대응방안 마련에 관한 사항

재해 및 재난 대비 개인정보처리시스템의 물리적 안전조치에 관한 사항

개인정보 처리업무를 위탁하는 경우 수탁자에 대한 관리 및 감독에 관한 사항

그 밖에 개인정보 보호를 위하여 필요한 사항

정답 ②

95 다음 정보보호 교육과 관련한 설명으로 잘못된 것은?

① 교육의 시기, 기간, 대상, 내용, 방법 등의 내용이 포함된 연간 정보보호 교육 계획을 수립하면서, 대상에는 정보보호 관리체계 범위 내 임직원을 포함시켜야 하고, 외부용역 인력은 제외해도 무방하다.

② 교육에는 정보보호 및 정보보호 관리 체계 개요, 보안사고 사례, 내부 규정 및 절차, 법적 책임 등의 내용을 포함하고 일반 임직원, 책임자, IT 및 정보보호 담당자 등 각 직무별 전문성 제고에 적합한 교육내용 및 방법을 정하여야 한다.

③ 연 1회 이상 교육을 시행하고 정보보호 정책 및 절차의 중대한 변경, 조직 내외부 보안사고 발생, 관련 법규 변경 등의 사유가 발생할 경우 추가 교육을 수행해야 한다.

④ 교육 내용에는 구성원들이 무엇을 해야 하며, 어떻게 할 수 있는지에 대한 것을 포함해야 하며, 가장 기본적인 보안 단계의 실행에서부터 좀 더 고급의 전문화된 기술에 이르기까지 다양한 단계로 나누어 구성할 수 있다.

> 정보보호 교육은 정기적으로 실시해야 하며, 교육대상은 임직원 및 외부용역 인력 모두를 포함해야 한다.

정답 ①

96 정량적 위험분석의 방법론 중 다음 보기에서 설명하는 방법으로 알맞은 것은?

> 이 방법은 위협의 발생빈도를 계산하는 식을 이용하여 위험을 계량하는 방법이다. 과거 자료의 획득이 어려울 경우 위험 발생 빈도를 추정, 분석하는 데 유용하며, 위험을 경량화하여 매우 간결하게 나타날 수 있다. 하지만 이는 기대 손실을 추정하는 자료의 양이 낮다는 단점이 있다.

① 연간 예상 손실법　　　　　　　　② 과거 자료 분석법
③ 수학 공식 접근법　　　　　　　　④ 확률 분포법

> 본 지문에서 "과거 자료 획득이 어렵다"라는 문구가 핵심이다. 즉, 수학 공식 접근법은 과거 자료의 획득이 어려울 경우 위협의 발생빈도를 식으로 계산해 위험을 측정한다.
> 확률 분포법은 미지의 사건을 추정하는데 사용되는 방법으로 확률적 편차를 이용하여 최저, 보통, 최고의 위험분석을 예측할 수 있지만 정확도가 낮은 것이 단점이다.

정답 ③

97 재해 복구 시스템의 유형과 복구 목표 시간(RTO : Recovery Time Objective)의 설명이 틀린 것은?

① 미러 사이트 : 즉시　　　　　　　② 핫 사이트 : 수 시간 이내
③ 웜 사이트 : 수 일 ~ 수 주　　　④ 콜드 사이트 : 수 일 ~ 수 주

> 콜드 사이트(Cold Site)는 수 주 ~ 수 개월의 기간이 걸린다. 그리고 DRS의 종류는 정보보안기사 필기 및 실기에 자주 출제되는 문제이다.

정답 ④

98 다음 정보보호 대책 구현에 관한 설명으로 올바르지 않은 것은?

① 효율적인 대책선정을 위해서는 위험분석 결과를 고려하여야 한다.

② 대책 선정에 있어 고려해야 할 중요한 요소 중 하나는 비용이다.

③ 대부분의 대책이 부합적인 기능 즉 감지, 억제, 방어, 제한, 교정 등을 수행할 수 있기 때문에 복수의 기능을 만족시키는 대책을 선택하는 것이 비용측면에서 효율적이다.

④ 대책이 사용될 수 있는 영역은 물리적, 기술적 환경에 한정하여야 하며, 관리적 분야 즉 인적, 행정 분야 등에는 적용하지 않는다.

정보보호 대책 구현은 관리적, 기술적, 물리적 환경을 모두 포함해서 적용해야 한다.

정답 ④

99 다음 중 정량적 분석의 장점이 아닌 것은?

① 위험평가 결과가 금전적 가치, 백분율, 확률 등으로 표현되어 이해가 쉽다.

② 위험관리 성능평가가 용이하다.

③ 정보자산의 가치가 논리적으로 평가되고 화폐로 표현되어 이해가 쉽다.

④ 비용대비 이익율을 평가할 필요가 없다.

정량적 위험분석은 영향도를 수치화 시켜서 분석하는 방법으로 비용대비 이익(투자대비 효과)을 평가한다.

정답 ④

100 다음 중 100만 명 미만의 정보주체에 관한 개인정보를 보유한 중소기업의 내부관리계획의 내용에 포함하지 않아도 될 내용은 무엇인가?

① 개인정보 보호 책임자의 지정에 관한 사항

② 개인정보 유출사고 대응 계획 수립, 시행에 관한 사항

③ 개인정보의 암호화 조치에 관한 사항

④ 개인정보 처리업무를 위탁하는 경우 수탁자에 대한 관리 및 감독에 관한 사항

100만 명 미만의 정보주체를 보유한 중소기업은 위/수탁 관리감독에 관한 사항을 내부관리계획에 포함하지 않아도 된다.

정답 ④

＊ 본 문제는 실제 시험지를 기준으로 작성된 것으로, 저자가 시험응시 후 복원한 문제입니다.

1과목	시스템 보안

≡ 상　시스템 보안 〉 시스템 보안 위협 및 공격 기법

01 다음 중 NTFS 파일 시스템에서 메타 데이터(Meta Data) 파일이 아닌 것은?

① MFT
② LogFile
③ Volume
④ Bios

NTFS 파일 시스템의 메타 데이터 파일이란 NTFS가 볼륨을 관리하기 위해서 사용하는 시스템 파일을 의미한다.

파일리스 공격 기법

Entry Number	파일 이름	설명
0	$MFT	Master File Table 정보를 가진다.
1	$MFTMirr	MFT 파일의 백업본이다.
2	$LogFile	트랜잭션 저널 기록을 가지고 있다.
3	$Volume	볼륨의 레이블, 버전 등에 대한 정보이다.
4	$AttrDef	인자 값, 이름, 크기 등의 속성 값이다.
5	.	볼륨의 루트 디렉터리를 가지고 있다.
6	$Bitmap	볼륨의 클러스터 할당 관리 정보가 있다.
7	$Boot	부트 레코드 영역의 정보가 있다.
8	$BadClus	배드 클러스터 정보가 있다.

정답 ④

02 다음에서 설명하는 공격 기법은 무엇인가?

> 여러 개의 프로세스가 공유 자원에 대해서 동시에 접근하는 것으로 관리자 권한을 얻기 위해서 Setuid가(root 소유자) 설정된 파일을 실행한다.

① 워터링홀(Watering Hole) 공격
② 레이스 컨디션(Race Condition)
③ 드라이브 바이 다운로드(Drive by Download)
④ 포맷팅 스트링(Formatting String)

경쟁 조건(Race Condition)이란 다중 프로세스 환경에서 두 개 이상의 프로세스가 동시에 수행될 때 발생되는 비정상적인 상태를 의미한다. 즉, 임의의 공유 자원을 여러 개의 프로세스가 경쟁하기 때문에 발생한다.

정답 ②

03 다음 중 EFS(Encryption File System)에 대한 설명으로 올바르지 않은 것은?

① Cipher.exe는 EFS를 사용해서 암호화된 데이터를 관리한다.
② EFS는 보안과 성능상의 이유는 대칭키와 비대칭키 암호화 기법 모두를 사용한다.
③ EFS의 암호화된 파일을 다른 볼륨으로 이동 및 복사하면 복호화된다.
④ EFS는 직접 컴퓨터에 접근하는 공격자로부터 간단하게 기밀 파일을 암호화해서 보호한다.

EFS(Encryption File System)는 마이크로소프트 윈도우의 NTFS 버전 3.0에 추가된 암호화 기법으로 보안과 성능상의 이유로 대칭키 및 비대칭키 암호화 기법 모두를 사용한다. 그리고 cipher.exe는 EFS를 사용해서 암호화된 파일을 관리한다.

정답 ③

04 2016년 등장한 것으로 전 세계 무수히 많은 IoT 기기를 감염시키고 악성봇넷을 이용하여 대규모 분산 서비스 거부 공격(DDoS)을 수행한 악성코드는?

① RCE(Remote Code Execution)
② 미라이(Mirai)
③ Torjan
④ Fileless

2016년 등장한 미라이(Mirai) 악성코드는 IoT 기기를 감염시키고 봇넷을 이용해서 대규모 분산 서비스거부 공격을 수행한다.

정답 ②

05 다음에서 설명하는 공격 기법은?

> IP 주소와 매핑되는 48비트 MAC 주소가 공격자의 PC MAC 주소로 변조되어서 모든 종류의 통신을 공격자 PC를 통해서 이루어지게 하는 공격 기법이다.

① DNS Spoofing

② Switch Jamming

③ ARP Spoofing

④ ICMP Redirect

ARP Spoofing은 LAN에서 사용하는 ARP 프로토콜의 보안 약점을 악용한 공격 기법으로 MAC 주소를 다른 컴퓨터의 MAC 주소로 속이는 공격 기법이다.

정답 ③

06 다음 중 윈도우 AD(Active Directory)의 관리에 대한 설명으로 올바르지 않은 것은?

① AD는 관리자 계정의 비밀번호 변경이 어려울 때 사용한다.

② AD는 IT시스템 사용자 인증과 권한 관리를 위해서 사용된다.

③ AD는 본인인증을 위해서 ID와 Password를 사용해서 사용자를 인가한다.

④ AD는 회사에서 강제하는 보안 정책 등을 적용한다.

AD(Active Directory)는 계정 정보와 컴퓨터 정보, 회사 보안 정책을 강제화할 수 있다.

정답 ①

07 유닉스 로그파일에 대한 설명으로 올바르지 않은 것은?

① lastlog : 사용자들이 마지막으로 로그아웃한 정보를 가지고 있다.
② utmp : 현재 로그인한 사용자 정보를 가지고 있다.
③ wtmp : 로그인과 로그아웃, 시스템 부팅 정보를 가지고 있다.
④ sulog : su(switch user) 명령어를 실행한 정보를 가지고 있다.

lastlog 명령어는 /var/log/lastlog 로그파일을 분석하여 출력한다. 즉, 마지막 로그인 시간, 호스트명을 확인할 수 있다.

lastlog 명령어

```
root@kali:~# lastlog
Username        Port      From          Latest
root            pts/3     10.0.2.8      Sun Sep  5 13:46:00 +0900 2021
daemon                                  **Never logged in**
bin                                     **Never logged in**
sys                                     **Never logged in**
sync                                    **Never logged in**
games                                   **Never logged in**
man                                     **Never logged in**
lp                                      **Never logged in**
mail                                    **Never logged in**
news                                    **Never logged in**
uucp                                    **Never logged in**
proxy                                   **Never logged in**
www-data                                **Never logged in**
backup                                  **Never logged in**
list                                    **Never logged in**
irc                                     **Never logged in**
```

정답 ①

08 다음의 설명으로 올바른 것은?

하드웨어 기반으로 보안 기능을 제공한다. 암호화 작업을 실행할 수 있게 설계된 보안 암호화 프로세서이다.

① TPM(Trusted Platform Module)
② CPM(Critical Platform Module)
③ Fuzzing
④ Cipher

TPM(Trusted Platform Module)은 하드웨어적인 보안 장치로 내부적으로 지원되는 컴퓨터 시스템보다 강력한 보안 기능을 제공한다. 전체 시스템 보안, 파일 보호 등을 제공한다.

정답 ①

09 다음의 항목과 관련이 있는 것은?

> uptime
> downtime
> MTBF(Mean Time Between Failure)
> MTTR(Mean Time To Repair)

① 기밀성 　　　　　　　　　② 무결성
③ 가용성 　　　　　　　　　④ 최신성

가용성(Availability)은 정당한 사용자가 요청 시에 서비스할 수 있는 특성으로 정보시스템을 정상적으로 이용 가능한 정도이다.

가용도(A) = MTTF/MTBF = MTTF/(MTTF + MTTR)

가용성

구분	설명
MTBF(Mean Time Between Failure)	시스템 고장이 발생하는 평균 시간 간격이다.
MTTR(Mean Time To Repair)	평균 수리 시간으로 고장이 발생한 이후로부터 수리가 완료될 때까지 평균 수리 시간이다.
MTTF(Mean Time To Failure)	평균 고장 시간으로 사용을 시작할 날부터 고장 날 때까지의 평균 시간이다.

정답 ③

10 다음 중 IoT 보안에 대한 설명으로 올바르지 않은 것은?

① IoT 장치들이 위치 정보를 전송하는 경우에 전송되는 데이터 구간을 암호화한다.
② 센서와 IoT 미들웨어 간에 상호인증을 위한 인증 방법을 제공한다.
③ 센서들이 수집한 데이터를 안전하게 저장하기 위해서 저장 공간에 대해서 대칭키 암호화를 수행한다.
④ IoT에서 각 센서들이 전송하는 데이터를 안전하게 보호하기 위해서 MD5, SHA-1를 사용해서 암호화한다.

보기 ④의 문장에서 해시함수를 사용해 암호화를 하기 위해서는 안전한 해시함수를 사용해야 하고 안전한 해시함수는 SHA-256 이상이다.

정답 ④

11 다음의 설명으로 올바른 것은?

> 유닉스에서 하위 디렉터리를 연결하기 위한 명령어로 임의 디렉터리를 연결하기 위해서 사용한다.

① fsck   ② fdisk
③ mount   ④ ls

리눅스 컴퓨터 시스템 A에 tmp라는 디렉터리가 있다고 가정하자. 그러면 tmp 디렉터리를 리눅스 컴퓨터 시스템 B에서 연결하고 사용하는 것이 마운트(Mount)이다. 이러한 것은 단순하게 디렉터리만 연결하여 사용하는 것이 아니라 CDROM, USB 등과 같은 장치를 연결할 때도 사용되고 mount라는 명령어를 실행하여 연결을 수행할 수도 있다.

정답 ③

12 유닉스에서 패스워드 파일 보호를 위한 방법으로 올바른 것은?

> 새로운 유닉스 계정 생성 시에 사용자의 유닉스 계정과 패스워드를 하나의 파일에 함께 저장하지 않고 패스워드는 다른 파일에 저장하여 관리한다.

① 패스워드 파일 보호
② 쉐도우 패스워드 보호
③ 사용자 파일 보호
④ 사용자 권한 관리

유닉스에서 /etc/passwd 파일과 /etc/shadow 파일을 설명한 것으로 사용자 패스워드는 shadow 파일에 암호화되어서 저장된다.

정답 ②

13 다음의 설명으로 올바르지 않은 것은?

```
ls -alp
rwxrwxr-x  /home/user1     root security
rw-rw----  /home/user2/exam.txt root securiy
rwxr-x---  /home/user3 root security

/etc/groups
security 504 user1,user2,user3
```

① user1은 /home/user1 디렉터리로 이동할 수 있다.
② user2는 /home/user2/exam.txt 파일을 삭제할 수 있다.
③ user3은 /home/user2/exam.txt 파일을 읽을 수 있다.
④ user4는 /home/user3 디렉터리로 이동할 수 있다.

보기 ①에서 user1 사용자는 security 그룹에 해당되고 /home/user1 디렉터리는 security 그룹에 실행 권한이 있다. 또한 다른 사용자에게도 실행 권한이 있기 때문에 디렉터리로 이동할 수 가 있다.

보기 ②에서 user2는 /home/user2/exam.txt 파일에 대해서 security 그룹에 쓰기 권한이 있기 때문에 파일을 삭제할 수 있다.

보기 ③에서 user3은 /home/user2/exam.txt 파일에 대해서 읽기 권한이 있으므로 읽을 수 있다.

보기 ④에서 user4는 security 그룹이 아니다. 따라서 /home/user3 디렉터리로 이동할 수 없다. 왜냐하면 다른 사용자 권한에 실행 권한이 없기 때문이다.

즉, 디렉터리의 이동은 실행 권한이 있어야 가능하다.

정답 ④

14 유닉스 로그파일 중에서 버퍼 오버플로우와 같은 문제가 발생하면 기록하는 로그파일은?

① wtmp   ② messages
③ syslog   ④ utmp

• "/var/log/messages" 로그파일은 시스템 변경 사항, 인증, 메일 등에 관한 내용이 기록된다. 특히 보안사고가 발생하는 경우 가장 먼저 분석되는 로그로 버퍼 오버플로우 같은 문제가 발생되면 가장 먼저 확인한다.
• 호스트명, 데몬명, 메시지 내용, Timestamp 등이 기록되고 메시지 내용에는 su 실패에 대한 내용, 부팅 시에 발생되는 에러, 데몬 프로세스의 비활성화 로그 등이 있다.

정답 ②

15 다음 중 랜섬웨어가 아닌 것은?

① 워너크라이
② 크립토월
③ 크립토재킹
④ 페티야

크립토재킹(Cryptojacking)은 크립토커런시(Cryptocurrency)와 하이재킹(Hijacking)의 합성어로 사용자 컴퓨터를 암호화폐 채굴에 이용하는 신종 사이버 범죄이다.

랜섬웨어의 종류

구분	설명
워너크라이(WannaCry)	SMB(Server Message Block) 취약점을 이용하여 전파되는 것으로 워너크라이에 감염되면 모든 파일에 암호를 걸어 버린다.
크립토월(Cryptowall)	인터넷 사이트 접속으로 전파되는 랜섬웨어로 모든 파일을 암호화한다.
크립토락커(CrpytoLocker)	파일 확장자를 encrypted로 변경한다.
비트락커(BitLocker)	모든 데이터를 D 혹은 다른 드라이브로 이동시키고 BitLocker로 암호화한다.
록키(Locky)	hwp까지 암호화하며 주로 스팸메일을 통해서 유포된다.
페티야(Petya)	• 공격자는 Office 파일에 랜섬웨어 코드를 삽입하고 피해자에게 메일을 발송한다. • 하드디스크의 MFT(Master File Table)를 암호화한다.

정답 ③

16 다음 중 파일의 속성을 검색하는 find 옵션으로 올바르지 않은 것은?

① mtime : 파일의 내용이 수정된 파일을 검색한다.
② atime : 파일에 접근할 때 시간을 기준으로 검색한다.
③ ctime : 파일 속성, 권한, 크기가 변경된 시간을 기준으로 검색한다.
④ rtime : 파일 실행 일자를 기준으로 검색한다.

find 명령어에 rtime 옵션은 없다.

find 명령어의 시간 옵션

시간 옵션	설명
-atime	aceess time으로 파일을 열거나 접근한 시간을 기준으로 찾는다.
-mtime	modify time으로 파일이 변경된 시간으로 찾는다.
-ctime	change time으로 파일 속성이 변경된 시간을 기준으로 찾는다.

정답 ④

17 다음에서 설명하는 것은?

> 리눅스에서 사용자를 인증하고 관리자가 응용 프로그램들의 사용자 인증 방법을 선택할 수 있다. 필요한 공유 라이브러리의 묶음을 제공하고 재컴파일 없이 인증 방법을 변경할 수 있다.

① CrossCertBase64
② PAM
③ TSA 인증
④ Timestamp 인증

PAM(Pluggable Authentication Modules)은 리눅스 시스템에 사용하는 인증 모듈로 사용자의 권한을 제어한다. PAM 모듈을 사용하면 응용 프로그램은 /etc/passwd 파일을 열람하지 않고 PAM 모듈이 사용자 정보를 가지고 인증하게 된다.

PAM의 모듈 타입

모듈 타입	설명
auth	사용자가 입력한 패스워드가 맞는지 확인한다.
account	계정에 대한 접근 통제 및 계정 정책 관리를 한다.
password	패스워드 갱신을 관리한다.
session	사용자가 인증을 받기 전과 후에 수행해야 할 일을 정의한다.

정답 ②

18 다음 중 NTFS 파일 시스템에 대한 설명으로 올바르지 않은 것은?

① NTFS는 보안을 위해서 파일의 보안 속성을 관장하는 보안 서술자를 가진다.
② 중요한 파일 시스템 데이터를 보존하기 위해서 중복 저장 장치를 사용한다.
③ 이벤트 뷰어는 NTFS 파일 시스템의 MFT를 확인할 수 있다.
④ 다른 운영체제의 컴퓨터와 호환성을 위해서 FAT32로 플래시 드라이브나 외장 하드디스크를 포맷해야 한다.

- 이벤트 뷰어는 윈도우에서 발생하는 시스템, 응용 보안 이벤트를 확인하는 프로그램이다.
- MFT(Master File Table)란, 윈도우 NTFS 파일 시스템의 메타 데이터이며 이벤트 뷰어로 확인할 수는 없다.

정답 ③

19 리눅스에서 rlogin을 실행하기 위한 파일은 무엇인가?

① /etc/hosts, .rhosts

② /etc/hosts.equiv, .rhosts

③ /etc/hosts.equiv, /etc/hosts

④ /etc/hosts, /etc/hostname

R-Command는 인증 없이 rlogin, rsh, rcp 등의 명령어를 실행할 수 있는 것으로 /etc/hosts.equiv, .rhosts 파일을 사용해서 설정한다.

정답 ②

20 xinetd 데몬 프로세스의 설정인 xinetd.conf 파일에 대한 설명으로 올바르지 않은 것은?

```
defaults
{
    only_from = 192.168.10.10 192.168.10.11
    no_access = 10.10.10.10
    log_on_success  = PID HOST DURATION EXIT
    cps        = 25 30
    instances    = 50
}
```

① no_access에 설정된 10.10.10.10은 서비스를 사용할 수 없다.

② only_from은 192.168.10.10, 192.168.10.11는 서비스를 이용할 수 있다.

③ instances는 동시에 서비스할 수 있는 최대 개수는 50이다.

④ cps는 분당 요청 수가 25개 이상이면 30분간 제한한다.

cps는 초당 요청받는 수를 제한하는 것이다. cps 25 30은 초당 요청 수가 25개 이상이면 30초간 접속을 제한하는 것이다.

정답 ④

≡ 상   네트워크 보안 〉 네트워크 보안 기술

21 다음 설명 중 (   )안에 들어갈 내용으로 올바른 것은?

> 네트워크에 전송하는 패킷을 수신받는 것이 스니핑이다. 하지만 어떤 단말이 스니핑을 하고 있는지 파악하는 것은 어려운 일이다. 만약 단말이 (   ) 설정이 되어 있으면 스니핑을 하고 있는 것으로 판단한다.

① Normal Mode
② Switch Mode
③ Promiscuous Mode
④ Anomaly Mode

> Normal Mode는 자신의 컴퓨터에 전송되는 패킷만 수신받고 자신과 관련없는 패킷은 삭제(Drop)한다. 네트워크에 흘러 다니는 모든 패킷을 모니터링할 때는 Promiscuous Mode(무차별 모드)로 설정하고 스니핑을 실행해야 한다.

정답 ③

≡ 상   네트워크 보안 〉 네트워크 기반 공격 기술의 이해 및 대응

22 다음의 설명으로 올바른 것은?

> 악성봇에 감염된 PC를 공격자가 조종하지 못하도록 악성봇과 공격자의 명령을 차단하는 서비스로 자체 DNS 서버를 운영하는 민간기관을 대상으로 제공하는 서비스이다.

① DNS 블랙홀
② DNS 싱크홀
③ Null Router
④ Command and Control

> 위의 지문은 한국인터넷진흥원에서 제공하는 DNS 싱크홀에 대한 문제이고 제7회 정보보안기사 필기 기출문제이다.

정답 ②

≡ 상   네트워크 보안 〉 네트워크 기반 공격 기술의 이해 및 대응

23 아래 보기의 설명 중 올바른 것을 모두 고르시오.

> 가. TCP Open Scan은 포트가 열려 있으면 SYN+ACK가 전송되고 포트가 닫혀 있으면 RST+ACK가 응답으로 전송된다.
> 나. TCP Half Open San은 포트가 열려 있으면 RST+ACK가 응답으로 전송된다.
> 다. Null Scan은 포트가 열려 있으면 응답이 없고 포트가 닫혀 있으면 RST를 전송한다.
> 라. UDP Scan은 포트가 닫혀 있을 때 ICMP Unreachable을 전송한다.

① 가
② 다, 라
③ 가, 다, 라
④ 가, 나, 다, 라

> TCP Half Open은 포트가 열려 있으면 SYN+ACK가 전송되고 포트가 닫혀 있으면 RST+ACK가 전송된다.

정답 ③

24 다음 중 HTTP 상태 코드에 대한 설명으로 올바르지 않은 것은?

① 200 : 웹 서버가 에러 없이 HTTP Request 요청에 대해서 응답했다.

② 302 : 임시 이동으로 현재 웹 서버가 다른 위치의 페이지로 요청에 응답하고 있지만 향후 요청 시에 원래 위치를 계속 사용해야 한다.

③ 403 : 웹 서버가 서비스를 거부하고 있다.

④ 500 : 웹 서버에서 요청을 수행할 수 있는 기능이 없다.

> HTTP 응답 코드 500번은 웹 서버에서 오류가 발생하여 요청을 수행할 수가 없는 것이고 501은 웹 서버에서 요청을 수행할 수가 없다. 즉, 구현되지 않은 서비스를 요청한 것이다.

정답 ④

25 다음은 Firewall(방화벽)에 대한 설명이다. 올바르지 않은 것은?

① 패킷 필터링은 IP 주소 및 포트 번호를 사용해서 패킷 필터링 규칙을 적용한다.

② 애플리케이션 게이트웨이는 OSI 애플리케이션 계층에서 동작하고 Proxy를 이용한 연결을 지원한다.

③ DPI(Deep Packet Inspection)는 OSI 7계층까지 동작하고 유해 정보 차단이 가능하다.

④ SPI(Stateful Packet Inspection)는 nmap을 사용해서 ACK SCAN을 탐지할 수 없다.

> • nmap을 사용한 포트 스캐닝 기법에서 ACK SCAN은 전송되는 패킷을 방화벽이 차단하는지 확인하기 위해서 사용되는 스캐닝 기법이다.
> • SPI 방화벽은 IP Packet, TCP Segment를 점검할 수 있고 ACK SCAN을 탐지할 수 있다. SPI 방화벽의 가장 큰 특징은 세션을 추적할 수 있다는 것이다.

정답 ④

26 Anycast DNS에 대한 설명으로 올바르지 않은 것은?

① Anycast는 인접한 노드 하나에만 전송한다.

② Anycast DNS는 BGP(Border Gateway Protocol)와 같은 라우팅 프로토콜을 사용하여 DNS Query를 기본 DNS로 전송한다.

③ 클라이언트에서 가장 가까운 DNS 서버에서 DNS Response를 가져와 최적화 할 수 있다.

④ IPv4 및 IPv6 모두 Anycast를 지원한다.

> IPv4는 Unicast, Multicast, Broadcast를 지원하고 IPv6는 Unicast, Multicast, Anycast를 지원한다. Anycast DNS는 클라이언트와 가장 가까운 곳의 DNS 서버에 DNS Query를 요청하여 응답받을 수 있다.

정답 ④

27 다음의 설명으로 올바른 것은?

> 기업의 정형 및 비정형 데이터까지 저장하고 처리할 수 있으며 저장된 데이터를 빠르게 분석할 수 있다. 방대한 로그파일을 분석하고 실시간 위협 탐지, 증거 수집, 가시성 등을 제공한다.

① SIEM ② ESM
③ EAM ④ NMS

SIEM(Security Information & Event Management)는 방화벽, 안티바이러스 솔루션, 서버, 네트워크 장비 등으로부터 정형 및 비정형 데이터를 수집하여 빅데이터 데이터베이스에 저장한다. 빅데이터 분석을 기반으로 보안 위협 징후, 실시간 위협 탐지, 네트워크 포렌식 등의 서비스를 제공한다.

정답 ①

28 다음의 IPS 현황으로 올바른 것은?

IP 주소	행위	상태
10.10.10.20	/../../etc/passwd	BLOCK
10.10.10.21	../../etc/passwd	BLOCK

공격 패턴 등록	/../../etc/passwd

① XPATH Injection 공격을 탐지하고 대응한다.
② 경로 순회 공격이 있는 문자열을 탐지하지만 대응할 수는 없다.
③ 잘 알려진 공격 패턴이므로 오용탐지가 없다.
④ 내부 자원 접근을 차단할 수는 없다.

본 공격은 IPS 보안 솔루션에 경로 조작 및 자원 삽입 공격을 탐지하기 위한 Rule을 등록하고 탐지한 로그를 보여주고 있다. 잘 알려진 공격이고 오용탐지는 발생하지 않는다.

정답 ③

29 다음 중 응용 계층 취약점이 아닌 것은?

① 하트블리드
② Memcached DDoS
③ 멜트다운, 스펙터
④ ShellShock

Memcached DDoS는 웹 사이트의 네트워크 속도를 높이기 위해서 개발된 데이터베이스 캐싱 시스템인 Memcached를 겨냥한 공격이다. Memcached DDoS는 UDP 패킷을 전송하여 공격을 수행하기 때문에 전송 계층(Transport)의 취약점이다. 멜트다운과 스펙터는 하드웨어 취약점을 이용하는 공격이지만 공격을 위해서 순차 혹은 비순차 명령어를 사용한다.

정답 ②

30 다음의 설명으로 올바른 것은?

> IP 주소와 MAC 주소를 저장하고 있는 CAM 테이블을 참조하여 등록되어 있는 해당 포트로 전송한다.

① 방화벽   ② 스위치
③ IDS   ④ IPS

CAM(Content Addressable Memory) 테이블은 장치들에 대한 MAC 주소, 포트 등이 저장되어 있고 수신되는 프레임을 어떻게 처리할지 결정한다.

Sniffing의 종류

Passive Sniffing	Active Sniffing
전송되는 모든 패킷을 수집한다.	스위치 환경에서 CAM 테이블을 참조하여 등록된 해당 포트로만 데이터가 전송되기 때문에 Switch Jamming을 사용해서 전송 신호가 스니퍼에게 전달되도록 유도한다.

정답 ②

31 다음에서 설명하는 ICMP 에러 메시지는?

> 네트워크상의 통신량이 폭주하여 목적지 또는 라우터 등의 메모리 및 버퍼 용량이 초과되어 IP 데이터그램이 유실되면, 송신측에 통보하는 일종의 흐름 제어 및 혼잡 제어 등의 역할을 한다.

① Source Quench   ② Destination Unreachable
③ Time Exceeded   ④ Redirect

위의 지문은 Source Quench에 대한 설명이다.

정답 ①

32 다음은 DNS Spoofing에 대한 설명이다. (   )에 올바른 것은?

> 공격 대상 DNS 서버가 반복적 질의를 수행하는 동안 다수의 조작된 DNS 응답을 전송한다. 즉, 공격 대상 DNS 서버가 반복적
> 질의 시 사용하는 (A)와 출발지 Port를 모르기 때문에 랜덤한 (A)와 (B)를 다수 생성하여 응답한다.

① (A) 트랜잭션 ID, (B) 목적지 포트
② (A) Sequence Number, (B) 목적지 포트
③ (A) Sequence Number, (B) 출발지 포트
④ (A) 트랜잭션 ID, (B) 출발지 포트

DNS Response는 UDP를 사용해서 전송하고 인증 기능은 없다. 단, DNS Request로 전송되는 트랜잭션 ID와 목적지 포트
번호만 맞추어 전송하면 정상적인 패킷으로 인식하게 된다.

DNS Request 시 트랜잭션 ID

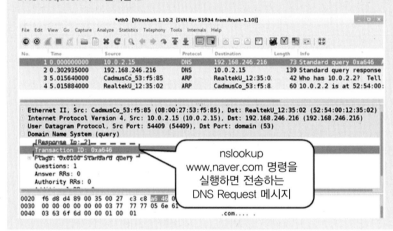

정답 ①

33 다음은 무선 네트워크 보안에 대한 설명이다. 올바르지 않은 것은?

① WPA 개인 모드는 사전에 정의된 키를 공유해야 한다.
② WPA, WPA2는 엔터프라이즈 모드를 지원하고 중앙집중 방식으로 인증 서버를 사용하지 않는다.
③ WPA는 TKIP를 사용하고 기존 하드웨어가 호환된다.
④ WPA2의 암호화 운영 모드는 CCMP, 암호화 알고리즘은 EAP를 사용한다.

WPA는 RC4 암호화 알고리즘으로 TKIP를 사용하며 인증 방법으로 Personal Mode와 Enterprise Mode를 지원한다. WPA2는 AES 암호화로 Personal Mode와 Enterprise Mode를 지원한다.

WPA 운영 모드

Personal Mode	Enterprise Mode
• 사전에 미리 정의된 Pre Shared Key(PSK)를 사용자 및 AP(Access Point) 간에 공유한다. • 확장성이 없고 IEEE 802.1/EAP를 지원하지 않는다. • 개인이 사용한다.	• 각 사용자별로 유일한 세션키를 가진다. • IEEE 801x/EAP을 지원하는 인증 서버(Radius)가 필요하고 확장성이 좋다. • 기업에서 사용한다.

정답 ②

34 다음 중 방화벽의 기능으로 올바르지 않은 것은?

① 데이터 암호화
② 인증
③ 개인정보 마스킹
④ 로깅 및 감사 추적

방화벽(Firewall)의 기능은 접근 제어(Access Control), 로깅과 감사 추적(Logging and Auditing), 인증(Authentication), 데이터 암호화(Data Encryption)를 제공한다.

정답 ③

35 다음은 IDS에 대한 설명이다. 올바르지 않은 것은?

① 오용탐지 기법은 False Positive 확률이 증가한다.
② 오용탐지 기법은 False Negative 비율이 높아지는 문제가 있다.
③ 비정상 행위 탐지는 False Positive가 높고 정상과 비정상 구분을 위한 임계치 설정이 어렵다.
④ 프로파일 기반 탐지는 사용자, 그룹의 동작에 대한 프로파일을 구성하고 행동의 변화를 탐지한다.

오용탐지(Misuse Detection)는 공격 패턴을 저장하고 탐지하는 방법으로 False Positive가 낮고 False Negative가 높다.

정답 ①

36 다음 중 VPN의 종류와 계층이 올바르게 연결된 것은?

① L2TP – Data Link
② IPSEC – Application
③ SSL – Network
④ PPTP VPN – Session

L2TP VPN은 Microsoft와 Cisco 사에서 개발한 Layer to Tunneling Protocol로 데이터 링크 계층에서 동작한다.

정답 ①

37 다음에서 설명하는 것은?

> 이메일의 첨부파일, 파일 서버에 저장된 파일의 다운로드 등으로 유입되는 악성코드에 대해서 파일 내 잠재적 보안 위협요소를
> 원천 제거 후 안전한 파일로 재조합하는 사전 방지 기술이다.

① CDR
② EDR
③ SDN
④ APT

CDR(Content Disarm & Reconstruction)은 백신 및 샌드박스에서 차단하지 못한 보안 위협에 대해서 원천적으로 안전한 파일로 재조합한다.

정답 ①

38 다음의 설명으로 올바른 것은?

① 허니팟은 네트워크로 전송되는 악성코드를 탐지하고 자동 차단한다.
② 허니팟은 공격 패턴을 사전에 정의하고 해당 패턴을 탐지하는 보안 솔루션이다.
③ 허니팟은 일종의 함정으로 공격자의 공격 행위 분석을 수행할 수 있다.
④ 허니팟은 이상 행위를 탐지하여 차단한다.

허니팟(Honeypot)은 일종의 함정으로 공격자를 걸려들게 하여 유용한 정보를 흘리게 하는 것이 목표이다.

정답 ③

39 다음 중 공격 기법에 대한 설명으로 올바르지 않은 것은?

① SYN Flooding은 피해자에게서 SYN 요청을 지속적으로 전송하여 공격한다.

② Smurfing은 UDP를 사용해서 패킷을 브로드캐이트하여 네트워크 부하를 유발하는 DDoS 공격이다.

③ Ping of Death는 ICMP 패킷을 사용해서 MTU를 초과하는 패킷을 전송한다.

④ Land Attack은 출발지의 IP와 목적지의 IP를 동일하게 전송한다.

> Smurfing은 ICMP Echo Request를 Broadcast하고 ICMP Echo Reply를 피해자에게 전송하게 하여 공격하는 방법이다.

정답 ②

40 공인 IP가 1개이고 여러 개의 사설 IP를 할당할 때 올바른 것은?

① Dynamic NAT

② Static NAT

③ PAT(Port Address Translation)

④ Policy NAT

NAT 종류

모듈 타입	설명
Static NAT	• 하나의 사설 IP를 하나의 공인 IP로 1대1 매핑한다. • 공인 IP 주소로 요청하고 것을 사전에 미리 정의된 사설 IP로 매핑한다.
Dynamic NAT	여러 개의 사설 IP 주소와 공인 IP 주소를 동적으로 매핑한다.
PAT(Port Address Translation)	하나의 공인 IP를 다수의 사설 IP가 포트 번호로 구분하여 주소를 매핑한다.
Policy NAT	ACL(Access Control List)을 사용해서 출발지와 목적지에 따라서 주소를 변환한다.
Bypass NAT	NAT에 해당하지 않는 패킷은 그냥 무시하고 라우팅한다.

정답 ③

≣ 하 애플리케이션 보안 〉 보안 취약점 및 개발 보안

41 다음에서 설명하는 것은?

> 사용자는 브라우저를 사용해서 인증할 때 ID와 패스워드를 사용해서 API Token을 요청한다. API 인증 서버는 사용자를 인증하고 인증된 사용자에게 API Token을 발급한다. API 클라이언트는 API Token으로 API를 호출한다.

① Web Page
② Rest API
③ IAM
④ SSO

API Token 인증 방식에 대한 설명으로 API Token 인증 방식은 HTTP 프로토콜을 사용하는 REST API에서 사용된다.

정답 ②

≣ 하 애플리케이션 보안 〉 인터넷 응용 보안

42 암호화 기법 중에서 응용 프로그램을 변경하지 않아도 암호화를 수행할 수 있는 것은?

① TDE - API 기법
② TDE - 파일 암호화
③ Plug-in, API 기법
④ API 기법, 파일 암호화

TDE(Transparent Data Encryption)은 응용 프로그램 수정없이 데이터베이스 내부에서 테이블스페이스(Tablespace) 및 칼럼을 암호화한다.

TDE 암호화

구분	설명
Columns Level Encryption	테이블에 특정 칼럼만 암호화하거나 특정 블록 부분만 암호화한다.
Tablespace Level Encryption	테이블스페이스 사이즈의 증가없이 테이블스페이스 전체를 암호화한다.

• 파일 암호화는 암호화 키를 가진 사람만 암호화를 하거나 복호화할 수 있다.
• 윈도우 운영체제에서 파일 또는 폴더를 선택하고 "데이터 보호를 위해서 내용을 암호화" 확인을 선택하면 된다.

정답 ②

43 다음 중 DNSSEC에 대한 설명으로 올바르지 않은 것은?

① 인터넷 초기에 개발된 DNS는 보안성이 고려되지 않아서 DNS 정보의 위변조를 검증할 수가 없었다. DNSSEC는 이러한 문제를 해결한다.

② 사용자 도메인에 대한 DNSSEC 도입 적용 촉진 정책은 유럽지역을 중심으로 본격적으로 진행되었다.

③ 한국은 모든 국가 도메인에 DNSSEC를 적용했다.

④ DNSSEC는 전자서명 복호화 값과 원본 데이터 해시 값의 일치 여부를 확인하여 무결성을 검사한다.

한국은 국가최상위도메인(ccTLD) .kr과 .한국에도 2021년에 DNSSEC 적용을 완료했다. 또한 .COM, .NET 등의 일반최상위도메인(gTLD)는 물론 .BANK 등을 위시한 신규 일반최상위도메인(New gTLD)에도 DNSSEC 적용이 이루어지고 있다.

[참고] DNSSEC 도입 적용 및 운영관리 가이드(2015.9, 한국인터넷진흥원)

정답 ③

44 다음에서 설명하는 HTTP 요청 방식은 무엇인가?

> HTTP Request 메시지 전송 시에 전송하려는 데이터를 HTTP Body에 넣어서 전송하는 방법으로 데이터를 전송할 때 반드시 콘텐츠 타입을 명시해야 한다.

① GET
② HEAD
③ POST
④ DELETE

POST 방식은 전송되는 데이터를 HTTP Body에 넣어서 전송하고 파일 업로드와 같은 기능을 제공한다. 그리고 파일 업로드 기능은 콘텐츠 타입을 "multipart/form-data"로 해야 한다.

정답 ③

45 다음 중 WPKI에 대한 설명으로 올바르지 않은 것은?

① CA라는 인증기관은 인증서를 발급한다.

② RA는 유효기간이 지난 인증서를 폐기한다.

③ X.509 인증서는 Version 정보, Serial Number, Issuer 발행자, Validity 유효기간 등의 정보가 있다.

④ OCSP는 인증기관 간에 상호인증을 위해서 사용된다.

등록기관인 RA는 인증서 발급 시에 사용자 신원을 확인하며, 유효기간이 지난 인증서를 폐기하지는 않는다.

정답 ②

46 다음은 모바일앱 보안에 대한 설명이다. 올바르지 않은 것은?

① 모바일 단말기가 루팅 및 탈옥이 되어서 정상적으로 서비스가 되어야 한다.

② 모바일 앱은 Reversing을 통해서 소스코드가 유출될 수 있기 때문에 소스코드에 대해서 난독화를 수행해야 한다.

③ 모바일 단말기에 대한 루팅을 차단하고 개발자 앱이 루팅 환경에서 실행되지 않도록 해야 한다.

④ Facs ID 혹은 Touch ID와 같은 하드웨어 수준 보안을 제공한다.

• 모바일 단말기가 루팅 및 탈옥이 되면 해킹이 된 것이므로 경고 메시지를 알리고 앱을 차단해야 한다.

• 루팅(Rooting)은 모바일 단말기에 실행되는 안드로이드 운영체제에서 최상위 권한인 Root 권한을 획득하는 행위를 말한다.

정답 ①

47 다음 중 클라우드 보안 위협에 대한 설명으로 올바르지 않은 것은?

① 내부자 위협은 내부자로부터 데이터가 유출되는 것으로 중요한 시스템의 접근을 제한하거나 클라우드 서버에 대해서 규칙적인 감사를 수행한다.

② 계정 도용은 악의적인 공격자가 권한이 높거나 민감한 계정에 접근하여 악용하는 행위이다. 피싱 공격, 클라우드 기반 시스템 악용, 도난당한 자격증명이 이러한 계정을 손상 시킬 수 있다.

③ 자격증명의 부적절한 보호, 암호화 키, 암호 및 인증서의 정기적인 변경 등이 미흡하면 클라우드 보안 아키텍처 전략 위협이 발생한다.

④ 관리자는 기밀정보의 공개, 열람, 도난, 데이터 유출을 막아야 한다. 즉, 데이터 침해는 모든 종류의 데이터 유출을 의미한다.

불충분한 아이덴티티, 자격증명, 액세스 및 키 관리 위협

• 자격증명의 부적절한 보호

• 암호화 키, 암호 및 인증서의 정기적, 자동적인 변경 미흡

• 확장 가능한 자격증명, 자격증명 및 액세스 관리 시스템 부족

• 다단계 인증 사용 실패

• 강력한 비밀번호 사용 실패

클라우드 환경에서의 보안 위협

• 데이터 침해

• 잘못된 구성 및 부적절한 변경 제어

• 클라우드 보안 아키텍처 및 전략 부족

• 불충분한 아이덴티티, 자격증명, 액세스 및 키 관리

• 계정 도용

• 내부자 위협

• 안전하지 않은 인터페이스와 API

• 취약한 제어 영역

• 메타 구조와 응용 구조 실패

• 제한된 클라우드 사용 가시성

• 클라우드 서비스의 남용 및 악의적인 사용

정답 ③

48 Apache 웹 서버의 ModSecurity에 대한 설명으로 올바르지 않은 것은?

① ModSecurity는 공개용 웹 방화벽으로 모든 버전의 Apache 웹 서버에 설치하여 운영이 가능하다.
② 정규 표현식이 선언되면 내부 서버에서 처리된다.
③ ModSecurity는 감사 로깅 기능을 제공하여 트랜잭션을 추적할 수 있다.
④ SQL Injection, XSS, Directory Traversal 공격 등의 웹 해킹 공격으로부터 보호한다.

ModSecurity를 사용하기 위해서 httpd.conf 파일에 설정을 포함해야 한다.

ModSecurity 설정

설정	설명
SeRuleEngine On	• on은 ModSecurity를 활성화 시키고 Off는 비활성화한다. • DetectionOnly는 차단은 하지 않고 탐지만 수행한다.
SecAuditEngine On	• on은 모든 트랜잭션에 대해서 로깅하고 Off는 로깅하지 않는다. • RelevantOnly 설정은 Error, Warning 등 • SecAuditLogRelevantStatus에 정의된 상태코드가 같은 것에 대해서만 트랜잭션을 로깅한다.

트래픽 감사 예외 IP 설정

SecRule REMOTE_ADDR "210₩.100₩.10₩.4" allow,ctl:ruleEngine=off
위와 같이 감사 예외 IP를 등록한다.

정답 ②

49 다음은 FTP Passive 모드에 대한 설명이다. 올바르지 않은 것은?

① 데이터 전송을 위해서 1024 이전의 포트를 사용한다.
② 명령어 전송을 위해서 21 포트를 사용한다.
③ 데이터 전송을 위한 포트는 서버가 결정한다.
④ 명령어 전송과 데이터 전송의 포트가 분리되어 있다.

FTP Passive 모드에서 데이터 전송을 위한 포트는 FTP 서버가 1024 이후의 포트를 선택해서 사용한다.

정답 ①

50 DNSSEC에 신규로 추가된 자원 관리 레코드가 아닌 것은?

① DNSKEY

② RRSIG

③ AAAA

④ NSEC

DNSSEC는 전자서명과 서명 검증 절차를 지원하기 위해서 다음과 같은 신규 리소스 레코드를 추가 정의하였다.

신규 추가 레코드

Resource Record	설명
DNSKEY	도메인 존의 공개키 데이터를 저장하기 위한 리소스 레코드이다.
RRSIG	Zone 내에 있는 RRSet에 대한 개인 키의 전자서명한 결과 값을 갖는 리소스 레코드이다.
DS	DNS의 고유의 위임 체계에 따라 보안 측면의 인증된 위임 체계를 구성하기 위한 데이터를 저장하는 리소스 레코드이다.
NSEC/NSEC3	DNS 데이터 부재 인증을 위해서 정의된 리소스 레코드이다.

정답 ③

51 개발된 소스코드를 직접 확인하면서 테스트하는 것은?

① 블랙 박스 테스트

② 화이트 박스 테스트

③ 그레이 박스 테스트

④ 동적 테스트

• 소프트웨어 테스트는 블랙 박스 테스트와 화이트 박스 테스트로 구분할 수 있다. 블랙 박스 테스트는 데이터 중심 테스트라고도 하며 어떤 입력에 어떤 출력이 나오는지 테스트하는 것이다.

• 화이트 박스 테스트는 소스코드의 내부 구조를 보면서 경로를 분석하고 테스트를 수행하는 것으로 구조 기반 테스트라고도 한다.

정답 ②

52 PGP에 대한 설명으로 올바르지 않은 것은?

① PGP는 사용하고 있는 암호 기술의 안정성이 검증되었다.

② 다양하게 사용되는 이메일 애플리케이션에 플러그인으로 사용이 가능하다.

③ 메시지 내용, 발신자, 수신자, 메일 제목 모두를 암호화한다.

④ 전자서명의 사용자 인증, 기밀성, 무결성을 제공한다.

PGP를 사용한 이메일 보안 기법은 발신자, 수신자 정보, 메일 제목은 암호화하지 않는다.

정답 ③

53 다음의 ( )안에 들어갈 내용으로 올바른 것은?

• 블록체인에서 (ㄱ)이란 해시를 찾는 과정을 무수히 반복하는 과정으로 이 작업에 참여했다고 증명하는 합의 알고리즘을 의미한다.

• 개인 사용자들에게 블록체인에 참여해서 네트워크가 유지되는 것을 도와주는 부분에 대해 자발적 참여를 유도하기 위해서 보상이 필요하며 이러한 (ㄴ) 과정을 통해서 사용자에게 보상으로 암호화폐를 배분한다.

① (ㄱ) 작업 증명, (ㄴ) 채굴

② (ㄱ) 작업 증명, (ㄴ) 비트코인

③ (ㄱ) 알고리즘, (ㄴ) 체인

④ (ㄱ) 알고리즘, (ㄴ) 비트코인

위의 내용은 블록체인의 작업 증명과 채굴에 대한 설명이다.

정답 ①

54 hwp, pdf, doc 등을 암호화하여 외부 유출 시에도 기업 내부 정보를 보호하는 것은?

① CDR

② DRM

③ NFV

④ EDR

데이터 보안 솔루션은 기업의 기밀정보 및 고객정보 유출 사고를 방지하기 위한 것으로 DRM(Digital Rights Management)과 DLP(Data Loss Prevention)가 있다. DRM은 허가된 사용자만 해당 자료를 열람 및 변경할 수 있고 허용된 권한 범위 내에서만 사용할 수 있다. 또한 암호화를 통해 기업 기밀정보 및 고객정보를 암호화한다.

정답 ②

55 SSO에 대한 설명으로 올바르지 않은 것은?

① 한 번의 인증으로 여러 정보시스템에 자동 로그인할 수 있는 통합 인증을 제공한다.
② SSO은 보안상 권고하지 않는다.
③ 중앙집중적인 통합 인증을 수행하여 통합 관리를 할 수 있다.
④ 인증된 사용자에 대해서 추적이 가능하다.

SSO는 보안상 권고한다. 즉, 개인정보 안전성 확보 조치 해설서에 보안서버 구축 부분이 SSL 혹은 SSO로 구성할 수 있다.

정답 ②

56 다음에서 설명하는 포렌식 원칙은 무엇인가?

> 증거를 획득하고 이송, 분석, 보관, 법정 제출이라는 일련의 과정이 명확해야 한다. 또한 이러한 과정에 대해서 추적이 가능해야 한다.

① 무결성 원칙
② 연계 추적성
③ 재현의 원칙
④ 정당성의 원칙

디지털 포렌식의 원칙은 정당성, 재현성, 신속성, 연계 보관성, 무결성의 원칙이 있다.

정답 ②

57 다음의 보안 약점에 대한 설명으로 올바른 것은?

> 신뢰된 사용자를 이용해서 공격자가 원하는 기능을 수행하는 보안 약점으로 권한 상승, 자동 댓글, 자동 결재, 로그아웃 등과 같은 악의적인 공격을 수행한다. 즉, 정상적으로 로그인된 사용자의 세션 정보를 갈취해서 세션 정보를 이용하여 웹 서버를 공격한다.

① CSRF
② XSS
③ 위험한 파일 형식 업로드
④ XPATH Injection

CSRF(Cross Site Request Forgery) 공격은 정상적으로 로그인 사용자의 세션 정보를 갈취하여 웹 서버를 공격한다.

정답 ①

58 다음에서 설명하는 것은?

> 전자금융거래 시에 단말기 정보와 접속정보, 거래정보 등을 수집 및 분석하여 이상 금융 거래를 차단한다.

① FDS
② FIDO
③ AML
④ SET

- FDS(Fraud Detection System)는 이상 거래 탐지 시스템으로 예방 탐지를 주 목적으로 한다. FDS는 위치정보를 통한 이상 거래 진단, 고객정보와 평소 거래 패턴 분석, 고객 접속 환경 정보 분석, 기존 통계 데이터를 활용한 위험도 측정을 수행한다.
- FDS의 핵심 기능 4가지는 정보 수집, 분석 및 탐지, 대응 기능, 모니터링이다.

정답 ①

59 SET 전자서명 과정에 대한 설명으로 올바른 것은?

> SET을 사용해서 결제를 할 경우 암호화된 결제정보는 (ㄱ)으로 수행한다. Payment Gateway는 전자봉투를 자신의 개인키로 복호화하고 고객의 (ㄴ)로 전자서명을 풀어본다.

① (ㄱ) 비밀키, (ㄴ) 공개키
② (ㄱ) 개인키, (ㄴ) 공개키
③ (ㄱ) 공개키, (ㄴ) 개인키
④ (ㄱ) 비밀키, (ㄴ) 개인키

검증 정보 준비

구성요소	설명
암호화된 구매정보	상점의 공개키로 암호화
암호화된 결제정보	대칭키(비밀키)로 암호화
검증 해시 값	HASH(구매정보), HASH(결제정보)
전자서명	검증된 해시 값을 고객의 개인키로 암호화
대칭키 암호화	Payment Gateway의 공개키로 암호화

정답 ①

60 다음의 설명으로 올바른 것은?

> 보안 오케스트레이션 및 자동화, 보안 사고 대응 플랫폼, 위협 인텔리전스 플랫폼을 제공하는 보안 전략이다.

① SIRP
② SOAR
③ 사이버 킬체인
④ CTI

자동화된 보안 전략 SOAR(Security Orchestration and Automation)의 구성

구성요소	설명
SOA	• Security Automation and Orchestration • 한 조직이 보유한 여러 개의 Workflow를 관리한다.
SIRP	• Security Incident Response Platform • SIEM에서 탐지된 위협 대응 지원 시스템이다.
TIP	• Threat Intelligence Platform • 위협 인텔리전스 중 관련 데이터를 찾아 환경에 맞는 최적의 Action을 제시한다.

정답 ②

4과목 **정보보안 일반**

61 공격자가 암호 장치에 얼마든지 접근할 수 있어서 선택된 평문을 입력하고 그에 대한 암호문을 얻을 수 있는 상황에서 복호화 키를 찾아내거나 선택된 암호문에 대한 평문을 찾아내고자 하는 공격 기법은 무엇인가?

① 선택 평문 공격
② 선택 암호문 공격
③ 암호문 단독 공격
④ 기지 평문 공격

위 지문에서 설명하고 있는 공격은 보기 ① 선택 평문 공격에 대한 설명이다.

정답 ①

62 수동적 공격과 능동적 공격에 대해 올바르게 짝지어진 것은?

	수동적 공격	능동적 공격
①	트래픽 분석	삽입 공격
②	재생 공격	삭제 공격
③	메시지 변조 공격	재생 공격
④	메시지 변조 공격	도청 공격

수동적 공격은 트래픽 분석, 스니핑, 능동적 공격은 변조, 가장, 재전송, 부인, 삽입, DoS 등의 공격이 있다.

정답 ①

63 블록 암호화 모드 중 메시지 인증코드(Message Authentication Code) 방식의 생성키로 적합한 블록 암호화 모드는 무엇인가?

① CBC(Cipher-block Chaining) 모드
② ECB(Electronic Codebook) 모드
③ OFB(Output Feedback) 모드
④ CTR(Counter) 모드

메시지 인증코드(Message Authentication Code) 방식의 생성키로 적합한 블록 암호화 모드는 CBC(Cipher-block Chaining) 모드이다.

정답 ①

64 인증 데이터를 서버에 전송하는 방식이 아닌 Client의 인증 장치를 통해 인증 결과 값을 생성하여 서버에 전송하고, 이를 서버에서 검증하는 간편하고 안전한 차세대 인증 기술은 무엇인가?

① IAM(Identity and Access Management)
② FIDO(Fast IDentity Online)
③ 바이오 정보
④ DID(Decentralized Identifier)

- 위 지문에서 설명하고 있는 인증 기술은 FIDO이다.
- DID(Decentralized Identifier)는 블록체인 기반 분산 신원증명 기술을 말한다.

정답 ②

65 커버로스(Kerberos)에 대한 설명으로 옳은 것을 모두 고른 것은 무엇인가?

> 가. 커버로스 프로토콜은 서버 구성으로 인증 서버, 티켓 발급 서버가 필요하다.
>
> 나. 커버로스에서 사용하는 티켓에는 서버 ID, 티켓 유효기간, 클라이언트 ID, 클라이언트 IP 주소 등의 티켓 정보를 송신한다.
>
> 다. 커버로스의 장점은 당사자와 당사자 간의 인증을 요청하면 서비스 간의 통신 내용은 암호화 키 및 암호 프로세스를 이용하여 보호하기 때문에 데이터 기밀성 및 무결성을 보장한다.
>
> 라. 커버로스 시스템은 사용자의 비밀키가 사용자의 워크스테이션에 임시 저장되기 때문에 사용자의 시스템 침입자에 의한 정보 유출을 막을 수 있다.

① 가, 다
② 가, 나
③ 가, 다, 라
④ 가, 나, 다, 라

> 나. 커버로스 티켓에 포함되는 대표적인 정보는 아래와 같으며, 서버 ID는 포함되지 않는다.
>
> 1. User ID, 2. User Host IP 주소, 3. 타임스탬프(Time stamp, 시간 기록), 4. 티켓 수명을 정의하는 값, 5. 세션키(Session Key) 등의 정보를 담고 있는 티켓은 티켓을 발급하는 서버의 비밀키로 암호화된다.
>
> 라. 커버로스 시스템은 사용자의 비밀키가 사용자의 워크스테이션에 임시 저장되기 때문에 사용자의 <u>시스템 침입자에 의한 정보 유출을 막을 수 있다.</u>(X)
>
> 시스템 침입자에 의해 정보가 유출될 수 있고, 사용자의 세션키도 사용자의 시스템에 임의로 저장되기 때문에 침입에 취약하다.(O)

정답 ①

66 다음 중 CRL(인증서 폐기 목록)에서 기본 영역에 포함되지 않는 것은?

① 발급자 대체 이름
② 발급자
③ 최근 수정일
④ 취소 인증서 목록

> **CRL(인증서 폐기 목록)**
> • 기본 영역 : 서명 알고리즘, 발급자, 최근 수정일자, 차후 수정일자, 취소 인증서 목록, CRL 확장자, 발급자 서명문이 포함된다.
> • 확장 영역 : CA 키 고유번호, 발급자 대체 이름, CRL 발급자 번호, 발급 분배점이 포함된다.

정답 ①

67 다음 중 아래 보기에서 설명하고 있는 것은?

> 주체와 객체 사이의 모든 접근과 기능을 중재하며, 참조 모니터 개념을 구현한 신뢰 컴퓨팅 기반(TCB)의 하드웨어, 소프트웨어, 펌웨어 요소를 말한다. 이는 변형으로부터 보호되어야 하고 시스템에서 발생하는 모든 접근 요구를 조정해야 한다.

① 상주 엔진
② 접근 통제 API
③ 보안 커널(Secure Kernel)
④ 시스템 콜(System Call)

위 보기에서 설명하고 있는 것은 보안 커널(Secure Kernel)에 대한 설명이다.

정답 ③

68 생체인증 기술의 보안 요구조건에 해당하지 않는 것은?

① 보편성   ② 일시성
③ 구별성   ④ 획득성

- 생체인증 기술의 보안 요구조건에 해당하지 않는 것은 보기 ② 일시성이다.
- 생체인증 기술은 보편성, 유일성, 영구성, 획득성, 정확성, 수용성, 기만성의 특성을 가진다.

정답 ②

69 다음 중 PKI(Public Key Infrastructure)의 세부 구성 내용이 아닌 것은 무엇인가?

① 인증기관은 공개키와 개인키 한 쌍을 작성하여 소유자 신분을 증명한다.
② CRL 인증서는 지속적인 유용함을 점검하기 위함이다.
③ CPS(인증 실무 준칙)은 사용자에게 공개해서는 안 된다.
④ 공개키 기반 인증서는 X.509 인증서를 이용한다.

CPS(인증 실무 준칙)는 반드시 작성하여 공개하여야 하며, 사용자들은 이를 이용하여 CA의 신뢰도를 측정할 수 있도록 한다.

정답 ③

70 해시함수 적용 분야에 해당하는 것을 모두 고른 것은?

가. 전자서명	나. 메시지 인증코드
다. 데이터 압축	라. 패스워드 기반 암호화

① 가, 나, 라
② 가, 나
③ 가, 나, 다
④ 가, 나, 다, 라

해시함수 적용 분야에 해당하는 것은 '가, 나, 다, 라'이며, 그 외 무결성 점검, 소프트웨어 변경 검출 시 이용한다.

정답 ④

71 다음 중 접근 통제 모델에 대한 설명으로 틀린 것은?

① 강제적 접근 통제(MAC)는 주체와 객체의 등급을 비교해 접근 권한을 부여하는 접근 통제 모델로 중앙집중적이고, 경직된 조직에 적합하다는 특징이 있다.
② 임의적 접근 통제(DAC)는 접근하고자 하는 주체의 신분에 따라 접근 권한을 부여하고 있고, 접근 권한의 객체 소유자가 접근 권한을 결정한다.
③ 역할 기반 접근 통제(RBAC)는 중앙 관리자가 주체와 객체의 상호관계를 통제하며 조직 내에서 맡은 역할에 기초하여 자원에 대한 접근 권한을 직접적으로 매칭한다.
④ 모든 상황에 따라 접근 통제 모델이 다르게 적용될 수 있다.

- 접근 통제 모델에 대한 설명으로 틀린 것은 보기 ③이다. RBAC에서는 자원에 대한 접근 권한을 직접적으로 매칭하지 않는다.
- 역할 기반 접근 통제(RBAC)는 중앙 관리자가 주체와 객체의 상호관계를 통제하며 조직 내에서 맡은 역할에 기초하여 자원에 대한 접근 허용 여부를 결정하는 방법이다.
- 권한을 부여하는 단위가 주체 대신 주체가 수행하는 기능(역할)에 권한이 부여되며, 사용자는 보호 대상 정보나 자원에 대한 접근 권한을 얻기 위해서는 해당 접근 권한이 배정된 역할의 구성원이 되어야 한다.

정답 ③

72 다음 중 이산대수 문제를 이용한 암호화 방식에 해당하지 않는 것은?

① ECC
② Knapsack 암호
③ DSA
④ ElGamal

- 이산대수 문제를 이용한 암호화 방식에 해당하지 않는 것은 보기 ② Knapsack 암호이다.
- 소인수 분해(RSA, Rabin), 이산대수(Elgamal, DSA, ECC), Knapsack 문제(Knapsack 암호)

정답 ②

73 다음 보기에서 설명하고 있는 내용은 무엇인가?

> • 사전에 있는 단어를 입력하여 암호를 알아내거나 해독하는 컴퓨터 공격법이다.
> • 암호를 알아내기 위한 공격은 사전의 단어를 순차적으로 입력하는 방법이다.

① 핀(PIN)   ② 패스프레이즈(Passphrase)

③ 풀(pool)   ④ 사전(Dictionary)

• 위 보기에서 설명하고 있는 것은 보기 ④ 사전(Dictionary)에 대한 설명이다.
• 패스프레이즈(Passphrase) : 일반적인 비밀번호보다 길이가 길고 기억하기 쉬운 문장을 활용하는 방법이다. 예를 들어 '135!@p'라는 비밀번호 대신 'iloveher'와 같은 문장으로 쓰는 방법이다. 일부 암호 프로그램에서 요구하는 패스프레이즈는 최고 100문자까지 구성된 부분도 있다.

정답 ④

74 자신의 비밀을 노출하지 않으면서 자신의 비밀을 알고 있다는 것을 증명하는 인증 방법은 무엇인가?

① 패스워드 기반 인증 방법
② 영지식 인증 방법(Zero-Knowledge Proof)
③ 바이오 인증 방법
④ 시도-응답 인증 방법(Challage-Response)

보기 ②는 영지식 인증 방법에 대한 설명이다.

정답 ②

75 아래 보기에서 설명하고 있는 암호 방식은 무엇인가?

> • 암호화된 상태의 연산 값을 복호화하면 원래의 값을 연산한 것과 동일한 결과를 얻을 수 있는 암호화 기법이다.
> • 암호문을 이용하여 계산을 할 수 있도록 해주는 공개키 암호화 방식이다. 암호화된 데이터들을 이용하여 계산한 결과를 복호화하면 암호화되지 않은 상태로 계산한 값과 일치하는 암호화 방식이다.

① 동형 암호화 방식
② 형태 보존 암호화 방식
③ 순서 보존 암호화 방식
④ 다형성 암호화 방식

• 위 보기에서 설명하고 있는 암호화 방식은 보기 ① 동형 암호화 방식이다.
• 형태 보존 암호화 방식 : 암호문이 평문이 가지고 있는 형태를 그대로 유지한 암호화 방식이다. 암호화된 데이터들을 이용하여 계산한 결과를 복호화하면 암호화되지 않은 상태로 계산한 값과 일치하는 암호화 방식이다.
• 순서 보존 암호화 방식 : 원본 정보의 순서와 암호 값의 순서가 동일하게 유지되는 암호화 방식이다. 암호화된 상태에서도 원본 정보의 순서가 유지되어 값들 간의 크기에 대한 비교 분석이 필요한 경우 안전한 분석이 가능하다.
• 다형성 암호화 방식 : 가명정보의 부정한 결합을 차단하기 위해 각 도메인별로 서로 다른 가명 처리 방법을 사용하여 정보를 제공하는 방법이다. 정보 제공 시 서로 다른 방식의 암호화된 가명 처리를 적용함에 따라 도메인별로 다른 가명정보를 가지게 된다.

정답 ①

76 MAC(Message Authentication Code)에 대한 설명으로 틀린 것은?

① MAC 값은 메시지의 정당성을 검증하기 위해 메시지와 함께 전송되는 값을 말한다.
② MAC는 해시함수의 키를 사용하여 고정 비트 길이의 코드를 출력한다.
③ MAC 자체는 재전송 공격에 취약하다.
④ MAC는 부인방지가 가능하다.

• MAC에 대한 설명으로 틀린 것은 보기 ④이다.
• MAC 키 배송 문제는 공개키 암호, Diffie-Hellman 키 교환, 키 배포 센터, 키를 안전한 방법으로 별도로 보내어 키 배송 문제를 해결할 수 있다. 다만, 부인방지 및 제3자에 대한 증명은 해결할 수 없는 문제이다.

정답 ④

77 메시지 인증코드의 구조적 취약성이 있는 Replay Attack을 막는 방법에 해당하지 않는 것은?

① Nonce　　　　　　　　　　② 시퀀스
③ Hash　　　　　　　　　　 ④ Timestamp

Replay Attack을 막는 방법에 해당하지 않는 것은 보기 ③ Hash이다.

정답 ③

78 공개키 기반 인증서에 대한 설명으로 틀린 것은?

① 식별   ② 인증

③ 인가   ④ 책임 추적성

정보자원접근 3단계 절차에 해당하지 않는 보안요구사항은 보기 ④ 책임 추적성이다.

접근 통제 3단계에 덧붙여 책임 추적성(부인방지) 단계가 존재한다.

• 식별 : 본인이 누구라는 것을 시스템에 밝히는 것
• 인증 : 주체의 신원을 검증하기 위한 사용 증명 활동
• 인가 : 인증된 주체에게 접근을 허용하고 특정 업무를 수행할 권리를 부여하는 과정
• 책임 추적성 : 보안사고 발생시 누구에 의해 어떤 방법으로 발생한 것인지 추측할 수 있어야 하는 것

정답 ④

79 아래 보기에서 설명하고 있는 것은 무엇인가?

> 인터넷 애플리케이션에서 사용자 인증에 사용되는 공개 API(OpenAPI)로 구현된 표준 인증 방법이다. 매시업(Mashup) 서비스로 만들어진 애플리케이션이나 트위터, 페이스북과 같은 SNS 서비스를 다른 애플리케이션 또는 다른 기기(PC, 스마트폰 등)에서 사용자 정보에 접근할 때 사용할 수 있도록 한다. 2010년 IETF에서 OAuth 1.0 표준(RFC 5849)이 발표되었다.

① SSO(Single Sign-On)
② OAuth(Open Authorization)
③ OpenID(Open Identification)
④ OIDC(OpenID Connect)

위 보기에서 설명하고 있는 것은 보기 ② OAuth(Open Authorization)이다.

SSO(Single Sign-On)
한 번의 로그인만으로 기업의 각종 시스템이나 인터넷 서비스에 접속하게 해주는 보안 응용 솔루션이다. 각각의 시스템마다 인증 절차를 밟지 않고도 1개의 계정만으로 다양한 시스템에 접근할 수 있어 ID, 비밀번호에 대한 보안 위험 예방과 사용자 편의 증진, 인증 관리 비용의 절감 효과가 있다.

OpenID(Open Identification)
하나의 ID로 여러 사이트를 로그인할 수 있는 서비스이다. 신규 사이트에 로그인하기 위하여 복잡한 가입 절차를 거칠 필요 없이 오픈 ID를 발급한 사이트에서 사용자를 인증해주는 방식이다. 인증을 위해 오픈 ID 발급 사이트가 신규 사이트로 사용자의 개인정보를 전송하기 위해서는 사용자의 승인이 필요한 사용자 중심의 ID 시스템이다.

OIDC(OpenID Connect)
OpenID Connect는 OAuth 2.0 프로토콜을 사용하여 빌드된 개방형 표준 및 단순 ID 프로토콜이다.

정답 ②

80 Shannon이 합성 암호라는 개념에서도 소개되었으며, 암호문의 각각의 비트나 문자가 평문의 모든 비트나 특정 비트에 종속적으로 결정되도록 한다는 현대 암호화의 개념은 무엇인가?

① 혼돈(Confusion)　　　　　　　② 확산(Diffusion)
③ 대치(Substitution)　　　　　　④ 전치(Transposition)

위 보기에서 설명하고 있는 개념은 보기 ② 확산(Diffusion)에 대한 설명이다.

- 혼돈(Confusion) : 암호문과 키의 관계를 숨기고, 암호문을 이용하여 키를 찾고자 하는 공격을 어렵게 한다.
- 대치(Substitution) : S-box, 입력과 출력 값 사이의 관계가 테이블 혹은 수학적 관계로 정의되는 구성요소이다. 혼돈의 강도를 결정한다.
- 전치(Transposition) 또는 순열(Permutation) : P-box, 평문에 나타난 문자 또는 숫자의 기호만 바꾸는 방법으로 평문 문자의 순서를 어떤 특별한 절차에 따라 재배하고 평문을 암호화하는 방법이다. P-box는 단순 P-box, 확장 P-box, 축소 P-box가 있고, "확산의 강도"를 결정한다.

정답 ②

| 5과목 | 정보보안 관리 및 법규 |

81 정보 전송 과정에서 송신자와 수신자가 해당 자원에 대한 사용이 정당한지 확인하는 절차는 무엇인가?

① 인증　　　　　　　　　　　　② 인가
③ 감사　　　　　　　　　　　　④ 관리

위 보기에서 설명하고 있는 용어는 보기 ① 인증에 대한 설명이다.

용어의 차이

구분	설명
인증(Authentication)	정보 전송 과정에서 송신자와 수신자가 해당 자원에 대한 사용이 정당한지 확인하는 절차 ex) 회원가입, 로그인 과정
인가(Authorization)	사용자가 요청하는 요청(Request)을 실행할 수 있는 권한 여부를 확인하는 절차
감사(Audit)	감사 대상 행동이나 사건들에 관한 피감사인의 주장이 사전에 설정된 기준과 일치하는가의 여부를 확인하기 위하여 독립적인 제3자가 객관적으로 증거를 수집하여 평가하고, 그 결과를 이해관계가 있는 이용자들에게 전달하는 체계적인 과정
관리(Management)	비인가자에 의한 접속, 행동, 영향에 통신 네트워크 및 시스템을 보호하고, 생성, 삭제, 통제 보안 서비스와 메커니즘 같은 하위 기능을 포함하여 적절한 보안 정보를 분배하고, 적절한 보안 이벤트를 리포팅하여 암호화 키의 분배를 관리하고 사용자의 접근, 권한, 등급을 부여하는 활동

정답 ①

82 다음 중 과학기술정보통신부 및 인터넷진흥원이 침해사고에 대응하기 위하여 수행하는 업무에 해당하지 않는 것은?

① 「정보통신망 이용촉진 및 정보보호 등에 관한 법률」 제52조의 규정에 의한 한국정보화진흥원
② 제16조의 규정에 의한 정보 공유 · 분석 센터
③ 「정보보호산업의 진흥에 관한 법률」 제23조에 따라 지정된 정보보호 전문서비스 기업
④ 「정부출연연구기관 등의 설립 · 운영 및 육성에 관한 법률」 제8조의 규정에 의한 한국전자통신연구원

주요정보통신기반시설의 취약점을 분석 · 평가할 수 있는 기관에 해당하지 않는 것은 보기 ① 한국정보화진흥원이 아니라 한국인터넷진흥원이다.

「정보통신기반 보호법」 제9조(취약점의 분석 · 평가) 제4항에 정한 내용이다.

정답 ①

83 사용자 계정 및 접근 권한에 대한 등록 · 해지 및 접근 권한 부여 · 변경 · 말소 절차에 대한 적절한 설명은 무엇인가?

① 정보시스템과 개인정보에 대한 접근 시 사용자 및 개인정보취급자 별로 고유한 사용자 계정 발급보다는 공유하는 것이 더 바람직하다.
② 불필요하고 과도하게 중요 정보 또는 개인정보에 접근하지 못하도록 권한을 세분화하는 것보다는 부서 단위로 권한을 크게 분류한다.
③ 전보, 퇴직 등 인사이동 발생 시 지체없이 접근 권한 변경 또는 말소한다.
④ 유지보수 등의 관리를 위하여 정보시스템 설치 후 제조사 또는 판매사의 기본 계정, 시험 계정 등을 이용한다.

사용자 계정 및 접근 권한에 대한 등록 · 해지 및 접근 권한 부여 · 변경 · 말소 절차에 대한 적절한 설명은 보기 ③이다.

정답 ③

84 사이버 폭력에 대한 설명으로 옳지 않은 것은?

① 피해 확산이 빠르다.
② 익명성으로 인해 사이버 폭력 행위가 쉽다.
③ 가해자를 찾기가 쉽다.
④ 자신도 모르게 사이버 폭력을 행할 수 있다.

사이버 폭력의 특성

1) 확산성 : 사이버 폭력 행위는 피해 확산이 빠르다.
2) 익명성 : 개인 신분이 노출되지 않는 익명성으로 인해 사이버 폭력 행위가 쉽고, 가해자를 찾기 어렵다.
3) 비대면성 : 자신도 모르는 사이에 사이버 폭력(피해)을 행위할 수 있다.
4) 집단성 : 사회가 가지고 있는 집단성의 정도 − 집단 의견에 동조를 강요하고, 자신과의 다른 의견을 배척하는 분위기이다.
5) 영구성 : 원상회복이 매우 어렵다.
6) 일일이 규율, 처벌하기 어렵다.
7) 현실 생활로 2차 피해 발생이 가능하다.

정답 ③

85 다음 중 민감정보에 해당하지 않는 것은?

① 장애등급 유무
② 특정 개인을 인증 또는 식별하기 위한 지문정보
③ 인종이나 민족에 관한 정보
④ 혈액형

민감정보에 해당하지 않는 것은 보기 ④ 혈액형이다.

개인정보보호법 제18조에 따른 민감정보 중 개인의 신체적, 생리적, 행동적 특징에 관한 정보로서 특정 개인을 알아볼 목적으로 일정한 기술적 수단을 통해 생성한 정보 및 특정 개인을 인증 또는 식별하기 위한 특징 정보는 2020. 8. 5. 시행령 개정을 통하여 신설된 유형에 해당한다.

정답 ④

86 다음 중 아래 보기에서 설명하고 있는 위험분석 기법에 해당하는 것은?

> (ㄱ) 그 어떤 사건도 기대대로 발생하지 않는다는 사실에 근거하여 일정 조건 하에서 위협에 대한 발생 가능한 결과를 추정하는 방법이다.
>
> (ㄴ) 시스템에 관한 전문적인 지식을 가진 전문가 집단을 구성하고 위험을 분석 및 평가하여 정보시스템이 직면한 다양한 위협과 취약성을 토론을 통해 분석하는 방법이다.

① (ㄱ) 시나리오법, (ㄴ) 델파이법
② (ㄱ) 확률 분포법, (ㄴ) 순위 결정법
③ (ㄱ) 확률 분포법, (ㄴ) 델파이법
④ (ㄱ) 시나리오법, (ㄴ) 순위 결정법

위험분석 기법에 해당하는 것은 (ㄱ) 시나리오법, (ㄴ) 델파이법에 대한 설명이다.

정답 ①

87 가명정보의 처리에 관한 설명으로 틀린 것은?

① 개인정보처리자는 통계 작성, 과학적 연구, 공익적 기록보존 등을 위하여 정보주체의 동의 없이 가명정보를 처리할 수 있다.
② 누구든지 특정 개인을 알아보기 위한 목적으로 가명정보를 처리해서는 아니 된다.
③ 가명정보 및 가명정보를 원래의 상태로 복원하기 위한 추가 정보에 대해서 개인정보처리자가 임의로 조치한다.
④ 개인정보처리자는 가명정보를 처리하는 과정에서 특정 개인을 알아볼 수 있는 정보가 생성된 경우에는 즉시 해당 정보의 처리를 중지하고, 지체 없이 회수·파기하여야 한다.

가명정보의 처리에 관한 설명으로 틀린 것은 보기 ③이다.
추가정보(원본 정보와 알고리즘·매핑테이블 정보)와 가명정보는 시행령 제30조 또는 제48조의2에 따른 안전성 확보 조치 및 각각 정보의 분리 보관, 접근 권한의 분리를 하여야 한다.
즉, 임의 조치가 아니라 법령에 따라서 안전성 확보 조치를 하여야 한다.

정답 ③

88 「위치정보법」 제16조 및 동법 시행령 제20조에 따른 위치정보에 기술적 · 관리적 보호조치 권고에 대한 설명 중 틀린 내용은 무엇인가?

① "개인위치정보"란 특정 개인의 위치정보(위치정보만으로는 특정 개인의 위치를 알 수 없는 경우에도 다른 정보와 용이하게 결합하여 특정 개인의 위치를 알 수 있는 것을 포함한다)를 말하며, 이동성 있는 물건의 위치정보를 포함한다.

② 위치 좌표 값은 그 자체만으로 특정인의 위치를 나타내지 못하나, 단말기 사용자의 이름, 전화번호 등과 결합하여 특정인의 위치를 알 수 있을 때에는 개인위치정보로 볼 수 있다.

③ 결합 가능한 정보들이 반드시 하나의 DB나 시스템에 있어야 한다는 것을 의미하지는 않으며 여러 DB로 분산되어 있거나 제휴회사 등이 별도로 보유하고 있더라도 서비스 제공을 위해 상호 결합될 가능성이 많은 경우를 포함한다.

④ 법인이나 단체 등의 위치정보도 보호 대상에서 포함된다.

> 법인이나 단체 등의 위치정보도 보호대상에서 포함되지 않는다.

정답 ④

89 다음 중 개인정보의 안전성 확보 조치 기준 고시에서 정한 용어 설명으로 틀린 것은?

① 개인정보파일 : 개인정보를 쉽게 검색할 수 있도록 일정한 규칙에 따라 체계적으로 배열하거나 구성한 개인정보의 집합물(集合物)을 말한다.

② 개인정보처리시스템 : 관리, 운영, 개발, 보안 등의 목적으로 개인정보처리시스템에 직접 접속하는 단말기를 말한다.

③ 바이오정보 : 지문, 얼굴, 홍채, 정맥, 음성, 필적 등 개인을 식별할 수 있는 신체적 또는 행동적 특징에 관한 정보로서 그로부터 가공되거나 생성된 정보를 포함한다.

④ 내부망 : 물리적 망 분리, 접근 통제 시스템 등에 의해 인터넷 구간에서의 접근이 통제 또는 차단되는 구간을 말한다.

> • 개인정보처리시스템 : 데이터베이스시스템 등 개인정보를 처리할 수 있도록 체계적으로 구성한 시스템이다.
> • 관리용 단말기 : 개인정보처리시스템의 관리, 운영, 개발, 보안 등의 목적으로 개인정보처리시스템에 직접 접속하는 단말기이다.

정답 ②

90 정보보호 최고 책임자의 겸직 가능한 업무로 부적절한 것은?

① 업무 특성상 개인정보보호 및 정보보호가 혼재되어 있어 명확히 분리가 곤란한 경우
② 정보자원을 운영하는 CIO, CSO 등 담당 조직 관리 총괄 업무
③ 「전자금융거래법」 제21조의2제4항에 따른 정보보호최고책임자의 업무
④ 「정보통신기반 보호법」 제5조제5항에 따른 정보보호책임자의 업무

정보보호 최고 책임자의 겸직 가능한 업무로 부적절한 것은 보기 ② 정보자원을 운영하는 CIO, CSO 등 담당 조직 관리 총괄 업무는 겸직이 불가하다.

※ 정보통신망법이 개정되어 출제된 문제이며, 제18회 정보보안기사 시험에서는 시행일 기준으로 개정 사항이 반영되어 출제된 문제로 본다.

정보통신망법 제45조의3(정보보호 최고책임자의 지정 등)

① 정보통신서비스 제공자는 정보통신시스템 등에 대한 보안 및 정보의 안전한 관리를 위하여 대통령령으로 정하는 기준에 해당하는 임직원을 정보보호 최고책임자로 지정하고 과학기술정보통신부장관에게 신고하여야 한다. 다만, 자산총액, 매출액 등이 대통령령으로 정하는 기준에 해당하는 정보통신서비스 제공자의 경우에는 정보보호 최고책임자를 신고하지 아니할 수 있다〈2021. 6. 8. 〉
② 제1항에 따른 신고의 방법 및 절차 등에 대해서는 대통령령으로 정한다.
③ 제1항 본문에 따라 지정 및 신고된 정보보호 최고책임자(자산총액, 매출액 등 대통령령으로 정하는 기준에 해당하는 정보통신서비스 제공자의 경우로 한정한다)는 제4항의 업무 외의 다른 업무를 겸직할 수 없다. 〈신설 2018. 6. 12. 〉
④ 정보보호 최고책임자의 업무는 다음 각호와 같다. 〈개정 2021. 6. 8. 〉
1. 정보보호 최고책임자는 다음 각 목의 업무를 총괄한다.
가. 정보보호 계획의 수립 · 시행 및 개선
나. 정보보호 실태와 관행의 정기적인 감사 및 개선
다. 정보보호 위험의 식별 평가 및 정보보호 대책 마련
라. 정보보호 교육과 모의 훈련 계획의 수립 및 시행
2. 정보보호 최고책임자는 다음 각 목의 업무를 겸할 수 있다.
가. 「정보보호산업의 진흥에 관한 법률」 제13조에 따른 정보보호 공시에 관한 업무
나. 「정보통신기반 보호법」 제5조제5항에 따른 정보보호책임자의 업무
다. 「전자금융거래법」 제21조의2제4항에 따른 정보보호최고책임자의 업무
라. 「개인정보 보호법」 제31조제2항에 따른 개인정보 보호책임자의 업무
마. 그 밖에 이 법 또는 관계 법령에 따라 정보보호를 위하여 필요한 조치의 이행
⑤ 정보통신서비스 제공자는 침해사고에 대한 공동 예방 및 대응, 필요한 정보의 교류, 그 밖에 대통령령으로 정하는 공동의 사업을 수행하기 위하여 제1항에 따른 정보보호 최고책임자를 구성원으로 하는 정보보호 최고책임자 협의회를 구성 · 운영할 수 있다.
⑥ 정부는 제5항에 따른 정보보호 최고책임자 협의회의 활동에 필요한 경비의 전부 또는 일부를 지원할 수 있다.
⑦ 정보보호 최고책임자의 자격요건 등에 필요한 사항은 대통령령으로 정한다.
[본조신설 2012. 2. 17.]   [시행일 : 2021. 12. 9.] 제45조의3

정답 ②

91 개인정보취급자가 금지하는 행위에 대한 설명으로 틀린 것은?

① ISMS 인증업무에 종사했던 자가 직무상 알게 된 비밀을 학생들에게 인증 사례로 소개한 경우 형사처벌이 될 수 있다.

② 보험회사 직원이 친구의 부탁으로 친구와 채무관계에 있는 자의 주소, 전화번호 등 연락처를 제공한 것은 업무상 과실에 해당한다.

③ 회사 개발 업무에 종사하고 있는 직원이 학위연구논문 여부를 위해 고객개인정보를 열람하여 노트북에 내려받아 실험한 것은 개인정보 유출로 간주되지 않는다.

④ 개인정보를 처리하던 자가 위계(僞計) 방법으로 개인정보처리에 동의를 받은 경우 형사처벌을 받을 수 있다.

개인정보취급자가 금지하는 행위에 대한 설명으로 틀린 것은 보기 ③이다. 개인정보 유출에 해당되며, 제59조의 제3항을 위반한 사례이다.

보기 ①은 제59조 제2항
보기 ②은 제59조 제3항
보기 ④은 제59조 제1항

개인정보보호법 제59조(금지행위)

개인정보를 처리하거나 처리하였던 자는 다음 각호의 어느 하나에 해당하는 행위를 하여서는 아니 된다.

1. 거짓이나 그 밖의 부정한 수단이나 방법으로 개인정보를 취득하거나 처리에 관한 동의를 받는 행위
2. 업무상 알게 된 개인정보를 누설하거나 권한 없이 다른 사람이 이용하도록 제공하는 행위
3. 정당한 권한 없이 또는 허용된 권한을 초과하여 다른 사람의 개인정보를 훼손, 멸실, 변경, 위조 또는 유출하는 행위

제59조 제2항, 제3항 위반 시 5년 이하의 징역 또는 5천만 원 이하의 벌금 부과 가능하다.
제59조 제1항 위반 시 3년 이하의 징역 또는 3천만 원 이하의 벌금 부과 가능하다.

정답 ③

92 위험처리 방법 중 인가받은 자만 접근할 수 있도록 보안 솔루션을 도입하여 보안 통제를 수립하는 위험처리 전략은 무엇인가?

① 위험감소
② 위험수용
③ 위험전가
④ 위험회피

위험처리 전략 중 보기 ① 위험감소에 대한 설명이다.

정답 ①

93 다음 중 조직 체계 및 역할 · 책임에 대한 설명으로 부적절한 것은 무엇인가?

① 정보보호 최고책임자 및 개인정보 보호책임자는 예산, 인력 등 자원을 할당할 수 있는 임원급으로 지정하고 관련 법령에 따른 자격요건을 충족하여야 한다.

② 모든 정보통신서비스 제공자는 정보보호 최고 책임자를 지정 · 신고하여야 한다.

③ 조직 전반에 걸친 정보보호 관련 사항에 정보보호 정책 · 지침 제 · 개정, 위험평가 결과, 정보보호 예산 및 자원 할당, 내부감사 등 조직 전반에 걸쳐 주요 사안에 대해 검토, 승인 및 의사결정을 할 수 있는 위원회를 구성 · 운영하여야 한다.

④ 개인정보 및 중요정보의 취급이나 주요 시스템 접근 등 주요 직무의 기준과 관리 방안을 수립하고, 주요 직무자를 최소한으로 지정하여 그 목록을 최신으로 관리하여야 한다.

논란이 있을 수는 있으나, 조직 체계 및 역할 · 책임에 대한 설명으로 부적절한 보기는 보기 ②이다.
② 모든 정보통신서비스 제공자는 정보보호 최고 책임자를 지정 · 신고하여야 한다.(X)
정보통신망법 45조의3(정보보호 최고책임자의 지정 등)에 제1항에 자산총액, 매출액 등이 대통령령으로 정하는 기준에 해당하는 정보통신서비스 제공자의 경우에는 정보보호 최고책임자를 지정하지 아니할 수 있다. 조문에 근거하여 정답으로 ②으로 한다.

정답 ②

94 위험관리 절차를 순서대로 나열한 것은?

ㄱ. 위험식별	ㄴ. 위험처리	ㄷ. 위험평가	ㄹ. 위험분석	ㅁ. 감사 및 재검토

① ㄱ. 위험식별 〉 ㄹ. 위험평가 〉 ㄷ. 위험분석 〉 ㄴ. 위험처리 〉 ㅁ. 감사 및 재검토
② ㄱ. 위험식별 〉 ㄹ. 위험분석 〉 ㄷ. 위험평가 〉 ㄴ. 위험처리 〉 ㅁ. 감사 및 재검토
③ ㄱ. 위험식별 〉 ㄹ. 위험처리 〉 ㄷ. 위험분석 〉 ㄴ. 위험평가 〉 ㅁ. 감사 및 재검토
④ ㄱ. 위험식별 〉 ㄹ. 위험분석 〉 ㄷ. 위험처리 〉 ㄴ. 위험평가 〉 ㅁ. 감사 및 재검토

위험관리 절차를 순서대로 나열한 것은 보기 ②이다.

정답 ②

95 업무 연속성 5단계 방법론에서 아래 보기에 해당하는 내용은 무엇인가?

> 주요 프로세스 식별, 우선순위화, 프로세스별 복구 목표 시간, 복구 목표 수준 산출 등 컴퓨터나 통신 서비스의 심각한 중단 사태에 따라 각 사업 단위가 받게 될 재정적 손실의 영향도를 파악하는 단계이다.

① 사업 영향 분석
② 위험분석
③ 정보보호 대책 구현
④ 복구 계획 수립

업무 연속성 5단계 방법론 중 보기 ① 사업 영향 분석단계에 대한 설명이다.

업무 연속성 계획단계별 방법

구분	단계
4단계	프로젝트 범위 설정 및 기획 〉사업 영향 평가 〉사업 연속성 계획 〉계획 승인 및 구현
5단계	프로젝트 범위 설정 및 기획 〉사업 영향 평가 〉복구 전략 개발 〉복구 계획 수립 〉프로젝트 수행 테스트 및 유지보수
6단계	사업상 중대 업무 규정 〉사업상 중대 업무를 지원하는 자원 중요도 결정 〉발생 가능한 재난에 대한 예상 〉재난 대책 수립 〉재난 대책 수행 〉테스트 및 수정

정답 ①

96 정보보호와 개인정보보호 정책을 수립하고 이를 시행하기 위한 시행문서를 수립·작성하여야 한다. 최상위 수준의 정보보호 정책에 대한 설명으로 틀린 것은 무엇인가?

① 조직의 정보보호 및 개인정보보호 사항을 구체적으로 시행하기 위한 절차, 주기, 수행 주체 등을 규정하여 조직 특성에 맞게 수립하여야 한다.
② 조직의 정보보호 및 개인정보보호에 대한 최고경영자 등 경영진의 의지 및 방향성을 제시한다.
③ 조직의 정보보호 및 개인정보보호를 위한 역할과 책임 및 대상과 범위를 포함한다.
④ 조직이 수행하는 관리적, 기술적, 물리적 정보보호 및 개인정보보호 활동의 근거를 제시한다.

- 보기 ①은 시행 문서(지침, 절차, 매뉴얼, 가이드 등의)의 하위 실행 문서 특성에 대한 설명이다.
- 정보보호 및 개인정보보호 정책에 명시된 정보보호 및 개인정보보호 사항을 구체적으로 시행하기 위하여 필요한 세부 방법, 절차, 주기, 수행 주체 등을 규정하는 지침, 절차, 매뉴얼, 가이드 등의 하위 실행 문서를 조직의 특성에 맞게 수립하여야 한다.

정답 ①

97 다음 중 용어에 대한 설명으로 틀린 것은?

① 침해사고 : 정보통신망 또는 이와 관련된 정보시스템을 공격하는 행위로 인하여 발생한 사태

② 정보통신기반시설 : 국가안전보장·행정·국방·치안·금융·통신·운송·에너지 등의 업무와 관련된 전자적 제어·관리 시스템 및 「정보통신망 이용촉진 및 정보보호 등에 관한 법률」 제2조제1항제1호에 따른 정보통신을 말한다.

③ 개인위치정보 : 특정 개인의 위치정보(위치정보만으로는 특정 개인의 위치를 알 수 없는 경우에도 다른 정보와 용이하게 결합하여 특정 개인의 위치를 알 수 있는 것을 포함한다)를 말한다.

④ 개인신용정보 : 개인의 신용도와 신용거래능력 등을 판단할 때 필요한 신용정보로 신용정보 중 기업 및 법인에 관한 정보를 포함하여 살아 있는 개인에 관한 정보로서 성명·주민등록번호 등을 통하여 개인을 알아볼 수 있는 정보이다.

보기 ④ 개인신용정보에 대한 설명이 틀린 설명이다.

개인신용정보 : 「신용정보법 제2조」

기업 및 법인에 관한 정보를 제외한 살아 있는 개인에 관한 신용정보로서 다음 각 목의 어느 하나에 해당하는 정보를 말한다.

가. 해당 정보의 성명, 주민등록번호 및 영상 등을 통하여 특정 개인을 알아볼 수 있는 정보이다.

나. 해당 정보만으로는 특정 개인을 알아볼 수 없더라도 다른 정보와 쉽게 결합하여 특정 개인을 알아볼 수 있는 정보이다.

정답 ④

98 다음 보기에서 설명하고 있는 것은?

- IT 제품의 보안성 평가 국제표준(ISO/IEC 15408)의 공통평가기준에 따라 정보보호 시스템에 대해 기능 및 취약성 등을 평가·인증하는 제도이다.
- 이 제도의 평가보증등급은 EAL1~EAL7로 구성되어 있으며, 숫자가 높아질수록 보증 수준이 높아진다.

① ISO/IEC 27001

② ITSEC

③ CC인증

④ TCSEC

- 보기에서 설명하고 있는 것은 보기 ③ CC 인증이다.
- ISO/IEC 27001 : 정보보호 관리체계 국제표준
- ITSET : 유럽의 정보보호시스템 평가·인증
- TCSEC : 미국의 정보보호시스템 평가·인증

정답 ③

99 다음 중 정보보호 및 개인정보보호 관리체계 인증에 대한 설명으로 틀린 내용은 무엇인가?

① 정보통신망법 제47조제2항, 같은 법 시행령 제49조에 해당하는 자는 정보보호 관리 체계 인증 의무대상에 해당하며, 정보보호 및 개인정보보호 관리체계 인증은 의무 인증에 해당하지 않는다.

② 의무대상자에 해당하는 자는 다음 해 12월 31일까지 인증을 받아야 한다.

③ 신청인은 인증을 신청하기 전에 인증기준에 따른 정보보호 관리체계를 구축하여 최소 2개월 이상 운영하여야 한다.

④ 정보보호 관리체계 인증의 유효기간은 3년으로 한다.

- 정보보호 및 개인정보보호 관리체계 인증에 대한 설명으로 틀린 내용은 보기 ②이다.
- 의무대상자에 해당하는 자는 다음 해 8월 31일까지 인증을 받아야 한다.

정답 ②

100 다음 ( ) 들어갈 내용은 무엇인가?

(ㄴ) 국가안전보장·행정·국방·치안·금융·통신·운송·에너지 등의 업무와 관련된 전자적 제어·관리시스템 및 (ㄱ)을 말한다. (ㄱ)은 「전기통신사업법」 제2조제2호에 따른 전기통신설비를 이용하거나 전기통신설비와 컴퓨터 및 컴퓨터의 이용기술을 활용하여 정보를 수집·가공·저장·검색·송신 또는 수신하는 정보통신 체제를 말한다. (ㄷ)은 정보보호를 위한 관리적·기술적·물리적 수단을 의미한다.

① (ㄱ) 정보통신망   (ㄴ) 정보보호기업   (ㄷ) 정보보호시스템
② (ㄱ) 정보통신기반시설   (ㄴ) 정보통신망   (ㄷ) 정보보호시스템
③ (ㄱ) 정보통신망   (ㄴ) 정보통신기반시설   (ㄷ) 정보보호기업
④ (ㄱ) 정보통신망   (ㄴ) 정보통신기반시설   (ㄷ) 정보보호시스템

위 보기에 들어갈 용어는 (ㄱ) 정보통신망, (ㄴ) 정보통신기반시설, (ㄷ) 정보보호시스템이다.

정답 ④

* 본 문제는 실제 시험지를 기준으로 작성된 것으로, 저자가 시험응시 후 복원한 문제입니다.

1과목	시스템 보안

중 네트워크 보안 〉 네트워크 보안 기술

01 다음에서 설명하는 보안 솔루션은 무엇인가?

> 악성 메일, SNS, 특정 웹 사이트를 차단하고 이를 통한 정보 유출을 방지한다.

① IDS
② DLP
③ Firewall
④ SPI

DLP는 네트워크 DLP, 엔드포인트 DLP, 스토리지 DLP로 분류된다. 이 중에서 네트워크 DLP는 웹 사이트, 웹 메일, 클라우드 스토리지, 웹 하드, 메신저 등을 통해서 유출되는 개인정보 및 기업정보를 탐지하고 차단한다.

정답 ②

중 시스템 보안 〉 시스템 보안 위협 및 공격에 대한 예방 및 대응

02 윈도우 NTFS 파일 시스템에 대한 설명으로 올바른 것은?

> 파일의 파일 크기, 생성일자, 접근일자 등의 정보를 가지고 있다.

① Volume
② MBR
③ MFT
④ VBR

MFT(Master File Table)은 윈도우 NTFS 파일 시스템에서 사용되는 특수 메타 데이터 파일이다. MFT는 파일 크기, 생성일자, 사용자 권한 등 파일에 관한 모든 정보를 저장하고 관리한다.

정답 ③

03 다음의 보안 도구 중에서 무결성 검사 도구는 무엇인가?

① iptables　　　　　　　　　② snort
③ tripwire　　　　　　　　　④ hydra

무결성 검사 도구

도구 종류	설명
Tripwire	파일 변경 및 백도어를 탐지할 수 있는 무결성 검사 도구이다.
Fcheck	유닉스 파일 시스템에서 변조 여부를 검사하는 도구이다.
Samhain	시스템 무결성을 점검하는 도구로 여러 개의 서버를 관리할 수 있다.
Claymore	침입탐지 및 무결성 검사 도구로 Cron Table을 사용해서 주기적으로 검사한다.

정답 ③

04 접근 통제 기법 중에서 자신이 소유하고 있는 파일 권한을 다른 사용자에게 부여하는 것은?

① RBAC　　　　　　　　　② MAC
③ MLP　　　　　　　　　　④ DAC

DAC(Discretionary Access Control)는 사용자 계정을 기반으로 사용자는 자원과 관련한 ACL(Access Control List)을 수정해서 권한을 부여 받는다.

정답 ④

05 다음 중 NTFS 파일 시스템에 대한 설명으로 올바른 것을 모두 고르시오.

> 가. NTFS는 가변 길이 클러스터를 사용한다.
> 나. EFS를 사용해서 대칭키 방식의 파일을 암호화한다.
> 다. FAT 16 혹은 FAT 32 파일 시스템을 NTFS로 변환할 수 있다.

① 가, 나　　　　　　　　　② 가, 다
③ 나, 다　　　　　　　　　④ 가, 나, 다

가, 나, 다 모두 NTFS 파일 시스템의 기능이고 파일 시스템 변환은 convert 명령어를 사용해서 변환 할 수 있다. 또한 사용자별 디스크 용량을 제한하는 Quotas 기능을 지원하고 다국어를 위해서 Unicode를 지원한다.

정답 ④

06 다음 중 쿠키(Cookie)에 대한 설명으로 올바르지 않은 것은?

① 쿠키는 클라이언트에 저장된다.
② 쿠키는 주기적으로 삭제해 주어야 한다.
③ 쿠키는 4KB 이상 저장이 가능해야 한다.
④ 쿠키는 Key와 Value 형태로 저장된다.

쿠키의 데이터 형태는 Key, Value 형태로 4KB(4096Byte) 이상 저장은 불가능하다.

가용성

옵션	설명
Secure	HTTPS 프로토콜상에서 암호화된 요청일 경우에만 전송한다.
HttpOnly	XSS 공격을 방지하기 위해서 Javascript에서 document.cookie API 접근을 차단한다.
Domain	쿠키가 전송하게 될 호스트를 명시한다.
Path	쿠키 Header 전송을 위해서 요청되는 URL 경로이다.

정답 ③

07 리눅스 권한 설정에서 생성된 파일은 소유자만 읽기, 쓰기가 가능하고 그 외의 그룹과 다른 사용자는 아무런 권한이 없어야 한다. 올바른 것은?

① umask 700
② umask 077
③ umask 066
④ umask 071

umask의 값은 666에서 빼면 된다. 666-066 = 600이 된다. 600이면 사용자는 읽기(4)와 쓰기(2)가 가능하고 그룹과 다른 사용자는 0이므로 아무런 권한이 없다.

정답 ③

08 리눅스에서 last 명령어를 실행하면 어떤 파일의 로그를 읽는가?

① lastlog
② wtmp
③ utmp
④ btmp

last 명령어는 wtmp 파일을 읽어 주는 프로그램으로 로그인, 로그아웃, 재부팅, 콘솔 로그인 정보를 출력한다.

정답 ②

09 다음에서 설명하는 것은?

> 리눅스에서 이 파일을 조작하여 임의의 IP와 호스트명을 등록하여 DNS을 우회하게 한다.

① hosts.equiv
② hosts
③ .rhost
④ hostname

.rhosts 파일과 hosts.equiv 파일은 인증없이 명령어를 실행할 수 있는 R-command 관련 설정 파일이다. 그리고 hosts 파일은 DNS 파일로 시스템명 혹은 도메인명과 IP 주소를 등록하면 등록한 시스템명에 대한 IP 주소를 되돌린다.

정답 ②

10 다음 (   )에 해당되는 것은?

> 1*1 픽셀 정도의 임베디드된 이미지로 쿠키와 결합되어 이용자가 웹 사이트를 이용하거나 이메일을 보내는 행동을 모니터링하기 위한 것이다.

① 세션
② 웹 비콘
③ 쿠키
④ 보안 쿠키

웹 비콘(Web Beacon)은 쿠키와 결합되어 사용자가 웹 사이트를 이용하거나 이메일을 보내는 등의 행동을 모니터링하기 위해서 1픽셀*1픽셀 이하의 임베디드된 이미지를 말한다.

• 웹 페이지나 이메일에 포함되는 오브젝트이다.
• 사용자에게 보이지 않지만 웹 페이지나 이메일을 읽는지 확인 가능하다.
• 이메일 수신 확인 기능이 대표적인 사례이다.

정답 ②

11 Apache 웹 서버의 로그는 access.log 파일에 기록된다. access.log 파일의 referer 의미로 올바른 것은?

① 방문자 IP, 요청 정보, 파일 크기 정보를 알 수 있다.
② 웹 브라우저명 및 버전 정보를 의미한다.
③ 관리자는 웹 사이트의 방문 경로를 확인할 수 있다.
④ 없는 페이지를 호출할 때 발생한다.

웹 로그 분석

로그파일	설명
access.log	방문자IP, 요청정보, 파일 이름, 파일 크기, 처리 결과 등 이다.
referrer.log	어떤 웹 사이트의 링크를 통해서 방문했는지 알 수 있다.
agent.log	웹 브라우저명, 버전, 운영체제 등의 정보를 제공한다.
error.log	요청한 웹 페이지가 없거나 잘못된 링크로 오류가 있을 경우 생성된다.

정답 ③

12 리눅스 파일에서 setuid가 설정된 파일을 검색하는 명령어는?

① find / type f – perm –1000
② find / type f – perm –2000
③ find / type f – perm –4000
④ find / type f – perm –500

setuid의 권한이 4000이므로 –4000 옵션을 사용해서 검색한다.

정답 ③

13 다음의 ( )에 올바른 것은?

1일 이내 변경된 파일 검색
find / –mtime (ㄱ)
1일이 지난 변경된 파일 검색
find / –mtime (ㄴ)

① (ㄱ) 24, (ㄴ) 1
② (ㄱ) 1, (ㄴ) –1
③ (ㄱ) –1, (ㄴ) 1
④ (ㄱ) 1, (ㄴ) 24

find 명령어의 mtime 옵션은 시간 정보로 변경된 파일을 검색한다. "–1" 옵션은 1일 이내 변경된 파일을 검색하고 "1" 옵션은 1일 이내 변경되지 않은 파일을 검색한다.

정답 ③

14 다음 중 리눅스 PAM의 파일 형식 설정에서 type의 종류가 아닌 것은?

① account
② session
③ auth
④ shadow

PAM 인증에서 type은 어떤 타입의 인증을 사용할 것인지 결정한다.

type의 종류

type	설명
account	사용자가 해당 서비스에 접근이 허용되는지 패스워드 기간 만료가 되었는지를 결정한다.
auth	주로 패스워드를 사용하지만, 생체인증과 같은 방법으로 사용자를 확인할 수 있다.
password	사용자가 인증을 변경하도록 방법을 제공한다.
session	사용자가 인증을 하기 전과 후에 해야 할 것을 포함한다.

정답 ④

15 운영체제 보안을 위해서 하드웨어 및 소프트웨어로 탑재되는 것은?

① TCB
② PCB
③ Protection
④ Production

TCB(Trusted Computing Base)는 운영체제 보안을 위한 하드웨어 및 소프트웨어를 탑재한 시스템을 의미한다.

정답 ①

16 다음에서 설명하는 보안 취약점은 무엇인가?

비순차적 명령어 실행과 추측 실행에서 발생하는 CPU 보안 취약점으로 1995년 이후 출시된 모든 인텔 CPU가 해당된다.

① 미라이
② 멜트다운
③ 스펙터
④ 하트블리드

• 멜트다운은 Intel CPU에서 사용자 레벨과 커널 레벨 간 발생하는 취약점으로 사용자 공간에서 운영체제 영역을 훔쳐본다.
• 스펙터는 모든 CPU에서 실행되는 애플리케이션 간에 발생하는 취약점으로 한 프로그램이 다른 프로그램의 메모리를 훔쳐본다.

정답 ②

17 윈도우 이벤트 로그에서 다음의 로그는 어떤 로그에 기록되는가?

> 윈도우 운영체제가 시작될 때 장치 드라이버 로드에 관한 정보를 기록한다.

① 보안 로그
② 응용 프로그램 로그
③ 시스템 로그
④ 네트워크 로그

이벤트 로그에서 시스템 로그는 윈도우 운영체제의 구성요소가 기록하는 로그로 운영체제가 시작될 때 장치 드라이버 로드 실패, 시스템 서비스 시작, 오류 등의 이벤트 정보를 저장한다.

정답 ③

18 다음은 윈도우 포트 번호와 프로토콜 서비스이다. 올바르지 않은 것은?

① 445(TCP/UDP, netbios)
② 139(TCP, netbios session)
③ 137(UDP, netbios name)
④ 138(UDP, netbios datagram)

- netbios는 TCP 137, UDP 137 포트를 사용한다.
- netbios name은 UDP 137 포트를 사용한다.
- netbios datagram은 UDP 138 포트를 사용한다.
- netbios session은 TCP 139 포트를 사용한다.
- SMB(Windows 2000 이후)는 TCP 스택 상단에서 445 포트를 사용한다.

정답 ①

19 다음 중 리눅스 shadow 파일에 대한 설명으로 올바르지 않은 것은?

① shadow 파일은 리눅스 계정에 대한 암호화된 패스워드를 가지고 있다.
② 패스워드를 암호화할 때 salt 값을 추가해서 암호화한다.
③ AES-256 해시를 사용해서 암호화한다.
④ 패스워드 사용 기간 및 만료 시에 경고일 수를 등록한다.

리눅스 운영체제에서 사용자 패스워드는 SHA 512 함수를 사용해서 암호화하고 salt 값을 적용하여 암호화를 수행한다.

정답 ③

20 리눅스 파일의 소유자 권한에서 rwS의 S에 대한 의미로 올바른 것은?

① setuid가 설정되어 있지만 실행 권한이 없다.
② setgid가 설정되어 있어서 그룹의 권한으로 실행된다.
③ 실행 시에 파일 사용자의 권한으로 실행되며 정상적으로 실행이 가능하다.
④ 다른 사용자에 의해서 실행될 수 있는 권한이다.

Setuid 설정에서 대문자 S는 setuid(권한 4000)는 설정되어 있지만 실행 권한이 부여되지 않은 것이다.

정답 ①

2과목 네트워크 보안

---

21 다음은 무선 LAN의 WEP에 대한 설명이다. (   )로 올바른 것은?

WEP에 적용된 RC4 스트림 암호화 방식은 미리 정의된 40Bit 길의 WEP Key와 (   )를 사용해서 연속된 Key Stream을 생성하고 평문과 XOR 연산을 수행해서 암호문을 생성한다. 즉, 키 생성 순서를 방지하기 위해서 랜덤하게 (   )을 생성한다.

① 암호화 키
② 암호화 벡터
③ 초기화 벡터
④ 초기화 키

초기화 벡터(Initialization Vector)는 3Byte로 랜덤하게 생성한다.

정답 ③

---

22 다음은 SNMP에 대한 설명이다. 올바른 것은?

SNMP는 네트워크 관리를 위해서 정의된 프로토콜로 네트워크 장비 관리 및 감시를 위해 (ㄱ)상에 정의된 응용 계층 프로토콜이다. SNMP Manager와 SNMP Agent 간에 특정 정보를 주고받는 것이 네트워크 관리의 기본이며 이러한 관리 정보를 (ㄴ)이라고 한다. SNMP Community String은 SNMP에서 일종의 패스워드 역할을 수행하는 것으로 SNMP Community 이름이 (ㄷ), (ㄹ)인 경우 보안에 취약하다.

① (ㄱ) TCP   (ㄴ) MIB   (ㄷ) Public   (ㄹ) Private
② (ㄱ) UDP   (ㄴ) MIB   (ㄷ) Public   (ㄹ) Private
③ (ㄱ) UDP   (ㄴ) MIB   (ㄷ) Private   (ㄹ) Public
④ (ㄱ) TCP   (ㄴ) MIB   (ㄷ) Private   (ㄹ) Public

취약점 판단기준
- 양호 : SNMP Community 이름이 public, private이 아닌 경우
- 취약 : SNMP Community 이름이 public, private인 경우

정답 ②

≡ 중   네트워크 보안 〉 네트워크 기반 공격 기술의 이해 및 대응

23 다음에서 설명하는 것은?

> 네트워크의 효율성과 QoS를 효율적으로 관리하기 위해서 네트워크 장치의 제어부와 전송부를 분리하는 개념으로 중앙에서 여러 네트워크를 관리할 수 있다.

① TMS(Threat Management System)
② NFV(Network Function Virtualization)
③ CDR(Content Disarm & Reconstruction)
④ SDN(Software Defined Networking)

- SDN(Software Defined Networking)은 네트워크 장치의 제어부와 전송부를 분리하는 것으로 중앙에서 여러 네트워크를 효율적으로 관리한다. 즉, <u>소프트웨어를 사용해서 네트워크를 논리적으로 관리</u>하는 관리 기술이다.
- NFV(Network Function Virtualization)는 물리적 네트워크 장치에서 소프트웨어인 네트워크 기능을 분리하는 것으로 <u>네트워크 기능(방화벽, 로드밸런싱, 포워딩 등)들을 가상화 기술</u>을 이용하여 제공한다.

정답 ④

≡ 중   네트워크 보안 〉 네트워크 기반 공격 기술의 이해 및 대응

24 다음 중 지능형 지속 공격에 대한 설명으로 올바른 것은?

① 개인 및 정부 기관을 대상으로 DDoS와 같은 네트워크 가용성을 공격한다.
② 지능형 지속 공격에 대해서 접점 구간에 방화벽을 설치해서 대응 가능하다.
③ 특정 타켓을 대상으로 개인정보나 중요 데이터를 유출하며 방어가 어렵다.
④ 계획적인 접근으로 악성 이메일을 사용해서만 공격한다.

APT(Advanced Persistent Threat)는 개인 및 정부 기관, 기업을 대상으로 지속적인 해킹 공격을 수행해서 개인정보나 중요 데이터를 유출하는 공격 형태로 방어하기가 어렵다.

정답 ③

25 다음의 설명에서 (   )안에 들어갈 올바른 것은?

> 무차별 모드는 자신에게 오는 (ㄱ) 주소뿐만 아니라 다른 주소까지 모두 수신하기 때문에 방어를 위해서는 (ㄴ)을 해야 한다.

① (ㄱ) IP   (ㄴ) 인증
② (ㄱ) MAC   (ㄴ) 암호화
③ (ㄱ) MAC   (ㄴ) 인증
④ (ㄱ) IP   (ㄴ) 차단

스니핑(Sniffing)의 무차별 모드(Promiscuous)는 자신에게 전송되는 MAC 주소뿐만 아니라 다른 MAC 주소까지 모두 수신하여 전송되는 패킷을 훔쳐볼 수 있다. 따라서 무차별 모드를 활용한 스니핑에 대비하기 위해서는 전송되는 데이터를 암호화해야 한다.

정답 ②

26 다음은 OSI 7계층 중 어느 계층에 대한 설명인가?

> End-to-End 구간에서 신뢰성 있는 데이터 송수신을 하고 흐름 제어와 혼잡 제어를 수행한다.

① Transport 계층
② Network 계층
③ Data Link 계층
④ Application 계층

전송 계층(Transport Layer)은 TCP와 UDP가 있으며 TCP는 신뢰성 있는 데이터 전송과 흐름 제어, 에러 처리, 혼잡 제어 기능을 제공한다.

정답 ①

27 다음은 방화벽에 설정한 Rule이다. 설정된 Rule에 대한 설명으로 올바르지 않은 것은?

출발지	목적지	CIDR	접근 통제
10.10.10.20	20.20.20.21	16	DROP
10.10.10.21	20.20.20.22	8	ACCEPT
ANY	20.20.20.23	16	DROP

① 출발지 IP 10.10.10.20은 목적 20.20.20.21 서버로 연결될 수 없다.
② 모든 출발지는 목적지 IP 20.2020.23으로 연결된다.
③ 출발지 IP 10.10.10.21은 목적지 IP 20.20.20.23으로 연결된다.
④ 출발지 IP 10.10.10.20은 목적지 IP 20.20.20.23로 연결되지 않는다.

목적지 IP 20.20.20.23은 모든 입력 패킷에 대해서 DROP하고 있다. 따라서 연결되지 않는다.

정답 ②

28 다음 중 SNMP Version 3.0에 추가된 기능으로 올바른 것은?

① GetRequest, GetNext, SetRequest, Trap 기능이 추가되었다.
② 간단한 요청과 응답 프로토콜을 제공한다.
③ 강한 인증을 제공한다.
④ 네트워크 관리 장치에 관한 정보를 수집하고 구성하는 표준 프로토콜이다.

• SNMP Version 3.0(향상된 보안 시스템)은 기존 SNMP Version 2.0에 보안 기능을 강화시켰다. 즉 버퍼 오버플로우, 무차별 대입 공격에 대응이 가능하고 Injection 공격, Replay 공격, 세션키 스니핑도 대응이 가능하다.
• 이터널블루(EternalBlue)은 SMB 원격 코드 실행 취약점을 가지고 있는 것으로 이터널블루로 볼티모어시에 대해서 랜섬웨어를 수행했고 이때 사용된 랜섬웨어가 로빈후드이다.
• 로빈후드 랜섬웨어는 최근 정상적으로 서명된 드라이버들을 사용해 보안 도구를 삭제하고 파일을 암호화시키는 방법이다.

정답 ③

29 다음의 설명으로 올바른 것은?

> • 사람, 기술, 프로세스를 하나로 만드는 효과가 있다.
> • 낮은 수준의 보안 이벤트는 사람의 도움 없이 처리한다.
> • 보안 오케스트레이션, 위협 인텔리전스, 보안사고 대응 플랫폼을 제공한다.

① SIEM
② SOAR
③ NGFW
④ UTM

SOAR의 핵심 기능은 보안 오케스트레이션, 위협 인텔리전스, 보안사고 대응 플랫폼이다.

정답 ②

30 다음에서 설명하는 공격 기법은?

> 처음 패킷은 Content_Length를 크게 해서 전송하고 다음 패킷부터 Content_Length를 1바이트씩 작게 만들어 천천히 전송하는 공격 기법이다. 천천히 데이터를 전송하여 시스템에 더 많은 부하를 유발한다.

① Slow HTTP Read
② Slow HTTP Post
③ HTTP Hulk DoS
④ HTTP GET Flooding

Slow HTTP Post는 공격자가 POST 메시지의 Content-Length 값을 크게 설정한 후에 소량의 데이터를 천천히 웹 서버로 전송하는 DDoS 공격 기법이다.

정답 ②

31 다음 중 nmap의 포트스캐닝에 대한 설명으로 올바르지 않은 것은?

① TCP Connection Scan은 포트가 열려 있으면 SYN 메시지에 대해서 SYN+ACK 응답이 되돌아 온다.
② TCP FIN Scan에서 RST+ACK 응답이 오면 포트가 닫혀 있는 것이다.
③ XMAS Scan은 포트가 닫혀 있을 경우 응답이 없다.
④ NULL Scan은 포트가 열려 있을 때는 아무런 응답이 없다.

XMAS Scan은 포트가 닫혀 있을 때 RST가 오고 포트가 열려 있으면 응답이 없다.

정답 ③

32 다음 중 Spoofing의 종류가 아닌 것은?

① ARP Spoofing
② IP Spoofing
③ DNS Spoofing
④ UDP Spoofing

Spoofing은 결과 값이 공격자에 의해서 변조된 공격이다.

Spoofing 종류

종류	설명
ARP Spoofing	ARP Request에 대해서 가짜 MAC 주소를 전송한다.
DNS Spoofing	DNS Request에 대해서 변조된 IP 주소를 전송한다.
IP Spoofing	IP 자체의 보안 취약점을 이용한 공격으로 자신의 IP 주소를 사용자와 신뢰 관계가 있는 IP로 속여서 접속하는 공격이다.
Watchdog Spoofing	서버에 Watchdog Spoofing Router를 설치하여 클라이언트를 대신하여 응답한다.
E-Mail Spoofing	이메일을 전송할 때 발신자의 주소를 위조해서 전송하는 것이다.

정답 ④

33 다음 중 응용 계층에 수행되는 서비스 거부 공격은?

① HTTP Get Flooding
② TCP SYN Flooding
③ Ping of Death
④ Teardrop

HTTP 프로토콜은 OSI 7계층의 응용 계층에서 동작하는 프로토콜이다. 즉, 응용 계층에서 실행되는 DDoS 공격은 HTTP Get Fooding이다.

정답 ①

34 다음 중 IDS 오용탐지에 대한 설명으로 올바르지 않은 것은?

① 공격자 측면에서 오용탐지는 다양한 방법으로 우회 가능성이 존재한다.
② 오용탐지를 최소화하기 위해서는 세밀한 패턴 정의가 필요하다.
③ 오용탐지는 변경된 공격도 탐지가 가능하다.
④ 오용탐지는 잘못된 탐지 가능성이 낮다.

오용탐지는 공격 패턴을 Rule로 저장하고 탐지하는 것으로 변경된 공격에 대해서 탐지가 어렵고 다양한 우회 공격이 가능하다.

정답 ③

35 다음에서 설명하는 공격 기법은?

> 모든 Request의 UDP 패킷을 전송할 때 ANY 인수를 전달하고 응답자의 IP를 피해자의 IP로 변조하여 Response 메시지가 피해자에게 전송되게 한다.

① ARP Spoofing
② NTP 증폭 공격
③ DNS 증폭 공격
④ ICMP Flooding

위의 지문은 DNS 증폭 공격에 대한 설명이고 DNS Record에서 ANY는 IPv4 주소, IPv6 주소, Mail 서버 주소 등을 모두 요청하는 것이다.

정답 ③

36 다음 중 VPN에 대한 설명으로 올바르지 않은 것은?

① IPSEC VPN 도입 시에 각 지점마다 VPN 장비가 필요해서 초기에 높은 비용이 발생한다.
② IPSEC VPN은 운영 방식에 따라서 트랜스포트 모드만 가능하다.
③ IPSEC VPN은 인증 및 암호화를 지원한다.
④ IPSEC VPN은 OSI 7계층 중 네트워크 계층에서 동작한다.

IPSEC VPN의 운영 방식은 전송 모드(Transport Mode)와 터널링 모드(Tunneling Mode)를 지원한다.

정답 ②

37 다음에서 설명하는 것은?

> 웹 브라우저와 웹 서버 사이에서 요청을 먼저 수신받아서 전송되는 데이터를 훔쳐보거나 변조할 수 있는 도구이다.

① hping
② Proxy
③ hydra
④ Access Control

Web Proxy는 정보보안기사 실기 단답형 문제이고 본 문제는 Web Proxy의 정의이다. Web Proxy에는 Burpsuite, Paros 등이 있다.

정답 ②

38 다음 중 허니팟에 대한 설명으로 올바르지 않은 것은?

① 네트워크의 침입 발생 시에 탐지하고 즉시 대응한다.
② 비정상 행위를 탐지하기 위해서 만들어 둔 함정이다.
③ 허니넷은 다수의 허니팟으로 구성된 네트워크이다.
④ Zero Day Attack을 탐지하고 대응할 수 있다.

허니팟은 비정상 행위를 위한 함정이고 허니넷은 다수의 허니팟으로 구성된 네트워크이다. 허니팟으로 공격자를 유인해서 비정상 행위를 탐지하고 Zero Day Aattack에 대응할 수 있다.

정답 ①

39 다음 중 비대면 업무환경에 대한 설명으로 올바르지 않은 것은?

① 원격근무를 위해서 개인정보 PC에 대한 보호조치가 필요하다.
② 원격근무지에서 VPN을 사용하여 연결하면 다중 인증을 기능을 사용하지 않아도 된다.
③ 인증 시에 2-Factor 인증을 수행하고 전송되는 데이터는 암호화를 해야 한다.
④ 재택에서 기업 정보시스템 접근 시에 원격접근계정에 대해서 접근 통제를 수행해야 한다.

원격 근무를 통해서 기업 정보시스템에 접근할 때는 2-Factor 인증을 수행해야 한다.

정답 ②

40 다음 화면의 공격 기법은 무엇인가?

Local Address	Foreign Address	State
10.10.10.10:21	169.23.10.221:5043	TCP RECEVIED
10.10.10.10:21	198.20.21.122:2322	TCP RECEVIED
10.10.10.10:21	210.222.121.12:5432	TCP RECEVIED
10.10.10.10:21	10.20.11.22:3433	TCP RECEVIED
10.10.10.10:21	198.232.22.111:3322	TCP RECEVIED

① TCP SYN Flooding
② FTP 바운스 Attack
③ Smurfing
④ Teardrop

TCP Received는 TCP SYN 메시지에 대해서 서버가 SYN+ACK를 전송했다는 의미이다. 따라서 본 공격은 TCP SYN Flooding 공격이다.

정답 ①

≡ 하 애플리케이션 보안 〉 보안 취약점 및 개발 보안

41 다음에서 설명하는 디지털 저작권 관리 기술은 무엇인가?

> 저작권 보호를 위해서 원저작자 정보를 삽입하는 디지털 콘텐츠 보호 기술이다.

① DRM
② DOI
③ Watermarking
④ INDECS

Watermarking은 정보은닉 기술로 디지털 콘텐츠에 원저작자 정보를 삽입하여 저작권을 관리하는 디지털 콘텐츠 보호 기술이다.

정답 ③

≡ 상 애플리케이션 보안 〉 보안 취약점 및 개발 보안

42 다음의 ASP 스크립트 코드는 어떤 공격을 하는 것인가?

> 〈% eval request("cmd") % 〉

① 파일 업로드
② 웹 셸(Webshell)
③ XSS
④ CSRF

Webshell은 공격자가 원격에서 대상 웹 서버에 웹 스크립트 파일을 전송하여 관리자 권한을 획득 후 데이터베이스에 접근하는 공격이다.

Webshell 종류

언어	기법
ASP	〈% eval request("cmd") % 〉
PHP	〈?php system($_GET["cmd"]) ? 〉
JSP	〈% Runtime.getruntime().exec(request.getParameter("cmd")) % 〉

정답 ②

43 DNSSEC에서 제공하는 보안 안정성의 범위로 올바른 것은?

① 권한 DNS 서버와 캐시 DNS 서버
② 권한 DNS 서버 간 Zone 전송
③ 권한 DNS 서버 동적 업데이트
④ APT 공격

RR(Resource Records) 내용

구분	보호 영역 여부	설명
권한 DNS 서버와 캐시 DNS 서버	보호	DNS 질의응답 절차 중 DNS 데이터 위변조 공격 검출 수단을 제공한다.
캐시 DNS 서버와 사용자 호스트	조건부 보호	• 사용자 호스트에 서명검증 가능한 리졸버(Validator) 사용 시 보호한다. • 그렇지 않은 경우는 보호할 수 없다.
권한 DNS 서버 간 Zone 전송	대상 아님	TSIG 적용 인증체계로 보호한다.
권한 DNS 서버 동적 업데이트	대상 아님	TSIG 적용 인증체계로 보호한다.

정답 ①

44 다음에서 설명하는 HTTP 요청 방식은 무엇인가?

> HTTP Request 메시지 전송 시에 전송하려는 데이터를 HTTP Body에 넣어서 전송하는 방법으로 데이터를 전송할 때 반드시 콘텐츠 타입을 명시해야 한다.

① GET
② HEAD
③ POST
④ DELETE

POST 방식은 전송되는 데이터를 HTTP Body에 넣어서 전송하고 파일 업로드와 같은 기능을 제공하려면 POST 방식을 사용해야 한다. 그리고 파일 업로드 기능은 콘텐츠 타입을 "multipart/form-data"로 해야 한다.

정답 ③

45 다음에서 설명하는 FTP 공격 방법은?

> 익명의 FTP 사용자를 이용해서 공격자 자신의 위치를 감추고 공격 대상의 네트워크인 내부시스템의 포트를 스캔한 후에 Port 명령어를 사용해서 FTP 서버로 하여금 메일의 헤더 부분을 조작한다. 공격자가 원하는 곳으로 Fake 메일 같은 데이터를 만들어 전송할 수 있는 행위이다.

① FTP 버퍼 오버플로우
② FTP 바운스 Attack
③ FTP 익명의 사용자 취약점
④ FTP 인증 우회

위의 지문은 FTP 바운스 Attack의 정확한 의미. 그리고 실제 시험에서 FTP 공격은 대부분 FTP 바운스 Attack이 출제된다.

정답 ②

46 웹 세션이 동작하는 메커니즘에 대한 설명으로 올바르지 않은 것은?

① 세션 쿠키는 웹 브라우저를 종료하면 쿠키 정보가 삭제된다.
② 여러 개의 도메인에서 도메인 별로 세션 쿠키의 도메인 값을 추가해야 한다.
③ Set-Cookie의 경우 HttpOnly를 설정하면 웹 서버에서 쿠키를 사용하지 못하게 한다.
④ Secure 옵션을 사용하면 HTTPS에서만 사용할 수 있다.

HTTPOnly 옵션은 Front end에서 쿠키 값을 사용하지 못하게 한다.

쿠키 타입

세션 쿠키(Session Cookie)	지속 쿠키(Persistent Cookie)
임시 쿠키로 사용자가 웹 브라우저를 닫으면 쿠키 값은 삭제된다.	• 웹 브라우저를 종료해도 쿠키 값이 저장되어 있다. • Expires 혹은 Max-Age 파라미터가 없으면 세션 쿠키가 된다.

정답 ③

47 다음 중 전자서명의 기능이 아닌 것은?

① 위조 불가
② 사용자 인증
③ 부인방지
④ 재사용 가능

전자서명의의 조건 5가지는 위조 불가, 서명자 인증, 부인방지, 변경 불가, 재사용 불가이고 전자서명의 목적은 무결성, 인증, 부인방지이다.

정답 ④

48 다음에서 설명하는 SET 서명 방식으로 올바른 것은?

> 주문정보와 지불정보에 대해서 각각 메시지 다이제스트를 생성하고 두 개의 메시지 다이제스트를 합하여 새로운 메시지 다이제스트를 구한다. 그리고 그것을 개인키를 사용해서 서명한다.

① 이중서명
② 은닉서명
③ 그룹서명
④ 다중서명

SET은 지불처리를 할 수 있는 보안 프로토콜로 SET의 특징은 주문정보와 지불정보에 대해서 별도의 해시 값을 구한다.

정답 ①

49 다음은 TFTP에 대한 설명으로 올바르지 않은 것은?

① 69번 UDP 포트를 사용해서 FTP보다 데이터 전송 속도가 빠르다.
② 데이터와 명령어 전송을 위해서 69번 포트만 사용한다.
③ TFTP로 로그인 절차를 통해서 로그인해야 한다.
④ 전송 속도가 빠르고 파일 디렉터리를 볼 수 없다.

TFTP는 별도의 인증 절차가 없다.

FTP와 TFTP의 차이점

FTP	TFTP
TCP 사용	UDP 사용
Active Mode 20번, 21번 사용	69번 포트 사용
로그인 절차	로그인 절차가 없음
파일 디렉터리를 볼 수 있음	파일 디렉터리를 볼 수 없음

정답 ③

50 다음 중 PGP에서 제공하는 기능으로 올바르지 않은 것은?

① 기밀성
② 무결성
③ 수신자 부인방지
④ 사용자 인증

PGP의 기능은 메시지 기밀성, 무결성, 사용자 인증, 송신자 부인방지, 압축, 전자우편 호환성이다.

정답 ③

51 다음은 FTP에 대한 설명이다. (　　)에 올바른 것은?

> FTP의 Passive Mode는 명령어 전송을 위해서 (ㄱ) 포트를 사용하고 데이터 전송을 위해서 서버가 (ㄴ) 포트 이후 값으로 결정한다.

① (ㄱ) 20, (ㄴ) 21
② (ㄱ) 21, (ㄴ) 1000
③ (ㄱ) 21, (ㄴ) 1024
④ (ㄱ) 20, (ㄴ) 1024

FTP Passive Mode는 명령어 전송을 위해서 21 포트를 사용하고 데이터 전송을 위해서 FTP 서버가 1024 이후의 포트를 결정한다.

 정답 ③

52 다음 설명 중 (　　)에 알맞은 것은?

> 전자우편을 전송하기 위해서 사용하는 프로토콜은 (ㄱ)이고 인터넷상에서 어떤 컴퓨터에서 다른 컴퓨터로 전자메일을 발송하는 서버 프로그램은 (ㄴ)이다. (ㄴ)이 수신한 메시지를 사용자의 전자우편에 쓰기 위한 프로그램은 (ㄷ)이다.

① (ㄱ) SMTP, (ㄴ) MDA, (ㄷ) MTA
② (ㄱ) SMTP, (ㄴ) MTA, (ㄷ) MDA
③ (ㄱ) MUA, (ㄴ) MTA, (ㄷ) MDA
④ (ㄱ) MUA, (ㄴ) MTA, (ㄷ) SMTP

전자우편 관련 구성요소

구성요소	설명
MTA(Mail Transfer Agent)	인터넷상에 있는 어떤 컴퓨터에서 다른 컴퓨터로 전자메일을 전송하는 서버 프로그램이다.
MUA(Mail User Agent)	사용자가 전자메일을 송수신할 때 사용하는 클라이언트 프로그램이다.
MDA(Mail Delivery Agent)	MTA가 수신한 메시지를 사용자의 우편함에 쓰기 위한 프로그램이다.
MRA(Mail Retrieval Agent)	원격 서버에 있는 우편함으로부터 사용자의 MUA로 메시지를 가지고 오는 프로그램이다.

 정답 ②

53 다음 중 웹 방화벽의 기능으로 올바르지 않은 것은?

① SQL Injection 및 XSS와 같은 웹 공격을 탐지하고 차단한다.
② OSI 7계층에서 응용 계층에 해당한다.
③ 웹 방화벽은 IP 주소와 포트 번호로 차단한다.
④ 파일 업로드 제어 기능과 파일 검사 기능을 지원한다.

IP 주소와 포트 번호를 사용해서 네트워크를 차단하거나 허용하는 것은 패킷 필터링 방화벽이다.

웹 방화벽 주요 기능

• URL 단위 탐지를 제공한다.
• SQL Injection, XSS, Command Injection 등을 탐지한다.
• Cookie와 HTML Hidden 필드 및 Parameter 값을 탐지한다.
• 파일 업로드 제어 기능과 파일 검사 기능을 지원한다.

정답 ③

54 다음은 디지털 포렌식에 대한 설명이다. 다음의 설명에 해당하는 디지털 포렌식의 원칙?

• 증거물 수집, 이동, 보관, 분석, 법정 제출의 각 단계에서 담당자 및 책임자가 명확해야 한다.
• 수집된 저장매체가 이동단계에서 물리적 손상이 발생하였다면, 이동 담당자는 이를 확인하고 해당 내용을 정확히 인수인계하여 이후의 단계에서 적절한 조치가 취해지도록 해야 한다.

① 신속성
② 무결성
③ 연계 보관성
④ 정당성

디지털 포렌식의 원칙은 정당성, 무결성, 재현의 원칙, 신속성, 절차 연속성(연계 보관)의 원칙이 있고 위의 지문은 "절차 연속성(연계 보관성)" 원칙이다.

정답 ③

55 클라이언트가 아니라 웹 서버를 공격 대상으로 하는 취약점 공격 방법으로 사용자가 자신의 의지와 관계없이 공격자의 의도대로 데이터 수정, 삭제 등의 행위를 웹 서버에게 요청하는 공격은?

① SQL Injection
② XSS
③ CSRF
④ RFI

CSRF(Cross-Site Request Forgery) 공격은 웹 취약점 공격 기법으로 사용자의 의지와 관계없이 공격자의 의도대로 특정 웹 사이트에게 요청하는 공격이다.

정답 ③

56 다음 중 OTP에 대한 설명으로 올바르지 않은 것은?

① OTP 전송 계층에서 동작한다.
② 비동기 방식은 서버에서 질의 값을 수신 받아서 응답하는 방식으로 진행된다.
③ 동기식 방식에는 시간 동기식과 이벤트 동기식이 있다.
④ OTP는 사용할 때마다 새로운 난수를 발생시킨다.

OTP는 응용 계층에서 동작하는 것이다.

정답 ①

57 다음 중 SSO 보안 위협이 아닌 것은?

① 불특정 다수를 대상으로 하는 네트워크상에서 위장에 대한 위협이 발생할 수 있다.
② 정당한 사용자만이 인증 서버와 응용 서버에게 자신이 정당한 사용자 인지를 증명할 수 있어 야 한다.
③ SSO를 사용한 인증은 익명의 로그인 보안 위협이 발생한다.
④ 사용자 인증 및 서버 인증을 위해 인증을 수행할 때 인증정보, 인증토큰, 토큰 ID 등의 다양한 인증정보가 저장 되고 전송된다. 이 때 인증정보 노출 보안 위협이 존재할 수 있다.

SSO는 통합인증 서버로 보안서버 역할을 수행한다. 하지만 익명의 로그인은 허용하지 않기 때문에 보안 위협이 발생하지 않 는다. 대표적인 SSO 보안 위협은 (1) 위장 위협, (2) 인증정보 노출, (3) 인증정보 재사용, (4) 키관리 위협, (5) 세션 관리 위협이 있다.

정답 ②

58 다음에서 설명하는 공격 유형은?

> 사용자가 입력한 URL에 대해서 가짜 IP 주소를 전송하여 공격자가 웹 사이트로 연결 되도록한다.

① ARP Spoofing
② DNS Spoofing
③ ICMP Flooding
④ NTP 증폭 공격

위의 보기에서 설명하는 것은 DNS Spoofing에 대한 설명이고 DNS 관련 문제는 매시험 마다 2문제 이상 출제된다.

정답 ②

59 다음의 공격 코드는 어떤 취약점인가? (단, 공격자가 name.jsp?id="〈script 〉 alert("ok");〈/script 〉" 를 입력하여 실행한다.)

```
String id = request.getParameter("id");

Name : 〈%=id%〉
```

① 파일 업로드 취약점
② XSS
③ Formatting String
④ RFI 취약점

위의 코드는 JAVA Servlet 코드로 getParameter 함수는 HTML에서 전달되는 입력 값을 받아서 id 변수에 저장한다. 그리고 Name 부분은 JAVA JSP 코드의 id 값을 HTML로 출력하는 것이다. 따라서 XSS 취약점이다.

정답 ②

60 OTP(OneTime Password)는 랜덤한 일회성 패스워드로 동일한 패스워드를 사용할 경우 발생할 수 있는 문제점으로부터 안전한 전자상거래를 지원한다. 다음 보기 중 OTP 생성 및 인증 방식이 아닌 것은 무엇인가?

① 이벤트 동기 방식
② 캡쳐 방식
③ 시간 동기 방식
④ 질의-응답 방식

캡쳐(CAPTCHA)는 Agent인지, 사람의 행위인지 구분하기 위한 것으로 특정한 그림의 숫자를 입력하는 것이다.

정답 ②

중   정보보안 일반 〉 접근 통제

61 BLP(Bell-LaPadula) 모델에 대한 설명으로 올바르지 않은 것은?

① 정부 및 군방 응용 시스템의 접근 제어를 위해서 Bell과 Lapadula에 의해서 제한된 접근 통제 모델이다.

② 단순 보안 속성(Simple Security Rule)은 No Read Up으로 주어진 보안 수준에 위치하는 주체보다 높은 수준에 있는 데이터를 읽을 수 있다.

③ 스타 보안 규칙(Star Property)은 No Write Down으로 주어진 보안 수준에 위치하는 주체보다 낮은 수준으로 데이터를 쓸 수가 없다.

④ 강한 스타 보안 규칙(Strong Star Property)은 주어진 보안 수준에 위치하는 주체와 동일 수준에서만 데이터를 쓸 수 있다.

> 단순 보안 속성(Simple Security Rule)은 No Read Up으로 주어진 보안 수준에 위치하는 주체보다 높은 수준에 있는 데이터를 읽을 수가 없다.

정답 ②

상   정보보안 일반 〉 암호학

62 해시함수에 대한 설명으로 올바르지 않은 것은?

① 해시함수는 메시지로부터 h(Message)를 구하는데 많은 자원과 노력이 소요되지 않아야 한다.

② 선 이미지 회피성이란 해시함수는 역방향으로 계산이 불가능해야 하는 것으로 입력되는 메시지에 대해서 해시 값을 구하는 것은 쉽지만 해시 값으로부터 메시지를 구하는 것은 어려워야 한다.

③ 강한 충돌 회피성은 해시함수의 입력 값으로 서로 다른 문장을 사용할 때 다른 결과가 나오는 현상이다.

④ 약한 충돌 회피성은 입력 값과 해시 값을 알고 있을 때 동일한 해시 값을 가지는 다른 입력 값을 찾는 것이 불가능해야 한다.

> • 강한 충돌 회피성은 해시함수의 입력 값으로 서로 다른 문장을 사용할 때 같은 결과가 나오는 현상이다.
> • 약한 충돌 회피성은 입력 값과 해시 값을 알고 있을 때 동일한 해시 값을 가지는 다른 입력 값을 찾는 것이 불가능해야 한다.

정답 ③

63 RSA의 공개키는 (14, 5)이며 개인키는 (14, 11)일 때 평문 3을 암호화한 값은?

① 3

② 5

③ 11

④ 14

RSA 과정	
단계	**설명**
1단계	• 임의 소수 p와 q 값을 정한다. • p=2, q=7
2단계	• N 값을 구한다. • n=2*7, n=14이다.
3단계	• Φ(n) • Φ(n) = (2 − 1) * (7 − 1) = 6
4단계	• e 값을 구한다. • 1〈e〈6 , e는 6과 서로소이다. e=5이다.
5단계	• d 값을 구한다. • (5 * d) mod 6 = 1. 5 또는 11이 가능하다.
6단계	• 공개키를 완성한다. • 공개키는 (14, 5)이며 개인키는 (14, 11)이다.
7단계	• 암호화를 한다. 평문 M이 3이면 암호문은 5가 된다. • 5= (3 ^ 5) mod 14
8단계	• 복호화를 한다. • M = (5 ^ 11) mod 14, M은 3이 된다.

정답 ②

64 다음 중 X.509 인증서의 기본 필드에 속하지 않는 것은?

① 버전

② 서명 알고리즘

③ 발행자

④ 인증서 효력 정지 및 페이지 목록 번호, 대칭키 알고리즘

X.509 인증서는 버전, 시리얼 번호, 인증서 서명 알고리즘 식별자, 발행자, 유효기간, 소유자, 소유자 공개키 정보, 공개키 알고리즘이 있다.

정답 ④

65 다음 중 정보보호의 기본 기능과 거리가 먼 것은?

① 인증
② 기밀성
③ 가용성
④ 통합

정보보호의 목적은 기밀성, 무결성, 가용성, 인증, 부인방지, 접근 통제 등이 있다.

정답 ④

66 국내에서 개발한 암호화 알고리즘으로 빅데이터, 클라우드 등 고속 환경 및 모바일기기 등 경량 환경에서 기밀성을 제공하기 위해 개발된 128비트 한국형 암호화 블록 알고리즘은?

① SEED
② LEA
③ ARIA
④ HIGHT

LEA(Lightweight Encryption Algorithm)는 빅데이터, 클라우드 등 고속 및 모바일기기 등 경량화된 환경을 위해서 개발한 128비트 블록 암호화 알고리즘이다. AES 암호화 보다 약 1.5~2배 정도 빠른 성능을 가지고 있어 저전력 암호화 모듈로 사용된다.

정답 ②

67 메시지 인증코드를 활용한 인증 순서로 올바른 것은?

> (ㄱ) 송신자 A와 수신자 B는 사전에 키를 공유한다.
> (ㄴ) 송신자 A는 송금 의뢰 메시지를 기초로 해서 MAC 값을 계산한다.
> (ㄷ) 송신자 A는 수신자 B에게 송금 의뢰 메시지지와 MAC 값을 보낸다.
> (ㄹ) 수신자 B는 수신한 송금 의뢰 메시지를 사용해서 MAC 값을 계산한다.
> (ㅁ) 수신자 B는 송신자 A로부터 수신한 MAC 값과 계산으로 얻어진 MAC 값을 비교한다.

① (ㄱ)-(ㄴ)-(ㄷ)-(ㄹ)-(ㅁ)
② (ㄷ)-(ㄹ)-(ㅁ)-(ㄱ)-(ㄴ)
③ (ㄱ)-(ㄴ)-(ㅁ)-(ㄹ)-(ㄷ)
④ (ㄱ)-(ㄴ)-(ㄹ)-(ㄷ)-(ㅁ)

위의 (ㄱ)-(ㄴ)-(ㄷ)-(ㄹ)-(ㅁ) 절차로 진행된다.

정답 ①

68 평문에 해당하는 암호문을 알 수 있을 때의 공격 기법은?

① COA(Ciphertext Only Attack)
② KPA(Known Plaintext Attack)
③ CPA(Chosen Plaintext Attack)
④ CCA(Chosen Ciphertext Attack)

선택 암호문 공격 CCA(Chosen Ciphertext Attack)는 암호문을 선택하면 대응되는 평문을 알 수 있을 때 사용하는 공격 기법이다.

정답 ④

69 커버로스의 키 배분 프로토콜 기반 기술은?

① 이산대수의 복잡성을 근거로 해서 안전하게 비밀키를 전달한다.
② TGT(Ticket Granting Ticket)를 사용한다.
③ TA(Trusted Authority)가 사전에 임의의 두 사용자에게 임의의 키를 선택하여 전달한다.
④ KDC는 키를 생성하여 두 사용자에게 평문으로 키를 전달한다.

커버로스(Kerberos) 키 배분 프로토콜

1) 사용자는 KDC(Key Distribution Center)로 사용자 인증 티켓 TGT(Ticket Granting Ticket)를 요청한다.
2) KDC는 사용자를 확인하고 비밀키로 암호화한 인증티켓 TGT와 세션키를 전달한다.
3) 사용자가 응용 시스템을 사용할 때 KDC에 인증티켓 TGT 제시하고 응용 시스템에 접근할 수 있는 서비스 티켓(Service Ticket)을 요청한다.
4) 응용 시스템 접근을 위해서 KDC는 비밀키로 암호화한 서비스 티켓과 세션키를 전달한다.
5) KDC에서 받은 서비스 티켓을 응용 시스템에 제출하고 응용 시스템은 TGT를 확인하고 접근 권한을 허용한다.

정답 ②

70 메시지 인증코드와 해시함수에 대한 설명 중 메시지 인증코드에 대한 설명으로 올바르지 않은 것은?

① 메시지 인증코드란 원본 데이터가 변조되었는지 검증하기 위해서 덧붙이는 코드이다.
② HMAC는 일방향 해시함수를 사용해서 메시지 인증코드를 구성하는 것이다.
③ 메시지 인증코드에 순서번호, 타임스탬프 등의 값을 추가해서 재생 공격(Replay Attack)을 막을 수 있다.
④ 메시지 인증코드를 사용해서 제3자에 대한 증명을 할 수 있다.

메시지 인증코드는 제3자에 대한 증명, 부인방지를 할 수가 없고 재생 공격에 대응하기 위해서 순서번호, 타임스탬프 등을 추가하면 된다.

정답 ④

71 전자서명의 조건이 아닌 것은?

① 합법적인 서명자만 전자서명을 생성할 수가 있어야 한다. 그리고 전자서명을 위조하는 것이 불가능해야 한다.

② 서명자는 서명 행위 이후에 서명 사실을 부인할 수가 없어야 한다.

③ 서명자는 자신이 서명한 것을 재사용할 수 있어야 한다.

④ 서명한 문서의 내용을 변경할 수 없어야 한다.

보기 ①은 위조 불가 조건, 보기 ②는 부인 불가 조건, 보기 ④는 변경 불가 조건이다. 즉, 전자서명은 위조 불가, 서명자 인증 조건, 부인 불가, 변경 불가, 재사용 불가이다.

정답 ③

72 완성된 암호화 키를 교환하지 않고 두 사람이 암호화되지 않은 통신망을 사용해서 공통의 비밀키를 공유할 수 있는 방법은?

① IEEE 802.11 키 교환

② 디피-헬먼 키 교환

③ MAC

④ RSA

디피-헬먼의 키 교환은 A의 공개키와 B의 개인키를 DH연산해서 B의 비밀키를 생성하고 B의 공개키와 A의 개인키를 DH 연산하여 A의 비밀키를 생성한다.

정답 ②

73 전자서명의 요구사항으로 거리가 먼 것은?

① 위조 불가

② 서명자 인증

③ 부인방지

④ 변경 가능

71번 문제와 아주 유사한 문제이고 전자서명의 요구기능은 변경 불가이다.

정답 ④

74 초기화 값을 암호화한 값과 평문 블록을 XOR하여 암호화 블록을 생성하고 그 암호문을 다시 암호화한 값과 평문 블록을 XOR하여 암호화 블록을 반복적으로 생성하는 것은?

① ECB
② CBC
③ OFB
④ CFB

> 블록 암호화 운영 모드에 대한 설명 중 보안성이 우수한 CBC 방식에 대한 설명이다.

정답 ②

75 다음 중 공개키 암호화 기법으로 올바르지 않은 것은?

① 키 분배 및 키 관리가 용이하다.
② 전자서명, 공인인증서 등으로 다양하게 이용 가능하다.
③ 기밀성, 인증, 무결성 부인방지 기능을 제공한다.
④ 키의 길이가 짧고 연산 속도가 빠르다.

> 공개키 암호화 알고리즘은 키의 길이가 길고 연산 속도가 대칭키 암호화 기법에 비해서 느리다. 또한 공개키 암호화 기법은 암호화할 수 있는 평문 길이에 제한이 있다.

정답 ④

76 다음 중 해시함수에 대한 설명으로 올바르지 않은 것은?

① SHA(Secure Hash Algorithm)는 미국 NSA에서 개발된 것으로 160비트의 값을 생성한다.
② SHA는 MD5보다 속도는 느리지만 좀 더 안전하다.
③ HAS-160은 MD5와 SHA-1의 장점을 결합한 해시함수로 512비트 입력에 160비트 출력이 나온다.
④ SHA-512는 1024비트가 입력되면 256비트가 출력된다.

> SHA-512는 512비트가 출력되고 Big-endian을 사용한다.

정답 ④

77 위협, 취약점, 위험에 대한 설명으로 올바르지 않은 것은?

① 위협(Threat)이란 손실이나 손상의 원이 될 가능성을 제공하는 환경으로 보안에 해를 끼치는
    행동이나 사건이다.
② 위험(Risk)이란 위협에 의한 자산에 발생 가능성이 있는 손실의 기대치이다.
③ 위험(Risk)이란 취약점을 악용하여 자산 손실 및 파괴 가능성을 의미한다.
④ 취약점이란 위협을 악용해서 실제 공격을 수행한 것이다.

위협, 취약점, 위험

구분	설명
위협(Threat)	• 손실이나 손상의 원인이 될 가능성이 제공되는 환경이다. • 보안에 해를 끼치는 행동이나 사건이다. • 위험일 발생시킬 수 있는 다분한 요소이다.
취약점(Vulnerability)	• 위협에 의하여 손실이 발생하게 되는 자산의 약점이다. • 기능 명세, 설계, 구현단계의 오류나 시동, 설치 또는 운용상의 문제점으로 정보시스템의 취약점이다. • 실제 공격 구현이 가능한 오류이다.
위험(Risk)	• 예상되는 위협에 의한 자산에 발생할 가능성이 있는 손실의 기대치이다. • 취약점을 악용해서 자산손실, 손상 또는 파괴의 가능성이다. • 위험 = 자산 × 위협 × 취약점

정답 ④

78 생체인증에 관한 설명으로 올바르지 않은 것은?

① FRR는 정상적인 사람을 거부하는 것이다.
② FRR은 보안성보다 편의성을 중요하게 생각한다.
③ FAR은 비인가자를 정상적인 인가로 식별하는 것이다.
④ FAR와 FRR 간의 교차점이 CER이다.

• FRR(False Reject Rate)은 정상적인 사람을 거부하는 것으로 편의성 측면을 의미하고 FAR(False Acceptance Rate)은 비인가자를 정상 인가자로 승인하는 것으로 보안성 측면을 의미한다.
• CER(Cossover Error Rate)은 FRR과 FAR의 교차되는 지점을 의미하고 생체인증의 척도이다.

정답 ②

79 다음 중 중간자 공격(Man in the Middle Attack)에 대한 설명으로 올바르지 않은 것은?

① 대칭키를 사용해서 송신자와 수신자 간에 암호화를 수행하여 중간자 공격을 방지한다.
② 중간자 공격은 송신자와 수신자 사이 중간에 공격자가 개입하여 공격한다.
③ 중간자 공격은 메시지를 도청하거나 변조할 수 있다.
④ 인증서를 사용해서 상호인증을 하여 중간자 공격을 예방할 수 있다.

중간자 공격(Man in the Middle Attack)은 송신자와 수신자의 중간에 개입하여 공격하기 때문에 메시지 암호화로 예방할 수는 없다. 하지만 공인된 인증서를 사용해서 상호인증으로 예방이 가능하다.

정답 ①

80 사용자가 이미지에 자신만 알 수 있는 문구를 삽입해서 테러 및 국방 용도로 정보를 은닉하는 기법은?

① John the Ripper
② Swap
③ Clipping Level
④ Steganography

정보은닉 기법은 Watermarking 기법으로 테러 정보 및 국방 용도로 정보를 은닉하여 사용하는 것은 Steganography이다.

정답 ④

중 정보보안 관리 및 법규 〉 정보보호 관리

81 다음은 한국인터넷진흥원에서 정의한 ISP(Internet Service Provider) 사업자의 인터넷침해사고 경보단계에 대한 설명이다. 올바르지 않은 것은?

① 관심단계는 위험도가 높은 웜, 바이러스, 취약점 및 해킹 기법 출현으로 인해 피해 발생 가능성이 증가하고 해외 사이버 공격 피해가 확산되어 국내 유입이 우려된다.

② 주의단계는 일부 정보통신망 및 정보시스템에 장애가 발생하고 침해사고가 다수기관으로 확산될 가능성이 증가했다.

③ 경계단계는 국내외 정치, 군사적 위기 발생 등 사이버 안보를 위해 가능성이 고조되었다.

④ 심각단계는 국가 차원의 주요 정보통신망 및 정시스템 장애 또는 마비가 발생하였다.

보기 ③은 주의단계에 대한 설명이다.

인터넷 침해사고 경보단계

경보단계	설명
관심(2단계)	• 위험도가 높은 웜 · 바이러스, 취약점 및 해킹 기법 출현으로 인해 피해 발생 가능성 증가 • 해외 사이버공격 피해가 확산되어 국내 유입 우려 • 침해사고가 일부 기관에서 발생 • 국내 · 외 정치 · 군사적 위기상황 조성 등 사이버 안보를 위해 가능성 증가
주의(3단계)	• 일부 정보통신망 및 정보시스템 장애 • 침해사고가 다수기관으로 확산될 가능성 증가 • 국내 · 외 정치 · 군사적 위기발생 등 사이버안보 위해 가능성 고조
경계(4단계)	• 복수 정보통신서비스제공자(ISP)망 · 기간통신망에 장애 또는 마비 • 침해사고가 다수기관에서 발생했거나 대규모 피해로 확대될 가능성 증가
심각(5단계)	• 국가 차원의 주요 정보통신망 및 정보시스템 장애 또는 마비 • 침해사고가 전국적으로 발생했거나 피해 범위가 대규모인 사고 발생

정답 ③

상 정보보안 관리 및 법규 〉 정보보호 관리

82 다음 중 BCP(Business Continuity Planning) 5단계 절차로 올바른 것은?

① 사업 영향 평가−복구 전략 개발−수행 및 테스트−범위 설정 및 기획−복구 수립 계획

② 범위 설정 및 기획−사업 영향 평가−복구 전략 개발−복구 수립 계획−수행 및 테스트

③ 복구 수립 계획−범위 설정 및 기획−사업 영향 평가−복구 전략 개발−수행 및 테스트

④ 복구 전략 개발−복구 수립 계획−사업 영향 평가−범위 설정 및 기획−수행 및 테스트

BCP(Business Continuity Planning) 5단계 : 범위 설정 및 기획−사업 영향 평가−복구 전략 개발−복구 수립 계획−수행 및 테스트

정답 ②

83 다음 중 정보통신망법에 의한 정보보호 최고책임자 지정, 신고 의무 대상자 제외에 대한 것으로 올바르지 않은 것은?

① 전기통신사업법에 따라 부가통신사업을 신고한 것으로 보는 자(자본금 1억 이하의 부가통신사업자)

② 소기업 중 상시 근로자 수가 10명 미만이고 주된 사업에 종사하는 상시 근로자 수가 광업, 제조업, 건설업, 운수업은 10명 미만, 그 밖의 업종은 5명 미만인자

③ 중소기업기본법상 소기업으로 전년도 정보통신서비스 부문 매출액이 10억 미만이고 전년도 말 기준 직전 3개월의 일일 평균 이용자 수가 100만 명 미만인자

④ 전기통신사업자와 집적정보통신시설사업자는 소기업에서 제외되어서 신고 의무가 있다.

> **정보보호 최고책임자 지정 · 신고 의무 제외 대상(영 제36조의6제1항)**
> • 전기통신사업법에 따라 부가통신사업을 신고한 것으로 보는 자(자본금 1억 이하의 부가통신사업자)
> • 소기업 중 상시 근로자 수가 10명 미만이고 주된 사업에 종사하는 상시 근로자 수가 광업, 제조업, 건설업, 운수업은 10명 미만, 그 밖의 업종은 5명 미만인자
> • 중소기업기본법상 소기업(전기통신사업자와 집적정보통신시설사업자 제외)으로 전년도 정보통신서비스 부문 매출액이 100억 미만이고 전년도 말 기준 직전 3개월의 일일 평균 이용자 수가 100만명 미만인자

정답 ③

84 다음 중 정보 자산의 가치평가 항목으로 올바르지 않은 것은?

① 기밀성
② 책임 추적성
③ 무결성
④ 가용성

자산의 가치평가 기준

구분	가치평가 기준
식별된 자산에 대한 침해사고 발생한 경우	기밀성, 무결성, 가용성
비즈니스와 서비스에 영향을 주는 정도 고려	장애 복구를 위한 목표 시간, 침해사고 발생 시 피해 규모, 위험발생 가능성

정답 ②

85 정보보호산업진흥법 시행령에서 2022년 6월에 시행되는 정보보호 공시의무화 대상이 아닌 것은?

① 코스닥 및 코스피 상장기업
② 매출액이 500억 이상의 기업
③ 한 달 평균 이용자 수가 100만 명 이상의 고객
④ 전년도 말 기준 3개월간 일평균 이용자 수 100만 명 이상

정보보호산업진흥법 시행령

구분	설명
의의	정보보호 공시 의무화
대상	• 코스닥 및 코스피 상장기업 • 매출액이 500억 이상의 기업 • 전년도 말 기준 3개월간 일평균 이용자 수 100만 명 이상
처벌	이행 안 할 경우 과태료 1000만 원

정답　③

86 정보보호 정책 수립 시에 고려사항으로 올바르지 않은 것은?

① 정보보호에 대한 상위 수준의 목표 및 방향을 제시할 수 있어야 한다.
② 조직의 환경 또는 요구사항에 따라 관련된 모든 사용자들이 준수하도록 요구되는 규정이다.
③ 조직의 경영목표를 반영하고 정보보호 관련 상위 정책과 일관성을 유지해야 한다.
④ 정보보호를 위해서 관련된 모든 사람이 반드시 지켜야 할 요구사항을 전반적이며 개략적으로 규정한다.

보기 ②는 표준(Standard)에 대한 설명이다.

정보보호 정책
• 정보보호에 대한 상위 수준의 목표 및 방향을 제시할 수 있어야 한다.
• 조직의 경영목표를 반영하고 정보보호 관련 상위정책과 일관성을 유지해야 한다.
• 정보보호를 위해서 관련된 모든 사람이 반드시 지켜야 할 요구사항을 전반적이며 개략적으로 규정한다.

정답　②

87 다음 중 개인정보보호법의 개인정보의 수집·이용에 관한 사항으로 올바르지 않은 것은?

① 정보주체의 동의를 받는 경우

② 법령상 의무를 준수하기 위해서 불가피한 경우

③ 명백히 정보주체 또는 제3자의 피해가 있다고 판단되는 경우

④ 개인정보처리자의 정당한 이익을 달성하기 위하여 필요한 경우로서 명백하게 정보주체의 권리보다 우선하는 경우

제15조(개인정보의 수집·이용)

1. 정보주체의 동의를 받은 경우
2. 법률에 특별한 규정이 있거나 법령상 의무를 준수하기 위하여 불가피한 경우
3. 공공기관이 법령 등에서 정하는 소관 업무의 수행을 위하여 불가피한 경우
4. 정보주체와의 계약의 체결 및 이행을 위하여 불가피하게 필요한 경우
5. 정보주체 또는 그 법정대리인이 의사표시를 할 수 없는 상태에 있거나 주소불명 등으로 사전 동의를 받을 수 없는 경우로서 명백히 정보주체 또는 제3자의 급박한 생명, 신체, 재산의 이익을 위하여 필요하다고 인정되는 경우
6. 개인정보처리자의 정당한 이익을 달성하기 위하여 필요한 경우로서 명백하게 정보주체의 권리보다 우선하는 경우. 이 경우 개인정보처리자의 정당한 이익과 상당한 관련이 있고 합리적인 범위를 초과하지 아니하는 경우에 한한다.

정답 ③

---

88 클라우드 보안 인증 제도에 대한 설명으로 올바르지 않은 것은?

① 법적 근거는 클라우드 컴퓨팅 발전 및 이용자 보호에 관한 법률과 클라우드 컴퓨팅 서비스 정보보호에 관한 기준 고시이다.

② 클라우드 보안 인증에서 인증 대상은 공공기관의 업무를 위하여 클라우드 서비스를 제공하려는 자이다.

③ 클라우드 보안 인증의 평가 및 인증기관은 한국인터넷진흥원이다.

④ 클라우드 보안 인증은 최초평가, 사후평가, 갱신평가로 사후평가는 매년 2회 이상 수행한다.

클라우드 보안 인증은 최초평가, 사후평가(매년 1회, 총 2회), 갱신평가이다.

정답 ④

---

89 ISMS-P 위험평가 기법 중 정성적 위험평가 기법이 아닌 것은?

① 기준선법 ② 과거자료법

③ 전문가 감정 ④ 시나리오법

• 상세 위험분석은 정성적 위험분석과 정량적 위험분석이 있고 <u>정성적 위험분석은 전문가 감정, 기준선법, 시나리오법</u>이 있다.

• <u>정량적 위험분석은 연간손실액, 확률에 의한 방법, 수학에 의한 방법, 과거자료법</u>이 있다.

정답 ②

90 디지털 저작권 보호에 대한 설명으로 올바르지 않은 것은?

① 외국인의 저작물은 대한민국이 가입 또는 체결한 조약에 따라 보호된다.
② 저작물은 인간의 사상 또는 감정을 표현한 창작물을 말한다.
③ 기술적 보호조치란 저작권 및 그 밖에 이 법에 보호되는 권리에 대한 침해 행위를 효과적으로 방지하거나 억제하기 위하여 그 권리자나 권리자의 동의를 받은 자가 적용하는 기술적 조치이다.
④ 권리관리정보는 저작물의 출판사를 식별하기 위한 문서번호를 의미한다.

권리관리정보는 저작물 등을 식별하기 위한 정보, 저작권, 그 밖에 이 법에 따라 보호되는 권리를 가진 자를 식별하기 위한 정보, 저작물 등의 이용 방법 및 조건에 관한 정보이다.

정답 ④

91 다음 중 개인정보영향평가 시 고려사항이 아닌 것은?

① 처리하는 개인정보의 수
② 개인정보 위탁 여부
③ 정보주체의 권리를 해할 가능성 및 그 위험 정도
④ 개인정보의 제3자 제공 여부

개인정보보호법 제33조 제2항 영향평가 시 고려사항

구분	영향평가 시 고려사항
개인정보보호법 제33조 제2항	1. 처리하는 개인정보의 수 2. 개인정보의 제3자 제공 여부 3. 정보주체의 권리를 해할 가능성 및 그 위험 정도 4. 그 밖에 대통령령으로 정한 사항
동법 시행령 제36조	5. 민감정보 또는 고유식별정보의 처리 여부 6. 개인정보 보유기간

정답 ②

92 개인정보보호법의 개인정보 가명정보의 처리에 관한 특례에 대한 설명으로 올바르지 않은 것은?

① 개인정보처리자는 가명정보를 제3자에게 제공하는 경우에는 특정 개인을 알아보기 위하여 사용될 수 있는 정보를 포함해서는 아니 된다.

② 통계작성, 과학적 연구, 공익적 기록물 보전 등을 위한 서로 다른 개인정보처리자 간의 가명정보의 결합은 보호위원회 또는 한국인터넷진흥원이 지정하는 전문기관이 수행한다.

③ 개인정보처리자는 가명정보를 처리하는 경우에는 원래의 상태를 복원하기 위한 추가 정보를 별도로 분리하여 보관, 관리하는 등 해당 정보가 분실, 도난, 유출, 위조, 변조 또는 훼손되지 않도록 대통령령이 정하는 바에 따라 안전성 확보에 필요한 기술적, 관리적 및 물리적 조치를 하여야 한다.

④ 개인정보처리자는 가명정보를 처리하는 과정에서 특정 개인을 알아볼 수 있는 정보가 생성된 경우에는 즉시 해당 정보의 처리를 중지하고, 지체없이 회수, 파기하여야 한다.

> 통계작성, 과학적 연구, 공익적 기록물 보전 등을 위한 서로 다른 개인정보처리자 간의 가명정보의 결합은 보호위원회 또는 관계 행정기관의 장이 지정하는 전문기관이 수행한다.

정답 ②

---

93 정보보호 위험대응 전략 중에서 잠재적 손실 비용을 감수하고 수행하는 대응 전략은?

① 위험수용

② 위험완화(감소)

③ 위험회피

④ 위험전가

> 위험수용은 잠제적 손실 비용(위험)을 감수하고 수행하는 전략이고 위험전가는 제3자에게 잠재비용을 이전하거나 할당하는 전략이다. 위험완화(감소)는 위험을 감소시킬 수 있는 대책을 구현한다. 또한 위험회피는 위험이 존재하는 사업이나 프로세스를 수행하지 않고 포기한다.

정답 ①

94 침해사고 대응 7단계 중에서 사고 정황에 대한 기본적인 세부 사항을 기록하고 사고대응팀 신고 및 소집, 침해사고 부서에 통지하는 단계는?

① 사고탐지
② 초기 대응
③ 대응 전략 체계화
④ 사고조사

침해사고 대응 7단계

절차	설명
사고 전 준비 과정	사고가 발생하기 전 침해사고 대응팀과 조직적인 대응을 준비한다.
사고탐지	정보보호 및 네트워크 장비에 의한 이상 징후 탐지, 관리자에 의한 침해 사고를 식별한다.
초기 대응	초기 조사 수행, 사고 정황에 대한 기본적인 세부 사항 기록, 사고대응팀 신고 및 소집, 침해사고 관련 부서에 통지한다.
대응 전략 체계화	최적의 전략을 결정하고 관리자 승인을 획득, 초기 조사 결과를 참고하여 소송이 필요한 사항인 지를 결정하여 사고 조사 과정에 수사기관 공조 여부를 판단한다.
사고조사	데이터 수집 및 분석을 통하여 수행, 언제, 누가, 어떻게 사고가 일어났는지, 피해 확산 및 사고 재발을 어떻게 방지할 것인지를 결정한다.
보고서 작성	의사 결정자가 쉽게 이해할 수 있는 형태로 사고에 대한 정확한 보고서를 작성한다.
해결	차기 유사 공격을 식별 및 예방하기 위한 보안 정책의 수립, 절차 변경, 사건의 기록, 장기 보안 정책 수립, 기술 수정 계획 수립 등을 결정한다.

정답 ②

95 인터넷 명예훼손에 관한 사항으로 올바르지 않은 것은?

① 이용자는 명예훼손 등 타인의 권리를 침해하는 정보를 정보통신망에 유통시켜서는 아니된다.
② 정보통신서비스 제공자는 자신이 운영, 관리하는 정보통신망에 명예훼손 등 타인이 권리를 침해하는 정보가 유통되지 않도록 노력해야 한다.
③ 누구든지 정보통신망을 통해 사람을 비방할 목적으로 공공연하게 사실이나 거짓의 사실을 드러내어 타인의 명예를 훼손하는 내용의 정보를 유통해서는 아니 된다.
④ 명예훼손의 요건은 사람을 비방할 목적, 사실 또는 거짓의 사살의 적시 단, 간접적으로 표현하는 것은 해당되지 않는다.

보기 ④에 간접적으로 표현해도 특정인의 사회적 가치 내지 평가가 침해될 가능성이 있을 정도의 구체성이 있으면 명예훼손에 해당된다.

정답 ④

96 공공기관 영상정보처리기기 설치, 운영에 대한 설명으로 올바르지 않은 것은?

① "공개된 장소"란 공원, 도로, 지하철, 상가 내부, 주차장 등 불특정 다수(정보주체)가 접근 및 통행에 제한을 받지 아니하는 장소를 의미한다.

② 영상정보처리기기 설치, 운영의 허용은 법령에서 구체적으로 허용하고 있는 경우, 범죄의 예방 및 수사를 위하여 필요한 경우, 시설안전 및 화재 예방을 위하여 필요한 경우, 교통단속을 위하여 필요한 경우, 교통정보의 수집, 분석 및 제공을 위하여 필요한 경우이다.

③ 영상처리기기운영자는 영상정보처리기기에 녹음 기능을 사용할 수 있다.

④ 공공기관의 장은 영상정보처리기기 설치 시 정보주체가 쉽게 알아볼 수 있도록 안내판을 설치해야 한다.

> 영상처리기기에 녹음 기능은 사용할 수 없다.

정답 ③

97 개인정보보호법에서 영상처리가 설치 가능한 곳이 아닌 곳은?

① 교도소
② 교통단속을 위해서
③ 발한실
④ 정신병원

개인정보보호법 제25조(영상정보처리기긱의 설치, 운영 제한)

① 누구든지 다음 각호의 경우를 제외하고는 공개된 장소에 영상정보처리기기를 설치 · 운영하여서는 아니 된다.

1. 법령에서 구체적으로 허용하고 있는 경우
2. 범죄의 예방 및 수사를 위하여 필요한 경우
3. 시설안전 및 화재 예방을 위하여 필요한 경우
4. 교통단속을 위하여 필요한 경우
5. 교통정보의 수집 · 분석 및 제공을 위하여 필요한 경우

② 누구든지 불특정 다수가 이용하는 목욕실, 화장실, 발한실(發汗室), 탈의실 등 개인의 사생활을 현저히 침해할 우려가 있는 장소의 내부를 볼 수 있도록 영상정보처리기기를 설치 · 운영하여서는 아니 된다. 다만, 교도소, 정신보건 시설 등 법령에 근거하여 사람을 구금하거나 보호하는 시설로서 대통령령으로 정하는 시설에 대하여는 그러하지 아니하다.

정답 ③

98 과거 자료 획득이 어려울 경우 어떤 위험분석 방법론을 수행해야 하는가?

① 확률 분포법
② 순위 결정법
③ 수학적 접근법
④ 시나리오법

수학적 접근법
• 위협의 발생빈도를 계산하는 식을 이용하여 위험을 계량하는 방법이다.
• 과거 자료의 획득이 어려울 경우 위험발생 빈도를 추정하여 분석하는데 유용하다.
• 위험을 정량화하여 매우 간결하게 나타낼 수 있다(기대손실을 추정하는 자료의 양이 낮음).

 정답 ③

99 정보주체에게 동의를 받는 경우 정보주체에게 알려야 하는 사항으로 올바른 것은?

> (ㄱ) 개인정보의 수집.이용 목적
> (ㄴ) 수집하려는 개인정보 항목
> (ㄷ) 개인정보의 보유 및 이용 기간
> (ㄹ) 동의를 거부할 권리가 있다는 사실 및 동의 거부에 따른 불이익이 있는 경우에는 그 불이익의 내용
> (ㅁ) 개인정보처리자는 당초 수집 목적과 합리적으로 관련된 범위에서 정보주체에 불이익이 발생하는 여부, 암호화 등 안전성 확보에 필요한 조치를 하였는지 여부 등을 고려하여 대통령령으로 정하는 바에 따라 정보주체의 동의 없이 개인정보를 이용할 수가 있다.

① ㄱ, ㄴ, ㅁ
② ㄱ, ㄴ, ㄷ, ㄹ
③ ㄱ, ㄴ, ㄹ
④ ㄱ, ㄴ, ㄷ, ㄹ, ㅁ

"개인정보처리자는 당초 수집 목적과 합리적으로 관련된 범위에서 정보주체에 불이익이 발생하는 여부. 암호화 등 안전성 확보에 필요한 조치를 하였는지 여부 등을 고려하여 대통령령으로 정하는 바에 따라 정보주체의 동의 없이 개인정보를 이용할 수가 있다." 는 2020년 4월 데이터3법에 의해서 추가되었다.

 정답 ④

100 개인정보보호법에서 정보주체에 통보사항이 아닌 것은?

① 개인정보 유출 시에 유출된 시점과 그 경위에 대한 통지
② 개인정보 유출 시에 유출된 개인정보의 항목
③ 유출로 인하여 발생할 수 있는 피해를 최소화하기 위해서 개인정보임원이 수행하는 조치
④ 정보주체에게 피해가 발생한 경우 신고 등 접수할 수 있는 담당부서 및 연락처

개인정보보호법 제34조(개인정보 유출 통지 등)

① 개인정보처리자는 개인정보가 유출되었음을 알게 되었을 때에는 지체 없이 해당 정보주체에게 다음 각호의 사실을 알려야 한다.

1. 유출된 개인정보의 항목
2. 유출된 시점과 그 경위
3. 유출로 인하여 발생할 수 있는 피해를 최소화하기 위하여 정보주체가 할 수 있는 방법 등에 관한 정보
4. 개인정보처리자의 대응조치 및 피해 구제 절차
5. 정보주체에게 피해가 발생한 경우 신고 등을 접수할 수 있는 담당부서 및 연락처

② 개인정보처리자는 개인정보가 유출된 경우 그 피해를 최소화하기 위한 대책을 마련하고 필요한 조치를 하여야 한다.

③ 개인정보처리자는 대통령령으로 정한 규모 이상의 개인정보가 유출된 경우에는 제1항에 따른 통지 및 제2항에 따른 조치 결과를 지체 없이 행정자치부장관 또는 대통령령으로 정하는 전문기관에 신고하여야 한다. 이 경우 행정자치부장관 또는 대통령령으로 정하는 전문기관은 피해 확산 방지, 피해 복구 등을 위한 기술을 지원할 수 있다.

④ 제1항에 따른 통지의 시기, 방법 및 절차 등에 관하여 필요한 사항은 대통령령으로 정한다.

정답 ③

* 본 문제는 실제 시험지를 기준으로 작성된 것으로, 저자가 시험응시 후 복원한 문제입니다.

1과목 　 시스템 보안

≡ 상　시스템 보안 〉 시스템 보안 위협 및 공격 기법

01 리눅스 운영체제의 특수 권한에 대한 설명으로 올바르지 않은 것은?

① setuid는 실행 시에 사용자의 권한으로 실행되는 것으로 실행 권한이 있을 때 설정하면 사용자의 권한 x가 s로 변경된다.

② setgid는 실행 시에 그룹의 권한으로 실행되는 것으로 실행 권한이 있을 때 설정하면 그룹의 권한 x가 s로 변경된다.

③ sticky bit는 실행 권한이 있는 상태에서 설정하면 x가 s로 변경된다.

④ 특수 권한을 부여할 때 setuid는 4000번, setgid는 2000번, sticky bit는 1000번을 부여한다.

정답 ③

02 다음은 악성코드에 대한 설명이다. 올바른 것은?

> • 악성코드는 디스크에 설치되지 않고 메모리에 로드되어 실행된다.
> • 윈도우 운영체제에 설치되어 있는 파워셸(Powershell)과 WMI(Windows Management Instrumentation)에 로드되어서 실행되기 때문에 백신이 탐지하지 않는다.

① SQL 슬래머(SQL Slammer)
② 트로이목마(Trojan)
③ 랜섬웨어(Ransomware)
④ 파일리스(Fileless)

파일리스(Fileless) Attack
피해자 컴퓨터의 저장 장치에 파일을 기록하지 않고 메모리에 로드되어서 실행되는 악성코드로 저장 장치를 스캔하는 방식으로는 악성코드를 탐지하기 어렵다.

파일리스 공격 기법

공격 기법	설명
Refective DLL Injection	• DLL(Dynamic Linked Library)을 C&C(Command and Control) 서버로 다운로드 받아서 메모리에 로드한다. • C&C 서버와 통신을 암호화하여 수행하기 때문에 탐지가 어렵다.
Memory Exploit	• Kernel Memory의 보안 취약점을 이용하여 Kernel Memory에 로드시킨다. • EternalBlue Exploit 공격을 수행하고 Shellcode를 메모리에 로드 후 원격 통신을 수행한다. • EternalBlue Exploit 공격의 예는 Petya와 WannaCry가 있다.
Script–based Techniques	PowerShell에서 제공하는 스크립트 언어를 사용해서 악성 스크립트를 만드는 방법이다.
WMI Persistence	WMI 바인딩을 사용해서 실행되는 악성코드를 WMI Repository에 저장한다.

정답 ④

03 다음 보기에서 설명하는 것은?

> • 최근 기업 및 기관에서 이메일 첨부파일을 사용하여 메일 첨부파일을 클릭하거나 URL 링크를 클릭하는 경우 첨부파일이 다운로드되어서 감염되는 공격 기법에 대응한다.
> • 첨부파일에 있는 매크로를 자동으로 삭제 처리한다.

① TMS(Threat Management System)
② ESM(Enterprise Security Management)
③ CDR(Content Disarm & Reconstruction)
④ DLP(Data Loss Prevention)

최근 보안 솔루션 중에서 가장 화두가 되는 것은 CDR, EDR, NFV, SDN 기술이다. 그 중에서 CDR(Content Disarm & Reconstruction)은 첨부파일에 있는 매크로 바이러스 등을 사전에 제거하는 방식이다.

CDR(Content Disarm & Reconstruction)

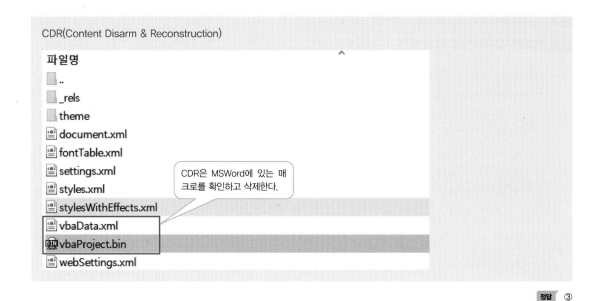

정답 ③

■ 상 시스템 보안 〉 시스템 보안 위협 및 공격 기법

04 다음은 리눅스 로그파일에 대한 설명이다. 올바르지 않은 것은?

① sulog 파일은 리눅스 사용자가 su(switch user) 명령어를 실행하는 기록을 남기는 것으로 날짜, 시간 성공, 실패, 사용한 터미널 이름과 from 사용자, to 사용자 정보가 기록된다.

② wtmp 파일은 사용자의 로그인, 로그아웃, 시스템 Shutdown, Boot가 저장되어 있고 바이너리 형태이다.

③ lastlog 파일은 가장 최근에 로그인한 시간, 접속 정보가 기록된 로그파일로 시스템에 로그인할 때마다 갱신된다.

④ utmp 파일은 현재 로그인한 사용자들에 대한 상태를 기록하는 로그로, 로그인된 정보와 사용자 디바이스 정보, 마지막 로그인 정보 등을 확인할 수 있다.

utmp 파일은 바이너리 형태로 저장되며 who, w, finger 명령어를 사용해서 확인이 가능하다.

who 명령어를 사용한 utmp 조회

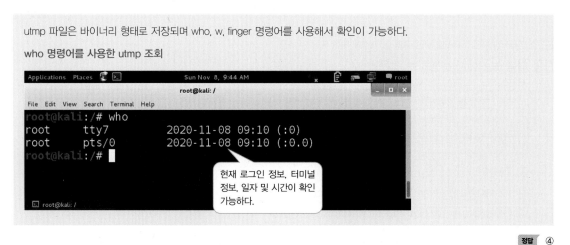

정답 ④

05 윈도우 운영체제로 침입한 후 PLC(Program Logic Controller)까지 공격을 수행하는 것은?

① 스턱스넷(Stuxnet)
② 스카다(Scada)
③ 모드버스(MODBUS)
④ 익스플로잇(Exploit)

> 스턱스넷(Stuxnet)은 2회 정보보안기사 필기에 출제되었으며, SCADA 시스템을 해킹하여 PLC(Program Logic Controller)을 공격한다. 이제 스턱스넷에서 출제될 수 있는 문제는 SCADA 시스템과 PLC 간의 프로토콜인 MODBUS이다.

정답 ①

06 윈도우 운영체제에서 비인가자를 통제하는 것은?

① 윈도우 방화벽
② 윈도우 디펜더
③ 사용자 계정 컨트롤
④ 사용자 데이터베이스

> 윈도우 디펜더(Windows Defender)는 Microsoft 사가 개발한 보안 프로그램으로 스페이웨어를 차단한다. 즉, 간단한 바이러스, 악성코드를 차단하는 프로그램이다.
>
> **오답 피하기**
> - 윈도우 사용자 계정 콘트롤(UAC : User Account Control)은 관리자 계정과 사용자 계정을 분리하며, 윈도우 비스타부터 적용된 기술이다.
> - 사용자 모르게 컴퓨터를 변경하면 알림을 표시한다.
> - 사용자 모르게 프로그램을 변경하는 경우 알림을 표시한다.
>
> 윈도우 사용자 계정
>
> | 사용자 계정 | 설명 |
> | --- | --- |
> | 관리자 계정 | 컴퓨터의 전체 설정을 변경할 수 있고 모든 파일을 사용할 수 있다. |
> | 표준 계정 | • 일반적으로 사용자가 사용하는 계정으로 설치된 프로그램을 사용할 수 있지만, 프로그램 설치에는 제약을 받는다.
• 다른 사용자의 설정 및 시스템 설정을 변경할 수가 없다. |
> | Guest 계정 | 별도의 사용자 정보가 저장되지 않고 임시로 컴퓨터를 사용하기 위해서 사용하는 계정이다. |

정답 ③

07 OTP(One Time Password) 대한 설명으로 올바르지 않은 것은?

① OTP는 고정된 인증번호를 사용하지 않고 일회용 패스워드를 무작위로 사용하며 수학적 유추가 불가능하다.

② 시간 동기화 방법은 시간을 Seed 값으로 사용하여 서버와 OTP 단말기가 통신하지 않고 인증한다.

③ OTP 사용시에 단말번호를 등록하고 시간 정보를 활용하여 난수를 생성한다.

④ 시간 동기화 방식은 OTP 단말기와 서버 간의 시간 오차를 전혀 허용하지 않는다.

OTP 학습은 동기식 방식과 비동기식 방식에 대해서 학습해야 한다. 특히 시간 동기화 방법은 국내 OTP 단말기가 사용하는 방법으로 단말번호를 은행에 등록하고 시간 정보를 Seed 값으로 하여 난수를 생성한다. 해당 난수는 특정 범위 내에서 서버에서 생성한 난수와 일치하기 때문에 인증할 수 있는 것이다. 즉, OTP 단말기와 서버 간의 시간 오차가 전혀 발생하지 않는다는 지문은 잘못된 것이다.

정답 ④

08 다음의 설명으로 올바른 것은?

- 저장매체의 가장 상위 디렉터리에 위치시킨다.
- CD/DVD, USB 등이 연결될 때 자동으로 실행되는 파일이다.

① devshell.inf
② auntorun.exe
③ autorun.inf
④ devshell.exe

autorun.inf 파일은 이동식 저장매체가 윈도우 운영체제에 삽입될 때 동작하는 파일이다. autorun.inf라는 파일을 생성하여 가장 상위 디렉터리에 저장하면 된다.

autorun.inf 파일생성

```
[autorun]
icon=limbest.ico
label=LimBest
action=test.exe
open=test.exe
```

"[autorun]"은 저장매체에서 자동실행을 설정하겠다는 선언문이고 "label=LimBest"는 저장매체의 이름이다. "action=test.exe"은 저장매체 실행 시에 자동으로 실행시킬 파일의 이름을 지정한다. 그리고 "open=test.exe"도 자동 실행파일을 지정한다.
하지만 윈도우7부터는 보안문제로 인하여 "action"과 "open"이 실행되지 않는다.

정답 ③

09 secure.txt 파일에 대해서 사용자는 읽고 실행하는 권한을 부여하고 다른 사용자는 읽기 권한을 제거하는 명령은?

① chmod 400 secure.txt

② chmod 504 secure.txt

③ chmod u-rx,o-r secure.txt

④ chmod u=rx, o-r secure.txt

chmod는 정보보안기사 필기에서 이미 한번 출제된 문제이다. 리눅스의 가장 기본인 권한 관리에 대한 문제이다. 정답은 4번이지만 실전 문제의 출제는 아래와 같았다.

제16회 실제문제 지문과 필자가 수정한 것

제16회 실제문제 4번 지문	필자가 수정한 것
chmod u=rx, o-r secure.txt	chmod u=rx,o-r secure.txt
지문 중에 한 칸 띄어 있다.	필자는 붙여서 썼다. 붙여서 써야 실행되기 때문이다.

정답 ④

10 다음 (   )에 해당되는 것은?

> 최근 개발 프로젝트에 사용되는 온라인 소스코드 (   )의 취약한 보안 설정으로 인해 침해사고가 발생하여 보안 설정을 권고했다. 온라인 소스코드 (   )는 Git, GitLab, Bitbucket 등으로 변경을 체계적으로 관리한다.

① 클라우드

② 저장소

③ 빌드

④ 젠킨스

본 문제는 2019년 5월 10일 KISA 인터넷보호나라&KrCERT 웹 사이트, 최신동향 게시판에 올라온 글이다. 소스코드를 관리하는 Git, GitLab, Bitbucket 별로 어떻게 보안 설정을 해야 하는지 가이드하고 있다.

해결 방안

해결 방안	설명
패스워드에 대한 관리 강화	• 강화된 인증(2-Factor Authentication) • 공용 패스워드 사용금지, 패스워드 변경(3개월)
온라인 소스코드 저장소 접근 통제 및 프로젝트 공개 수준 점검	방화벽을 사용한 외부 IP 접근 통제 설정, 프로젝트 공개수준 지정(Private, Internal, Public)
개발환경을 외부 인터넷을 차단하여 운영	개발환경에 대해서 인터넷 차단

관련 글

https://www.krcert.or.kr/data/trendView.do?bulletin_writing_sequence=35026

온라인 소스코드 저장소 보안 가이드

보안 설정 가이드	설명
GitHub 보안 설정 가이드	https://github.blog/2018-07-31-new-improvements-and-best-practices-for-account-security-and-recoverability/
GitLab 보안 설정 가이드	https://about.gitlab.com/handbook/security/
Bitbucket 보안 설정 가이드	https://support.atlassian.com/bitbucket-cloud/docs/enable-two-step-verification/

위 링크에서 GitLab의 Zero Trust와 Bitbucket의 2-step password는 학습해야 한다.

정답 ②

≡ 하 　시스템 보안 〉 시스템 보안 위협 및 공격에 대한 예방 및 대응

11 다음에서 (ㄱ)와 (ㄴ)로 올바른 것은?

(ㄱ) CPU에 적용된 "비순차적 명령어 처리" 기술의 버그를 악용한 보안 취약점으로 응용 프로그램이 CPU의 캐시 메모리에 접근하지 못했던 기존 하드웨어 보안 구조가 무너진 취약점이다. 해커는 사용자의 시스템 메모리에 바로 접근할 수 있어서 데이터를 유출할 수 있다. 비순차적 명령어 처리가 적용된 모든 CPU에서 발생된다.

(ㄴ) CPU 내에 있는 수많은 명령어에서 일어나는 버그를 악용하는 보안 취약점으로 응용 프로그램에서 처리하는 데이터 일부가 노출될 수 있고 버그가 발생할 수 있으며 추적하기가 매우 어려운 문제가 있다.

① (ㄱ) Spectre, (ㄴ) Mirai
② (ㄱ) Spectre, (ㄴ) Meltdow
③ (ㄱ) Meltdown, (ㄴ) Spectre
④ (ㄱ) Mirai, (ㄴ) Spectre

3회 정보보안기사 필기에서 출제된 문제이다. 또한 지문상에 Mirai는 1회 정보보안기사에서 출제되었고 IoT 보안에 대한 취약점이다. 지문은 CPU의 보안 취약점인 Meltdown(붕괴)과 Spectre(유령)에 대한 설명이다.

정답 ③

12 윈도우 이벤트 뷰(Event View)에서 도메인 계정에 대한 로그온 성공/실패 관련 이벤트 로그를 기록하기 위한 보안 설정은?

① 계정 관리 감사
② 계정 로그온 이벤트 감사
③ 로그온 이벤트 감사
④ 개체 액세스 감사

이벤트 뷰와 레지스트리는 정보보안기사 필기시험에 한 문제는 출제된다.

이벤트 로그 감사 정책

항목	설명
계정 로그인 이벤트 감사	• 계정 로그온 이벤트 감사는 도메인 계정으로의 사용으로 생성된다. • 로그온 이벤트 감사는 로컬 계정의 사용으로 생성된다.
계정 관리 감사	신규 사용자 그룹의 추가, 기존 사용자, 그룹변경, 사용자 활성화 및 비활성화, 계정 패스워드 변경을 감사한다.
로그온 이벤트 감사	로컬 계정 접근 시에 생성된다.
개체 액세스 감사	파일, 디렉터리, 레지스트리 키, 프린터 등과 같은 객체에 접근 시도를 하거나 속성 변경을 탐지한다.
권한 사용 감사	권한 사용 내역을 추적하는 것으로 많은 양의 로그가 생성된다.
프로세스 추적 감사	사용자 혹은 응용 프로그램이 시작하거나 종료할 때 이벤트를 기록한다.
시스템 이벤트 감사	시스템 시작과 종료, 이벤트 로그가 가득 찼을 경우 컴퓨터에 영향을 주는 이벤트를 기록한다.

정답 ②

13 다음 중 윈도우 레지스트리에 대한 설명으로 올바르지 않은 것은?

① 레지스트 정보를 저장하는 디렉터리는 윈도우 버전별로 약간의 차이가 있다.
② 레지스트리에 대한 편집은 regedit.exe를 사용한다.
③ HKEY_CLASSES_ROOT는 파일 연결, OLE 객체 클래스 ID 등의 응용 프로그램 정보를 가지고 있다.
④ 레지스트리의 백업과 복구는 shell.exe를 이용한다.

윈도우 레지스트리를 사용하기 위해서 사용하는 프로그램은 "regedit.exe"와 "regedit32.exe"로 이전에 정보보안기사 필기에 출제되었다. 또한 레지스트리 백업과 복구를 위해서도 "regedit.exe"와 "regedit32.exe"를 사용한다. 즉, 내보내기와 가져오기 메뉴를 사용한다.

정답 ④

14 다음은 리눅스 보안을 위한 PAM 보안 설정에 관한 것이다. (   )에 알맞은 것은?

> auth required pam_tally.so (A) = 3 unlock time= (B)

① (A)−block, (B)−600
② (A)−deny, (B)−600
③ (A)−deny, (B)−60
④ (A)−block, (B)−60

위의 지문은 인증(auth)을 처리할 때 pam_tally.so 모듈을 사용해서 패스워드가 3회(deny=3) 실패하면 600초 동안 계정을 잠그게 하는 것이다.
정보보안기사 기출에서 PAM 인증 시에 패스워드 설정에 대해서 출제되었다.

정답 ②

15 다음 중 바이러스에 대한 설명으로 올바르지 않은 것은?

① 바이러스는 특정 컴퓨터를 감염시키고 다른 컴퓨터로 확산시키는 형태로 실행된다.
② 은폐형 바이러스는 사용자 및 백신을 속이기 위해서 원래의 실행파일에 기생하는 형태로 파일의 크기를 증가시킨다.
③ 다형성 바이러스는 백신이 탐지하기 어렵게 하기 위해서 바이러스를 변형시키는 바이러스이다.
④ 매크로 바이러스의 매크로는 코드의 실행 부분까지 감염시킨다.

매크로 바이러스는 제9/10회 정보보안기사 필기에 출제되었고 16회 필기에서는 CDR 문제와 관련되어 있다. 매크로 바이러스는 운영체제와 관계없이 실행되는 바이러스로 엑셀이나 워드처럼 매크로 명령어를 사용하는 프로그램의 데이터에 감염되는 바이러스이다. 특히 매크로 바이러스는 비전문가도 쉽게 제작할 수 있는 특징이 있다.

정답 ④

16 AD(Active Directory)를 안전하게 관리하기 위한 방법으로 올바르지 않은 것은?

① AD 관리자 계정은 별도로 관리하여 일반 업무용 AD 계정과 분리해서 사용해야 한다.
② 관리자 계정을 사용할 때 관리자 계정에 대해서는 패스워드 변경 주기에서 예외로 한다.
③ 관리자 계정을 사용하지 않는 기간에는 비활성화해야 한다.
④ 사용자 계정에 대한 최대 암호기간 설정, 이전에 사용한 패스워드 재사용 불가 조건, 계정잠금 임계치, 패스워드 규칙을 설정해야 한다.

관리자 계정과 사용자 계정 모두 최대 암호기간 설정, 이전에 사용한 패스워드 재사용 불가 조건, 계정잠금 임계치, 패스워드 규칙을 설정해야 한다.

Active Directory
윈도우 환경에서 LDAP 디렉터리 서비스 기능을 사용해서 직원들의 계정정보와 컴퓨터 정보를 강제화할 수 있는 서비스이다.

정답 ②

17 유닉스 계열에서 스택에 특정 코드 실행을 방지하기 위해서 설정해야 하는 것은?

① /etc/system

② /etc/fsck

③ /etc/getty

④ /etc/conf

유닉스 계열(예 Solaris) : /etc/system 파일 설정으로 버퍼 오버플로우 공격을 차단한다. 즉, 다음과 같이 설정하면 실행코드는 메모리상에서 특정 위치에서만 실행할 수 있게 된다.

```
set noexec_user_stack = 1
set noexec_user_stack_log = 1
```

버퍼 오버플로우 대응 방법

대응 방법	설명
Stack Guard	• 함수의 진입과 종료 코드를 검사하여 스택 프레임에 손상이 있었는지 확인한다. • 입력 시에 canary 값을 입력하고 종료 시에 canary 값이 변경되면 프로그램을 종료시킨다.
Stack Shield	함수의 복귀주소를 Global RET라는 특수 스택에 저장하여 함수 반환 시에 스택의 값과 비교한다.
NOP Sled(No Operation)	• NOP 명령어는 빈 공간을 채우는 명령어로 해당 명령어가 나오면 다음 명령어로 넘어간다. • NOP 코드를 존재 여부를 확인한다.
ASLR(Address Space Layout Randomization)	스택공간을 동적으로 배치시켜서 공격자가 주소를 예측할 수 없게 한다.

정답 ①

18 다음 중 Heap Overflow에 대한 설명으로 올바르지 않은 것은?

① Heap 영역은 동적으로 할당되는 메모리 영역으로 Heap Overflow는 프로그램의 함수 포인터를 조작한다.

② malloc 함수는 동적으로 메모리를 할당할 때 사용한다.

③ Heap 영역은 낮은 주소에서 높은 주소로 할당되는 특징이 있다.

④ Heap Overflow 공격은 버스를 통해서 전달되는 정보를 엿본다.

Heap 영역은 매크로 함수 사용 시 동적으로 할당되는 메모리 공간으로 낮은 주소에서 높은 주소로 할당되며 Heap Overflow 공격은 함수의 포인터(주소)를 조작하는 공격이다.

정답 ④

19 다음은 리눅스 취약점 검사에 대한 것이다. 아래의 예에 해당되는 것은?

[Linux 계열]

securetty에서 pts를 제거한다.

[HP-UX]

(수정 전) #console

(수정 후) console

① HP-UX는 Console 접근을 허용하고 Linux 계열은 Console 접근을 차단한다.

② Console의 접근을 허용한다.

③ root 사용자와 다른 사용자에 대해서 원격접속을 허용한다.

④ root 사용자의 원격접속을 제한한다.

위의 문제는 정보보안기사 필기보다는 실기에 자주 출제되는 정보시스템 취약점 검사에 대한 문제이다.

즉, U-01번 "root 계정 원격접속 제한"에 대한 것이다.

유닉스 서버 취약점 검사(취약점 코드 U-01번)에 조치 방법

운영체제	설명

SOLARIS	#cat /etc/default/login
	CONSOLE=/dev/console

LINUX	#cat /etc/pam.d/login auth required /lib/security/pam_securetty.so #cat /etc/securety pts0~pts/x관련 설정이 존재하지 않아야 한다.

AIX	#cat /etc/security/user
	rlogin = false

HP-UX	#cat /etc/securetty console

정답 ①

20 다음 중 하드닝(Hardening) 활동과 거리가 먼 것은?

① 사용하지 않은 PDF 파일을 삭제한다.

② 사용자에 대해서 디스크 할당량을 정의하고 할당량까지만 사용할 수 있도록 한다.

③ 사용하지 않은 서비스와 데몬 프로세스를 제거한다.

④ 최신 버전으로 보안 패치 업데이트를 한다.

하드닝(Harding)은 보안에서 "굳건하게 한다"라는 의미로 "보호해야 하는 정보 및 컴퓨터, 네트워크를 굳건하게 한다라"는 의미이다.

하드닝(Hardening) 활동

- 최소 권한 모델을 사용한다.
- 부트(boot) 프로세스 보안, 서비스와 데몬 보안, 로컬 파일 시스템 보안, 할당량과 한계 적용, MAC(Mandatory Access Control) 실행, 보안 패치 업데이트

정답 ①

≡ 하 네트워크 보안 〉 네트워크 보안 기술

21 다음 중 VPN의 터널링이 아닌 것은?

① PPTP
② RSVP
③ IPSEC
④ L2TP

VPN은 정보보안기사 필기, 실기에서 매번 출제되는 문제로 특히 실기에서 작업형(14점)으로 자주 출제되는 문제 중 하나이다.

오답 피하기

본 지문에서 RSVP(Resource Reservation Protocol)는 자원 예약 프로토콜로 인터넷상의 경로를 예약하여 빠르게 데이터를 전송하기 위해서 사용된다.

OSI 7계층별 VPN의 종류(실기 작업형에서 출제된 문제)

구분	설명
SSL VPN	Application(L4~L7) 계층
IPSEC VPN	Network(L3) 계층
PPTP, L2TP VPN	Data Link(L2) 계층

정답 ②

≡ 하 네트워크 보안 〉 네트워크 기반 공격 기술의 이해 및 대응

22 다음 중 죽음의 핑(Ping of Death)에 대한 설명으로 올바른 것은?

① DDoS 공격을 수행할 때 커다란 패킷을 전송하여 패킷이 전송할 수 있는 최대크기를 초과함으로써 분할을 유발시키는 공격이다.
② 연결 과정에 사용되는 SYN 패킷을 지속적으로 전송하여 시스템의 부하를 유발하는 공격이다.
③ 데이터 전송을 위해서 ICMP 패킷을 사용하고 ICMP의 TTL 값을 지수적으로 증가시킨다.
④ 발신자의 IP 주소와 수신자의 IP 주소를 동일하게 하여 전송함으로써 패킷이 발신자에게 되돌아 오게 한다.

Ping of Death와 Land Attack은 정보보안기사 필기에 기본 문제로 매번 출제되고 있다. Ping of Death는 ICMP 패킷의 크기가 MTU 값을 초과하게 만들어서 공격한다.

hping3를 사용한 Ping of Death 공격

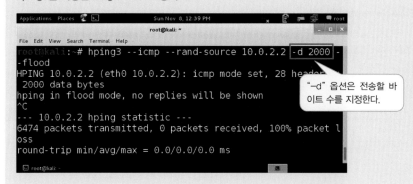

정답 ①

23 방대한 양의 빅데이터를 수집하여 상관분석 및 포렌식까지 수행하는 보안 솔루션은?

① TMS(Threat Management System)
② SIEM(Security Information & Event Management)
③ DLP(Data Loss Prevention)
④ NAC(Network Access Control)

SIEM은 정보보안기사 필기, 실기 단답형으로 출제된 문제로 SIEM은 빅데이터 처리기술을 사용하여 다중 소스 데이터 수집, 분석, 통합로그 관리, 이벤트 처리, 상관분석, 포렌식까지 수행하는 통합보안관제 솔루션이다.

정답 ②

24 다음 중 네트워크 공격 기술에 대한 설명으로 올바르지 않은 것은?

ㄱ. Boink : 정상적으로 패킷을 전송하다가 중간에 반복되는 Sequence Number를 전송하는 공격 기법이다.
ㄴ. Land Attack : 발신자의 IP를 수신자의 IP와 동일하게 전송하는 네트워크 공격 기법이다.
ㄷ. TCP SYN Flooding : ICMP 프로토콜을 사용하여 ICMP Echo Request를 전송하고 ICMP Echo Reply 응답을 피해자에게 전송하는 DDoS 공격 기법이다.
ㄹ. Smurfing : 특정 호스트에 패킷을 전송하여 패킷 분할 시에 다시 조립할 수 없게 만드는 공격 기법이다.

① ㄱ, ㄴ
② ㄱ, ㄷ
③ ㄴ, ㄹ
④ ㄷ, ㄹ

'ㄷ, ㄹ'은 완전히 틀린 지문으로 TCP SYN Flooding은 TCP 프로토콜을 사용하고 Smurfing은 ICMP Echo Request를 브로드캐스트하여 피해자에게 ICMP Echo Reply를 전송하는 기법이다.

Bonk, Boink, Teardrop의 구분(향후 예상되는 문제)

구분	설명
Bonk	첫음 패킷의 Sequence Number를 1로 전송하고 다음 전송하는 패킷의 Sequence Number도 1로 조작해서 보내는 공격 기법이다.
Boink	처음에는 Sequence Number를 순서대로 전송하다가 중간부터 반복되는 Sequence Number를 전송한다.
Teardrop	IP 프로토콜의 Offset 값을 조작하여 재조합할 수 없게 하는 공격이다.

정답 ④

25 TCP 연결 해제 과정인 4-Way Handshaking 과정에서 ( )에 알맞은 것을 순서대로 나열한 것은?

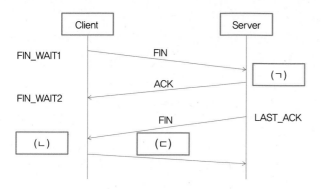

① CLOSED, TIME_WAIT, ACK
② TIME_WAIT, CLOSE_WAIT, ACK
③ CLOSE_WAIT, TIME_WAIT, ACK
④ ACK, CLOSE_WAIT, TIME_WAIT

TCP 상태전이에 관련한 문제로 연결을 하는 3-Way Handshaking과 연결 해제를 하는 4-Way Handshaking 과정에 대한 질문이고 답은 CLOSE_WAIT, TIME_WAIT, ACK이다.

정답 ③

26 다음 중 스위칭 환경에서 수행할 수 있는 스니핑 공격이 아닌 것은?

① SYN Flooding
② Switch Jamming
③ ICMP Redirect
④ ARP Spoofing

스위치(Switch) 공격 및 스니핑 기법에 대한 문제는 정보보안기사 필기와 실기 단답형으로 총 2~3회 출제되었다.

스위치 공격 및 스니핑 기법

구분	설명
Switch Jamming	스위치의 MAC Address Table에 대해서 버퍼 오버플로우 공격을 수행해서 스위치가 허브처럼 동작하게 만드는 방법이다.
ICMP Redirect	ICMP Redirect 메시지를 발송하는 것으로 라우팅 경로를 자신의 주소로 위조한 ICMP Redirect 메시지를 피해자에게 전송한다.
ARP Redirect	공격자는 Router의 MAC 주소로 변경하여 ARP Reply 패킷을 해당 네트워크에 브로드캐스트 한다.
ARP Spoofing (ARP 캐시 포이즈닝)	공격자는 위조한 ARP Reply 패킷을 피해자에게 전송하여 피해자의 ARP Cache Table이 공격자의 MAC 주소로 변경하게 한다.

정답 ①

27 다음은 VPN에 대한 설명이다. ( )에 알맞은 것은?

> • IPSEC VPN은 (ㄱ) 단위로 데이터를 암호화한다.
> • SSL VPN은 (ㄴ) 단위로 데이터를 암호화한다.

① (ㄱ) 프레임, (ㄴ) 데이터
② (ㄱ) 데이터, (ㄴ) 프레임
③ (ㄱ) 패킷, (ㄴ) 메시지
④ (ㄱ) 메시지, (ㄴ) 메시지

IPSEC VPN은 패킷(Packet) 단위로 암호화를 수행하고 SSL VPN은 메시지(Message) 단위로 암호화를 수행한다.

IPSEC VPN과 SSL VPN 차이점

구분	IPSEC VPN	SSL VPN
전송 단위	패킷	메시지
실행 계층	네트워크 계층	전송 계층부터 응용 계층
서비스	Site to Site, Site to Client	Site to Client
프로그램 설치	전용 프로그램 설치	설치 없음. 웹브라우저 사용

정답 ③

28 다음 보기에 대한 설명으로 올바른 것은?

> • 미국 볼티모어시에 대한 랜섬웨어 공격으로 NSA(미국 국가안보국)이 개발한 사이버 공격도구를 악용했다.
> • SMB 프로토콜의 원격코드 실행 취약점을 이용한다.

① 페티야(Petya)
② 이터널블루(EternalBlue)
③ 워너크라이(WannaCry)
④ 로빈후드(RobbinHood)

• 이터널블루(EternalBlue)는 SMB 원격코드 실행 취약점을 가지고 있는 것으로 이터널블루로 볼티모어시에 대해서 랜섬웨어를 수행했고 이때 사용된 랜섬웨어가 로빈후드이다.
• 로빈후드 랜섬웨어는 최근 정상적으로 서명된 드라이버들을 사용해 보안도구를 삭제하고 파일을 암호화시키는 방법이다.

정답 ②

29 다음의 공격 방법과 대응 방법에 대한 매핑으로 올바르지 않은 것은?

① 재생공격 – Sequence Number
② 스니핑 – 암호화
③ 중간자 공격 – 상호인증
④ 랜섬웨어 복구 – 백신

랜섬웨어로 파일이 암호화된 경우에는 백신으로 복구할 수가 없다.

정답 ④

30 다음 보기에서 설명하는 것은?

사이버 공격을 프로세스상으로 분석해서 각 공격단계에서 조직에게 가해지는 위협 요소를 파악하고 공격자의 목적과 의도 및 활동을 분쇄, 완화해서 조직의 회복 탄력성을 확보하는 전략이다.

① ISAC(Information Sharing & Analysis Center)
② Cyber Kill Chain
③ CTI(Cyber Threat Intelligence)
④ Security Governance

본 문제는 사이버 킬체인에 대한 문제이고 과거 기출문제이다. 추가적으로 제15회 기출풀이에서 사이버 킬체인단계를 학습해야 한다.

정답 ②

31 다음 보기에서 설명하는 것은?

라우터에서 패킷을 차단하는 경우 발신자에게 ICMP Destination Unreachable이 발송된다. 이 때 라우터에 부하가 발생하기 때문에 별도의 라우터에서 이를 처리하는 방법이다.

① Dynamic Routing
② NULL Routing
③ Static Routing
④ Global Routing

Null Routing(Blackhole Routing)은 2대의 라우터를 사용해서 한 대는 ACL(Access Control List)를 적용하고 한대는 Null Routing으로 활용하는 것으로 Null Routing으로 전송되는 패킷을 파기하여 Router의 부하를 줄인다.

정답 ②

32 다음은 TCP Half Open과 FIN/NULL/XMAS 포트 스캐닝에 대한 설명으로 올바르지 않은 것은?

① TCP Half Open과 FIN/NULL/XMAS 스캐닝은 모두 목표 시스템의 열려 있는 포트를 확인하기 위해서 사용된다.

② TCP Half Open과 FIN/NULL/XMAS는 모두 로그를 기록하지 않는 스텔스 스캐닝 방법이다.

③ FIN/NULL/XMAS는 모두 포트가 닫혀 있으면 RST+ACK가 응답으로 온다.

④ TCP Half Open과 FIN/NULL/XMAS는 포트가 열려 있을 때 모두 응답으로 SYN+ACK가 온다.

TCP Half Open Scan에서 포트가 열려 있으면 SYN+ACK가 응답으로 오고 FIN과 Null, XMAS scan은 포트가 열려 있으면 아무런 응답이 없다.

정답 ④

33 다음은 VLAN(Virtual LAN)에 대한 설명이다. 올바르지 않은 것은?

① VLAN을 사용해서 네트워크상에 여러 개로 구별되는 브로드캐스트 도메인을 만든다.

② VLAN을 사용해서 물리적 위치와 관계없이 공통 요구사항을 준수하는 호스트 컴퓨터를 하나로 묶을 수 있다.

③ VLAN에 라우터를 포함시키지 않아도 VLAN 사용자는 외부와 통신한다.

④ VLAN은 OSI 7계층 중에서 2계층에서 동작한다.

VLAN(Virtual LAN)은 데이터 링크 계층(2계층)에서 동작하고 유연한 네트워크를 구성할 수 있다.

• 작은 LAN으로 세분화하여 네트워크의 부하를 감소시킬 수 있다.

• 세그먼트별로 접속을 제한하거나 고립시켜서 보안성을 향상시킨다.

• 하나의 물리적 세그먼트를 여러 개의 논리적 세그먼트로 분할해서 운용이 가능하다.

정답 ③

34 다음에서 설명하는 것은?

• 스마트폰 혹은 태블릿, 기타 디바이스를 등록하고 업무에 특화된 프로파일을 적용하여 추적관리 할 수 있다.
• 이메일과 같은 기업용 앱을 설치하고 관리할 수 있고 디바이스에서 발생하는 문제를 해결하거나 디바이스 분실 시에 디바이스에 있는 데이터를 삭제할 수 있다.

① MDM(Mobile Device Management)
② DLP(Data Loss Prevention)
③ ESM(Enterprise Security Management)
④ TMS(Threat Management System)

MDM과 MAM(Mobile Application Management)의 차이점은 MDM은 특정 모바일 디바이스의 모든 것을 관리통제 하지만, MAM은 디바이스가 아니라 기업용 애플리케이션과 관련 데이터만을 통제한다.

정답 ①

35 다음은 tracert 명령어를 사용해서 www.kisa.or.kr를 실행한 결과이다. 설명으로 올바르지 않은 것은?

```
Microsoft Windows [Version 10.0.18363.1139]
(c) 2019 Microsoft Corporation. All rights reserved.

C:\Users\limho>tracert www.kisa.or.kr

최대 30홉 이상의
www.kisa.or.kr.cdngc.net [14.0.115.19](으)로 가는 경로 추적:

  1    2 ms    1 ms    1 ms  192.168.0.1
  2    *       *       *     요청 시간이 만료되었습니다.
  3    5 ms    2 ms    2 ms  61.78.42.164
  4    2 ms    2 ms    2 ms  112.189.26.101
  5    *       *       *     요청 시간이 만료되었습니다.
  6    8 ms    4 ms    4 ms  112.174.10.186
  7   11 ms    7 ms    4 ms  203.229.222.178
  8    5 ms    3 ms    3 ms  58.229.12.53
  9    4 ms    3 ms    3 ms  175.126.127.218
 10    9 ms   11 ms    5 ms  211.210.54.2
 11   16 ms    8 ms    8 ms  14.0.66.174
 12    5 ms    4 ms    7 ms  14.0.115.19

추적을 완료했습니다.

C:\Users\limho>
```

① 출발지 컴퓨터의 IP 주소는 192.168.0.1이다.
② tracert는 ICMP 프로토콜을 사용해서 목적지까지의 경로를 추적한다.
③ 목적지의 IP 주소는 14.0.115.19이다.
④ 목적지까지 방문하는 네트워크 경로를 추적한다.

ping 문제와 tracert(리눅스 traceroute) 문제는 총2회 정보보안기사 필기에 출제되었다. 출발지 컴퓨터의 기본 게이트웨이 (Gateway) 주소는 192.168.0.1이다.

정답 ①

36 다음 중 방화벽(Firewall)에 대한 설명으로 올바르지 않은 것은?

① IPSEC VPN의 터널모드를 지원한다.

② 전송되는 패킷에서 데이터를 차단하거나 허용한다.

③ 세션을 검사하여 세션을 종료할 수 있다.

④ 공인 IP 주소와 사설 IP 주소를 매핑하는 NAT를 지원한다.

기본적인 방화벽은 VPN(Virtual Private Network) 기능을 지원하지 않는다. 단, UTM(Unified Threat Management) 는 방화벽, VPN, IDS, IPS, 안티바이러스 등의 기능이 포함된다.

정답 ①

37 다음 중 KRACK(WPA2 Key Reinstallation Vulnerabilities) 보안 취약점과 거리가 먼 것은?

① 패킷 복호화

② HTTP 콘텐츠 인젝션

③ 패킷 위변조 및 인젝션

④ Packet Number를 초기화하여 패킷의 재조합이 가능

KRACK(WPA2 Key Reinstallation Vulnerabilities)은 WPA2의 암호화 기능을 무력화할 수 있는 공격으로 신용카드 정보, 암호, 채팅 메시지, 전자메일 등의 네트워크를 통하여 송수신되는 정보에 대해서 도용이 가능하다.

KRACK 취약점의 영향
- 공격 시 AP(Access Point)에 연결하지 않아도 된다.
- 타켓 AP 혹은 Station으로 위장하기 위해서 MAC Spoofing을 해야 한다.
- 특정 대상에 한정된 공격만 수행이 가능하다.
- HTTPS로 보호된 인터넷 통신 프로토콜에 대해서 복호화가 가능하다.
- 공격자가 패킷 변조 전에 공격을 탐지하지 못하면 사용자가 공격을 확인할 수가 없다.

정답 ②

38 다음은 www.test.co.kr과 www.example.co.kr로 ping 명령어를 실행한 결과이다. 그 설명으로 올바른 것은?

```
ping -n 2 www.test.co.kr
64 bytes from 211.233.74.123: icmp_req=1 ttl=242 time=37.3 ms
64 bytes from 211.233.74.123: icmp_req=2 ttl=242 time=35.8 ms

ping -n 2 www.example.co.kr
64 bytes from 14.0.115.11: icmp_req=1 ttl=51 time=20.1 ms
64 bytes from 14.0.115.11: icmp_req=2 ttl=51 time=17.6 ms
```

① www.test.co.kr이 www.example.co.kr 보다 거리 값이 가깝다.
② www.example.co.kr 이 www.test.co.kr 보다 거리 값이 가깝다.
③ ICMP Echo reply를 전송하고 ICMP Echo reply 응답시간을 계산한다.
④ 위의 정보로는 아무것도 얻을 수가 없다.

본 문제는 TTL을 묻고 있는 질문이다. www.test.co.kr은 총 242가 TTL이고 www.example.co.kr은 51이 TTL이다. 따라서 TTL 값이 줄어드는 측면으로 보면 www.test.co.kr이 242로 훨씬 적게 줄어들었다. 따라서 www.test.co.kr이 더 가깝다.

정답 ①

39 다음은 snort Rule에 대한 설명이다. 올바르지 않은 것은?

① sid : 등록된 Rule을 식별하기 위해서 지정하는 번호이다.
② content : 특정 문자 혹은 숫자를 탐지한다.
③ offset : 탐지하는 바이트 수를 지정한다.
④ distance : content 매칭 후에 지정 위치 이후의 다른 content를 탐색한다.

snort는 필기와 실기에 한 문제씩 대부분 출제된다. offset은 지정한 바이트부터 탐지하라는 의미이다.

정답 ③

40 네트워크 보안장비 중에서 로드밸런싱(Load Balnacing)을 수행하는 것은?

① L2
② L3
③ L4
④ L5

로드밸런싱(Load Balancing)은 여러 개의 서버들에게 작업을 순차적으로 돌아가면서 실행하게 하는 것으로 L4가 로드밸런싱을 지원한다. 로드밸런싱은 제15회 정보보안기사 필기에 처음으로 출제된 문제이다.

정답 ③

≡ 하 애플리케이션 보안 〉 보안 취약점 및 개발 보안

41 SSO(Single Sign On)에 대한 설명 중 맞지 않는 것은?

① SSO는 한 번의 인증으로 여러 서비스를 사용할 수 있는 사용자 인증 시스템이다.
② SSO를 도입하면 여러 프로그램의 로그인이 간소화되어 사용자 편의성이 증가한다.
③ SSO를 도입하면 최초 로그인 대상이 되는 응용 프로그램의 보안 강화가 필요하다.
④ SSO를 도입하면 사이트별 각각 인증 시스템을 운영하는 것보다 보안이 향상된다.

SSO는 한 번의 인증으로 개별 시스템을 모두 인증할 수 있는 보안솔루션이다. SSO를 사용해서 사용자 편의성이 향상된다. 하지만, 한 번의 인증과 개별인증을 비교하면 개별인증이 보안성이 우수하다. 왜냐하면 개별인증은 인증정보가 노출되었을 때 그 범위가 개별시스템으로 문제가 국한되기 때문이다.

정답 ④

≡ 하 애플리케이션 보안 〉 인터넷 응용 보안

42 DNSSEC(Domain Name System Security Extensions)의 방어 기능을 보여주는 분석표에서 잘못 표시된 공격유형은?

공격유형	방어 가능성
파밍	가능
파싱	해당 없음
DDoS	해당 없음
웜 바이러스에 의한 hosts 파일 변조	가능

① 파밍
② 파싱
③ DDoS
④ 웜 바이러스에 의한 hosts 파일 변조

DNSSEC는 DNS의 질의응답 절차에서 발생할 수 있는 DNS 데이터 위변조 공격을 차단하는 기술로 DDoS나 웜바이러스에 의한 호스트 내부에서의 파일 내용 변조 등은 방지할 수 없다.

DNSSEC가 제공하는 보안성 범위

구분	방어 여부	설명
파밍(캐시 포이즈닝)	방어/방지	DNS 데이터 위변조 방식 이용 공격에 효과적 대응
파싱	해당 없음	피싱은 유사 도메인 네임을 사용하지만, 데이터 위변조에 해당하지 않음
DDoS 공격	해당 없음	DDoS 공격 방어 메커니즘이 아님
웜바이러스에 의한 호스트 정보 변조	해당 없음	DNSSEC은 DNS 질의응답 절차 관련 "데이터 위변조" 방지기술

정답 ④

43 다음 KISA의 리눅스 Wi-Fi 보안권고문에서 ( )에 들어갈 용어는?

> • (CVE-2019-17666) 리눅스의 특정 드라이버에서 발생하는 ( ) 취약점이다.
> • 커널의 rtlwifi 드라이버의 경계 값 점검 문제로 ( ) 취약점이 발생한다.
> • 공격자가 경계 값을 초과하는 길이의 NoA 패킷을 전송할 경우 ( ) 취약점으로 인해 시스템에 문제가 발생한다.

① XML Injection
② BruteFrouce
③ SSRF(Server Side Request Forgery)
④ Buffer Overflow

CVE-2019-17666은 리눅스의 특정 드라이버에서 발생하는 버퍼 오버플로우 취약점이다.

취약점 내용
• 리눅스 커널의 "rtlwifi" 드라이버에서 경계 값 체크가 미흡하여 버퍼 오버플로우가 발생한다.
• 공격자가 경계 값을 넘어서는 길이의 "NoA (Notice of Absence)" 패킷을 전송하면 버퍼 오버플로우로 인해 시스템 충돌이 발생한다.
• 취약점을 발생시키기 위해 공격자는 인증 또는 권한이 불필요하다.
• 리눅스 커널팀은 해당 취약점을 보완하는 패치 파일에 대한 개발을 완료하였으며 안정화 작업 후 공개 예정이다.

정답 ④

44 다음 공격 기법은 무엇인가?

> 익명 FTP 서버를 이용하여 포트 스캐닝을 할 수 있는 기법으로 FTP 서버가 데이터 포트로 데이터를 전송할 때 목적지 포트를 점검하지 않아서 발생하는 취약점이다.

① Bounce Attack
② XSS
③ Anonymous FTP Attack
④ Directory Listing

FTP Bounce Attack은 제3의 익명 FTP 서버를 이용해서 공격 대상의 포트를 스캐닝하는 공격 기법으로 FTP 서버가 데이터 채널을 생성할 때 목적지를 검사하지 않은 FTP 설계의 구조적 취약점을 이용하는 공격 기법이다.

정답 ①

45 WPKI는 무선 환경에서 사용하는 공개키 기반 구조이다. WPKI의 구성요소에 대한 역할 중 틀린 것은?

① 인증기관(CA) : 인증서 발급
② 등록기관(RA) : 인증서 폐지
③ 사용자 : 인증서 발급 요청
④ 디렉터리 : 인증서 정보 저장

등록기관은 사용자 신원을 확인하는 것으로 인증서 폐지를 하지 않는다.

정답 ②

46 XPath, XQuery와 같이 XML 조회를 위한 질의문 사용시 입력 값과 출력 값을 검증하고 유효하지 않는 값을 처리하기 위한 설계 방법으로 바르지 않는 것은?

① 공통 검증 컴포넌트를 이용한 입력 값 필터링
② 필터 컴포넌트를 이용한 입력 값 필터링
③ 시큐어 코딩 규칙으로 개별 코드에서 입력 값 필터링
④ 필터를 이용한 출력 값 확인

XPath 및 XQuery Injection을 막기 위한 보안 대책

1) 설계 시 고려사항(공통)

XML 문서를 조회하는 기능을 구현해야 하는 경우 XML 쿼리에 사용되는 파라미터는 반드시 XML 쿼리를 조작할 수 없도록 필터링하여 사용하거나, 미리 작성된 쿼리문에 입력 값을 자료형에 따라 바인딩하여 사용해야 한다.

1.1) 공통 검증 컴포넌트를 이용한 입력 값 필터링

Validator 컴포넌트를 개발하여 XML 조회를 수행하는 애플리케이션에 대해서 입력 값을 검증한다.

1.2) 필터 컴포넌트를 이용한 입력 값 필터링

• 개별코드에서 입력 값을 필터링하도록 시큐어 코딩 규칙 정의
• 안전한 API를 사용하도록 시큐어코딩 규칙 정의

2) XPath 구현 시 보안대책

XPath쿼리에 사용되는 외부 입력 데이터에 대하여 특수문자(", [,], /, =, @ 등) 및 쿼리 예약어 필터링을 수행하고 파라미터화된 쿼리문을 지원하는 XQuery를 사용한다.

3) XQuery 구현 시 보안 대책

외부 입력 값을 받고 해당 값 기반의 XQuery상의 쿼리 구조를 변경시키지 않는 Bind-String 함수를 이용하여 외부 입력 값을 통해 쿼리 구조가 변경될 수 없도록 한다.

정답 ④

47 TLS에 대한 공격 방식으로 올바르지 않은 것은?

① DH export Key − logjam

② CBC encryption − BEAST

③ CBC encryption + padding − FREAK

④ OpenSSL (SSL3.0) − Heartbleed

SSL 3.0 취약점은 POODLE를 이용한 공격 방법이다. SSL 3.0의 블록 암호화 패딩검증 시에 공격자가 임의의 패딩을 활용하여 데이터를 반복적으로 추측하여 암호화된 통신 1바이트씩 평문으로 해독할 수 있다.

TLS 공격 방법

구분	설명
Logjam	• 중간자 공격을 통해서 사용자와 웹 서버, 이메일 서버 간의 암호화 통신을 다운그레이드 시킬 수 있다. • 디피헬먼 키교환을 지원하는 서버의 서브넷에 악용될 수 있다.
BEAST	• Browser Exploit Against SSL/TLS는 SSL3.0 취약점을 이용한다. • HTTPS의 쿠키들을 해독하며 타켓 세션을 하이재킹한다. • TLS1.0 프로토콜이 CBC 모드에서 블록 암호에 대한 초기화 벡터를 생성하는 방식으로 취약점을 이용했다.
FREAK	• Factoring Attack on RSA−EXPORT Keys • 중간자 공격으로 최대 512Bit RSA로 다운그레이드를 수행하여 정보를 유출한다.
Heartbleed	OpenSSL 소프트웨어의 버그를 이용하여 개인키 및 세션쿠키, 암호를 훔칠 수 있는 공격이다.

정답 ④

48 SSL(Secure Socker Layer)의 보안 기능으로 거리가 먼 것은?

① 암호화 세션

② 서버 인증

③ 클라이언트 인증

④ 부인방지

SSL/TLS는 전자서명 알고리즘을 사용하지만, 부인방지 기능을 제공하지 않는다.

정답 ④

49 SSL 보안 프로토콜에서 데이터 암호화, 복호화, 메시지 인증코드(MAC) 생성 및 검증을 담당하는 것은?

① Handshake
② Alert
③ Change Cipher Spec
④ Record

SSL 레코드 프로토콜은 데이터 암호화, 복호화, 메시지 인증코드 생성 및 검증을 수행한다.

정답 ④

50 MS-SQL 서버의 윈도우 인증, SQL 서버 인증 방식에 대해 잘못 설명한 것은?

① SQL 서버의 기본 인증 모드는 윈도우 인증이다.
② 윈도우 인증이 적용된 경우 SQL 서버 인증을 사용할 수 없다.
③ 혼합 인증 모드일 경우 윈도우 인증과 SQL 서버 인증을 모두 사용할 수 있다.
④ SQL 서버 인증이 윈도우 인증 방식보다 보안성이 더 높다.

MS-SQL의 기본 인증은 윈도우 인증이고 윈도우 인증은 윈도우의 암호정책, 계정잠금정책, 감사정책 등을 사용할 수가 있어서 SQL 서버 자체 인증보다 강화된 보안정책 설계가 가능하다.

정답 ④

51 쿠키(Cookie)에 대한 설명으로 가장 적절하지 않은 것은?

① 웹 사이트 최종 방문시간, 페이지 정보 등 다양한 정보를 저장한다.
② 웹 서버가 웹 브라우저에 쿠키 정보를 전송하여 저장하고, 웹 사이트를 다시 방문할 때 웹 브라우저가 웹 서버에게 전달한다.
③ 쿠키의 유효기간을 설정할 수 있고, 설정하지 않은 경우 웹 브라우저 종료 시 삭제된다.
④ 웹 서버에 저장된 쿠키 값은 개인정보보호를 고려하여 주기적으로 삭제한다.

쿠키는 웹 서버에 저장되지 않는다.

쿠키(Cookies)
• 상태 정보를 유지하기 위해서 클라이언트에 상태 정보를 저장한다.
• 웹 서버는 웹 브라우저에서 전송하는 쿠키 정보를 읽을 수 있다.
• 쿠키는 크기가 하나에 4Kilo Byte로 제한되어 있으며 총 300개까지 저장이 가능하다.

쿠키(Cookie) 유효기간
• 유효기간 미설정 시 웹 브라우저에 저장되고 웹 브라우저를 종료할 때 삭제된다.
• 유효기간 설정 시 사용자의 PC에 저장되고 유효기간이 지나면 자동으로 삭제된다.

정답 ④

52 DRM의 구성요소 중 사용자의 정책에 따라 사용 권한을 결정하고, 라이선스를 발급 및 관리하는 것은 무엇인가?

① 패키저(Packager)
② 클리어링 하우스(Clearing House)
③ 시큐어 컨테이너(Secure Container)
④ DRM 제어기

클리어링 하우스(Clearning House)는 키 관리 및 라이선스 발급을 수행한다.

정답 ②

53 버퍼 오버플로우를 방지하기 위한 함수가 아닌 것은 무엇인가?

① strncat( )
② fgets( )
③ snprintf( )
④ strcpy( )

버퍼 오버플로우를 방지하기 위해서는 문자열 길이를 검사하는 함수를 사용해야 한다. C언어에서 strcpy( ) 함수는 문자열 길이를 검사하지 않는다.

정답 ④

54 디지털 포렌식에 대한 설명으로 옳지 않은 것은?

① 디지털 증거는 손상되기 쉽고 분석 중 훼손 및 조작될 수 있다.
② 정당성 원칙은 증거가 변조되지 않았다는 것을 보증한다.
③ 연계보관성 원칙은 증거물을 획득, 이송, 분석, 제출의 과정에서 담당자 및 책임자를 명확히 한다.
④ 디지털 증거는 식별, 수집, 획득, 보존, 분석의 과정으로 처리한다.

디지털 포렌식의 원칙은 정당성, 무결성, 재현의 원칙, 신속성, 절차 연속성(연계 보관)의 원칙이 있고 정당성의 원칙은 획득한 증거자료가 적법한 절차를 준수해야 하며, 위법한 방법으로 수집된 증거는 법적효력을 상실한다. 보기 ②는 무결성 원칙이다.

정답 ②

55 다음은 어떤 메일 보안 기술에 대한 설명인가?

> 메일 헤더에 디지털 서명을 삽입하여 발신자가 위조되지 않았음을 수신자가 검증할 수 있다.

① DKIM(DomainKyes Indentified Mail)
② SPF(Sender Policy Framework)
③ SpamAssassin
④ SMTPS(SMTP Secure)

DKIM(DomainKyes Indentified Mail)은 발신자 위조를 검증하기 위한 메일 인증 기술로 피싱과 스팸메일 차단을 수행할 수가 있으며 메일의 헤더 정보와 본문 정보에 기반을 두고 디지털 서명을 메일 헤더에 삽입해서 발신자가 위조되지 않았는지 수신자가 검증할 수 있는 기술이다.

정답 ①

56 DB의 보안 유형과 거리가 먼 것은 무엇인가?

① 접근 제어(Access Control)
② 데이터 집계(Data Aggregation)
③ 가상 테이블(View)
④ 암호화(Encryption)

데이터 집계(Data Aggregation)는 낮은 보안 등급의 정보 조각을 조합해서 높은 등급의 정보를 알아내는 데이터베이스 공격 기법이다.

정답 ②

57 금융거래 정보를 분석하여 이상 금융거래, 부정거래 등을 탐지, 예방하는 시스템은 무엇인가?

① IDS(Instruction Detection System)
② FDS(Fraud Detection System)
③ POS(Point Of Sales System)
④ HDS(Hitachi Data System)

위의 문제는 2회 정보보안기사에 출제되었고 FDS에 대한 설명이다. 향후에는 FIDO가 출제될 수 있다.

정답 ②

58 다음은 어떤 솔루션에 대한 설명인가?

> 데이터 혹은 정보 유출 전송을 감지하고, 민감한 데이터를 모니터링 및 전송을 차단하여 사고를 방지한다.

① DRM(Digital Rights Management)
② DLP(Data Loss Prevention)
③ NAC(Network Access Control)
④ MLS(Multi Level Security)

DLP(Data Loss Prevention)는 내부 정보 유출 방지를 위해서 메신저, 웹 하드, 웹 메일, 클라우드 서비스를 통한 기밀정보 유출을 차단하는 보안솔루션이다.

정답 ②

59 TFTP에 대한 설명으로 잘못된 것은?

① UDP/69번 포트를 이용한다.
② 접근 제어가 미흡할 경우, 공격자가 임의의 파일에 접근할 수 있다.
③ -s 옵션으로 사용자 인증 기능을 추가할 수 있다.
④ TFTP가 필요없을 경우 삭제한다.

tftp 프로그램에는 "-s" 옵션이 없다.

정답 ③

60 OTP(OneTime Password)는 랜덤한 일회성 패스워드로 동일한 패스워드를 사용할 경우 발생할 수 있는 문제점으로부터 안전한 전자상거래를 지원한다. 다음 보기 중 OTP 생성 및 인증 방식이 아닌 것은 무엇인가?

① 이벤트 동기 방식
② 캡쳐 방식
③ 시간 동기 방식
④ 질의-응답 방식

캡챠(CAPTCHA)는 Agent인지, 사람의 행위인지 구분하기 위한 것으로 특정한 그림의 숫자를 입력하는 것이다.

정답 ②

중 정보보안 일반 〉 암호학

61 니덤-슈로더(Neddham-Schroeder) 키분배 프로토콜의 특징이 아닌 것은?

① 키 배분 센터(KDC, Key Distribution Center)를 이용하는 방식이다.
② 질의응답(Challenge-Response) 방식을 이용하여 설계하였다.
③ 커버로스(Kerberos)를 개선한 프로토콜이다.
④ 재전송 공격(Replay Attack)에 취약하다.

니덤-슈로더(Neddham-Schroeder) 키분배 프로토콜의 특징이 아닌 것은 커버로스(Kerberos)를 개선한 프로토콜이다.
Needham과 Schroeder에 의해서 제안된 프로토콜에 그 기반을 두고 이를 개선한 모델이 커버로스(Kerberos) 방식이다.

오답 피하기

나머지 보기 모두 니덤-슈로더(Neddham-Schroeder) 키분배 프로토콜의 특징에 해당된다.

니덤-슈로더(Neddham-Schroeder)
Roger Needham과 Michael Schroeder가 1978년 대칭키와 trent(인증 서버: KDC) 개념을 사용하여 제안한 프로토콜이다. 인증기관에 대한 방식을 처음 제안하였다.

커버로스(Kerberos)
커버로스 프로토콜이 미국 M.I.T 대학에서 수행된 Athena 프로젝트의 일환으로 개발된 실체인증 및 세션 키 분배 시스템으로 Needham과 Schroeder에 의해서 제안된 프로토콜에 그 기반을 두고 있다. IETF에서 국제표준을 채택하였다. 현재 커버로스(Kerberos) v4와 커버로스(Kerberos) v5가 있다.

정답 ③

중 정보보안 일반 〉 접근 통제

62 다음 중 아래 지문에서 설명하고 있는 공유 폴더에 적용된 접근 통제 방식은 무엇인가?

IT 팀장은 직원으로부터 공유 폴더 접근 권한이 연결되지 않았다는 보고받고 이를 조사한 결과 아래와 같은 접근 통제 방식이 있음을 확인하였다.
• 해당 직원 또는 직원이 속해 있는 그룹은 공유 폴더에 접근을 가지고 있지 않았다.
• 다른 직원 또는 다른 직원이 속해 있는 그룹이 공유 폴더에 접근 권한을 가지고 있었다.
• 최근 IT팀 내 다른 직원이 공유 폴더 내 접근 권한은 변경하였음을 확인하였다.

① 강제적 접근 통제(Mandatory Access Control)
② 임의적 접근 통제(Discretionary Access Control)
③ 역할기반 접근 통제(Role Based Access Control)
④ 규칙기반 접근 통제(Rule-based Access Control)

위 보기에서 설명하고 있는 공유 폴더에 접근 통제 방식은 임의적 접근 통제(DAC, Discretionary Access Control)를 말한다.

DAC는 주체의 신원에 기반해 접근을 제어한다. 주체가 속해 있는 그룹의 신원에 근거해 객체에 대한 접근을 제한하는 방법으로 객체의 소유자가 접근 여부를 결정한다.

구현이 쉽고, 권한 변경이 유연하지만 하나의 주체마다 객체에 대한 접근 권한을 부여해야 하는 단점이 있다.

접근 통제 정책 비교

구분	MAC	DAC	RBAC
정의	주체와 객체의 등급을 비교해 접근 권한을 부여	접근하고자 하는 주체의 신분(그룹)에 따라 접근 권한을 부여	주체와 객체 사이에 역할을 부여해 역할에 따라 접근 권한을 부여
권한 부여	System	Data Owner	Central Authority
접근 결정	보안 레이블	신분	역할
정책	경직	유연	유연
장점	중앙집중, 안정적	유연함, 구현용이	관리 용이
단점	구현 및 운영이 어려움	멀웨어에 취약	–
적용 사례	방화벽	ACL	HIIPAA

정답 ②

≡ 상 　정보보안 일반 〉 암호학

63 아래 보기에서 설명하고 있는 키분배 방식에 대하여 가장 알맞게 고른 것은?

> (가) : 네트워크상 당사자가 아닌 중앙의 신뢰된 제3의 신뢰할 만한 Kerberos 서버와 같은 중앙집중형 방식에 기반을 두는 방식이다. (가)와 사용자 간에 1:1 둘만의 유일한 키를 공유하며 (N개의 마스터키 만) 세션키가 마스터키에 의해 암호화되어 전달된다.
>
> (나) : 두 사용자가 사전에 어떤 비밀 교환 없이도 공통키를 교환하게 해주는 알고리즘으로 키교환 알고리즘으로 대칭키를 공유하는데 사용한다. (나)는 이산대수 문제(혹은 이산 로그)라는 방식을 이용하는데 y=gx mod p 일때, g와 x와 p를 안다면 y는 구하기 쉽지만 g와 y와 p를 알땐 x를 구하기는 어렵다는 방식에 착안하여 만들어진 알고리즘이다(p는 소수, g는 생성자(generator), x는 개인키).
>
> (다) : 1977년 최초로 공개키 암호화 방식인 Rivest-Shamir-Adleman 이름을 딴 최초의 공개키 암호화 알고리즘으로 단순히 암호화뿐만 아니라 디지털 서명에도 사용된다. (다)의 암호화 체계는 안정성은 큰 숫자를 소인수 분해하는 것이 어렵다는 것에 기반을 두고 있다.

① (가) KDC(Key Distribution Center), (나) Matsumoto-Takashima-Imai, (다) RSA
② (가) KDC(Key Distribution Center), (나) Diffie-Hellman, (다) RSA
③ (가) RSA, (나) Diffie-Hellman, (다) KDC(Key Distribution Center)
④ (가) KDC(Key Distribution Center), (나) RSA, (다) Diffie-Hellman

키분배 방식에 대하여 위 보기에서 설명하는 것은 (가) KDC(Key Distribution Center), (나) Diffie-Hellman, (다) RSA이다.

오답 피하기

Matsumoto-Takashima-Imai

Diffie-Hellman 방식에서 A와 B가 항상 동일한 세션키를 가지는 문제점을 개선한 키 공유 방식의 하나이다.

정답 ②

64 커버로스 세션키 전송 절차를 순서대로 나열한 것은?

> ㄱ. 클라이언트는 티켓을 이용하여 서버에 전송
>
> ㄴ. 티켓 발급 서버는 인증된 클라이언트에게 티켓을 발급
>
> ㄷ. 서버는 티켓을 확인 후 클라이언트를 인증하여 접속을 허가
>
> ㄹ. 클라이언트는 서버에 접속하기 위하여 인증 서버에 계정, 비밀번호(PW) 입력
>
> ㅁ. 인증 서버는 인증된 클라이언트에게 티켓 발급 서버로부터 티켓 발급을 허가

① ㄹ - ㅁ - ㄴ - ㄱ - ㄷ

② ㄱ - ㄷ - ㄹ - ㅁ - ㄴ

③ ㄴ - ㄱ - ㄷ - ㄹ - ㅁ

④ ㄹ - ㅁ - ㄱ - ㄷ - ㄴ

위 보기에서 설명하고 있는 커버로스 세션키 전송 절차를 순서대로 나열한 것은 'ㄹ - ㅁ - ㄴ - ㄱ - ㄷ'이다.

정답 ①

65 다음 중 공격에 대한 설명으로 가장 옳지 않은 것은?

① 트래픽 분석 : 불법적인 공격자가 전송되는 메시지를 도중에 가로채어 그 내용을 외부로 노출시키는 공격

② 재생 공격 : 프로토콜상에서 유효 메시지를 골라 복사한 후 나중에 재전송함으로써 정당한 사용자로 가장하는 공격

③ 삽입 공격 : 불법적인 공격자가 정당한 송신자로 가장(Impersonation)하여 특정 수신자에게 메시지를 보내어 역시 불법적인 효과를 발생시키는 공격

④ 메시지 변조 : 전송되는 메시지들의 순서를 바꾸거나 또는 메시지의 일부분을 다른 메시지로 대체하여 불법적인 효과를 발생시키는 공격

보기 ①은 트래픽 분석에 대한 설명이 아니라 전송되는 파일을 도청, 즉 스니핑(sniffing)에 대한 설명이다.

정답 ①

66 아래 그림은 블록 암호화 운영모드 중 무엇에 해당하는가?

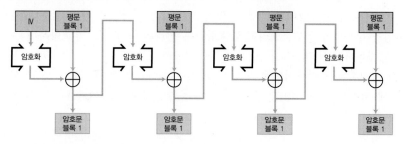

① ECB(Electric CodeBook mode)
② CBC(Cipher Block Chaining mode)
③ CFB(Cipher FeedBack mode)
④ OFB(Output FeedBack mode)

CFB(Cipher FeedBack mode)
• CFB 모드에서는 한 단계 앞의 암호문블록을 암호 알고리즘의 입력으로 사용한다. 평문블록을 직접 암호화하지는 않는다.
• CFB 모드에서는 한 단계 앞의 암호문블록을 암호화하여 키 스트림을 생성해 내고 생성된 키 스트림과 평문블록을 XOR하여 암호문블록을 생성해낸다.
• CFB 모드에서도 초기화 벡터(IV)를 사용하며, CFB 모드의 최초 암호문블록을 만들어낼 때도 "한 단계 앞의 출력"이 존재하지 않기 때문이다.

정답 ③

67 스트림 암호(Stream Cipher)에 대한 설명으로 가장 옳지 않은 것은?

① 일회용 패드(OTP, One Time pad) 등을 구현할 목적으로 이용된다.
② 짧은 주기와 선형함수로 계산되며, 주로 LFSR(Linear Feedback Shift Register) 적용한다.
③ 블록 단위 암호화보다 비트 단위 암호화가 시간상 더 빠르다.
④ 블록 암호화 운영모드 중 OFB 모드가 동기 스트림 암호화 방식과 유사하게 동작한다.

스트림 암호화 설계 시 암호화의 연속은 반복 주기를 길게 가져야 암호 해독하는 시간이 오래 걸린다.
스트림 암호 설계 시 고려사항
(1) 암호화의 연속은 긴 주기를 가져야 한다.
(2) 키 스트림은 진 난수 스트림과 최대한 비슷해야 한다.
(3) 전사적 공격에 대응하기 위해서는 키가 길어야 한다.

정답 ②

68 전자서명에서 사용하는 기능에 대한 설명으로 옳지 않은 것은?

① 비대칭키 암호시스템에서 전자서명의 과정은 서명자의 개인키로 서명을 하고 검증자는 서명자의 공개키로 서명을 검증하게 된다. 그리고 암호화는 수신자의 공개키로 암호화하며 수신자는 자신의 개인키로 해독하게 된다.

② 전자서명은 합법적 서명자만이 전자서명을 생성할 수 있어야 하는 위조 불가의 특성과 서명자는 서명 행위 이후에 서명 사실을 부인할 수 없어야 하는 부인방지 기능이 있다. 위조와 부인방지를 위해 송신자의 유일한 정보 비트인 송신자 개인키를 이용해야 한다.

③ 전자서명의 서명은 서명한 당사자가 소유한 유일한 것으로 개인키를 이용하여 메시지를 암호화하여 보내는 방법으로 상대는 서명자의 공개키로 수신된 메시지를 검증해 봄으로써 서명자를 유일하게 확인할 수 있다.

④ 은닉서명은 사용자가 서명자에게 서명을 받으려는 문서를 비밀로 한 채 서명자의 서명을 얻는 방법으로 즉, 서명자는 서명문의 내용을 확인하지 못한 상태에서 서명을 수행한다. 그러므로 사용자가 서명한 사실을 모르게 서명하기 때문에 익명성을 유지할 수 있는 서명 방식이다.

은닉서명은 기본적으로 임의의 전자서명을 만들 수 있는 서명자와 서명받을 메시지를 제공하는 제공자로 구성한 서명방식으로 제공자의 신원과 쌍(메시지, 서명)을 연결시킬 수 없어 익명성을 유지할 수 있는 서명 방식이다.

정답 ④

69 다음 중 접근 통제 모델에 대한 설명으로 옳은 것을 모두 고르시오.

> 가. 비바모델의 쓰기 수준은 보안 수준이 낮은 주체는 보안 수준이 높은 객체에 기록해서는 안되는 정책이고, 주체의 등급이 객체의 등급보다 높거나 같은 경우에만 그 객체를 기록할 수 있다.
>
> 나. MAC와 RBAC는 강제적 접근 통제라고 불리며, 사용자들은 자원에 대한 권한을 관리자로부터 부여받으며, 이것은 보안 레이블(Security Label)에 쓰인다. 그리고 오직 관리자만이 객체와 직원들에 대한 권한을 할당할 수 있고, 관리자만이 객체의 보안 레벨 또는 사용자 보안등급을 수정할 수 있다. 정보 시스템 내에서 어떤 주체가 어떤 객체에 접근하려 할 때 보안 레이블 정보에 기초하여 높은 보안을 요하는 정보가 낮은 보안 수준의 주체에게 노출되지 않도록 접근을 제한하는 접근 통제 방법이다.
>
> 다. DAC는 임의적 접근 통제라고 불리며, 자원에 대한 접근을 사용자계정과 그 계정에 부여된 허가, 거부 정책에 기반한다. DAC에서는 사용자 또는 그룹 객체의 소유자일 때 다른 사용자나 그룹에 권한을 부여할 수 있다. DAC 모델은 자원에 대한 소유권에 기반한다. 일반적인 운영체제에서 많이 쓰이는 접근 통제 모델이다.
>
> 라. RBAC는 주체의 역할에 따라 객체의 접근을 제어하는 방법으로 관리자는 사용자에게 특정한 권리와 권한이 정의된 역할을 할당한다. 사용자별로 접근 통제 규칙을 설정할 필요가 없어 직무순환에 유리하면 비임의적 접근 통제(Non-DAC) 방법이라고도 한다.

① 가

② 가, 다

③ 가, 다, 라

④ 가, 나, 다, 라

접근 통제 모델에 대해 옳게 설명한 것을 모두 고른 것은 '가, 나, 다, 라'이다.

정답 ④

70 PKI(Public Key Infrastructure)에서 RA(Registration Authority) 기관이 수행하는 기능이 아닌 것은?

① 사용자 신원 확인
② 사용자 등록 수행
③ 사용자 인증서 발급 요청
④ 인증서 취소 목록 보관

인증서 취소 목록 보관은 인증기관(CA, Certification Authority) 수행하는 역할이다.

PKI의 주요 역할에 따른 구성

구성	역할	
인증기관 (CA, Certificate Authority)	• 인증서를 발급하고 관리하며, 공개키에 대한 공신력 있는 기관이다. • 인증정책을 수립하고, 인증서 관리, 인증서 효력정지 관리, 폐지목록 관리, 다른 CA와 상호인증을 제공한다.	
	정책승인기관(PAA, Policy Approving Authority)	PKI의 Root CA 역할을 하며, PKI 전반에 사용되는 정책과 절차를 생성한다.
	정책인증기관(PCA, Policy Certification Authority)	PAA의 하부 계층으로 도메인 내의 사용자 및 인증기관, 인증서를 관리한다.
	인증기관(CA, Certification Authority)	인증서를 발급/관리하고, 사용자에게 인증서를 전달하고, 인증서 및 인증서 취소목록 등을 보관한다.
등록기관 (RA, Registration Authority)	신원확인, 고객데이터 유지 등 인증기관의 입증을 대행하는 기관으로, 사용자의 인증서 발급 요청을 받아 CA에 등록하고, 신원확인 기능을 수행한다.	
사용자	PKI 내의 사용자 및 사용자가 사용하는 시스템을 의미한다.	
저장소	DAP 및 LDAP 등을 사용하여 디렉터리 서비스를 제공한다. 즉 인증서, 사용자 관련정보, 인증서 효력정지, 폐지목록 등을 저장/검색하는 장소를 말한다.	

정답 ④

71 전자서명은 서명자를 확인하고 서명자가 당해 전자문서에 서명하였음을 나타내는데 이용하기 위하여 당해 전자문서에 첨부되거나 논리적으로 결합된 전자적 형태의 정보를 말한다. 다음 중 전자서명에서 긴 메시지 전자서명 암호화를 사용하는 이유는 무엇인가?

① 전자서명 알고리즘 특성상 전자서명은 메시지에 의존 및 많은 데이터량을 포함하기 때문에
② 국제표준 규정에서 정한 사항을 반영하기 위하여
③ 해시함수 특성상 긴 메시지를 일정 길이블록으로 분할 후 압축 기능을 통해 짧고 일정한 길이의 메시지 다이제스트를 생성하여 메시지 변조, 전자서명 시 연산의 효율성 증대하기 위하여
④ 전자서명의 적응적 선택 메시지 공격에 대응하기 위하여

• 전자서명에서 긴 메시지 전자서명 암호화를 사용하는 이유를 찾는 문제를 해석하면 암호학적 해시함수를 전자서명에서 사용하는 이유가 무엇인지를 보기에서 찾는 문제라고 볼 수 있다.
• 전자서명에서 암호학적 해시함수를 사용하는 이유는 해시함수 특성상 긴 메시지를 일정 길이블록으로 분할 후 압축 기능을 통해 짧고 일정한 길이의 메시지 다이제스트를 생성하여 메시지 변조, 전자서명 시 연산의 효율성 증대하기 위하여 사용된다.

정답 ③

72 256비트 길이의 AES 암호화 알고리즘의 라운드 수는?

① 10 ② 12
③ 14 ④ 16

AES 암호화 알고리즘 키길이에 따른 라운드 수

구분	키길이(Nk words)	블록길이(Nb words)	라운드 수
AES–128	4	4	10
AES–192	6	4	12
AES–256	8	4	14

정답 ③

73 다음 설명 중 틀린 것은?

① 사용자의 인증서에 인증서의 버전, 인증기관 정보, 인증서 유효기간 등 인증서의 기본 정보를 적용하며 신뢰한다.
② 인증서의 폐기 기간이 남아있더라도 인증서를 폐지할 수 있다.
③ 인증서 폐기 시에 CRL에 추가되고 폐기 대상 인증서 목록에 인증기관이 전자서명을 한다.
④ 인증서에 포함되어 있는 공개키 정보는 소유자의 공개키이며, 인증서는 인증기관의 공개키로 서명한다.

인증서 내 소유자, 소유자의 공개키 정보를 포함하며, 인증서는 인증기관(CA, 발행자)의 소유자의 신분과 소유자의 공개키를 연결해 주는 전자정보(TBS Certificate)의 유효성을 인증하고 CA 자신의 비공개키(개인키)로 서명한다.
[참고문서] 행정전자서명 프로파일 및 알고리즘 상세서(2019.2. 행정안전부)

정답 ④

74 HMAC(Hash-based Message Authentication Code) 설계시 고려해야 하는 것이 아닌 것은?

① 내장된 해시함수와 동일하게 교체가 용이하다.

② 사용된 해시함수와 손쉽게 변경될 수 있어야 한다.

③ 제공된 해시함수를 목적에 맞게 변경하여 사용할 수 있어야 한다.

④ 해시함수의 원래 성능을 유지하도록 고려한다.

HAMC는 일방향 해시함수를 이용해서 메시지 인증코드를 구성하는 방법으로 RFC2104의 HMAC 설계 목표는 다음과 같다.

RFC2104의 HMAC 설계 목표

• 기존의 해시함수를 변경없이 사용 가능해야 한다.

• 해시함수는 소프트웨어로 구현 가능하고 무상입수가 용이하여야 한다.

• 내장 해시함수 교체가 용이하다(해시함수의 블랙박스화).

• 성능저하없이 해시함수의 원래 성능은 계속 유지되어야 한다.

• 간단한 방법으로 키 조작이 가능해야 한다.

• 인증 매커니즘의 암호학적 분석 이해가 가능하다.

정답 ③

75 블록 암호화 운영 모드 중 메시지인증에 사용된 운영모드로 짝지어진 것은?

ㄱ. ECB(Electric CodeBook mode)	ㄴ. CBC(Cipher Block Chaining mode)
ㄷ. OFB(Output FeedBack mode)	ㄹ. CTR(CounTeR mode)

① ㄱ, ㄴ

② ㄱ, ㄷ

③ ㄴ, ㄷ

④ ㄴ, ㄹ

• 블록 암호화 운영 모드 중 메시지인증에 사용된 운영모드로 짝지어진 것은 CBC(Cipher Block Chaining mode), CTR(CounTeR mode)이다.

• 메시지인증코드(MAC) 유형 중 CBC-MAC, CCM(Counter with CBC-MAC), GCM(Galosi/Counter) 모드에서 이용된다.

정답 ④

76 와이파이의 보안은 WEP, WPA, WPA2로 발전해 왔다. 2017년 10월 코드명 "KRACK" 기반의 세션 하이재킹 공격, Personal 모드 Brute-force 공격에 취약 등의 WPA2의 보안 취약점 문제가 대두되고, 또한 순방향 비밀성(Forward Secrecy) 지원 기능이 없다. 이에 2018년 와이파이 얼라이언스는 WPA3(Wi-Fi Protected Access 3)라는 와이파이의 새로운 보안 표준을 제시하였다. WPA3의 Personal Mode에서 지원되는 순방향 비밀성(Forward Secrecy) 의미는 무엇인가?

① WPA3 보안 표준이 적용된 이후의 OWE(Opportunistic Wireless Encryption)를 기반으로 한 Wi-Fi Enhanced Open은 개방형 네트워크 사용의 간편성을 유지하면서 사용자에게 데이터 암호화의 이점을 제공한다.

② 중간자 공격을 통해 암호키 탈취 공격에 대한 SAE(Simultaneous Authentication of Equals) 기반 키유도 함수를 사용한다.

③ 현재 사용되는 세션키나 마스터키가 노출되더라도 예전에 선행 암호화 트래픽의 기밀성에 영향을 미치지 않는다.

④ 192비트 이상 타원곡선 암호화 강도를 사용하여 AES-256, SHA-514 등 고강도 암호화 알고리즘 채택을 의무화하고 취약한 패스워드 사용을 차단한다.

현재 사용되는 세션키나 마스터키가 노출되더라도 예전에 선행 암호화 트래픽의 기밀성에 영향을 미치지 않는다. 즉, 데이터가 전송된 후에 암호가 노출되더라도 데이터 트래픽을 보호할 수 있다는 특징이 있다.

WPA3의 암호화의 특징

• 192bit ECC(타원곡선 암호화)

• SAE(Simultaneous Authentication of Equals) 기반 키 유도 함수 사용

• SHA-2 기반 메시지 무결성 및 인증 지원

• ECDH, ECDSA 기반 키 인증

정답 ③

77 합성수 n=143을 사용하는 RSA 암호 알고리즘을 사용한다고 하자. 다음 중 공개키 e로 사용할 수 없는 것은?

① e=7

② e=15

③ e=23

④ e=77

공개키 e로 사용할 수 없는 것은 e=15이다.

아래 RSA 공개키, 개인키 구하는 수식을 확인하고 예제풀이를 통해서 확인한다.

RSA 키생성, 암복호화 알고리즘 수식

구분	RSA	예제 풀이
키생성	1. 서로 다른 큰 소수 p, q를 선택한다. 2. 합성수 n을 구한다. 3. φ(n) => 오일러 Totient 함수, n보다 작은 자연수 중에서 n과 서로 소인 자연수의 개수를 구한다. φ(n) = (p−1)(q−1) 4. φ(n)보다 작고 φ(n)과 서로소인 임의의 자연수 e를 선택한다. gcd(e, φ(n)) = 1 (1 〈 e 〈 φ(n) 만족하는 e를 선택) 5. 확장 유클리드 호제법을 이용해서 ed mod φ(n) = 1인 d를 구한다. RSA는 공개키를 먼저 구한 다음에 개인키를 구한다. (ECC의 경우 RSA와 반대로 개인키를 먼저 구한 후 공개키를 구한다.) 공개키(Public Key) : (N, e) 개인키(Private Key) : d 공개키를 구할 땐 (p−1)(q−1)에 서로소인 e를 찾는다.	n=143 n=11*13 φ(n) = (11−1)(13−1) = 120 φ(n)보다 작고 φ(n)과 서로소인 임의의 자연수 e를 선택한다. ed mod φ(n) = 1인 d를 구한다. e*d mod 120 = 1 e 자리에 다른 보기들은 전부 몇 번을 곱하게 되면 결국 120으로 나눴을 때 나머지 1이 된다. 15는 무엇을 곱해도 1을 남길 수가 없기 때문에 공개키 e로 사용할 수 없다.
암호화	M 〈 n C≡M^e mod n	
복호화	M≡C^d mod n	

정답 ②

78 공개키 기반 인증서에 대한 설명으로 틀린 것은?

① 인증서란 사용자의 공개키와 사용자의 ID 정보를 결합하여 인증기관이 서명한 문서, 공개키의 인증서를 제공해주는 일종의 디지털 문서이다.

② 등록기관이란 공개키와 인증서 소유자 사이의 관계를 확인해주는 인증서 발급기관의 역할을 한다.

③ 신뢰할만한 인증기관의 개인키로 서명된 사용자의 공개키가 포함되어 있다.

④ X.509 인증서의 확장 영역은 CRL 분배점, 사용자 공개키 사용 목적, 주체와 발급자에 대한 속성 정보 등 인증서에 추가적으로 정의할 수 있는 내용을 X.509 버전3에서 확장자 개념을 도입하였다.

공개키 기반 인증서에 대한 설명으로 틀린 것은 등록기관이 아닌 인증기관의 역할에 해당한다.

오답 피하기

등록기관은 신원확인, 고객데이터 유지 등 인증기관의 입증을 대행하는 기관으로, 사용자의 인증서 발급을 요청한다.

정답 ②

79 X.509 인증서에 사용되는 프로토콜이 아닌 것은?

① DNSSE(Domain Name System Security Extensions)

② IPSec(Internet Protocol Security)

③ S/MIME(Security Services for Multipurpose Internet Mail Extension)

④ SSL/TLS(Secure Sockets Layer/Transport Layer Security)

X.509 인증서에 사용되는 프로토콜이 아닌 것은 DNSSE(Domain Name System Security Extensions)이다.
이 문제는 X.509 인증에서 활용하는 프로토콜이 아닌 것을 찾는 문제이다.

정답 ①

80 주어진 입력 값 x에 대해 h(x) = h(x′)를 만족하는 x ≠ x′ 찾는 것이 계산적으로 불가능하여야 한다는 해시함수의 특성은 무엇인가?

① 압축성   ② 일방향성
③ 두 번째 역상 저항성   ④ 강한 충돌저항성

오답 피하기

① 압축성 : 다양한 가변길이의 입력에 고정된 크기의 결과 값을 출력해야 한다.
• 가변길이 입력 값 : 다양한 가변길이의 입력에 적용될 수 있다.
• 고정길이 결과 값 : 출력되는 해시 값은 항상 고정길이이다.
② 일방향성(역상저항성) : 해시 값으로부터 메시지를 구할 수 없다. 즉, 주어진 임의의 출력 값 y에 대해 y=h(x)를 만족하는 입력 값 x를 찾는 것이 계산적으로 불가능하다.
④ 강항 충돌저항성(충돌저항성) : h(x)=h(x′)를 만족하는 임의의 두 입력 값 x, x′ 찾는 것이 계산적으로 불가능하다.

정답 ③

≡ 하   정보보안 관리 및 법규 〉 정보보호 관리의 이해

81 ISMS−P 인증기준 안내서 내 관리체계 수립 및 운영 영역의 위험관리 분야에서 아래 보기의 괄호 안에 해당하는 내용은 무엇인가?

> 조직의 (ㄱ)에 따라 정보자산 분류기준을 수립하여 관리체계 범위 내 모든 정보자산을 식별·분류하고, (ㄴ)한 후 그 목록을 최신으로 관리하여야 한다.

① (ㄱ) : 업무 특성, (ㄴ) : 중요도를 산정
② (ㄱ) : 자산 현황, (ㄴ) : 중요도를 산정
③ (ㄱ) : 업무 특성, (ㄴ) : 보안 등급을 산정
④ (ㄱ) : 자산 현황, (ㄴ) : 보안 등급을 산정

ISMS−P 인증 기준 안내서 내 1.2.1 정보자산 식별 인증기준에 대한 설명으로 괄호 안에 들어갈 내용은 (ㄱ) : 업무 특성, (ㄴ) : 중요도를 산정이다.

1.2.1 정보자산 식별
조직의 업무 특성에 따라 정보자산 분류기준을 수립하여 관리체계 범위 내 모든 정보자산을 식별·분류하고, 중요도를 산정한 후 그 목록을 최신으로 관리하여야 한다.

정답   ①

≡ 중   정보보안 관리 및 법규 〉 정보보호 관리

82 다음 중 과학기술정보통신부 및 인터넷진흥원이 침해사고에 대응하기 위하여 수행하는 업무에 해당하지 않는 것은?

① 침해사고에 관한 정보의 수집·전파
② 국가 정보통신망 안전에 필요한 경우 관계기관의 장에 대한 침해사고 관련 정보의 제공
③ 침해사고와 관련이 있는 소프트웨어의 보안상 취약점을 수정·보완한 프로그램의 제작·배포
④ 언론기관 및 정보통신서비스 제공자에 침해사고 예보·경보의 전파

침해사고와 관련이 있는 소프트웨어의 보안상 취약점을 수정·보완한 프로그램의 제작·배포가 아닌 제작·배포를 요청(O)하여 침해사고 대응조치를 수행할 수 있다.
또한, 정보통신서비스 제공자에 대한 보안 취약점 보완 프로그램의 정보통신망 게재를 요청할 수 있다.
5과목에서 제48조의2(침해사고의 대응 등)의 문제는 반드시 출제되는 영역이므로 관련 법률 조문은 국가법령센터 내 최신 법령을 숙지하도록 한다.

정보통신망법 제48조의2 침해사고 대응 조치	
구분	과기부/인터넷진흥원 침해사고의 대응 등 수행업무
정보통신망법 제48조의2 제1항	1. 침해사고에 관한 정보의 수집 · 전파 2. 침해사고의 예보 · 경보 3. 침해사고에 대한 긴급조치 4. 그 밖에 대통령령으로 정하는 침해사고 대응조치
동법 시행령 제56조	5. 주요정보통신서비스 제공자 및 법 제46조제1항에 따른 타인의 정보통신서비스 제공을 위하여 집적된 정보통신시설을 운영 · 관리하는 사업자에 대한 접속경로(침해사고 확산에 이용되고 있거나 이용될 가능성이 있는 접속경로만 해당한다)의 차단 요청 6. 「소프트웨어산업 진흥법」 제2조제4호에 따른 소프트웨어 사업자 중 침해사고와 관련이 있는 소프트웨어를 제작 또는 배포 한 자에 대한 해당 소프트웨어의 보안상 취약점을 수정 · 보완한 프로그램(이하 "보안 취약점 보완 프로그램"이라 한다)의 제작 · 배포 요청 및 정보통신서비스 제공자에 대한 보안취약점 보완프로그램의 정보통신망 게재 요청 7. 언론기관 및 정보통신서비스 제공자에 대한 법 제48조의2 제1항제2호에 따른 침해사고 예보 · 경보의 전파 8. 국가 정보통신망 안전에 필요한 경우 관계 기관의 장에 대한 침해사고 관련 정보의 제공

 정답 ③

⬛ 중　정보보안 관리 및 법규 〉 정보보호 관리

83 다음 중 아래 보기에서 설명하고 있는 것은 무엇인가?

> 정보자산의 기밀성, 무결성, 가용성을 실현하기 위한 절차와 과정을 체계적으로 수립하고 문서화하고 지속적으로 관리 · 운영하는 시스템 또는 체계를 말한다.

① 재해복구
② 정보보호 관리체계
③ 위험관리
④ 개인정보 흐름도

오답 피하기

① 재해복구 : 화재 및 지진, 테러 등으로 인해 발생하는 각종 재해로부터 기관(기업)의 정보 및 데이터를 보호하기 위한 절차와 방법이다.
③ 위험관리 : 조직의 자산에 대한 위험을 감수할 수 있는 수준으로 유지하기 위하여 자산에 대한 위험을 분석하고 이러한 위험으로부터 자산을 보호하기 위한 비용 대비 효과적인 보호대책을 마련하는 일련의 과정이다.
④ 개인정보 흐름도 : 조직 내 개인정보가 어떻게 움직이고 어떠한 보안통제를 적용하고 있는지 여부를 파악하여 그림으로 표현한 것이다.

 정답 ②

84 정량적 위험분석의 장점이 아닌 것은?

① 정보자산의 가치는 금액으로 평가되고, 위험은 연간 발생 횟수로 평가한다.

② 예산 계획에 활용될 수 있다.

③ 정보자산 가치를 논리적으로 평가하고 평가된 값이 의미하는 바가 분명하다.

④ 정성적 위험분석 보다 분석에 필요한 시간, 노력의 비용이 감소한다.

분석에 필요한 시간, 노력의 비용이 커지면 값이 실제 자산의 가치를 정확히 반영할 수 없는 단점이 존재한다.

정량적 위험평가와 정성적 위험평가 장단점 비교

구분	정량적 위험평가	정성적 위험평가
특징	• 손실 및 위험의 크기를 금액 • 크기 비교	등급, 설명을 사용하여 상황 묘사
장점	• 비용 및 가치분석이 수행된다. • 예산계획에 활용 가능하다. • 평가된 값이 의미하는 바가 분명하다.	• 금액으로 평가하기 어려운 정보의 평가가 가능하다. • 분석 시간이 상대적으로 짧고 이해가 쉽다.
단점	• 분석에 필요한 시간, 노력의 비용이 커진다. • 값이 실제 자산의 가치를 정확히 반영할 수 없다.	• 표현이 주관적이어서, 사람에 따라 그 이해가 달라진다. • 주관적인 판단에 따라 위험도가 실제와 다르게 표현된다.

정답 ④

85 다음 중 개인정보보호법 제33조에 따라 개인정보 영향평가 시 고려사항에 해당하지 않는 것은 무엇인가?

① 처리하는 개인정보의 수

② 개인정보의 제3자 제공 여부

③ 개인정보를 처리하는 위탁 정도

④ 정보주체의 권리를 해할 가능성 및 그 위험 정도

개인정보보호법 제33조 제2항 영향평가 시 고려사항

구분	영향평가 시 고려사항
개인정보보호법 제33조 제2항	1. 처리하는 개인정보의 수 2. 개인정보의 제3자 제공 여부 3. 정보주체의 권리를 해할 가능성 및 그 위험 정도 4. 그 밖에 대통령령으로 정한 사항
동법 시행령 제36조	5. 민감정보 또는 고유식별정보의 처리 여부 6. 개인정보 보유기간

정답 ③

86 IoT 융합제품 및 서비스의 보안 내재화를 위하여 IoT 제품 및 서비스의 '설계 및 개발, 설치, 운영 및 관리, 폐기'까지 전주기에 걸쳐 발생할 수 있는 보안 위협에 대응하기 위해 고려해야 하는 기본적인 보안 요구사항을 제시한다. 다음 중 "IoT 서비스 운영관리 단계"에서 필요한 보안 요구사항에 해당하지 않는 것은?

① 안전한 소프트웨어 및 하드웨어 개발 기술 적용 및 검증
② IoT 제품 · 서비스의 보안 취약점 분석 및 보안 패치 이행
③ IoT 침해사고 대응체계 및 책임 추적성 확보 방안 마련
④ 안전한 운영 · 관리를 위한 정보보호 및 개인정보보호 정책 수립 및 기술적 · 관리적 보호조치 마련

IoT 제품 및 서비스의 전주기 단계에 따른 공통 보안 원칙 및 가이드

단계	IoT 공통 보안 원칙	IoT 공통 보안 가이드
설계 · 개발	(1) 정보보호와 프라이버시 강화를 고려한 IoT 제품 · 서비스 설계	① IoT 장치의 특성을 고려하여 보안 서비스의 경량화 구현 ② IoT 서비스 운영 환경에 적합한 접근 권한 관리 및 인증, 종단 간 통신 보안, 데이터 암호화 등의 방안 제공 ③ 소프트웨어 보안 기술과 하드웨어 보안 기술의 적용 검토 및 안전성이 검증된 보안 기술 활용 ④ IoT 제품 및 서비스에서 수집하는 민감 정보(개인정보 등) 보호를 위해 암호화, 비식별화, 접근관리 등의 방안 제공 ⑤ IoT 서비스 제공자는 수집하는 민감 정보의 이용 목적 및 기간 등을 포함한 운영정책가시화 및 사용자에 투명성 보장
	(2) 안전한 SW 및 HW 개발기술 적용 및 검증	⑥ 소스코드 구현단계부터 내재될 수 있는 보안 취약점을 사전에 예방하기 위해 시큐어 코딩 적용 ⑦ IoT 제품 · 서비스 개발에 사용된 다양한 S/W에 대해 보안 취약점 점검 수행 및 보안패치 방안 구현 ⑧ 펌웨어/코드 암호화, 실행코드 영역제어, 역공학 방지 기법 등 다양한 하드웨어 보안 기법 적용
배포 · 설치 · 구성	(3) 안전한 초기 보안 설정 방안 제공	⑨ IoT 제품 및 서비스 (재)설치 시 보안 프로토콜들에 기본으로 설정되는 파라미터 값이 가장 안전한 설정이 될 수 있도록 "Secure by Default" 기본 원칙 준수
	(4) 안전한 설치를 위한 보안 프로토콜 준수 및 안전한 파라미터 설정	⑩ 안전성을 보장하는 보안 프로토콜 적용 및 보안 서비스 제공 시 안전한 파라미터 설정
운영 · 관리 · 폐기	(5) IoT 제품 · 서비스 취약점 패치 및 업데이트 지속 이행	⑪ IoT 제품 · 서비스의 보안 취약점 발견 시, 이에 대한 분석 수행 및 보안패치 배포 등의 사후조치 방안 마련 ⑫ IoT 제품 · 서비스에 대한 보안 취약점 및 보호조치 사항은 홈페이지, SNS 등을 통해 사용자에게 공개
	(6) 안전 운영 · 관리를 위한 정보보호 및 프라이버시 관리체계 마련	⑬ 최소한의 개인정보만 수집 · 활용될 수 있도록 개인정보보호정책 수립 및 특정 개인을 식별할 수 있는 정보의 생성 · 유통을 통제할 수 있는 기술적 · 관리적 보호조치 포함
	(7) IoT 침해사고 대응체계 및 책임추적성 확보 방안 마련	⑭ 다양한 유형의 IoT 장치, 유 · 무선 네트워크, 플랫폼 등에 다양한 계층에서 발생 가능한 보안 침해사고에 대비하여 침입탐지 및 모니터링 수행 ⑮ 침해사고 발생 이후 원인분석 및 책임추적성 확보를 위해 로그기록의 주기적 저장 · 관리

※ 참고자료 : IoT 공통 보안가이드(KISA)

정답 ①

87 공인전자서명의 요건이 아닌 것은?

① 서명 당시 가입자가 전자서명 정보를 지배하고 있을 것
② 전자서명 생성정보는 가입자에게 유일하게 속할 것
③ 전자서명이 있은 후에 가입자 변경 여부를 확인할 수 있을 것
④ 전자서명이 있은 후에 해당 전자서명에 대한 변경 여부를 확인할 수 있을 것

전자서명법 제2조 제3호 "공인전자서명"이라 함은 다음 각목의 요건을 갖추고 공인인증서에 기초한 전자서명을 말한다.

가. 전자서명 생성정보가 가입자에게 유일하게 속할 것

나. 서명 당시 가입자가 전자서명생성정보를 지배 · 관리하고 있을 것

다. 전자서명이 있은 후에 해당 전자서명에 대한 변경 여부를 확인할 수 있을 것

라. 전자서명이 있은 후에 해당 전자문서의 변경 여부를 확인할 수 있을 것

정답 ③

88 업무연속성관리 및 재해복구계획에 대한 설명으로 가장 옳지 않은 것은?

① 재해복구서비스 중 웜사이트는 재난 발생 시 새로운 컴퓨터실을 미리 준비해둔 것으로 재해복구 장비에 대한 최소한의 연락 장비만 확보한 것을 말한다.
② 재해복구계획의 방법론 중 5단계는 프로젝트의 범위 설정 및 기획, 사업영향평가, 복구전략개발, 복구계획수립, 프로젝트의 수행 테스트 및 유지보수로 나눌 수 있다.
③ 재해복구테스트 방법은 체크리스트, Structured Walk-Through(구조적 점검), Simulation(시뮬레이션), Parallel Test(병렬 테스트), Full-interruption Test(전체 시스템 중단 테스트) 등이 있다.
④ 업무연속성관리 천재지변으로부터 시스템을 보호하여 가용성(Availability)를 높이고 사업환경의 계속성을 유지하며 기업의 서비스 질적 수준을 높이는 데 목적이 있다.

• 웜(Warm Site) : 핫사이트와 유사하나 재해복구센터에 주 센터와 동일한 수준의 정보기술자원을 보유하는 대신 중요성이 높은 정보기술자원만 부분적으로 재해복구센터에 보유하는 방식이다.

• 콜드 사이트(Cold Site) : 데이터만 원격지에 보관하고 서비스를 위한 정보자원은 확보하지 않거나 장소 등 최소한으로만 확보하고 있다가 재해 시 데이터를 근간으로 필요한 정보자원을 조달하여 복구하는 방식이다.

정답 ①

89 전자서명법에서 정한 공인인증서 폐지 사유에 해당하지 않는 것은?

① 가입자 또는 그 대리인이 공인인증서의 폐지를 신청한 경우
② 공인인증서의 유효기간이 경과한 경우
③ 가입자가 사위 기타 부정한 방법으로 공인인증서를 발급받은 사실을 인지한 경우
④ 가입자의 전자서명 생성정보가 분실·훼손 또는 도난·유출된 사실을 인지한 경우

공인인증서 폐지 및 효력 소멸 사유 비교

공인인증서 폐지 사유	공인인증서 효력의 소멸 사유
전자서명법 제18조	전자서명법 제16조
1. 가입자 또는 그 대리인이 공인인증서의 폐지를 신청한 경우 2. 가입자가 사위 기타 부정한 방법으로 공인인증서를 발급받은 사실을 인지한 경우 3. 가입자의 사망·실종선고 또는 해산 사실을 인지한 경우 4. 가입자의 전자서명 생성정보가 분실·훼손 또는 도난·유출된 사실을 인지한 경우	1. 공인인증서의 유효기간이 경과한 경우 2. 제12조제1항의 규정에 의하여 공인인증기관의 지정이 취소된 경우 3. 제17조의 규정에 의하여 공인인증서의 효력이 정지된 경우 4. 제18조의 규정에 의하여 공인인증서가 폐지된 경우 5. 삭제 〈2001. 12. 31.〉

정답 ②

90 정보통신망법에서는 정보통신망을 통하여 일반에게 공개를 목적으로 제공된 정보로 사생활 침해나 명예훼손 등 타인의 권리가 침해된 경우에는 그 정보 삭제를 요청할 수 있다. 다음 중 정보 삭제 요청에 대한 설명으로 가장 옳지 않은 것은?

① 정보통신서비스 제공자는 사생활 침해나 명예훼손 등 해당 정보의 삭제 등을 요청받으면 지체 없이 삭제·임시조치 등의 필요한 조치를 하고 즉시 신청인 및 정보 게재자에게 알려야 한다.
② 정보통신서비스 제공자는 자신이 운영·관리하는 정보통신망에 제42조에 따른 표시 방법을 지키지 아니하는 청소년유해매체물이 게재되어 있거나 제42조의2에 따른 청소년 접근을 제한하는 조치 없이 청소년유해매체물을 광고하는 내용이 전시되어 있는 경우에는 지체 없이 그 내용을 삭제하여야 한다.
③ 정보통신서비스 제공자는 사생활 침해나 명예훼손 등 정보의 삭제요청에도 불구하고 권리 침해 여부를 판단하기 어렵거나 이해당사자 간에 다툼이 예상되는 경우에는 삭제 요청에 대한 권리배태물 예상 접근 조치를 하지 않는다.
④ 정보통신서비스 제공자는 필요한 조치에 관한 내용·절차 등을 미리 약관에 구체적으로 밝혀야 한다.

정보통신망법 제44조의2(정보의 삭제요청 등)에 제4항에서 정보통신서비스 제공자는 제1항에 따른 정보의 삭제 요청에도 불구하고 권리의 침해 여부를 판단하기 어렵거나 이해당사자 간에 다툼이 예상되는 경우에는 해당 정보에 대한 접근을 임시적으로 차단하는 조치(이하 "임시조치"라 한다)를 할 수 있다. 이 경우 임시조치의 기간은 30일 이내로 한다.

데이터 3법 개정에 따라 정보통신망법의 개정됨에 따라 제16회 정보보안기사에서 신규로 출제된 법규영역이다.

정보통신망법 제44조의2(정보의 삭제요청 등)

제44조의2(정보의 삭제요청 등) ① 정보통신망을 통하여 일반에게 공개를 목적으로 제공된 정보로 사생활 침해나 명예 훼손 등 타인의 권리가 침해된 경우 그 침해를 받은 자는 해당 정보를 처리한 정보통신서비스 제공자에게 침해사실을 소명하여 그 정보의 삭제 또는 반박내용의 게재(이하 "삭제등"이라 한다)를 요청할 수 있다. 〈개정 2016. 3. 22.〉

② 정보통신서비스 제공자는 제1항에 따른 해당 정보의 삭제등을 요청받으면 지체 없이 삭제·임시조치 등의 필요한 조치를 하고 즉시 신청인 및 정보게재자에게 알려야 한다. 이 경우 정보통신서비스 제공자는 필요한 조치를 한 사실을 해당 게시판에 공시하는 등의 방법으로 이용자가 알 수 있도록 하여야 한다.

③ 정보통신서비스 제공자는 자신이 운영·관리하는 정보통신망에 제42조에 따른 표시 방법을 지키지 아니하는 청소년유해매체물이 게재되어 있거나 제42조의2에 따른 청소년 접근을 제한하는 조치 없이 청소년유해매체물을 광고하는 내용이 전시되어 있는 경우에는 지체 없이 그 내용을 삭제하여야 한다.

④ 정보통신서비스 제공자는 제1항에 따른 정보의 삭제요청에도 불구하고 권리의 침해 여부를 판단하기 어렵거나 이해 당사자 간에 다툼이 예상되는 경우에는 해당 정보에 대한 접근을 임시적으로 차단하는 조치(이하 "임시조치"라 한다)를 할 수 있다. 이 경우 임시조치의 기간은 30일 이내로 한다.

⑤ 정보통신서비스 제공자는 필요한 조치에 관한 내용·절차 등을 미리 약관에 구체적으로 밝혀야 한다.

⑥ 정보통신서비스 제공자는 자신이 운영·관리하는 정보통신망에 유통되는 정보에 대하여 제2항에 따른 필요한 조치를 하면 이로 인한 배상책임을 줄이거나 면제받을 수 있다.

 정답 ③

상 정보보안 관리 및 법규 〉 정보보호 관리

91 아래 보기에서 설명하고 있는 위험처리 전략에 대한 설명으로 가장 옳지 않은 것은?

① 위험감소 : 패스워드 도용의 위험을 줄이기 위해 개인정보처리시스템의 로그인 패스워드 복잡도와 길이를 3가지 문자조합 및 8글자 이상으로 강제 설정되도록 패스워드 설정 모듈을 개발하여 적용한다.

② 위험수용 : 유지보수 등 협력업체, 개인정보처리 수탁자 중 당사에서 직접 관리 감독할 수 없는 대형 수탁자에 대해서만 관리감독을 수행하고 나머지는 예외적으로 필요한 경우에 수탁자의 교육 및 관리감독을 수행하도록 한다.

③ 위험전가 : 중요정보 및 개인정보 유출 시 손해배상 소송 등에 따른 비용 손실을 줄이기 위해 관련 보험에 가입한다.

④ 회사 홍보용 인터넷 홈페이지에서는 회원 관리에 따른 리스크가 크므로 회원가입을 받지 않는 것으로 변경하고 기존 회원정보는 모두 파기한다.

위험처리 전략에 대한 설명으로 가장 틀린 내용은 위험수용에 대한 설명이다.
정보보호 및 개인정보 관리체계 인증제도 안내서 35page에서 제시된 위험처리 전략의 예시는 아래와 같이 나와 있다.

위험수용

유지보수 등 협력업체, 개인정보처리 수탁자 중 당사에서 직접 관리 감독할 수 없는 PG(Payment Gateway)사, 본인확인기관 등과 같은 대형 수탁자에 대하여는 해당 수탁자가 법령에 의한 정부감독을 받거나 정부로부터 보안인증을 획득한 경우에는 개인정보보호법에 따른 문서체결 이외의 별도 관리·감독은 생략할 수 있도록 한다.

 정답 ②

92 최고경영자는 정보보호 및 개인정보보호 관리체계의 수립과 운영활동 전반에 '경영진의 참여'에 대한 설명으로 가장 옳지 않은 것은?

① 정보보호 및 개인정보보호 관리체계의 수립 및 운영활동 전반에 의사결정권이 있는 경영진이 참여하기 위해 의사결정 등의 책임과 역할을 문서화하고 있지 않으나 정기적인 보고는 수행하고 있다.

② 경영진이 효과적으로 관리체계 수립·운영에 참여할 수 있도록 조직의 규모 및 특성에 맞게 보고 및 의사결정 절차, 대상, 주기 등을 결정하였다.

③ 정보보호 및 개인정보보호 정책의 제·개정, 위험관리, 내부감사 등 관리체계 운영의 중요 사안에 대해서는 경영진뿐만 아니라 위원회를 구성 및 운영하여 검토, 승인 및 의사결정을 지원하였다.

④ 수립된 내부절차에 따라 정보보호 및 개인정보보호 관리체계 내 주요 사항에 대하여 경영진이 보고를 받고 의사결정에 참여한다.

> 경영진의 참여에 대한 설명으로 가장 틀린 내용은 경영진의 참여가 이루어 질 수 있도록 보고, 의사결정 등의 책임과 역할을 문서화하여야 한다.

정답 ①

93 다음 중 법률에 근거하여 정보보호 자율제도에 해당하지 않고 의무제도에 해당하는 것은?

① 정보보호 준비도 평가
② 클라우드 보안 인증제
③ 정보보호 공시제도
④ 주요정보통신기반시설 취약점 분석·평가

> 법률에 근거하여 정보보호 자율제도에 해당하지 않고 의무제도에 해당하는 것은 주요정보통신기반시설 취약점 분석·평가 이다.
>
> 주요정보통신기반시설 취약점 분석·평가는 정보통신기반보호법 제9조(취약점의 분석·평가)에 따라 정기적으로 소관 주요 정보통신기반시설의 취약점을 분석·평가하여야 한다.
>
> **정보보호 자율제도**
> • 정보보호 준비도 평가 : 영세·중소기업 및 非 ICT 분야 등 자발적인 보안역량 강화를 위해 민간자율로 보안투자 비율 및 인력 조직 확충, 법규준수 등 기업의 정보보호 준비 수준을 평가하여 일정 등급을 부여하는 제도(관련 근거 : 정보보호산업 진흥법 제 12조, '15.12.23' 시행)
> • 클라우드 보안인증제 : 클라우드 서비스 제공자가 제공하는 서비스에 대해 정보보호 기준의 준수여부 확인을 인증기관이 평가·인증하여 이용자들이 안심하고 클라우드 서비스를 이용할 수 있도록 지원하는 제도(관련 근거 : 클라우드 컴퓨팅 발전 및 이용자 보호에 관한 법률 제 23조 제2항, '15년 시행)
> • 정보보호 공시제도 : 이용자의 안전한 인터넷 이용과 기업의 정보보호 투자 활성화를 위해 기업의 정보보호 투자·인력· 활동 등에 관한 정보를 공개하도록 하는 자율 공시제(관련 근거 : 정보보호산업의 진흥에 관한 법률 제13조 및 동법 시행령 제8조)

정답 ④

94 정보통신망 이용촉진 및 정보보호에 관한 법률 제44조의7에 따르면 누구든지 정보통신망을 통하여 불법정보를 유통하여서는 아니된다고 정하고 있다. 아래 보기 중 불법정보의 유통금지 규정에 해당하지 않는 것은 무엇인가?

① 개인정보를 거래하는 내용의 정보

② 부호 · 문언 · 음향 · 화상 또는 영상을 배포 · 판매 · 임대하거나 공공연하게 전시하는 내용의 정보

③ 사람을 비방할 목적으로 공공연하게 사실이나 거짓의 사실을 드러내어 타인의 명예를 훼손하는 내용의 정보

④ 총포 · 화약류를 제조할 수 있는 방법이나 설계도 등의 정보

제44조의7(불법정보의 유통금지 등) 제1항 제1호와 보기 지문 비교

보기 2번	제44조의7(불법정보의 유통금지 등) 제1항 제1호
부호 · 문언 · 음향 · 화상 또는 영상을 배포 · 판매 · 임대하거나 공공연하게 전시하는 내용의 정보	음란한 부호 · 문언 · 음향 · 화상 또는 영상을 배포 · 판매 · 임대하거나 공공연하게 전시하는 내용의 정보

정보통신망법 제44조의7(불법정보의 유통금지 등) 제1항

제44조의7(불법정보의 유통금지 등) ① 누구든지 정보통신망을 통하여 다음 각호의 어느 하나에 해당하는 정보를 유통하여서는 아니 된다. 〈개정 2011. 9. 15., 2016. 3. 22., 2018. 6. 12.〉

1. 음란한 부호 · 문언 · 음향 · 화상 또는 영상을 배포 · 판매 · 임대하거나 공공연하게 전시하는 내용의 정보

2. 사람을 비방할 목적으로 공공연하게 사실이나 거짓의 사실을 드러내어 타인의 명예를 훼손하는 내용의 정보

3. 공포심이나 불안감을 유발하는 부호 · 문언 · 음향 · 화상 또는 영상을 반복적으로 상대방에게 도달하도록 하는 내용의 정보

4. 정당한 사유 없이 정보통신시스템, 데이터 또는 프로그램 등을 훼손 · 멸실 · 변경 · 위조하거나 그 운용을 방해하는 내용의 정보

5. 「청소년 보호법」에 따른 청소년유해매체물로서 상대방의 연령 확인, 표시의무 등 법령에 따른 의무를 이행하지 아니하고 영리를 목적으로 제공하는 내용의 정보

6. 법령에 따라 금지되는 사행행위에 해당하는 내용의 정보

6의2. 이 법 또는 개인정보보호에 관한 법령을 위반하여 개인정보를 거래하는 내용의 정보

6의3. 총포 · 화약류(생명 · 신체에 위해를 끼칠 수 있는 폭발력을 가진 물건을 포함한다)를 제조할 수 있는 방법이나 설계도 등의 정보

7. 법령에 따라 분류된 비밀 등 국가기밀을 누설하는 내용의 정보

8. 「국가보안법」에서 금지하는 행위를 수행하는 내용의 정보

9. 그 밖에 범죄를 목적으로 하거나 교사(敎唆) 또는 방조하는 내용의 정보

정답 ②

95 정보통신망법 제50조(영리목적의 광고성 정보 전송)는 스팸으로 인한 국민의 불편을 해소하고자 광고성 정보 전송 등에 대한 규제를 두고 있다. 아래 보기 중 가장 틀린 설명은 무엇인가?

① 휴대전화 앱을 설치한 이용자에게 앱 푸쉬알림 기능을 통해 광고성 정보를 전송하는 경우 정보통신망법 제50조가 적용된다. 휴대전화 앱 푸쉬를 이용하여 광고성 정보를 전송하려면 수신자로부터 명시적 사전 동의를 받아야 하는데 앱을 설치 후 푸쉬 알림 승인 여부(알람 ON/OFF) 받는 것으로 광고성 정보 수신동의에 해당된다.

② 서비스에 대한 조건 또는 특징에 대한 변경 등(예를 들어, 회원등급 변경, 포인트 소멸 안내 등) 영리목적의 광고성 정보의 예외에 해당된다.

③ 누구든지 전자적 전송매체를 이용하여 영리목적의 광고성 정보를 전송하려면 그 수신자의 명시적인 사전 동의를 받아야 한다.

④ 오후 9시부터 그다음 날 오전 8시까지의 시간에 전자적 전송매체를 이용하여 영리적의 광고성 정보를 전송하려는 자는 그 수신자로부터 별도의 사전 동의를 받아야 한다.

"광고성 정보 수신동의"를 받는 것이 아니라 단순히 푸쉬 알림 승인 여부(알람 ON/OFF)를 묻고 승인을 받는 것은 광고성 정보 수신동의에 해당하지 않는다.

[부연설명]

스마트폰 앱을 설치한 이용자에게 앱 푸쉬알림 기능을 통해 광고성 정보를 전송하는 경우 정보통신망법 제50조가 적용된다. 앱 푸쉬를 이용하여 광고성 정보를 전송하려면 수신자로부터 명시적인 사전 동의를 받아야 한다.

앱 푸쉬(App Push) 광고 안내서(2015.9) 확인

• "광고성 정보 수신동의"와 "푸쉬 알림 승인"은 구분하여 받아야 한다.

• 광고성 정보 수신동의는 전송자가 수신자의 기기로 광고성 정보를 전송하여도 되는지에 대한 동의를 말하지만, 푸쉬 알림 승인은 수신자의 기기로 들어온 정보(광고성 정보인지를 불문)를 수신자가 볼 수 있게 띄워줄 것인지에 대한 동의를 말한다.

• 따라서 "광고성 정보 수신동의"를 받는 것이 아니라 단순히 푸쉬 알림 승인 여부(알람 ON/OFF)를 묻고 승인을 받는 것은 광고성 정보 수신동의에 해당하지 않는다.

• 광고성 정보 수신동의자에게만 앱 푸쉬 광고를 전송할 수 있으며, 푸쉬 알림 승인을 받았다고 하여 광고성 정보를 전송하여서는 안 된다.

• 고객이 광고성 정보 수신동의를 하지 않더라도 전송자는 고객에게 공지사항 등을 전송하여 푸쉬 알림을 승인한 자의 기기에 띄울 수 있다.

정답 ①

96 개인정보보호법 제29조(안전조치 의무)에서 정한 개인정보 안전성 확보조치 기준 고시에 따른 접근 통제에 해당하지 않는 것은?

① 개인정보처리자는 권한 있는 개인정보취급자만이 개인정보처리시스템에 접근할 수 있도록 계정정보 또는 비밀번호를 일정 횟수 이상 잘못 입력한 경우 개인정보처리 시스템에 대한 접근을 제한하는 등 필요한 기술적 조치를 하여야 한다.

② 고유식별정보를 처리하는 개인정보처리자는 인터넷 홈페이지를 통해 고유식별정보가 유출 · 변조 · 훼손되지 않도록 연 1회 이상 취약점을 점검하고 필요한 보완 조치를 하여야 한다.

③ 개인정보처리자는 개인정보처리시스템에 대한 불법적인 접근 및 침해사고 방지를 위하여 개인정보취급자가 일정시간 이상 업무처리를 하지 않는 경우에는 자동으로 시스템 접속이 차단되도록 하여야 한다.

④ 개인정보처리자는 업무용 모바일 기기의 분실 · 도난 등으로 개인정보가 유출되지 않도록 해당 모바일 기기에 비밀번호 설정 등의 보호조치를 하여야 한다.

> 보기 ①은 제5조 접근 권한의 관리에 해당하는 조항이다. 나머지 보기는 제6조 접근 통제에서 해당하는 내용이다.

정답 ①

97 정보통신기반보호법에 따른 전자적 침해행위에 대비하여 주요정보통신 기반시설의 보호에 관한 대책 및 보호, 침해사고 대응을 위한 설명으로 가장 옳지 않은 것은?

① 관리기관의 장은 취약점을 분석 · 평가하고자 하는 경우에는 「정보보호산업의 진흥에 관한 법률」 제23조에 따라 지정된 정보보호 전문서비스 기업으로 하여금 소관 주요정보통신기반시설의 취약점을 분석 · 평가하게 할 수 있다.

② 과학기술정보통신부장관과 국가정보원장 등 또는 필요한 경우 인터넷진흥원 등 대통령이 정하는 전문기관에게 주요정보통신기반시설의 침해사고 예방 및 복구 기술적 지원을 요청할 수 있다.

③ 소관 주요정보통신기반시설이 교란 · 마비 또는 파괴된 사실을 인지한 때에는 관계 행정기관, 수사기관 또는 인터넷진흥원에 그 사실을 통지하여야 하고 관리기관의 예산 범위안에서 복구비 등 재정적 지원은 불가하다.

④ 금융 · 통신 등 분야별 정보통신기반시설을 보호하기 위하여 침해사고가 발생하는 경우 실시간 경보 · 분석체계 운영 업무를 수행하고자 하는 자는 정보 공유 · 분석 센터를 구축 · 운영할 수 있다.

> 관리기관의 예산 범위안에서 복구비 등 재정적 지원을 할 수 있다(정보통신기반보호법 제13조(침해사고의 통지) 제2항).
>
> **오답 피하기**
> - 보기 1번 정보통신기반보호법 제9조(취약점 분석 · 평가) 제4항
> - 보기 2번 정보통신기반보호법 제7조(주요정보통신기반시설의 보호지원)
> - 보기 4번 정보통신기반보호법 제16조(정보 공유 · 분석 센터)

정답 ③

98 개인정보처리시스템을 개발하고자 할때, 개인정보보호와 관련하여 기획단계에서 고려해야 할 내용으로 틀린 것을 고른 것은?

> 가. 개인정보처리시 정당한 근거 여부를 확인한다.
>
> 나. 개인정보처리시스템에 대한 접근 권한을 차등적으로 부여하도록 설계한다.
>
> 다. 개인정보의 파기 방법은 사업 상황에 따라 해결하도록 한다.
>
> 라. 주민등록번호 인증을 통한 회원정보를 제공한다.
>
> 마. 접근 통제 등의 기술적 안전조치 등을 고려한다.
>
> 바. 이전하는 대상의 개인정보가 전송되는 구간 등에는 안전한 암호화 알고리즘 적용 여부를 고려한다.
>
> 사. 정보주체가 이해하기 쉽도록 개인정보처리방침의 적용 여부를 고려한다.
>
> 아. 공공기관이 개인정보처리시스템을 구축하고자 할때 개인정보 영향평가 수행 여부를 고려한다.

① 가, 나

② 다, 라

③ 다, 마

④ 바, 아

개인정보보호와 관련하여 기획단계에서 고려해야 할 내용으로 틀린 것은 '다, 라'이다.

정답 ②

99 개인정보처리자는 개인정보가 유출되었음을 알게 되었을 때는 지체 없이 해당 정보주체에 알려야 하는 사항으로 모두 고른 것은?

> ㄱ. 개인정보 위탁 현황
>
> ㄴ. 유출된 개인정보의 항목
>
> ㄷ. 개인정보 보유기간
>
> ㄹ. 정보주체에게 피해가 발생한 경우 신고 등을 접수할 수 있는 담당부서 및 연락처

① ㄱ, ㄴ

② ㄱ, ㄷ

③ ㄴ, ㄹ

④ ㄴ, ㄷ, ㄹ

개인정보 유출 통지 등 정보주체에게 알려야 하는 사항은 ㄴ. 유출된 개인정보의 항목, ㄹ. 정보주체에게 피해가 발생한 경우 신고 등을 접수할 수 있는 담당부서 및 연락처이다.

개인정보보호법 제34조(개인정보 유출 통지 등)

① 개인정보처리자는 개인정보가 유출되었음을 알게 되었을 때는 지체 없이 해당 정보주체에게 다음 각호의 사실을 알려야 한다.

1. 유출된 개인정보의 항목

2. 유출된 시점과 그 경위

3. 유출로 인하여 발생할 수 있는 피해를 최소화하기 위하여 정보주체가 할 수 있는 방법 등에 관한 정보

4. 개인정보처리자의 대응조치 및 피해 구제 절차

5. 정보주체에게 피해가 발생한 경우 신고 등을 접수할 수 있는 담당부서 및 연락처

정답 ③

100 정보통신서비스 제공자 등은 개인정보의 분실 · 도난 · 유출(이하 "유출등"이라 한다) 사실을 안 때에는 지체 없이 해당 이용자에게 알리고 보호위원회 또는 인터넷진흥원에 신고하여야 하며, 정당한 사유 없이 그 사실을 안 때부터 24시간을 경과하여 통지 · 신고해서는 아니 된다. 다음 중 '정당한 사유'에 해당하지 않는 것은?

① 단전, 홍수, 폭설 등의 천재지변으로 인해 24시간 내에 신고가 불가능한 경우
② 수사상의 이유로 경찰이 이용자 통지에 대해 보류를 요청한 경우
③ 물리적 · 기술적 · 관리적인 사유로 통지가 불가능한 경우
④ 개인정보 유출이 발생한 개인정보 항목, 시점 등 구체적인 내용이 확인되지 아니한 경우

개인정보 유출 등의 사실을 안 때에 정당한 사유에 해당하지 않는 것은 개인정보 유출 등이 발생된 개인정보 항목, 시점 등 구체적인 내용이 확인되지 아니한 경우이다.

개인정보보호법 시행령 제48조의4(개인정보 유출 등의 통지 · 신고에 관한 특례)
③ 정보통신서비스 제공자등은 제2항에 따른 통지 · 신고를 하려는 경우에는 법 제39조의4제1항제1호 또는 제2호의 사항에 관한 구체적인 내용이 확인되지 않았으면 그때까지 확인된 내용과 같은 항 제3호부터 제5호까지의 사항을 우선 통지 · 신고한 후 추가로 확인되는 내용에 대해서는 확인되는 즉시 통지 · 신고해야 한다.

[유출 시 통지 및 신고 항목]
1. 유출 등이 된 개인정보 항목
2. 유출 등이 발생한 시점
3. 이용자가 취할 수 있는 조치
4. 정보통신서비스 제공자등의 대응 조치
5. 이용자가 상담 등을 접수할 수 있는 부서 및 연락처

정답 ④

* 본 문제는 실제 시험지를 기준으로 작성된 것으로, 저자가 시험응시 후 복원한 문제입니다.

1과목	시스템 보안

≡ 상   시스템 보안 〉 시스템 보안 위협 및 공격 기법

01 xinetd에서 특정 IP 대역에 접근을 허락하기 위한 옵션으로 올바른 것은?

① enable
② enable-access
③ allow
④ only-from

---

xinetd.conf 파일에서 특정 IP 접근 제어를 하는 설정은 only-from이다.

only-from으로 접근 통제 예제

> 10.10.10.0 대역대를 허용하고 10.10.10.10은 차단한다.
>   only_from = 10.10.10.0
>   no_access = 10.10.10.10

ftp 서비스에 대한 통제는 다음과 같다.

```
service ftp
{
disable        = no
socket_type    = stream
protocol       = tcp
wait           = no
user           = root
server         = /usr/sbin/vsftpd
only_from      = 10.10.10.0
no_access      = 10.10.10.10
access_times   = 20:00-22:00
}
```

위의 예에서 access_times는 서비스를 허용하는 시간대를 지정한다.

xinetd 파일 설정

구분	설명
disable	no는 Daemon으로 동작을 의미하고 yes는 Standalone 방식으로 동작한다.
socket_type	stream은 tcp, dgram은 udp를 의미한다.
protocol	tcp, udp 등의 프로토콜을 지정한다.
wait	no라고 설정한 후 서비스가 실행되지 않으면 대기하지 않는다라는 것이다.
user	사용자를 지정한다.
server	실행할 서비스의 실행경로를 지정한다.

정답 ④

■ 하　시스템 보안 〉 시스템 보안 위협 및 공격 기법

02 리눅스 inode에서 알 수 없는 정보는 무엇인가?

① 파일 이름
② 파일 접근 권한
③ 파일 크기
④ 링크 수

inode에는 링크 수, 소유자 아이디, 그룹 아이디, 파일 크기, 파일 주소, 마지막 접근 시간, 마지막 수정 시간 등의 정보가 있다. 본 문제와 유사한 문제는 정보보안기사 필기에서만 3번 이상 출제되었고 실기에는 출제되지 않았다. 앞으로도 필기에서 출제될 것으로 예상된다.

정답 ①

■ 중　시스템 보안 〉 시스템 보안 위협 및 공격 기법

03 리눅스의 /etc/shadow 파일에서 알 수 없는 것은?

```
sysadmin:* : 16431 : 0 : 99999 : 7 : : :
secure:$6$sddddsdsdjjh : 1002 : 0 : 30 : 7 : : :
proadmin:$6$5hjhjsdfdjh : 1001 : 0 : 30 : 7 : : :
```

① sysadmin 계정은 아직 패스워드가 설정되지 않았다.
② secure 계정은 언제든지 패스워드를 변경할 수 있다.
③ secure 계정은 최대 30일간 패스워드를 변경하지 않고 사용 가능하다.
④ proadmin 계정은 패스워드 만료일 전에 7일간 경고 메시지가 나온다.

패스워드 해시 값 부분에 "*"로 표시되어 있으면 그 계정은 막아둔 것으로 사용할 수 없다. 만약 패스워드 해시 값 부분이 비어있으면 패스워드가 필요 없다는 의미이다.

정답 ①

04 윈도우 SID는 디렉터리에 대한 접근을 허용할 것을 결정할 때 사용된다. 운영체제에서 인증된 사용자에게 SID를 부여하는 것은?

① LSA(Local Security Authority)
② SAM(Security Account Manager)
③ SRM(Service Reference Monitor)
④ UAC(User Accounts Control)

SRM은 윈도우 운영체제에서 인증된 사용자에게 SID를 부여한다. SID는 파일 접근 여부를 결정하고 감사 메시지를 생성한다.

본 문제도 정보보안기사 필기 3번 출제, 실기 단답형으로 1회 출제되었다. 즉, 윈도우 인증과 관련해서 매우 자주 출제된다.

SID(Security Identifier)

• 사용자 및 그룹에 부여되는 고유 식별번호이다.
• SAM 파일에 SID 정보가 저장된다.
• SID는 접근 토큰의 역할을 한다.

SAM(Security Account Management)은 사용자 및 그룹 계정정보를 가지고 있는 데이터베이스를 관리하고 로그인 정보와 SAM 파일을 비교해서 인증 여부를 결정한다.

정답 ③

05 좀비 프로세스는 프로세스 수행이 완료된 이후에 메모리를 점유하고 있는 프로세스이다. 리눅스에서 좀비 프로세스를 제거하는 방법으로 올바른 것은?

① ps 명령어로 프로세스 리스트를 확인한 후 STATE 값이 Z로 되어 있는 프로세스는 kill 명령어로 제거한다.
② zs 명령어로 프로세스 리스트를 확인한 후 STATE 값이 Z로 되어 있는 프로세스는 kill 명령어로 제거한다.
③ ps 명령어로 프로세스 리스트를 확인한 후 STATE 값이 D로 되어 있는 프로세스는 kill 명령어로 제거한다.
④ zs 명령어로 프로세스 리스트를 확인한 후 STATE 값이 D로 되어 있는 프로세스는 kill 명령어로 제거한다.

• 좀비(Zombie) 프로세스는 프로세스 실행이 완료된 후에 메모리를 점유하고 있는 프로세스이다. 리눅스를 재부팅(Reboot)하면 자연스럽게 제거되는 프로세스이다.
• 리눅스에서 프로세스 정보는 ps 명령어로 확인하고 상태 값이 Z인 것이 좀비 프로세스이다. 또한, 프로세스의 강제적 종료는 "kill −9 〈PID〉"를 실행한다.

정답 ①

06 다음 중 매일 오전 8시 40분에 logreport.sh를 실행하는 crontab 설정으로 올바른 것은?

① * * * 8 40 root exec { /home/logreport.sh }

② * * 8 40 * root /home/logreport.sh

③ 40 8 * * * root /home/logreport.sh

④ * * * 40 8 root exec { /home/logreport.sh }

---

crontab의 설정은 분, 시, 일, 월, 요일, 사용자 계정, 명령어 순서로 설정한다. 본 문제는 매번 정보보안기사에 출제된다.

crontab 설정

*	*	*	*	*
분(0-59)	시간(0-23)	일(1-31)	월(1-12)	요일(0-7)

crontab 설정의 예제

```
# 매 10분마다 test.sh를 실행
*/10 * * * *  root /home/test.sh


# 매일 매시간 0분, 20분, 40분에 test.sh를 실행
0,20,40 * * * * root /home/test.sh


# 5일에서 6일까지 2시,3시,4시에 매 10분마다 test.sh를 실행
*/10 2,3,4 5-6 * * root /home/test.sh
```

정답 ③

07 다음은 리눅스 로그파일에 대한 설명이다. 올바르지 않은 것은?

① btmp 파일은 로그인 실패에 대한 정보를 저장하고 lastb 명령어로 확인할 수 있다.

② sulog는 사용자 계정변경 정보를 가지고 있다.

③ wtmp는 로그인과 로그아웃 정보를 가지고 있고 last 명령어로 확인할 수 있다.

④ lastlog는 마지막 로그인 정보를 가지고 있고 finger 명령어로 확인할 수 있다.

/var/log/lastlog 파일은 사용자의 마지막 로그인 시간, 호스트명, 포트 번호 등이 기록된 로그파일이고 lastlog 명령어를 사용해서 확인한다.

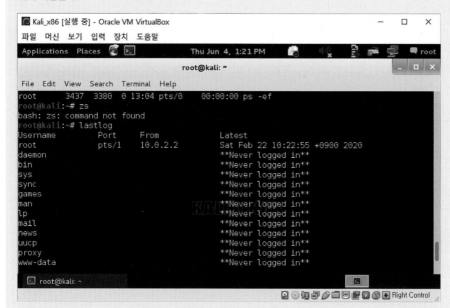

만약 특정 사용자에 대해서만 조회하고 싶으면 lastlog –u root 명령을 실행한다. 그러면 root 사용자 정보만 확인이 가능하다.

리눅스 로그파일 관련해서는 매번 시스템 보안 과목에 한 문제는 반드시 출제된다.

정답 ④

08 다음의 코드를 보고 발생할 수 있는 보안 취약점으로 올바르지 않은 것은?

```
#include <stdio.h>
 void main (int argc, char *argv[])
 {
  char buffer[2000];
  char readbuffer[500];
  if(argc != 2){
    printf("사용법: test <파일명>\n");
    return;
  }
  ..
  strcpy(readbuffer, buffer);
  ..
 }
```

① Stack에서 Direct EIP Overwrite 공격이 발생한다.

② strcpy( ) 함수를 사용하지 않고 strncpy( ) 함수를 사용해서 복사하는 길이 값을 검사해야 한다.

③ argc 값이 2와 같지 않으면 버퍼오버플로우는 발생하지 않는다.

④ readbuffer에 500바이트 이상 복사되면 SPF는 변경되지 않고 RET 주소가 변경되어서 에러가 발생된다.

버퍼 오버플로우 발생 시에 SPF와 RET 공간까지 침범하게 되어 오작동이 발생한다.

정답 ④

09 다음 중 클라우드 컴퓨팅에서 사용되는 하이퍼바이저(Hypervisor)에 대한 설명으로 올바르지 않은 것은?

① 하이퍼바이저는 가상화를 하기 위한 소프트웨어이다.

② 하이퍼바이저의 종류는 Type1과 Type2로 구분된다.

③ 하이퍼바이저는 Bare Metal과 Hosted로 분류되며 Bare metal은 호스트 운영체제 위에 설치되어 동작한다.

④ 하이퍼바이저는 Vmware, Qemu 등에서 사용된다.

하이퍼바이저(Hypervisor)의 종류는 Bare Metal(Native, Type 1)과 Hosted metal(Type 2)로 구분되며 Bare Metal은 호스트 하드웨어에 직접 설치되어 실행된다. Hosted는 호스트 운영체제 위에 설치되는 방식이다.

정답 ③

10 무선 LAN에서 가짜 AP로 사용자를 연결하게 하여 공격하는 것은?

① Pharming
② Phishing
③ 와이파이 KRACK
④ 이블트윈어택

정보보안기사 시험에 처음 출제된 것으로 와이파이 KRACK와 이블트윈어택을 같이 학습해야 한다. 또한 와이파이 네트워크를 공격하는 자동화된 피싱 공격 툴인 와이파이피셔(WiFiPhisher)도 알아 두기 바란다. 즉, 와이파이피셔는 이블 트윈어택 공격(Evil Twin Attack)을 수행할 수 있다.

이블트윈 어택

• 가짜 무선 AP(Access Point)를 생성한다.
• 진짜 무선 AP에 대해서 DoS 공격을 수행하거나 RF 간섭을 생성해서 무선 사용자들의 연결을 해제한다.
• 무선 연결이 끊어지면 "악랄한 쌍둥이"에 자동 재연결하게 하여 공격자가 모든 무선 디바이스의 트래픽을 인터셉트한다.

즉, 이블 트윈 어택은 가짜 AP를 사용해서 가짜 로그인 페이지를 송출하거나, 신용카드 번호를 갈취하는 중간자 공격을 수행한다.

와이파이 KRACK 취약점(WPA2 KRACK 취약점)

• 중간자 공격 방법으로 AP를 접속하지 않은 상태에서 AP와 Station 간의 암호화된 비밀번호를 가로채는 공격이다.
• 신용카드 정보, 채팅 메시지, 전자우편, 패스워드 등을 도용한다.

정답 ④

11 다음 보기에서 설명하는 것으로 가장 올바른 것은?

> 해킹이나 컴퓨터 바이러스 등 사이버테러와 정보침해에 대해 효과적으로 대응하기 위해서 공동 대응하는 보안 서비스 체계이다.

① Cyber Kill Chain
② SIEM(Security Information Event Management)
③ ISAC(Information Sharing & Analysis Center)
④ CTI(Cyber Threat Intelligence)

ISAC(Information Sharing & Analysis Center)는 해킹이나 컴퓨터 바이러스 등 사이버테러와 정보침해에 대해 효과적으로 대응하기 위해서 공동 대응하는 보안 서비스 체계이다.

오답 피하기

CTI(Cyber Threat Intelligence)는 광범위한 외부 소스로부터 신종 및 변종 악성코드, Zero day Attack, 의심스러운 IP 등의 데이터를 자동으로 수집 및 분석하여 실시간으로 정보를 제공하는 종합 위협관리 인텔리전스 서비스이다. 예를 들어 FireEye, Recorded Future와 같은 제품이 있다.

정답 ③

12 Microsoft의 IE edge 10에서 History 정보를 보관하는 곳은?

① WebCacheV01.dat　　　　　　　② index.dat

③ download.dat　　　　　　　　　④ history.dat

> 인터넷 익스플로우 10 이상부터는 인터넷 접속로그가 WebCaheV01.dat 파일에 기록된다. 본 문제는 과거 IE를 기준으로 2회 출제되었으며, IE 10 이전의 버전은 index.dat 파일에 기록되어 있다.

정답　①

13 리눅스 로그를 6개월 단위로 순환 저장하기 위한 logrotat.conf 파일에 대한 설정으로 올바른 것은?

```
/opt/log/test.log {
    monthly
    compress
    (     ) 6
}
```

① common　　　　　　　　　　　② month

③ rotate　　　　　　　　　　　　④ next

> logrotate는 리눅스 로그파일을 관리하기 위한 프로그램으로 여러 개의 로그파일을 동시에 관리할 수 있고 rotate 개수 설정, 압축, rotate 전과 후에 스크립트 실행의 기능을 가지고 있다.
>
> **오답 피하기**
> - rotate 옵션은 몇 개의 백업파일을 유지할 것인지 결정하며 rotate 주기는 daily, weekly, yearly를 선택할 수 있다.
> - postroate 옵션은 rotate를 실행 후 실행할 스크립트를 지정한다.
> - compress 옵션은 gzip으로 압축을 수행하고 압축을 원하지 않으면 nocompress로 지정한다.

logrotate 설치

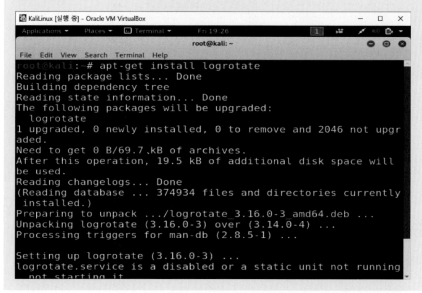

logrotate 설정 디렉터리

아파치 웹서버 로그파일 백업 설정

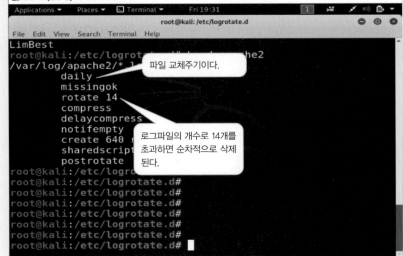

정답 ③

14 FTP 서버로 연결한 정보를 저장하고 있는 로그파일은?

① access.log
② lastlog
③ xferlog
④ ftpdown.log

ftp 연결 정보, 파일 업로드, 다운로드에 대한 정보는 xferlog에 기록된다.

vsftpd의 로그파일 예제

```
KaliLinux [실행 중] - Oracle VM VirtualBox                              −  □  ×
Applications ▼  Places ▼  □ Terminal ▼     Thu 01:49        1   🔒  🔊  🔋 ▼
                              root@kali: /var/log              −  ⊙  ⊗
File  Edit  View  Search  Terminal  Help
root@kali:/var/log# tail -f vsftpd.log
Sat Feb 22 00:33:32 2020 [pid 2171] CONNECT: Client "::ffff:
10.0.2.2"
Sat Feb 22 00:33:44 2020 [pid 2170] [root] OK LOGIN: Client
"::ffff:10.0.2.2"
Sat Feb 22 00:34:28 2020 [pid 2172] [root] OK DOWNLOAD: Clie
nt "::ffff:10.0.2.2", "/root/a.php", 0.00Kbyte/sec
Sat Feb 22 00:35:03 2020 [pid 2177] CONNECT: Client "::ffff:
10.0.2.2"
Sat Feb 22 00:35:12 2020 [pid 2176] [dddddd] FAIL LOGIN: Cli
ent "::ffff:10.0.2.2"
Sat Feb 22 00:35:28 2020 [pid 2179] CONNECT: Client "::ffff:
10.0.2.2"
Sat Feb 22 00:35:34 2020 [pid 2178] [zzzz] FAIL LOGIN: Clien
t "::ffff:10.0.2.2"
Sat Feb 22 21:02:32 2020 [pid 3238] CONNECT: Client "::ffff:
10.0.2.2"
Fri Mar 27 19:12:23 2020 [pid 1845] CONNECT: Client "::ffff:
10.0.2.2"
Fri Mar 27 19:12:28 2020 [pid 1844] [root] OK LOGIN: Client
"::ffff:10.0.2.2"
```

정답 ③

15 다음의 설명으로 올바른 것은?

> 리빙스턴社(루스튼에 인수)가 개발한 분산 보안 인증 시스템으로 PAP, CHAP 등 다양한 인증 방법을 지원한다.

① Kerberos
② RADIUS
③ S/Key 방식
④ Challenge-Response

RADIUS

- 리빙스턴社(루스튼에 인수)가 개발한 분산 보안 인증 시스템으로 PAP, CHAP 등 다양한 인증 방법을 지원한다.
- 분산형 클라이언트와 서버 기반에서 동작하며, 사용자 관리는 중앙집중식으로 수행한다.

오답 피하기

Challenge-Response

- 사용자 인증을 위해서 서버가 사용자에게 일회성 Challenge를 보낸다. 사용자는 이를 비밀키로 암호화해서 서버에 전송한다. Challenge는 일회용 난수를 사용하고 매번 다른 값을 사용한다.
- 공격자가 Reponse를 스니핑해도 매번 다른 값이기 때문에 재사용할 수가 없게 된다.

정답 ②

16 윈도우 레지스터(Windows Registry)에서 RestrictAnonymous 키를 1로 설정한 이유로 올바른 것은?

① 임의 사용자의 FTP 연결을 차단하기 위해서이다.
② 관리자의 원격 연결을 허용하기 위해서이다.
③ 익명의 연결을 허용하기 위해서이다.
④ 널(NULL) 세션($IPC) 연결을 차단하기 위해서이다.

RestrictAnonymous는 익명 연결을 제한하기 위해서 사용된다.

RestrictAnonymous 키 값의 의미

구분	설명
0	기본 권한을 사용한다.
1	Security Accounts Manager 계정과 이름 열거를 허용하지 않는다.
2	명시적 익명 권한 없이는 액세스할 수가 없다.

정답 ④

17 다음 중 사이버 킬체인(Cyber Kill Chain)의 순서로 올바른 것은?

> 정찰 → 무기화 → (ㄱ) → 익스플로잇 → 설치 → (ㄴ) → 행동 개시

① (ㄱ) 전달, (ㄴ) 실행
② (ㄱ) 실행, (ㄴ) 전달
③ (ㄱ) 전달, (ㄴ) C&C
④ (ㄱ) C&C, (ㄴ) 전달

사이버 킬체인단계

단계	설명
정찰	공격 목표와 표적조사, 식별, 선정
무기화	자동화 도구 이용, 사이버 무기 준비
전달	표적 시스템에 사이버 무기 유포
익스플로잇	사이버 무기 작동 촉발 및 악용
설치	표적 시스템에 악용 프로그램 설치
C&C(Command Control)	표적 시스템 원격조작 채널 구축
행동 개시	정보 수집

정답 ③

18 다음 보기에서 설명한 것으로 올바른 것은?

> 특정 웹 사이트에 접속하면 자동으로 악성코드가 다운로드 되는 공격을 (ㄱ)이라고 하며 패치하기 전에 취약점을 이용한 공격은 (ㄴ)이다.

① (ㄱ) Watering Hole, (ㄴ) Shell Code
② (ㄱ) APT, (ㄴ) Phishing
③ (ㄱ) Phishing, (ㄴ) Pharming
④ (ㄱ) Drive by Download, (ㄴ) Exploit

본 문제는 가장 기본적인 문제이지만 매번 출제된다. Watering Hole, Shell Code, APT, Drive by Download, Exploit을 구분하는 문제이다.

오답 피하기

Watering Hole에는 신뢰된 웹 사이트라는 말이 반드시 나오며 Shell Code는 기계어 코드라는 말이 반드시 나온다. 그리고 APT는 지속적인라는 단어가 반드시 등장한다.

정답 ④

19 다음은 리눅스 Run Level에 대한 설명이다. 빈칸에 들어갈 Level로 올바른 것은?

> (ㄱ) : root 계정만 사용할 수 있는 관리 모드이다.
> (ㄴ) : 리눅스 운영체제를 재부팅 할 때 사용된다.
> (ㄷ) : 다중 사용자, NFS(Network File System)을 지원한다.

① (ㄱ) 1, (ㄴ) 6, (ㄷ) 5
② (ㄱ) 1, (ㄴ) 6, (ㄷ) 3
③ (ㄱ) 3, (ㄴ) 1, (ㄷ) 5
④ (ㄱ) 3, (ㄴ) 1, (ㄷ) 2

본 문제는 리눅스 부팅 과정에 대한 문제이다. 즉, 부팅 과정에 백도어(Backdoor)을 넣을 수 있기 때문에 정보보안기사 시험에서 매번 출제되는 문제이다. 특히 init 프로세스, rc.local 등의 형태로 계속 출제되었다.
- Run Level 3번이 일반적으로 사용되는 리눅스 부팅이다. 그다음 5번은 Run Level 3번으로 부팅된 이후에 X-Window를 실행한 것이고 Run Level 6번은 부팅(Reboot)을 의미한다.
- Run Level 1번은 Single User 모드 혹은 관리 모드이며 root 계정만 사용할 수 있다.

정답 ②

20 유닉스 서버 hwang 시스템에 A와 B의 사용자 계정을 생성하고 패스워드를 동일하게 abc123!로 입력하였다. 다음의 설명으로 올바르지 않은 것은?

① A와 B는 입력 값이 동일하므로 같은 해시 값이 생성된다.
② A와 B는 해시 값이 다르게 생성된다.
③ A의 해시 값과 B의 해시 값의 길이는 동일하다.
④ 생성된 해시 값으로 입력한 값을 알 수가 없다.

본 문제의 핵심은 유닉스 혹은 리눅스의 로그인 패스워드에 대해서 salt가 적용되는지를 묻고 있는 것이다. 즉, salt에 관련된 문제는 정보보안기사 시험에 3회 이상 출제되었다. 물론 실기에서도 1회 출제되었고 passwd 파일과 shadow 파일에 대한 내용은 항상 정보보안기사에서 출제되는 것이다.

즉, 해시 값 앞에 $1, $5, $6으로 표현되는 것은 해시 값이 아래와 같이 어떤 구조(Schema)인지를 나타낸다.

해시구조(리눅스)

식별자	구조(Schema)	해시함수	Salt 길이(문자)	Salt 길이(비트)
1	MD5-crypt	MD5	8	64
2a	B-Crypt	Blowfish	8	64
Md5	Sun MD5	MD5	8	64
5	SHA-crypt	SHA-256	16	128
6	SHA-crypt	SHA-512	16	128

Salt는 패스워드에 임의로 추가되는 문자이다. 따라서 A와 B의 패스워드에 Salt가 추가되면 입력 값이 동일해도 다른 출력 값이 나오게 된다.

정답 ①

≡ 상 　네트워크 보안 〉 네트워크 기반 공격 기술의 이해 및 대응

21 다음 중 smurf 공격을 차단하기 위해서 라우터에 설정해야 하는 것으로 올바른 것은?

① SYN Packet

② Access Control

③ Direct Broadcast

④ Ingress Filtering

smurf 공격은 ICMP 프로토콜을 이용한 공격이기 때문에 Direct Broadcast를 설정하여 차단에 대응할 수 있다.

라우터에서 Direct Broadcast 설정 방법

```
(config-id)# no ip directed-broadcast
```

또한 리눅스에서 ICMP 프로토콜을 차단할 수 있다.

리눅스에서 ICMP 프로토콜 차단 방법

22 IPv4 주소를 라우터에 할당할 때 라우터에 IP 주소와 함께 서브넷 마스크를 같이 설정하기 위한 표기법은?

① Class ② CIDR
③ VLSM ④ VLAN

사이더(CIDR : Classless Inter-Domain Routing)는 네트워크 클래스를 대체하기 위해서 유연성 있는 서브넷 마스크 표기법을 제공한다.

표기법

구분	설명
Subnet Mask	1.1.1.1 (255.255.255.255)
CIDR(prefix)	1.1.1.1/32

정답 ②

---

23 A 기업은 시스템의 안전성을 위해서 2대의 시스템을 구축하고 있다. 한 대의 시스템에 장애가 발생 시 연결된 세션을 넘겨서 장애가 발생하지 않도록 하는 것은?

① Session Backup
② Load Balance
③ Failover
④ Failback

Failover는 서버 및 시스템, 네트워크 등에 장애가 발생하였을 때 백업 시스템으로 자동전환하는 기능이다.

Failover

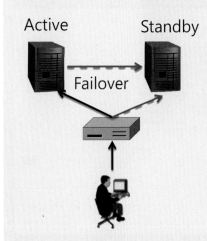

Failback은 Failover에 따라서 전환된 서버를 장애가 발생하기 전의 상태로 되돌리는 것이다.

정답 ③

24 다음의 설명으로 올바른 것은?

> 인터넷 사용자들이 비밀번호를 제공하지 않고 다른 웹 사이트상의 자신들의 정보에 대해서 웹 사이트나 애플리케이션의 접근 권한을 부여할 수 있는 공통적인 수단이다. 즉, 공개 API를 통해서 접근 위임을 위한 개방형 표준이다.

① OpenAPI   ② WPA2

③ WPA   ④ OAuth

OAuth는 인터넷 사용자들이 비밀번호를 제공하지 않고 다른 웹 사이트상의 자신들의 정보에 대해서 웹 사이트나 애플리케이션의 접근 권한을 부여할 수 있는 공통적인 수단이다. 즉, 공개 API를 통해서 접근 위임을 위한 개방형 표준이다.

OAuth(Open Authorization) 2.0

> 제3의 앱이 자원의 소유자인 서비스 이용자를 대신하여 서비스를 요청할 수 있도록 자원 접근 권한을 위임하는 방법이다. OAuth 2.0을 이용하여 금융고객(자원소유자)의 뱅킹 ID/PASSWORD를 핀테크 애플리케이션에 직접적으로 제공하지 않고, 접근 토큰(Access Token)을 기반으로 계좌 이체 등에 대한 권한을 위임한다.

정답 ④

25 A 기업은 두 대의 방화벽을 운영하고 있다. 두 대의 방화벽 모두 Active-Active로 운영되고 있을 때 사용되는 알고리즘은?

① Failover   ② Round-Robin

③ 가중치 라운드 로빈   ④ 세션 기반 라운드 로빈

라운드로빈(Round-Robin)은 두 대의 방화벽 모두 Active-Active로 되어 있을 때 순차적으로 돌아가면서 호출하는 방법이다.

라운드로빈

L4 장비는 OSI 7계층에서 라운드로빈을 수행하는 장비이다.

정답 ②

26 방화벽이 없을 것으로 판단될 때 오히려 공격자가 ICMP Unreachable Storm 공격을 하는 DDoS 공격은?

① TCP SYN Flooding

② TCP ACK Flooding

③ UDP Flooding

④ Ping of Death

UDP Flooding은 대량의 UDP 패킷을 피해자 시스템의 특정 PC에 전송한다. 피해자 PC에서 특정 포트를 사용하는 애플리케이션이 없으면 ICMP Destination Unreachable 패킷을 공격자가 보낸 패킷의 출발지 주소로 전송한다.

정답 ③

27 다음에서 설명하는 공격 기법은?

데이터 송수신 과정에서 전송되는 메시지가 MTU 값보다 크면 조각으로 나뉘어져 offset에 저장된다. 공격자는 offset을 조작하여 재조합을 할 수 없게 하는 공격이다.

① Backdoor

② Trapdoor

③ Teardrop

④ Session Hijacking

Teardrop은 offset을 조작하여 패킷을 다시 조립할 수 없게 만드는 공격으로 IP Fragment Packet Flooding이라고 한다. 즉, MTU에 의해서 분할된 패킷을 다시 조립할 수 없게 만드는 공격이다.

정답 ③

28 다음 중 ARP Spoofing에 대한 설명으로 올바르지 않은 것은?

① 조작된 MAC 주소를 ARP Reply 메시지로 전송하여 ARP Cache Table을 업데이트하게 한다.

② ARP Spoofing은 스위치(Switch)를 스니핑할 수 있는 기법 중 하나이다.

③ ARP Cache Table의 설정을 "arp –d" 옵션을 사용해서 정적으로 변경해서 예방할 수 있다.

④ ARP Spoofing은 MAC 주소를 공격자의 MAC 주소로 전송하여 연결이 공격자 PC로 오도록 한다.

ARP Cache Table을 정적으로 변경하려면 "arp –s" 옵션을 사용해야 한다.

정답 ③

29 다음 중 방화벽(Firewall)에 대한 설명으로 올바르지 않은 것은?

① 패킷 필터링 기능을 제공한다.
② 네트워크 주소 변환(NAT)을 제공한다.
③ 데이터를 축약한다.
④ 인증 및 접근 통제 기능을 제공한다.

방화벽(Firewall)은 접근 통제(Access Control), 주소 변환(Network Address Translation), 인증(Authentication), 감사 및 기록 (Auditing, Logging) 기능을 제공한다.

정답 ③

30 다음 중 hosts 파일을 변조해서 공격하는 형태는?

① Trapdoor
② ARP Spoofing
③ DNS Spoofing
④ SYN Flooding

hosts 파일은 DNS 파일로 특정 URL에 대해서 IP 주소를 제공한다. 따라서 hosts 파일을 변조하면 임의의 웹 사이트로 잘 못 접속하게 된다.

정답 ③

31 다음에서 설명하는 방화벽의 종류는 무엇인가?

방화벽의 종류에서 세션을 탐지하고 추적할 수 있다.

① Application Gateway
② SPI
③ DPI
④ Circuit Gateway

SPI(Stateful Inspection)은 세션단위의 검사를 수행하는 것으로 일정 기간 패킷을 추적하여 강화된 보안 기능을 제공한다. 송 신과 수신 패킷들을 모두 검사한다.

정답 ②

32 다음에서 설명하는 것으로 올바른 것은?

> 방화벽 중에서 패킷의 헤더뿐만 아니라 콘텐츠가 담긴 페이로드 부분까지 검사한다. 또한 OSI 1~7계층에서 동작한다.

① Application Gateway　　　　② Packet Filtering
③ SPI　　　　　　　　　　　④ DPI

DPI(Deep Packet Inspection)는 패킷의 헤더뿐만 아니라 페이로드(데이터)까지 모두 확인한다. DPI는 패킷의 패턴검사, 형태 분석, 통계분석 기능을 제공한다.

정답　④

33 다음에서 설명하는 것으로 올바른 것은?

> 공격을 예방, 탐지, 대응을 할 수 있는 보안 솔루션으로 통합관제를 수행한다.

① UTM　　　　　　　　　　② IPS
③ NAC　　　　　　　　　　④ ESM

ESM(Enterprise Security Management)은 지능화된 통합관제 시스템을 제공하는 것으로 능동적인 위협 관리 시스템 및 실시간 공격 예방 및 대응 등의 서비스를 제공한다.

정답　④

34 다음은 Snort에 대한 설정이다. (　　)에 올바른 것은? (단, (　　)은 매 횟수마다 계속 탐지한다.)

> alert tcp any any → 10.0.2.2 80 (msg:"Packet Detect";threshold:type (　　), type:by_dst,count 3,seconds 10;sid:100001;)

① both　　　　　　　　　　② limit
③ threshold　　　　　　　　④ seconds

Snort는 필기와 실기에서 한 문제는 출제되는 주제이다.

Snort Log type

구분	설명
threshold:type threshold	count 동안 횟수 번째 트래픽까지 탐지한다.
threshold:type limit	횟수마다 계속 탐지한다.
threshold:type both	content에서 몇 초 동안 횟수가 일어나면 알림을 준다.

정답　③

35 다음 중 VPN의 터널링 기술이 아닌 것은?

① PPTP
② L2TP
③ IMAP
④ IPSEC

IMAP과 POP 프로토콜은 MBOX(Mail Box)에서 메일을 읽어오는 프로토콜이다.

정답 ③

36 다음 중 ARP Spoofing 공격과 관련이 없는 것은?

① ARP Redirect Attack
② Man-in-the-middle Attack
③ Switch Jamming
④ IP Spoofing

IP Spoofing은 IP 주소를 속이는 공격이다.

ARP Spoofing과 관련된 공격

구분	설명
Switch Jamming	스위치가 공격을 받아서 더미허브와 같이 동작하는 것을 말하며 스위치가 전달받은 패킷을 해당 MAC 주소로만 전달하는 기능이 방해받아서 모든 단말기에 브로드캐스트하여 전달한다.
Man-in-the-middle Attack	네트워크에서 전송되는 데이터를 스니핑하고 조작하는 공격으로 중간에서 두 사람과 연결을 가진다.
ARP Redirect Attack	• 피해자들의 패킷이 공격자를 거친 후에 라우터로 전송되도록 하는 공격이다. • 어떤 패킷이 외부 네트워크로 전송되는지 감시한다.

정답 ④

37 TLS Record 프로토콜의 가공단계로 올바른 것은?

- 단편화(Fragmentation) : 상위 계층의 메시지가 2^14바이트 크기의 블록으로 단편화된다.
- (ㄱ) : 단편화된 블록을 압축하지만 버전 3 이후에 삭제되었다.
- 암호화(Encryption) : 단편화된 데이터 블록과 MAC을 암호화한다.
- (ㄴ) : 암호화된 데이터 블록과 MAC의 적절한 위치에 레코드 프로토콜 헤더를 추가한다.

---

① (ㄱ) 압축, (ㄴ) 헤더 변환
② (ㄱ) 압축, (ㄴ) 헤더 추가
③ (ㄱ) 가공, (ㄴ) 헤더 변환
④ (ㄱ) 가공, (ㄴ) 헤더 추가

TLS Record Protocol 가공단계

1. 단편화(Fragmentation) : 상위 계층의 메시지가 2^14바이트 크기의 블록으로 단편화된다.
2. 압축(Compression) : 단편화된 블록을 압축하지만 버전 3 이후에 삭제되었다.
3. 암호화(Encryption) : 단편화된 데이터 블록과 MAC을 암호화한다.
4. 헤더 추가(Append Header) : 암호화된 데이터 블록과 MAC의 적절한 위치에 레코드 프로토콜 헤더를 추가한다.

정답 ②

38 다음 중 포트가 열려 있을 경우에 응답이 다른 하나는?

① TCP Open Scan
② NULL Scan
③ FIN Scan
④ XMAS Scan

TCP Open Scan은 3-way Handshaking이 발생하기 때문에 포트가 열려 있으면 "SYN+ACK"가 응답으로 온다.

정답 ①

39 다음 보기의 VPN에 대한 설명으로 올바른 것은?

> IPSEC VPN에서 (ㄱ)은 인증 서비스를 제공하고 데이터 전송 과정에서 데이터가 변조되지 않았음을 검증하며, 재생 공격 (Replay Attack)에 대해서 보호를 지원한다. (ㄴ)은 데이터를 암호화하여 원하는 수신자만 데이터를 볼 수 있게 한다. 또한 (ㄱ)은 (ㄷ)을 이용하며 무결성과 인증기능을 제공한다. 무결성은 (ㄹ) 함수를 사용한다.

① (ㄱ) MAC, (ㄴ) ESP, (ㄷ) AH, (ㄹ) HASH
② (ㄱ) ESP, (ㄴ) AH, (ㄷ) MAC, (ㄹ) HASH
③ (ㄱ) AH, (ㄴ) ESP, (ㄷ) MAC, (ㄹ) HASH
④ (ㄱ) AH, (ㄴ) ESP, (ㄷ) HASH, (ㄹ) MAC

IPSEC의 AH과 ESP 헤더 및 MAC 인증, HASH 함수에 대한 설명이다.

정답 ③

40 다음에서 설명하는 보안 솔루션은?

> • 사용자 인증과 무결성을 확인한다.
> • 네트워크 액세스를 인증한다.
> • 네트워크 정보를 자동수집하고 업데이트한다.
> • 등록되지 않은 단말기의 네트워크 접속을 차단한다.

① ESM
② Firewall
③ SSO
④ NAC

NAC(Network Access Control)
• 엔드 포인트(End point) 보안 솔루션으로 등록되지 않는 단말기를 식별하여 차단한다.
• NAC는 네트워크에 연결된 단말기에 대해서 사전에 IP 주소, MAC 주소를 등록하고 등록되지 않은 단말기의 네트워크 접근을 차단한다.
• 네트워크에 대한 무결성을 지원한다.
• NAC 정책관리 서버는 등록된 단말기를 관리하고 차단 조건을 설정한다. 차단 서버는 등록되지 않은 단말기가 네트워크 연결을 시도하면 차단한다.

정답 ④

≡ 하 애플리케이션 보안 〉 인터넷 응용 보안

41 SSH(Secure Shell)의 기능으로 틀린 것은 무엇인가?

① 원격접속 보호

② 파일 전송 보호

③ 패킷 필터링

④ 사용자 인증

- SSH는 사용자를 인증하고 전송 구간을 암호화하는 프로그램으로 22번 Port를 사용해서 통신한다.
- 패킷 필터링은 특정 IP 주소 혹은 특정 데이터를 차단하는 기능으로 방화벽(Firewall)이 수행된다.

정답 ③

≡ 중 애플리케이션 보안 〉 인터넷 응용 보안

42 다음은 HTTP 응답 상태코드에 대한 설명이다. (   )에 알맞은 것은?

- 클라이언트의 요청사항을 정상적으로 처리했다는 것을 의미하는 상태코드는 (ㄱ) 번대 이다.
- 서버에 오류가 있고 클라이언트의 요청사항을 처리할 수 없는 상태코드는 (ㄴ) 번대 이다.
- 클라이언트의 요청사항을 수행하기 위하여 다른 곳에 있는 리소스를 참조해야 한다는 상태코드는 (ㄷ) 번대 이다.

① (ㄱ) 400 (ㄴ) 200 (ㄷ) 500

② (ㄱ) 200 (ㄴ) 300 (ㄷ) 500

③ (ㄱ) 200 (ㄴ) 500 (ㄷ) 300

④ (ㄱ) 400 (ㄴ) 300 (ㄷ) 200

HTTP 상태코드란, 웹브라우저의 HTTP Request 요청에 대한 응답코드이다.

HTTP 상태코드

구분	설명
200~299	클라이언트의 요청이 정상적으로 처리됐다는 의미이다.
300~399	클라이언트의 요청에 다른 위치를 제공하는 응답코드이다.
400~499	클라이언트의 잘못된 요청에 대한 응답코드이다. 즉, 클라이언트 에러 상태코드이다.
500~599	올바른 클라이언트 요청에 대해서 서버의 문제로 응답할 수 없다는 코드이다.

정답 ③

43 다음 공격 기법은 어떤 것을 설명하고 있는 것인가?

> • 쇼핑몰을 이용하는 사용자의 카드번호, 개인정보 입력 값을 탈취하여 악용하기 위한 공격 기법이다.
> • 공격자는 쇼핑몰에 침투하여 카드번호나 사용자 입력 값을 받는 부분에 악성코드를 설치한다.
> • 사용자는 쇼핑몰에 로그인하여 카드번호와 구매 관련 정보들을 입력하고 결재 버튼을 눌러 서버에게 전송한다.
> • 공격자는 악성코드를 입력하여 사용자 정보를 중간에 탈취하고 악용한다.

① 스미싱
② 폼재킹
③ 딥페이크
④ 스캠

폼재킹(Formjacking)은 Form과 Hijacking의 합성어로 사용자가 입력한 카드 결제정보를 가지고 있는 Form을 가로채는 공격 방법이다.

최근 공격 기법

구분	설명
딥페이크	Deep Learning과 Fake의 합성어로 허위 동영상 콘텐츠를 제작하거나 변형하는 AI 기술이다.
스캠	스캠(SCAM)은 SNS를 사용해서 이성적으로 접근하여 돈을 갈취하는 로맨스 스캠, 이메일로 접근하여 금융사기를 저지르는 비즈니스 스캠 등이 있다.

정답 ②

44 다음은 어떠한 공격 기법에 대한 설명인가?

> 공격자는 게시판에 악성코드를 저장하고, 다른 사용자가 게시물을 열람했을 때 악성코드가 실행함으로써 사용자 클라이언트의 정보를 탈취하는 공격 기법이다.

① 쿠키 세션 위조
② 파일 다운로드 취약점
③ XML 외부 개체 주입
④ XSS

정보보안기사 시험에서 매번 한 문제는 출제되는 것으로 게시판에 스크립트를 업로드하여 공격하는 것은 XSS(Cross Site Scripting)이다.

XML 외부 개체 주입(XXE Injection)
• XML 문서의 External Entity를 사용해서 공격자가 만든 외부 URL을 실행한다.
• 서비스 거부 공격과 로컬파일 정보 등을 출력한다.

정답 ④

45 다음 중 SSL/TLS의 취약성과 관련된 내용이 아닌 것은 무엇인가?

① logjam
② Freak
③ Poodle
④ Spectre

Spectre는 CPU 관련 보안 취약점이다.

SSL/TLS 관련 취약점

구분	설명
Poodle	• CVE-2014-3566으로 등록된 것으로 Padding Oracle on Downgraded Legacy Encryption이다. • SSL 3.0을 사용해서 통신하는 경우에 암호화 통신의 일부가 해독되거나 TLS/SSL 버전을 다운그레이드시킨다. • 웹 사이트에서 사용되는 인증정보(토큰, 쿠키)를 갈취한다.
Freak	• Factoring attack on RSA-EXPORT Keys, CVE-2015-0204이다. • SSL 서버가 수출용 RSA를 허용하도록 다운그레이드시킨 후 무작위 공격을 통해서 RSA 키를 얻어 중간자 공격을 수행한다.
logjam	• TLS 프로토콜 취약점을 사용해서 Diffie-Hellman 키를 의도적으로 수출용 512bit로 다운그레이드하여 암호 통신을 복호화하는 취약점이다. • Diffie-Hellman의 키 길이를 2048Bit로 설정하여 조치한다.

정답 ④

46 다음은 어떠한 공격 기법을 설명하는 것인가?

> • Plugx를 사용하여 은닉하고 흔적을 삭제한다.
> • 공격자는 특정 대상을 타깃으로 하여 은밀하게 공격을 준비하고 정밀하게 공격코드를 만든다.
> • 공격코드를 공인인증서로 사인하여 라이브러리 변조 등이 탐지되지 않도록 한다.
> • 주로 개발 서버와 배포 서버를 타깃으로 한다.

① APT
② Ganderap
③ Clop
④ Supply Chain

Supply Chain Attack
• 공급망에 침투하여 사용자에게 전달되는 S/W나 H/W를 변조하는 형태의 공격을 말한다.
• 예를 들어, S/W 개발사의 네트워크에 침투하여 소스코드를 수정하여 악의적인 목적의 코드를 삽입하거나, 배포를 위한 서버에 접근하여 파일을 변경하는 방식의 공격을 말한다.
• 대표적인 공격 방식은 빌드/업데이트 인프라 변조, 인증서나 개발 계정 유출을 통한 변조, 하드웨어나 펌웨어의 변조, 악성코드에 감염되어 있는 제품 판매가 있다.
[참조] KISA 사이버 위협동향 보고서(2018년 2분기)

정답 ④

47 다음은 어떤 공격 기법을 설명하는 것인가?

> 게시판에 악성코드를 삽입하고 클라이언트가 게시물을 확인했을 때, 클라이언트가 의도하지 않게 서버에 요청하여 특정 기능을
> 수행하게 하는 공격 기법이다.

① SQL Injection
② 역직렬화
③ CSRF
④ 다운로드 취약점

CSRF는 사용자의 의도와 관계없이 서버에 대해서 공격자의 의도된 행위를 수행하는 공격이다.

XSS와 CSRF의 차이점

XSS	CSRF
악성 스크립트가 클라이언트에서 실행된다.	권한을 갈취하여 가짜 요청을 서버에 전송한다.
클라이언트를 공격 대상으로 한다.	서버를 공격 대상으로 한다.
쿠키, 세션 갈취, 웹 사이트 변조 등	권한 도용

정답 ③

48 다음 보기는 무엇에 대한 설명인가?

> 인터넷상에서 콘텐츠 객체를 식별하는 기술로 고유한 식별자를 부여하고 저작권을 추적하거나 전자상거래에 사용한다.

① DRM
② DOI
③ Watermark
④ Steganography

- DOI(Digital Object Identifier)는 모든 객체에 부여되는 고유한 식별자이다.
- 객체에 항구적이고 영구적으로 할당된 식별자이다.

정답 ②

49 DB가 암호화되어 있는 곳에서 추론하여 정보를 유출하는 것을 방지하는 방법으로 적절한 것은 무엇인가?

① 집합성
② DAC
③ 암호화
④ 다중인스턴스화

- 추론(Inference)은 비인가자가 기밀정보를 유추하는 행위이다.
- 다중인스턴스화(Polyistantiation)는 인가등급에 따라서 보안과 무결성을 만족하는 다중 튜플을 생성하는 방법으로 추론 공격을 예방한다.
- 집계(Aggregation)는 낮은 보안 등급의 정보를 조합해서 높은 등급의 정보를 알아내는 것이다.

정답 ④

50 다음은 어떠한 보안 장치에 대한 설명인가?

> 직접화된 칩(Chip) 안에 공인인증서와 같은 정보를 저장할 수 있고, 알고리즘을 수행할 수 있는 기능이 내장되어 있어 암호를 생성하거나 공인인증과 관련된 정보를 생성할 수 있다.

① HSM
② OTP
③ SSO
④ DRM

HSM(Hardware Security Module)
- HSM은 안전한 메모리 내에 키를 보관 및 관리한다.
- CPU를 사용해서 암호키 혹은 전자서명 키를 사용하는 작업을 처리한다.

정답 ①

51 DNS의 레코드 타입에 대한 내용 중 틀린 것은 무엇인가?

① A : 도메인이름을 IP 주소로 변환한다.

② NS : 네임 서버와 관련된 정보이다.

③ MX : 메일 서버와 관련된 내용이다.

④ SOA : IP 주소를 이용하여 도메인이름을 추적한다.

SOA(Start Of Authority)

• 해당 도메인에 대해서 Name Server가 인증한 데이터를 가지고 있음을 의미한다.

• Serial, Refresh, Retry, Expire, Minimum의 5개 필드로 구성된다.

`오답 피하기`

PTR은 역방향 도메인 관리를 의미한다. 즉, IP 주소에 대해서 도메인 이름을 되돌린다.

`정답` ④

---

52 다음은 어떤 공격에 대한 설명인가?

> HTML에서 입력한 정보를 서버에서 처리할 때 명령어에 포함되어 실행하게 되어 서버의 정보가 유출되게 하는 공격이다.

① SSI Injection

② LDAP Injection

③ SQL Injection

④ XPath Injection

Injection 공격

구분	설명
SSI(Server Side Includes) Injection	• HTML 페이지 전체를 수행하지 않고 공통모듈을 파일로 관리하기 위해서 만들어진 기능이다. • SSI Injection은 HTML 문서 내에 입력받은 변수 값을 서버측에서 처리할 때 부적절한 명령문이 포함, 실행되어 서버 데이터가 유출되는 취약점이다.
LDAP Injection	사용자의 입력을 받아서 동적으로 LDAP 필터를 생성할 때 악의적 코드를 입력할 수 있다.
XPATH Injection	XML 구조에 악의적인 쿼리를 삽입하여 정보를 탈취한다.

`정답` ①

53 HTTP 프로토콜과 관련하여 HTTP 요청 중 사용하는 GET과 POST에 대한 설명 중 틀린 것은?

① GET 방식은 URL에 요청사항을 추가하여 전달하는 방식이다.
② GET 방식은 &로 파라미터를 분리하며, 길이를 제한하는 방식이다.
③ GET 방식은 URL에 정보가 포함되므로 보안에 취약하다.
④ POST 방식은 요청할 데이터를 헤더에 포함하여 전송한다.

POST 방식은 HTTP Request 시에 Query String(입력 데이터)을 HTTP Body에 포함시켜서 전송하는 방법이다.

웹 브라우저에서 웹 서버에 있는 Servlet(서버 프로그램) 호출

HTML(Client, Front-end)	Servlet(Server, Back-end)

〈form action = "*webmain*" accept-charset="*utf-8*" name = "*LimBest*" method = "*post*"〉
 〈input type = "*text*" name = "*name*"/〉
 〈input type = "*submit*" name ="*제출*"/〉
〈/form〉
	PrintWriter out = response.getWriter( );
	out.println("Web Test");
	
	String name =
	　　request.getParameter("name");
	　　out.println(name);

HTML form tag의 method에 "post"로 입력한다.	getParameter를 사용해서 데이터를 읽는다.

정답 ④

54 다음 중 웹 취약점을 이용한 공격 기법과 관계가 없는 것은 무엇인가?

① CSRF
② XSS
③ RFI
④ Format String

- RFI(Remote File Inclusion) 취약점은 악성 스크립트를 서버에 전달하여 해당 페이지를 통해서 악성코드가 실행되도록 하는 공격이다. 따라서 CSRF, XSS, RFI는 모두 웹 취약점을 이용한 공격 기법이다.
- Format String은 정보보안기사에 자주 출제되는 문제로 사용자로부터 입력 혹은 출력을 위해서 사용되는 포맷 형식을 악용한 공격으로 다른 메모리 참조, ShellCode 삽입 등의 공격을 수행한다.

정답 ④

55 TLS의 키 교환 과정을 순서대로 배열하시오.

> ㄱ. Server Key Exchange
> ㄴ. Server Hello
> ㄷ. Client Hello
> ㄹ. Client Key Exchange
> ㅁ. Change Cipher Spec

① ㄷ → ㄹ → ㄴ → ㄱ → ㅁ
② ㄷ → ㄴ → ㄱ → ㄹ → ㅁ
③ ㄷ → ㄴ → ㄹ → ㅁ → ㄱ
④ ㄴ → ㄷ → ㄹ → ㅁ → ㄱ

TLS 키 교환 과정은 Client Hello → Server Hello → Server Key Exchange → Client Key Exchange → Change Cipher Spec이다.

정답 ②

56 SQL 문에서 사용하는 특수문자에 대한 설명으로 가장 거리가 먼 것은?

① --# : 이전 명령의 결과를 이후 명령의 파라미터로 전달한다.
② ´ : 문자를 구분한다.
③ ; : 명령어를 구분한다.
④ /* ~ */ : 주석문을 의미한다.

세미콜론(;)은 SQL 문을 구분하며, 작은따옴표(')는 문자열을 열고 닫는다. 그리고 /* ~ */는 주석문이다.

정답 ①

57 디지털 포렌식과 관련하여 가장 잘못된 설명은 무엇인가?

① 디지털 증거분석은 원본 데이터를 대상으로 한다.
② 신뢰된 도구를 이용하여 분석해야 한다.
③ 전체 과정을 녹화하므로 객관성을 확보해야 한다.
④ 재현성과 무결성을 확보하여 디지털 증거로서 효력을 확보한다.

디지털 증거분석은 원본을 복사한 복사본을 대상으로 하고 재현성과 무결성을 확보하여 법적 증거자료로 효력을 확보해야 한다.

정답 ①

58 SSO(Single Sign On)와 관련된 기술 요소가 아닌 것은 무엇인가?

① RFID
② 웹 쿠키
③ 커버로스
④ SAML

RFID는 전자태크 기술로 SSO와 관련이 없다. SSO와 관련된 문제로는 SSO 종류인 인증대행(Delegation 방식과 인증정보 전달(Propagation) 방식 그리고 두 개를 혼용한 방식이 있다. 이 때 사용되는 것이 웹 쿠키, SAML이 있고 커버로스 모델을 기반으로 만든 것이 SSO이다.

오답 피하기

SAML(Security Assertion Markup Language)은 인증 정보 제공자와 서비스 제공자 간 인증 및 인가를 위해서 데이터를 교환하기 위한 XML 기반 개방형 표준 데이터 포맷으로 SSO에서 사용한다.

정답 ①

59 FTP와 관련된 설명으로 틀린 것은 무엇인가?

① FTP의 Well-known Port는 20번과 21번이며, 20번 데이터 포트는 데이터를 전송할 때만 사용하고 21번은 FTP 서비스 기간 동안 계속 연결을 유지한다.
② FTP Passive Mode는 클라이언트가 방화벽 뒤에 있을 때, FTP 서버가 FTP 클라이언트로 접속할 때의 문제점을 해결하기 위한 모드이다.
③ FTP Bounce Attack을 방지하기 위한 방법 중 하나로 클라이언트의 PORT 요청 내에 포함된 IP 주소와 클라이언트의 IP 주소가 다를 경우 명령을 처리하지 않는 방법이 있다.
④ FTP Well-known Port는 서버가 사용하는 21번 포트와 클라이언트가 사용하는 20번 포트가 있다.

FTP Passive Mode는 FTP 클라이언트가 FTP 서버에 접속할 때의 문제점을 해결하기 위한 모드이다. 매번 정보보안기사에서 두 문제씩은 FTP가 출제된다.

정답 ②

60 PGP와 관련된 설명으로 틀린 것은 무엇인가?

① 발신자를 인증하기 위하여 발신자의 개인키로 사인해야 한다.
② 수신한 사람은 수신자의 개인키로 복호화하여 메일을 확인해야 한다.
③ PGP는 공인인증서가 반드시 필요하다.
④ PGP는 애플리케이션으로 시작하였으나, OpenPGP를 통하여 표준 프로토콜로 개발되었다.

PGP는 공개키와 개인키를 사용해서 암호화 및 복호화를 수행하며 공개키를 사용해서 문서를 암호화하고 원래의 문서 확인은 개인키로 한다. PGP는 전자서명을 지원하며 전자서명은 개인키로 사인하고 전자서명 확인은 공개키로 확인한다.

정답 ③

중 정보보안 일반 〉 보안 요소 기술

61 다음 중 접근 통제 모델에 대한 설명으로 가장 옳은 것은?

① 상태 기계 모델은 무결성을 위한 상업용 모델로 상업용 연상에 가깝게 설계되어, 접근 3요소 인 주체, 소프트웨어, 객체와 직무분리, 감사를 통해 무결성을 구현한다.

② 만리장성 모델은 직무 분리와 이해상충 개념을 접근 통제에 반영한 것으로, 정보 흐름 모델을 기반으로 이해충돌을 야기하는 주체와 객체들 사이에 정보가 흐르지 않게 한다.

③ 비바 모델은 기밀성을 강조한 최초의 수학적 모델로 강제적 정책에 의해 접근 통제하는 모델이다.

④ 벨라파둘라 모델은 무결성을 위한 최초의 상업적 모델로 비인가자에 의한 데이터 변형 방지만을 취급한다.

접근 통제 모델에 대한 설명으로 가장 옳은 것은 보기 2번 만리장성 모델이다.

보기 ①은 클락 앤 윌슨(Clark and Wilson) 모델에 대한 설명이다.

보기 ③은 벨라파둘라 모델(Bell–LaPadula Model)에 대한 설명이다.

보기 ④는 비바 모델(Biba Model)에 대한 설명이다.

오답 피하기

상태 기계 모델(State Machine Model)

• 시스템 내의 활동에 상관없이 시스템이 스스로를 보호하고 불안정한 상태가 되지 않도록 하는 모든 컴퓨터에서 적용되는 관념적 모델이다.

• 모든 보안 모델에 기본적으로 적용되며, 상태천이를 통해 안전상태를 유지한다.

정답 ②

중 정보보안 일반 〉 암호학

62 다음 중 아래 보기에서 설명하고 있는 블록 암호 공격 기법은 무엇인가?

• Biham과 Shamir에 의하여 개발된 블록 암호 공격 방법으로 공격자는 확률적 정보를 제공하는 차분분포표를 만들 수 있다.

• 두 개의 평문블록의 비트 차에 대하여 대응되는 암호문 블록들의 비트 차이를 이용하여 사용된 암호키를 찾아내는 방법이다.

① 암호문 단독 공격　　　　　② 알려진 평문 공격
③ 차분 공격　　　　　　　　④ 선택 암호문 공격

위 보기에서 설명하고 있는 블록 암호 공격 기법은 보기 3번 선택 평문 공격이다.

오답 피하기

• 선택 평문 공격의 종류에는 적응적 선택 평문 공격과 차분 공격 기법이 있다.

• 선형 공격 – 알려진 평문 공격, 알고리즘 내부의 비선형 구조를 적당히 선형화시켜 키를 찾는 방법

• 전수 공격 – 모든 가능한 경우에 대하여 조사해 키를 찾는 방법

• 통계적 분석 – 암호문에 대한 평문의 각 단어의 빈도에 관한 자료를 포함하는 지금까지 알려진 모든 통계적 자료를 이용하는 방법

• 수학적 분석 공격 – 통계적 분석을 포함하며, 수학적 이론을 이용해 복호화하는 방법

정답 ③

63 이론적으로 현존하는 가장 강력한 암호 알고리즘은 무엇인가?

① RC4
② RSA
③ OTP
④ AES

OTP(One Time Password)는 고정된 패스워드 대신 무작위 난수로 생성된 일회용 패스워드를 이용하는 사용자 인증 방식을 말한다. 한 번 로그인한 비밀번호는 OTP 시스템 서버에서 더이상 사용할 수 없게 되며 다시 로그인하려고 할 경우에는 새로운 비밀번호를 생성하여 입력하는 단계를 거친다. 이론상 현존하는 가장 강력한 암호 알고리즘이라 하겠다.

정답 ③

64 아래에서 설명하고 있는 접근 통제 방법에 해당하는 것은?

- 허가된 주체에 의하여 변경 가능한 하나의 주체와 객체 간의 관계를 정의한다.
- 데이터의 소유자가 접근을 요청하는 사용자의 신분, 즉 식별자(Identity)에 기초하여 객체에 대해 접근을 제한하는 접근 통제 방법이다.

① 임의적 접근 통제(DAC)
② 역할 기반 접근 통제(RBAC)
③ 강제적 접근 통제(MAC)
④ 규칙 기반 접근 통제(RBAC)

위 보기에서 설명하고 있는 접근 통제 방식은 임의적 접근 통제 방식이다.

정답 ①

65 다음 중 메시지 다이제스트(Message Digest)에 대한 설명으로 가장 옳지 않은 것은?

① 임의 길이 메시지에 단방향 해시함수가 반복 적용되어 일정한 길이로 축약 생성된 비트열을 말한다.
② 메시지 다이제스트는 함수의 출력 값 으로 입력 값을 알 수 있다.
③ 메시지 다이제스트는 단방향 암호화로 평문을 압축하여 해시 값을 만들 수 있다.
④ 메시지 다이제스트는 입력된 평문의 값 중에 어느 한 비트가 변해도 출력되는 해시 값이 크게 달라진다.

메시지 다이제스트(Message Digest)의 특징
임의 길이 메시지에 단방향 해시함수가 반복 적용되어 일정한 길이로 축약 생성된 비트열을 말한다.
① 키가 필요없고, 키 없이 출력 값 을 생성할 수 있다.
② 입력된 평문의 길이에 상관없이 동일한 길이의 출력 값 을 생성한다.
③ 단방향 암호화로 평문을 압축하여 해시 값으로 만들 수 있지만 해시 값을 평문으로 다시 변환할 수 없다.
④ 입력되는 평문의 값 중 어느 한 비트만 변해도 출력되는 해시 값은 달라진다.
⑤ 대표적인 메시지 다이제스트 해시함수 : MD5, SHA-1 등

정답 ②

66 대칭키와 해시함수를 사용하는 MAC(Message Authentication Code)이 보장하지 않는 암호화 기능은 무엇인가?

① 기밀성 　　　　　　　　　　　② 무결성
③ 부인방지 　　　　　　　　　　　④ 메시지 인증

MAC(Message Authentication Code)이 보장하지 않는 암호화 기능은 부인방지이다. MAC는 제3자 증명 기능도 보장되지 않는다.

정답 ③

67 공개키 암호화 기법이 개발되어 대칭키 암호화 알고리즘이 대체될 줄 알았으나 두 가지 암호화 기법을 혼용하여 사용하는 하이브리드 암호화 기법이 사용되고 있다. 이렇게 쓰이는 이유는 무엇인가?

① 하이브리드 암호화 방식은 대칭키 암호화 알고리즘이 키 배송 문제를 해결하고 공개키 암호화 방식을 이용하여 대량의 데이터를 빠른 속도로 처리하기 위해서 사용된다.
② 처음부터 공개키 암호화 한 가지만 사용해도 기밀성을 보장할 수 있지만 짧은 키 길이를 사용하고 소량의 데이터의 빠른 전송을 위하여 대칭키를 이용하고자 하이브리드 암호화 방식을 사용한다.
③ 공개키 암호의 처리 속도가 느린 것을 대칭키 암호로 해결하고 대칭키 암호의 키 배송 문제를 공개키 암호로 해결할 수 있어서 하이브리드 암호 시스템을 사용한다.
④ 공개키 암호화 방식을 사용하기 위하여 기밀성을 보장할 수 있지만, 기존에 대칭키를 사용하는 암호화 환경에서 기술적 호환성의 문제로 일시적으로 대칭키와 공개키 방식을 혼용한 하이브리드 암호화 기법을 사용한다.

하이브리드 암호화 기법을 사용하는 이유는 보기 3번 공개키 암호의 처리 속도가 느린 것을 대칭키 암호로 해결하고 대칭키 암호의 키 배송 문제를 공개키 암호로 해결할 수 있어서 하이브리드 암호 시스템을 사용한다.

정답 ③

68 중앙집중형 방식인 커버로스(Kerberos)의 키 분배 모델에 해당하는 것은?

① RSA에 의한 방식
② Needham-Schroeder 방식
③ Challenge-Response 방식
④ Diffie-Hellman 방식

커버로스(Kerberos)는 Needham-Schroeder의 신뢰할 수 있는 제3자 프로토콜에 근거한 모델로서 중앙 인증 서버가 네트워크상의 모든 실체(entity)와 서로 다른 비밀키를 공유하고 그 비밀키를 알고 있는 것으로 실체의 신원을 증명하며, 패스워드를 네트워크상에 노출시키지 않도록 한다.

정답 ②

69 사내 출입보안통제를 위하여 지문인식기를 도입하고자 한다. 생체정보인 지문인식이 생체인증의 정확도를 판단한다. 지문인식 결과 시스템에 등록 권한이 있는 사람이 100번 중 97회 인증 시도에 성공하였다. 시스템에 등록 권한이 없는 사람이 인증 시도 시 100번 중 98회 차단되었고, 2회 등록 권한이 없는 사람이 통과되었다. 이 결과 FAR(False Acceptance Rate)은 어떻게 되는가?

① 98%　　　　　　　　　　　② 93%

③ 2%　　　　　　　　　　　　④ 3%

FAR(False Acceptance Rate)은 총 시도 횟수 중에 부정 허용의 횟수가 얼마인지를 백분율로 나타낸 것이다.

부정허용률(FAR : False Acceptance Rate)

등록되지 않은 사용자를 등록된 사용자로 잘못 인식한 에러

= (FA 오류의 수 / 불법적 시도의 수) * 100 = 2 / 100 * 100 = 2%

부정거부율(FRR : False Rejection Rate)

등록된 사용자를 거부(정상 데이터를 비정상으로 잘못 판단)하는 에러

= (FR 오류의 수 / 합법적 시도의 수) * 100 = 3/100 * 100 = 3%

정답 ③

70 아래 공개키 메시지 정보를 표현한 것 중 해당하는 것은?

> A가 B에게 전송할 때, EpubB(M) → DpriB(M) 비대칭키에서 암호화하는 방법
> 공개키 A: Pub_a　　공개키 B: Pub_b
> 사설키 A: Pri_a　　공개키 B: Pri_b
> 암호화 : C= E_k (M)
> 복호화 : M= D_k (C)
> 메시지 : M

① 수신자의 비밀키로, 송신자의 비밀키
② 수신자의 공개키로, 수신자의 비밀키
③ 수신자와 비밀키로, 수신자의 공개키
④ 송신자의 공개키로, 수신자의 비밀키

공개키 메시지 정보를 표현한 것 중 해당하는 것은 보기 2번 수신자의 공개키로, 수신자의 비밀키이다.

정답 ②

71 해시함수 알고리즘 중 MAC(Message Authentication Code)에 대한 설명으로 가장 옳지 않은 것은?

① 임의 길이의 메시지와 송신자 및 수신자가 공유하는 키로 두 개를 입력하여 고정비트 길이의 출력을 만든 함수를 말한다.

② 제3자에 대한 증명과 송신 부인방지 기능이 불가능하다.

③ 무결성 인증은 가능하나 메시지의 출원인증은 불가능하다.

④ 160bit 이상의 해시 값을 사용하여 메시지 인증코드를 구성하는 방법이 있다.

- MAC에 대한 설명으로 가장 틀린 내용은 보기 3번 무결성 인증은 가능하나 메시지의 출원인증은 불가능하다. 이것은 MDC(Modification Detection Code)에 대한 설명이다.
- MAC은 해시함수와 대칭키로 메시지 무결성을 인증하고 메시지 인증으로 검출할 수 있다.

정답 ③

72 아래 보기에서 설명하고 있는 것은 무엇인가?

> 개발 및 시험환경과 운영환경은 원칙적으로 분리된 네트워크 영역으로 구성하여야 하며, 각 네트워크 영역 간의 비인가된 접근을 통제하여야 한다. 서버관리자는 시스템 로그에 접근이 불가능하다.

① 직무순환

② 직무분리

③ 상호배제

④ 직무관리

- 직무분리는 업무의 발생, 승인, 변경, 확인, 배포 등이 모두 한 사람에 의해 처리됨으로써 발생할 수 있는 보안위험을 예방하기 위한 통제사항이다.
- 직무분리의 기본원칙은 최소 권한의 원칙(Least Privilege)과 할 필요의 원칙(Need to do)에 따라서 적절하게 직무를 분리하여야 한다.
- 직무순환은 직무를 바꾸어 수행하는 것으로 수평적 직무확대를 하는 방식이다.

정답 ②

73 다음 기기 인증 기술 중 관련성이 없는 것은 무엇인가?

① 서버와 클라이언트 간에 이용되는 것으로 클라이언트의 아이디와 패스워드를 서버의 데이터 베이스와 비교하여 인증하는 아이디/패스워드 기반의 기기 인증 기술이 있다.

② 접속 단말의 MAC 주소 값을 인증 서버 또는 AP에 등록해서 네트워크 접속 요청 시 아이디 인증없이 MAC 주소만으로 인증하는 MAC 주소 값 인증 방식을 이용할 수 있다.

③ 무선랜은 불법적인 접근, 중간에서 키나 세션을 가로채서 중요정보 탈취 시도를 막기 위해 암호 프로토콜을 활용한 인증을 적용할 수 있다.

④ OTP와 유사하게 일회용 비밀키를 생성하여 사용자를 인증할 수 있는 Challenge/Response 인증 방식이 있다.

OTP와 유사하게 일회용 해시 값(O)을 생성하여 사용자를 인증할 수 있는 Challenge / Response 인증 방식이 있다.

정답 ④

74 다음 중 전자서명 생성키 등 비밀정보를 안전하게 저장 및 보관할 수 있고 기기 내부에 프로세스 및 암호 연산 장치가 있어 전자서명 키 생성, 전자서명 생성 및 검증 등이 가능한 하드웨어 장치를 무엇 이라고 하는가?

① HSM(Hardware Security Module)
② PKI(Public Key Infrastructure)
③ 스마트 카드(Smart Card)
④ OTP(One Time Password)

위 보기에서 설명하고 있는 장치는 HSM(Hardware Security Module)이다.

정답 ①

75 공개키 기반 구조 방식 중 X.509 공인인증서 기본 필드 영역에 속하지 않고 X.509 확장 필드에 해당되는 것은 무엇인가?

① 일련번호
② 주체키 식별자
③ 소유자
④ 알고리즘 식별자

X.509 확장 필드에 해당되는 것은 주체키 식별자이다.

기본 필드

version(버전), Serial Numer(일련번호), Signature(서명 알고리즘 식별자), Issuer(발행자), Validity(유효기간), Subject(소유자(주체)), Subject Public Key Info(소유자 공개키 정보), Issuer Unique ID(발행자 고유 식별자), Subject Unique ID(소유자 고유 식별자), Extensions(확장)

확장 필드

Authority Key Identifier(인증기관 키 식별자), Subject Key Identifier(주체(소유자) 키 식별자), Key Usage(키 사용 목적), Private Key Usage Period(개인키 사용시간), Certificate Policy(인증서 정책), Policy Mappings(인증서 정책 매핑), Subject Alternative Name(소유자 대체 명칭), Issuer Alternative Name(발급자 대체 명칭), Basic Constraints(기본제한), Name Constraints(명칭제한), Extended Key Usage(확장 키 사용 목적), CRL Distribution Points(인증서 효력정지 및 폐지목록 분배점), Authority Information Access(발급자 정보 접근)

정답 ②

76 다음 중 아래 보기에서 설명하고 있는 서명 방식에 해당하는 것은 무엇인가?

(ㄱ) 사용자의 익명성과 송신자의 익명성을 보장함으로써 기밀성을 가능케 하는 특수 전자서명이다. 사용자의 익명성은 직접 서명한 사용자가 서명발급 이후에 전자서명(메시지와 서명의 쌍)의 유효성을 확인할 수 있으나, 자신이 언제 누구에게 발행했는지는 확인할 수 없도록 하며, 송신자의 익명성은 검증자가 전자서명 내역(메시지와 서명의 쌍)의 유효성을 확인할 수 있으나, 송신자의 신분을 확인할 수 없도록 하여 송신자의 익명성을 보장한다. 이 서명 기술을 이용한 구체적인 예는 전자투표와 전자화폐이다.

(ㄴ) SET에서 고객의 프라이버시 보호 및 거래의 정당성 인증을 위해 고안된 전자서명 프로토콜이다. SET에서는 고객의 결제정보가 판매자를 통하여 해당 지급정보중계기관 (이하 'PG')으로 전송됨에 따라 고객의 결제정보가 판매자에게 노출될 가능성과 판매자에 의한 결제 정보의 위·변조의 가능성이 있으므로, 판매자에게 결제정보를 노출시키지 않으면서도 결제가 가능하다. 고객의 정당성 및 구매내용의 정당성을 확인할 수 있고 PG는 판매자가 전송한 결제요청이 실제고객이 의뢰한 전문인지를 확인할 수 있도록 하는 이 서명 기술 도입이 필요하게 되었다.

① (ㄱ) 이중서명, (ㄴ) 분할서명
② (ㄱ) 위임서명, (ㄴ) 이중서명
③ (ㄱ) 은닉서명, (ㄴ) 분할서명
④ (ㄱ) 은닉서명, (ㄴ) 이중서명

위 보기에서 설명하고 있는 서명 방식은 (ㄱ) 은닉서명, (ㄴ) 이중서명이다.

정답 ④

77 다음 중 해커가 네트워크를 통해 유효한 데이터 전송을 가로챈 후 반복하는 사이버 공격인 재전송 공격(Relpay Attack)을 막는 방법에 해당되지 않는 것은?

① 순서번호(Sequence Number)를 이용하여 송신 메시지에 매회 하나씩 증가하는 번호를 붙이는 방법으로 마지막 통신시 순서 번호를 저장하여 재전송 공격을 방어할 수 있다.

② 타임스탬프(Timestamp)는 동기화된 클럭(Clock)이 필요하며 송신 메시지에 현재 시간을 넣어서 재전송 공격을 방어할 수 있다.

③ 비표(Nonce)를 이용하여 메시지를 수신하기에 앞서 수신자는 송신자에게 일회용의 랜덤한 값(Nonce)을 건네주어 재전송 공격을 방어할 수 있다.

④ MAC(Message Authentication Code)을 이용하여 메시지와 송수신자간에 서로 공유하고 있는 키(key)를 입력하여 MAC 값인 해시 값을 생성하는 함수를 이용하여 재전송 공격을 방어할 수 있다.

> MAC 인증 방식은 공격자가 HMAC 값(해시 값)을 탈취한 후 추후에 재전송 공격에 취약하다는 단점이 있다.

정답 ④

78 다음 중 아래에서 설명하고 있는 암호 알고리즘은 무엇인가?

- 64비트의 평문에 대한 블록의 데이터를 입력하여 8라운드의 암호 방식을 적용한다.
- 16비트 단위 연산을 사용하여 16비트 프로세스에 구현이 용이하도록 설계되어 있다.
- 대부분의 암호 공격으로부터 안전하며 이메일 암호화를 위한 PGP에도 사용하고 있다.

① DES   ② SEED
③ IDEA   ④ HIGHT

> 위의 보기에서 설명하고 있는 암호 알고리즘은 IDEA(International Data Encryption Algorithm International Data Encryption Algorithm)에 대한 설명이다.
>
> 오답 피하기
>
> DES(Data Encryption Algorithm)
> - 1975년에 IBM 사에서 개발하고 1979년에 미국 NBS(National Bureau of Standards, 현 NIST)가 국가표준 암호 알고리즘으로 지정한 대칭키 암호 알고리즘이다.
> - Feistel 구조로 64비트 블록단위로 암호화하고 64비트 키를 사용하여 16라운드 거쳐 64비트의 암호문을 출력하는 방식이다.
>
> SEED
> - 전자상거래, 금융, 무선통신 등에서 전송되는 개인정보와 같은 중요한 정보를 보호하기 위해 1999년 2월 한국인터넷진흥원과 국내 암호전문가들이 순수 국내 기술로 개발한 128비트 블록 암호 알고리즘이다.
> - Feistel 구조로 이루어져 있으며, 128비트의 평문 블록과 128비트 키를 입력으로 사용하여 총 16라운드를 거쳐 128비트 암호문 블록을 출력한다.

HIGHT(HIGh security and light weigHT)

- HIGHT는 RFID, USN 등과 같이 저전력 · 경량화를 요구하는 컴퓨팅 환경에서 기밀성을 제공하기 위해 2005년 KISA, ETRI 부설연구소 및 고려대가 공동으로 개발한 64비트 블록 암호 알고리즘이다.
- HIGHT의 전체 구조는 일반화된 Feistel 변형 구조로 이루어져 있으며, 64비트의 평문과 128비트 키로부터 생성된 8개의 8비트 화이트닝 키와 128개의 8비트 서브키를 입력으로 사용하여 총 32라운드를 거쳐 64비트 암호문을 출력한다.

정답 ③

≡ 하 정보보안 일반 〉암호학

79 다음 중 대칭키에 대한 설명으로 가장 적절한 것은?

① 대칭키 암호화는 암호화와 복호화에 같은 암호키를 사용하는 알고리즘으로 암호화하는 단위에 따라 스트림 암호화 블록 암호로 나눌 수 있다.

② 데이터 암호화 속도가 느리기 때문에 키 분배나 전자서명 또는 카드번호와 같은 작은 크기의 데이터 암호화에 많이 사용되고 있다.

③ 효율적인 키 관리가 용이하다.

④ 대표적인 대칭키 암호 알고리즘은 SEED, ARIA, AES, ECC 등이 있다.

대칭키에 대한 설명으로 가장 적절한 것은 보기 1번 대칭키 암호화는 암호화와 복호화에 같은 암호키를 사용하는 알로리즘으로 암호화하는 단위에 따라 스트림 암호화 블록 암호로 나눌 수 있다.

오답 피하기

- 보기 ②는 공개키에 대한 설명이다.

  대칭키 암호화 방식은 공개키 암호화 방식에 비해 빠른 처리 속도를 제공하고, 암호키의 길이가 공개키 암호화 방식보다 상대적으로 작아서 일반적인 정보의 기밀성을 보장하기 위한 용도로 사용되고 있다.

- 보기 ③은 대칭키의 단점이다.

  대칭키 암호화 방식은 정보 교환 당사자 간에 동일한 키를 공유해야 하므로 여러 사람과의 정보 교환 시 많은 키를 유지 및 관리해야 하는 어려움이 있다.

- 보기 ④ ECC는 공개키 암호화 알고리즘에 속한다.

정답 ①

80 암호키 수명주기 중 운영단계는 암호키가 암호 알고리즘 및 연산에 사용하는 단계를 말한다. 운영단계 중 운영 중인 암호키를 다른 암호키로 교체하는 것을 가리켜 암호키 변경이라고 한다. 아래 보기에서 암호키 변경에 대한 설명으로 가장 옳지 않은 것은?

① 암호키의 변경은 암호키가 노출된 경우, 노출의 위협이 있는 경우, 암호키 유효 기간의 만료가 가까워지는 경우에는 키를 안전하게 변경해야 한다. 기존의 암호키와는 독립적인 방법으로 새로운 암호키를 생성하는 방법을 키 교체라고 한다.

② 기존의 암호키를 이용하여 새로운 암호키를 생성하는 방법을 키 갱신이라고 한다. 기존의 암호키를 일방향 함수의 입력으로 하여, 일방향 함수의 출력으로 암호키를 갱신한다. 갱신된 암호키가 노출된 경우, 갱신되기 이전의 암호키에 대한 정보는 노출되지 않는다.

③ 키 갱신 시 기존의 암호키를 이용하기 때문에 노출된 암호키를 변경하기 위해서 키를 갱신하여 사용할 수 있다.

④ 암호키 변경을 위하여 키 유도 함수를 이용할 수 있는데 비밀 값과 추가 정보들을 키 유도 함수에 입력하여 필요한 암호키들을 유도할 수 있다. 유도된 키들로부터 비밀 값에 대한 정보를 얻을 수 없어야 하기 때문에 키 유도 함수는 비가역적이어야 한다.

키 갱신 시 기존의 암호키를 이용하기 때문에, 기존의 암호키가 노출되면 이 키를 이용하여 갱신한 암호키에 대한 정보가 노출된다. 따라서 노출된 암호키를 변경하기 위해 키 갱신을 사용해서는 안 된다. (o)
또한 한정된 횟수의 키 갱신 이후에는 키 교체를 이용하여 기존의 암호키를 새로운 암호키로 변경해야 한다.
[참고] 암호이용활성화 암호키 관리 안내서(2014.12) 자료

정답 ③

≡ 중 정보보안 관리 및 법규 〉 정보보호 관리

81 과학기술정보통신부장관은 정보보호 관리체계 인증을 받은 법인 또는 단체는 지정을 취소할 수 있다. 아래 보기 중에서 반드시 인증을 취소해야 하는 사유에 해당하지 않는 것은 무엇인가?

① 거짓이나 그 밖의 부정한 방법으로 정보보호 관리체계 인증을 받은 경우
② 인증기준에 미달하게 된 경우
③ 사후관리를 거부한 경우
④ 정당한 이유없이 인증 또는 인증심사를 하지 않은 경우

정보보호 관리체계 인증 취소 및 정지 사유

구분	인증 신청(대상)기관	인증기관/심사기관	인증심사원
조항	법 제47조 제10항	정보통신망법 제47조의2 동법 시행령 제54조, 별표4 고시 제 11조	고시 제16조
인증취소	1. 거짓이나 그 밖의 부정한 방법으로 정보보호 관리체계 인증을 받은 경우 2. 제4항에 따른 인증기준에 미달하게 된 경우 3. 제8항에 따른 사후관리를 거부 또는 방해한 경우	1. 거짓이나 그 밖의 부정한 방법으로 인증기관 또는 심사 기관의 지정을 받은 경우 2. 업무정지 기간 중에 인증 또는 인증심사를 한 경우	1. 거짓이나 부정한 방법으로 인증심사원 자격을 부여받은 경우 2. 제15조제2항에 따른 자격 유지기준을 충족하지 못한 경우 3. 인증심사원으로서 객관적이고 공정한 인증 심사를 수행하지 않은 경우 4. 인증심사 과정에서 취득한 정보 또는 서류를 관련 법령의 근거나 인증신청인의 동의 없이 누설 또는 유출 하거나 업무목적 외에 이를 사용한 경우 5. 인증신청인으로부터 금전, 금품, 향응, 이익 등을 부당하게 수수하거나 요구한 경우
1년 이내 전부 또는 일부 정지		3. 정당한 사유 없이 인증 또는 인증심사를 하지 아니한 경우 4. 정보통신망법 제47조 제11항을 위반하여 인증 또는 인증심사를 한 경우 5. 정보통신망법 제47조 제12항에 따른 지정기준에 적합하지 아니하게 된 경우	

• 개인정보보호 관리체계 인증기관의 지정취소 등에 대하여는 제47조의2를 준용
• 인증신청(대상)기관 : 제1항 – 반드시 인증취소, 제2항, 제3항 – 인증 취소할 수 있다.
• 인증기관 및 심사기관 : 제1항 제2항 – 반드시 인증취소, 제3~제5항 : 1년 정지
• 인증심사원 : 제1항 ~ 제5항 – 인증 취소할 수 있다.

정답 ④

82 아래 보기의 사례 중 적법한 행위에 해당하는 것은?

① 정보보안학과의 과제 수행을 위하여 A군은 취약점 진단도구를 이용하여 기업이나 기관이 운영하는 웹 사이트의 홈페이지에 취약점 분석을 실시하였다.

② 주민센터에 공익근무요원으로 근무하는 B군은 점심시간을 이용하여 PC 잠금이 해제된 직원의 PC에서 개인정보처리시스템에 몰래 접속하여 연예인 관련 대장을 확인하였다.

③ 쇼핑몰에서 웹 사이트를 관리 운영하고 있는 D군은 고객(이용자)의 동의없이 쇼핑몰 웹 사이트에 접속 현황, 접속자 수를 확인하기 위하여 히스토리 정보를 확인하였다.

④ 신입사원인 C씨는 팀장의 업무지시로 팀장이 알려준 아이디와 비밀번호를 입력하여 팀장이 지시한 업무와 관련이 없는 정보를 조회하였다.

사례 중에서 적법한 행위에 해당하는 것은 보기 3번이고, 나머지는 모두 위법한 사례에 해당한다.

정답 ③

83 다음 중 아래 보기에서 설명하고 있는 위험분석 방법은 무엇인가?

모든 시스템에 대하여 표준화된 보안 대책의 세트를 체크리스트 형태로 제공한다. 이 체크리스트에 있는 보안 대책이 현재 구현되어 있는지를 판단하여 없는 것을 구현하는 방식을 취한다.

① 비정형 접근법
② 베이스라인 접근법
③ 복합 접근법
④ 상세 위험 분석

베이스라인(기준선) 접근법에 대한 설명이다.

정답 ②

84 침해사고에 적절히 대응하기 위하여 침해사고의 유형별 통계, 해당 정보통신망의 소통량 통계 및 접속경로별 이용 통계 등 침해사고 관련 정보를 과학기술정보통신부장관이나 한국인터넷진흥원에 제공하여야 한다. 다음 중 침해사고 관련 정보 제공자에 해당하지 않는 자는 누구인가?

① 정보보호 서비스 전문기업
② 주요정보보호 서비스 제공자
③ 백신소프트웨어 제조업체
④ 집적정보통신시설 사업자

침해사고 관련 정보 제공자

구분	과기부/인터넷진흥원 침해사고 관련 정보 제공 신고 대상자
정보통신망법 제48조의2 제2항	1. 주요정보통신서비스 제공자 2. 집적정보통신시설 사업자 그 밖에 정보통신망을 운영하는 자로서 대통령령으로 정하는 자
동법 시행령 제57조	3. 「정보통신기반보호법」 제6조 및 제10조에 따라 과학기술정보통신부장관이 수립 및 제정하는 주요정보통신기반시설보호계획 및 보호지침의 적용을 받는 기관 4. 정보통신서비스 제공자의 정보통신망운영현황을 주기적으로 관찰하고 침해사고 관련정보를 제공하는 서비스를 제공하는 자 5. 인터넷진흥원으로부터 「인터넷주소자원에 관한 법률」 제2조제1호가목에 따른 인터넷 프로토콜 주소를 할당받아 독자적으로 정보통신망을 운영하는 민간사업자 중 과학기술정보통신부장관이 정하여 고시하는 자 6. 정보보호산업에 종사하는 자 중 컴퓨터바이러스 백신소프트웨어 제조자

정답 ①

85 다음 중 개인정보보호법에서 정한 위법한 행위에 해당되지 않는 것은?

① 거짓이나 그 밖의 부정한 수단이나 방법으로 개인정보를 취득하거나 처리에 관한 동의를 받는 행위
② 업무상 알게 된 개인정보를 누설하거나 권한 없이 다른 사람이 이용하도록 제공하는 행위
③ 정보주체의 동의를 받고 개인정보를 제3자에게 제공한 자 및 그 사정을 알고 개인정보를 제공받은 자
④ 정당한 권한 없이 또는 허용된 권한을 초과하여 다른 사람의 개인정보를 훼손, 멸실, 변경, 위조 또는 유출하는 행위

개인정보보호법에서 정한 위법한 행위에 해당되지 않는 것은 보기 3번이다. 나머지 보기는 개인정보보호법 제59조(금지행위), 71조(벌칙)에 해당되는 내용이다.

제71조(벌칙) 제1호
제17조제1항제2호에 해당하지 아니함에도 같은 항 제1호를 위반하여 정보주체의 동의를 받지 아니하고 개인정보를 제3자에게 제공한 자 및 그 사정을 알고 개인정보를 제공받은 자

정답 ③

86 다음 중 정성적 위험분석 기법에 해당하지 않는 것은?

① 델파이법
② 시나리오법
③ 과거 자료 분석법
④ 순위 결정법

정성적 위험분석 기법에 해당하지 않는 것은 과거 자료 분석법이다.

정답 ③

87 정보통신서비스 제공자는 (   )의 아동에게 개인정보처리와 관련한 사항의 고지 등을 하는 때에는 이해하기 쉬운 양식과 명확하고 알기 쉬운 언어를 사용하여야 한다. 다음 중 준수해야 할 아동의 연령은 무엇인가?

① 만 13세
② 만 14세
③ 만 16세
④ 만 18세

정보통신망법에서 정한 개인정보처리에 관한 준수 아동의 연령은 만 14세이다.

정답 ②

88 다음 중 개인정보수집 동의 시 필수적으로 고지해야하는 사항에 해당하지 않는 것은?

① 개인정보의 수집 · 이용 목적
② 수집하려는 개인정보의 항목
③ 개인정보의 보유 및 이용 기간
④ 개인정보수집출처 고지

정보통신망법 제22조 기준을 근거로 하여 개인정보수집 동의 시 필수적으로 고지해야하는 사항에 해당되지 않는 것은 개인정보수집출처 고지이다.

정답 ④

89 다음 중 현재 운영 중인 사이트와 동일한 수준의 시설과 장비를 원격지에 구축하여 Active-Standby 상태로 유지하는 백업설비는 무엇인가?

① 핫사이트(Hot Site)
② 웜사이트(Warm Site)
③ 콜드사이트(Cole Site)
④ 미러사이트(Mirror Site)

재해복구센터 중 주센터와 동일한 수준의 정보기술자원을 원격지에 구축, Active-Standby 상태로 유지하는 것은 핫사이트 (Hot Site)이다.

정답 ①

90 정보보호 위험의 구성요소 중 보기에서 설명하고 있는 것은?

> 원치 않는 사건의 잠재적 원인이나 행위자로 정의할 수 있으며 소프트웨어 결함, 오류, 해킹, 바이러스 등으로부터 손실을 초래할 수 있다.

① 자산(Asset)
② 위협(Weakness)
③ 취약점(vulnerability)
④ 위험(Risk)

- 자산(Asset) : 조직이 보호해야 할 대상으로서 정보, 하드웨어, 소프트웨어, 시설 등을 말하며 관련 인력, 기업 이미지 등의 무형자산을 포함하기도 한다.
- 취약점(vulnerability) : 건강상태처럼 접근 통제, 백업 등 잠재적인 속성으로서 위협의 이용 대상으로 정의되기도 한다.
- 위험(Risk) : 질환처럼 서비스 중단, 보안사고로 인한 손실이 발생한다.

정답 ②

91 OECD 개인정보보호에 대한 원칙 중 틀린 것은 무엇인가?

① 수집 제한의 원칙 : 개인정보의 수집은 제한되어야 하고, 수집하는 경우 합법적이고 공정한 절차에 따라 정보주체에게 알리거나 동의를 받아야 한다.
② 목적 명확화의 원칙 : 개인정보의 수집목적은 수집시에 특정되어 있어야 하며, 그 후의 이용은 구체화된 목적달성 또는 수집목적과 부합해야 한다.
③ 비공개의 원칙 : 개인정보 관리자의 주소 등을 비롯하여 개인정보의 이용목적, 관련된 정책 등에 대한 내용이 비공개 방침이 있어야 한다.
④ 책임의 원칙 : 개인정보 관리자는 위에서 제시한 원칙들이 지켜지도록 필요한 제반 조치를 취해야 한다.

OECD 개인정보보호에 대한 원칙에 대한 설명 중 가장 틀린 내용은 비공개의 원칙이다. 개인정보처리방침 등은 비공개가 아닌 공개의 원칙이다.

정답 ③

92 위험분석 기법 중 보기에서 설명하고 있는 것은?

> (ㄱ) : 어떤 사건도 기대대로 발생하지 않는다는 사실에 근거하여 일정 조건하에서 위협에 대해 발생 가능한 결과를 추정한다.
> (ㄴ) : 비교 우위 순위 결정표에 위험 항목들의 서술적 순위를 결정한다. 분석이 빠르나 위험추정의 정확도가 낮다는 단점이 있다.

① (ㄱ) 시나리오법, (ㄴ) 순위 결정법
② (ㄱ) 시나리오법, (ㄴ) 수학공식 접근법
③ (ㄱ) 확률 분포법, (ㄴ) 순위 결정법
④ (ㄱ) 확률 분포법, (ㄴ) 수학공식 접근법

위험분석 기법 중 보기에서 설명하고 있는 것은 (ㄱ) 시나리오법, (ㄴ) 순위 결정법이다.

정답 ①

93 정량적 위험분석은 손실 및 위험의 크기를 금액이나 숫자 값으로 표현하기 위하여 ALE(Annual Los Expectancy) 연간예상손실액을 이용한다. ALE를 계산하기 위하여 필요한 수치 항목에 해당하지 않는 것은?

① 자산가치
② 발생 빈도
③ 우선순위
④ 노출계수

ALE 계산하기 위하여 필요한 수치 항목에 해당하지 않는 것은 우선순위에 해당한다.

연간예상손실(ALE) = 단일예상손실(SLE) × 연간발생률

단일예상손실(SLE) = 자산가치 × 노출계수

정답 ③

94 다음 중 정보보호 관리 과정을 5단계로 구분할 때 순서대로 연결이 가장 알맞은 것은?

> ㄱ. 위험관리
> ㄴ. 관리체계 범위 설정
> ㄷ. 정보보호 정책의 수립
> ㄹ. 사후관리
> ㅁ. 구현

① ㄷ - ㄱ - ㄴ - ㄹ - ㅁ
② ㄷ - ㄴ - ㄱ - ㄹ - ㅁ
③ ㄷ - ㄹ - ㄱ - ㄴ - ㅁ
④ ㄷ - ㄴ - ㄱ - ㅁ - ㄹ

정보보호 관리 과정을 5단계로 구분할 때 순서대로 연결이 가장 알맞은 것은 ㄷ → ㄴ → ㄱ → ㅁ → ㄹ이다.

정보보호 관리 과정 5단계

구분	5단계
정보보호 관리 과정	정책 수립 및 범위 설정 〉 경영진 책임 및 조직구성 〉 위험관리 〉 정보보호 대책 구현 〉 사후관리
	정보보호 정책 수립 〉 (ㄴ) 관리체계 범위 설정 〉 위험관리 〉 구현 〉 사후관리

정답 ④

95 아래 보기에서 설명하고 있는 인증제도에 해당하는 것은?

> 정보보호 및 개인정보보호를 위한 일련의 조치와 활동이 인증기준에 적합함을 한국인터넷진흥원 또는 인증기관이 증명하는 것을 말한다.

① ISMS(Information Security Management System)
② PIMS(Personal Information Management System)
③ ISMS-P(Information Security Management System Privacy)
④ GDPR(General Data Protection Regulation)

위의 보기에서 설명하고 있는 인증제도에 해당하는 것은 ISMS-P이다.

정답 ③

≡ 하 정보보안 관리 및 법규 〉 정보보호 관련 윤리 및 법규

96 다음 중 개인정보처리에 대한 적법한 행위에 해당되는 것은?

① 개인정보처리자는 정보주체가 필요한 최소한의 정보 외의 개인정보수집에 동의하지 아니한다는 이유로 정보주체에게 재화 또는 서비스의 제공을 거부하였다.
② 통계작성 및 학술연구 등의 목적을 위하여 필요한 경우로서 특정 개인을 알아볼 수 없는 형태로 개인정보를 제공하였다.
③ 정보통신서비스 제공자는 정보통신시스템 등에 대한 보안 및 정보의 안전한 관리를 위하여 임원급으로 정보보호 최고책임자를 지정하지 않고 과학기술정보통신부장관에게 신고하지 아니하였다.
④ 개인정보를 처리하는 경우에는 개인정보처리방침을 정하여 이용자가 공개하지 아니하였다.

개인정보처리에 대한 적법한 행위에 해당되는 것은 통계작성 및 학술연구 등의 목적을 위하여 필요한 경우로서 특정 개인을 알아볼 수 없는 형태로 개인정보를 제공할 수 있다.

보기 1번 제75조(과태료) 제1항 5천만 원 이하의 과태료 부과
제16조제3항 또는 제22조제5항을 위반하여 재화 또는 서비스의 제공을 거부한 자

제16조(개인정보의 수집 제한) ③ 개인정보처리자는 정보주체가 필요한 최소한의 정보 외의 개인정보수집에 동의하지 아니한다는 이유로 정보주체에게 재화 또는 서비스의 제공을 거부하여서는 아니 된다.
〈개정 2013.8.6〉

제22조제5항
개인정보처리자는 정보주체가 제3항에 따라 선택적으로 동의할 수 있는 사항을 동의하지 아니하거나 제4항 및 제18조제2항제1호에 따른 동의를 하지 아니한다는 이유로 정보주체에게 재화 또는 서비스의 제공을 거부하여서는 아니 된다.
〈개정 2017.4.18.〉

보기 3번 3천만 원 이하의 과태료
정보통신망법 제76조(과태료) 제1항 6의2.
제45조의3제1항을 위반하여 정보보호 최고책임자의 지정을 신고하지 아니한 자

보기 4번 개인정보처리방침 미공개
개인정보처리방침 미공개 과태료 부과 기준 비교

구분	설명	과태료
정보통신망법 제76조(과태료) 제2항 4호	제27조의2제1항(제67조에 따라 준용되는 경우를 포함한다)을 위반하여 개인정보처리방침을 공개하지 아니한 자	2천만 원 이하의 과태료
개인정보보호법 제75조(과태료) 제4항 7호	제30조제1항 또는 제2항을 위반하여 개인정보처리방침을 정하지 아니하거나 이를 공개하지 아니한 자	1천만 원 이하의 과태료

정답 ②

97 다음 중 개발과 운영 환경 분리에 대한 정보보안 활동에 대한 설명으로 가장 옳지 않은 것은?

① 정보시스템의 개발 및 시험 시스템을 운영 시스템과 분리하여야 한다.

② 개인정보 및 중요 정보가 시스템 시험 과정에서 유출되는 것을 방지하기 위하여 시험 데이터는 임의의 데이터를 생성하거나 운영 데이터를 가공·변환한 후 사용하였다.

③ 이전 소스 데이터를 운영 서버에 보관해 두었다.

④ 운영 데이터를 시험 환경에서 이용할 경우 운영 DB의 동일한 수준에 책임자 승인, 접근 및 유출 모니터링, 시험 후 데이터 삭제 등의 접근 통제 대책을 적용하였다.

이전 소스 데이터를 운영 서버에 보관해 두는 것이 아니라 운영 환경이 아닌 별도의 환경에 저장하고 관리해두어야 한다.

소스 프로그램 관리

소스 프로그램은 장애 등 비상시를 대비하여 운영 환경이 아닌 곳에 안전하게 보관하여야 한다.

• 최신 소스 프로그램 및 이전 소스 프로그램에 대한 백업 보관

• 운영 환경이 아닌 별도의 환경에 저장·관리

• 소스 프로그램 백업본에 대한 비인가자의 접근 통제

정답 ③

98 다음 중 보기에 가장 맞는 설명은 무엇인가?

A 쇼핑몰은 2년이 지난 홈페이지 회원 정보를 이용하여 경품행사를 진행하였다. 개인정보처리에 동의하지 않았지만 1,000명을 선정하여 경품 이벤트를 진행하고자 한다. 또한 경품행사 진행을 위하여 자회사인 B 업체에 경품행사 등의 업무를 위탁하고자 한다. B 회사는 다시 데이터 통계 분석의 업무 처리를 위하여 C 업체에 재위탁하였다.

① A 쇼핑몰은 경품 이벤트 행사를 위하여 B 업체에 경품 행사 진행 업무를 위탁하는 내용을 홈페이지 회원들에게 개인정보처리에 관한 사항을 모두 알리고 동의를 받아야 한다.

② 위탁받은 B 업체는 C 업체에 재위탁하기 위하여 B 업체가 홈페이지 회원들에게 모두 알리고 개인정보 동의를 받아야 한다.

③ B 업체는 C 업체에 재위탁 업무 처리를 위하여 A 쇼핑몰 동의 없이 가능하다.

④ B 업체는 C 업체에 재위탁한다는 내용을 문서로 위탁계약을 체결해야 하며, C 업체가 데이터 통계 분석을 위하여 업무 위탁을 한다는 내용을 홈페이지 회원들에게 개인정보 동의를 받아야 한다.

위의 사례는 개인정보처리 위탁과 관련한 내용으로 가장 맞는 설명은 보기 1번으로 본다(본 문제는 답이 애매한 문제로 참고로 학습바람).

정보통신망법 제25조 제1항에는 정보통신서비스 제공자가 개인정보처리 위탁을 하는 경우 수탁자와 개인정보처리위탁을 하는 업무 내용을 알리고 이용자의 동의를 받도록 되어 있다. 그러므로 자회사 B 회사에게 개인정보처리를 위탁하려고 하고 있으므로 A 쇼핑몰(정보통신서비스 제공자)이 이용자의 동의를 받는 것이 맞다고 본다.

예외적으로 제25조 제2항에 따라서 개인정보처리방침에 공개 또는 전자우편방식으로 알린 경우에 동의 생략할 수 있다는 내용이 있지만 이 문제의 답은 보기 1번으로 본다.

> ② 정보통신서비스 제공자등은 정보통신서비스의 제공에 관한 계약을 이행하고 이용자 편의 증진 등을 위하여 필요한 경우로서 제1항 각호의 사항 모두를 제27조의2제1항에 따라 공개하거나 전자우편 등 대통령령으로 정하는 방법에 따라 이용자에게 알린 경우에는 개인정보처리위탁에 따른 제1항의 고지절차와 동의절차를 거치지 아니할 수 있다. 제1항 각호의 어느 하나의 사항이 변경되는 경우에도 또한 같다.

- 보기 2번과 3번 B 업체가 C 업체에 재위탁할 경우, A 쇼핑몰(위탁사)의 동의를 받아야 한다.
  관련 조항 정보통신망법 제25조 제7항
- 보기 4번 B 업체는 C 업체에 재위탁한다는 내용을 문서로 위탁계약을 체결해야 한다는 내용은 맞지만 C 업체가 홈페이지 회원(이용자)에게 개인정보 동의를 받는 것이 아니라 A 업체나 B 업체가 이용자의 동의를 받아야 한다고 본다.
  관련 조항 정보통신망법 제25조 제6항

정답 ①

≡ **중** 정보보안 관리 및 법규 〉 정보보호 관리

99 다음 중 아래 보기에서 설명하고 있는 정보보안 용어는 무엇인가?

> 각종 위협이나 변경에 대해 방어하거나 감소시키며 자산을 보호하는 기술, 정책 또는 절차를 말한다. 이를 측정하기 위한 강도는 효과성 측면에서 측정되어야 한다. 이를 적절하게 구현하지 않아서 발생한 실제 위협으로 인한 손해비용이 (A) 구현비용보다 크다면 기업은 법적인 책임을 질 수 있다.

① 세이프가드(Safeguard)
② 가이드(Guard)
③ 보안 정책(Security Policy)
④ 접근 통제(Access Control)

위 보기에서 설명하고 있는 정보보안의 용어는 세이프가드(Safeguard)에 대한 설명이다. 세이프가드는 통제라는 표현을 쓰기도 한다.

오답 피하기

가이드(Guard)
특정 시스템을 사용하는 사람들에게 도움을 제공하기 위한 기술 소통 문서이다.

보안 정책(Security Policy)
보안 영역에서 조직이 목표하는 바를 달성하기 위한 조직의 신념과 목표, 목적, 일반적인 수단 등에 대해 간결하게 기술된 상위 수준의 문서이다.

접근 통제(Access Control)
보안 정책에 따라 접근 객체(시스템 자원, 통신 자원 등)에 대한 접근 주체(사용자, 프로세스 등)의 접근 권한 확인 및 이를 기반으로 한 접근 제어를 통해 자원에 대한 비인가된 사용을 방지하는 정보보호 기능이다.

정답 ①

100 다음 중 정보보호 관리체계에 대한 설명으로 가장 옳지 않은 것은?

① 보안등급 산정 시 기밀성, 무결성, 가용성 서비스 등에 따른 중요도를 평가한다.

② 실무조직의 구성 형태 및 규모는 전사 조직의 규모, 업무, 서비스의 특성, 처리하는 정보 등을 고려하여야 한다.

③ 정보보호 관리 과정의 구현 및 실행 과정에서 조직의 규모 정도에 따라서 변경이 가능하다.

④ 정보보호 관리체계를 수립하기 위해 실무자가 직접 위험분석을 하여 결정한다.

> 실무자가 위험분석을 하더라도 위험분석 결과에 따른 정보보호 관리체계 수립은 경영진이 결정한다.

정답 ④

* 본 문제는 실제 시험지를 기준으로 작성된 것으로, 저자가 시험응시 후 복원한 문제입니다.

| 1과목 | 시스템 보안 |

≡ 중 　시스템 보안 〉 시스템 보안 위협 및 공격에 대한 예방 및 대응

01 다음은 윈도우 운영체제에 대한 설명이다. 그 내용으로 올바른 것은?

> • 강제적 접근 제어를 수행한다.
> • 낮은 권한을 가진 사용자가 소프트웨어 설치 시에 관리자 암호를 요구한다.

① Privileged Account Management
② Privileged Access Management
③ UAC(User Account Control)
④ UAC(User Access Control)

오답 피하기

UAC(User Account Control)는 일반 사용자가 관리자 권한을 부여하기 전에 확인을 받는 기능으로 윈도우 비스타부터 추가된 기능이다. 즉, 관리자 계정과 사용자 계정을 분리한 후 사용자 계정이 관리자 권한을 필요로하는 경우 윈도우 시스템에 안내창을 실행하여 관리자 권한으로 실행한다.

정답 ③

≡ 하 　시스템 보안 〉 시스템 보안 위협 및 공격에 대한 예방 및 대응

02 다음 중 CPU의 취약점으로 사이버 공격의 원인이 하드웨어 기반인 것은 무엇인가?

① Heartbleed
② Spectre
③ ShellShock
④ Spear Phishing

인텔의 CPU 취약점(Meltdown & Spectre)

• CVE-2017-5753으로 등록된 것으로, 인텔 CPU가 최적화(Speculative Execution) 기술을 사용할 때 발생하는 취약점이다.
• 캐시된 상태를 추론하는 방법으로 비인가된 메모리 영역의 값을 유추하는 것이다.
• Spectre는 CVF-2017-5715(분기대상 삽입)는 Spectre 취약점으로 등록되었다.

정답 ②

03 다음은 멜트다운(Meltdown) 취약점에 대한 설명이다. 틀린 것은?

① CPU 성능을 높이기 위한 메커니즘을 악용하는 취약점이다.
② 메모리보다 하드디스크 영역에 접근하는 공격이다.
③ 임의의 내부 사용자가 커널에서 관리하는 메모리 영역에 접근할 수 있다.
④ 부채널 공격의 일종이다.

- 멜트다운은 CPU의 취약점을 악용해서 메모리에 접근하는 공격이다.
- 멜트다운(Meltdown)과 스펙터(Spectre)는 CPU의 보안 취약점을 이용하여 CPU가 처리하는 응용 프로그램의 데이터를 갈취할 수 있는 버그이다. 즉, 암호화된 파일, 암호화 되지 않은 일반 데이터, 웹 브라우저에 저장된 데이터, 이메일 및 메신저 데이터 등을 갈취할 수 있다.

오답 피하기

멜트다운은 캐시 공간에서 메모리 정보를 취득할 수 있는 부채널 공격이다.

정답 ②

04 리눅스에서 Zombie 프로세스를 검색하기 위해서 올바른 것은 무엇인가?

ㄱ. top -b -n 1 | grep zombie
ㄴ. top -b -n 1 | grep defunct
ㄷ. ps -ef | grep zombie
ㄹ. ps -ef | grep defunct

① ㄱ, ㄷ
② ㄱ, ㄹ
③ ㄴ, ㄷ
④ ㄴ, ㄹ

리눅스에서 좀비(Zombie) 프로세스는 부모 프로세스가 자식 프로세스를 fork( ) 함수로 생성한 상태에서 부모 프로세스는 자식 프로세스의 종료를 대기(Wait) 함수)하고 있어야 하는데, 부모 프로세스가 자식 프로세스보다 먼저 종료되어 자식 프로세스는 메모리 영역을 점유한 상태로 있는 프로세스이다. 좀비 프로세스는 리눅스를 재부팅하면 삭제된다.

오답 피하기

좀비 프로세스 검색 방법
- ps 명령어로는 defunct 프로세스로 확인
- top 명령어로는 zombie 프로세스의 개수를 확인하면 된다.

정답 ②

05 다음 중 랜섬웨어에 대한 설명으로 옳지 않은 것은?

① 피해자의 파일을 암호화시키고 금품을 요구하는 공격이다.

② 크립토락커(CryptoLocker)는 주로 이메일 첨부와 같은 형태로 감염되는데 구 버전 인터넷 익스플로러, 플래시의 취약점을 이용하여 Drive by Download 방식으로 감염된다.

③ 전자서명 시에 RSA의 서명을 위조하는 공격이다.

④ 랜섬웨어는 이미지, 문서 등을 암호화하며, 백신으로 해결되지 않는다.

> 랜섬웨어(Ransomware)는 컴퓨터 시스템에 있는 파일을 암호화시키고 일종의 몸 값을 요구하는 악성 소프트웨어이다.

정답 ③

06 다음은 윈도우 운영체제의 기본공유이다. Null Session 취약점을 가지고 있는 것은 무엇인가?

① C$

② D$

③ ADMIN$

④ IPC$

> 윈도우 운영체제는 관리적인 목적상 C$, D$, ADMIN$, IPC$를 사용한다. Null Session Share 취약점은 IPC$를 사용해서 원격접속을 할 때 패스워드를 NULL로 설정하여 접속할 수 있는 보안 취약점이다. 공격자는 인증없이 윈도우 운영체제의 사용자명, 공유정보 등을 열람할 수 있고 레지스트리에 접근할 수 있다.

정답 ④

07 다음 중 리눅스 디렉터리에 대한 설명으로 올바른 것은 무엇인가?

> (ㄱ) 리눅스 운영체제에서 시스템 환경 설정에 관한 디렉터리이다.
> (ㄴ) 여러 프로그램이 사용할 수 있는 임시 디렉터리이다.
> (ㄷ) 리눅스 운영체제에서 장치에 관련한 정보를 가지고 있다.

① (ㄱ) /etc, (ㄴ) /tmp, (ㄷ) /sys

② (ㄱ) /etc, (ㄴ) /tmp, (ㄷ) /dev

③ (ㄱ) /var, (ㄴ) /tmp, (ㄷ) /dev

④ (ㄱ) /var, (ㄴ) /etc, (ㄷ) /sys

> 리눅스 디렉터리에 대한 문제로 etc 디렉터리는 리눅스 시스템에 대한 환경 설정 파일이 존재하며, tmp 디렉터리는 Sticky 비트가 설정된 디렉터리로 임시 디렉터리로 사용한다. dev 디렉터리는 장치에 관련된 파일을 가지고 있으며 문자기반, 블록 기반 장치파일이 있다.

정답 ②

08 다음 중 윈도우 운영체제에서 LSA의 기능으로 올바른 것은?

> ㄱ. 모든 계정 로그인에 대해서 접근 권한을 검사한다.
> ㄴ. SRM을 생성하고 감사로그를 기록한다.
> ㄷ. 윈도우 계정명과 SID를 매칭하고 SRM이 생성한 감사로그를 기록한다.
> ㄹ. 보안그룹을 제공한다.

① ㄱ, ㄴ
② ㄱ, ㄴ, ㄹ
③ ㄱ, ㄴ, ㄷ
④ ㄴ, ㄷ, ㄹ

윈도우 LSA(Local Security Authority)
• 윈도우 운영체제의 모든 계정의 로그인에 대한 검증 및 시스템 자원에 대한 접근 권한을 검사한다.
• 접근 권한 검사 시에 로컬 및 원격 로그인에 대해서도 수행된다.
• 윈도우 계정명과 SID를 매칭하고 SRM(Security Reference Monitor)이 생성한 감사로그를 기록한다.
• 보안 서브시스템(Security Subsystem)이라고도 한다.

SRM(Security Reference Monitor)
• SRM은 인증된 사용자에게 SID를 부여한다.
• SID(Security ID)는 파일 및 디렉터리에 대한 접근을 허용할지를 결정하고 감사 메시지를 생성한다.
• SID 정보에 500번은 Administrator, 501번은 Guest이고 일반 User는 1000번 이상의 값을 가진다.

정답 ③

09 다음의 설명은 어떤 공격인가?

> 다중 프로세스 환경에서 백도어를 만들고 백도어에 setuid를 설정한 후에 심볼릭 링크를 생성한다. 공격자는 심볼릭 링크를 사용해서 공격하는 것이다.

① SQL Injection
② Race Condition
③ Trapdoor
④ Watering hole

경쟁조건(Race Condition)이란 다중 프로세스 환경에서 두 개의 이상의 프로세스가 동시에 수행할 때 발생되는 비정상적인 상태를 의미하며 임의의 공유 자원을 여러 개의 프로세스가 경쟁하기 때문에 발생한다.

정답 ②

10 다음 중 윈도우 운영체제의 User에 대한 설명으로 올바르지 않은 것은?

① User는 로컬그룹을 만들 수 있지만, 자신이 만든 로컬그룹만 관리가 가능하다.

② User는 워크스테이션을 종료할 수 있고 서버도 종료 가능하다.

③ 관리자가 설치하거나 배포한 인증된 윈도우 프로그램을 실행 가능하다.

④ User 그룹의 구성원은 자신의 모든 데이터 파일 및 레지스트리에서 자신의 부분을 완전히 제어 가능하다.

표준 사용자 또는 표준 계정 사용자인 User는 대부분의 소프트웨어를 사용할 수 있으며 다른 사용자에게 영향을 미치지 않는 범위에서 시스템 설정을 변경할 수 있다.

정답 ②

11 다음은 리눅스를 해킹한 해커 X에 대한 것이다. 다음의 내용이 설명하는 것은?

해커 X는 다음에 쉽게 침입하기 위해서 악성코드를 리눅스 부팅 시에 자동으로 실행되게 하는 백도어(Backdoor)를 심었다.

① hosts

② rc.local

③ hosts.equiv

④ hostname

리눅스 서버가 실행될 때 백도어가 자동으로 실행되기 위해서는 Run level에 스크립트를 등록해야 한다. 즉, 리눅스 서버 부팅 시에 자동으로 실행되기 위해서 명령어를 /etc/rc.d/rc.local에 넣어야 한다.

정답 ②

12 사용자는 FTP를 사용하여 파일을 업로드하거나 다운로드한다. 다음과 같은 정보는 어떤 파일을 확인해야 하나?

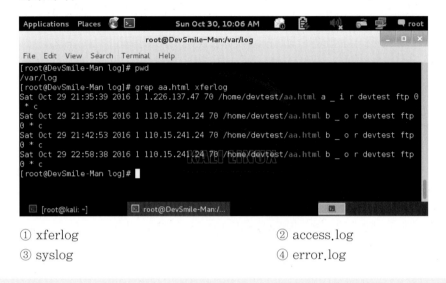

① xferlog

② access.log

③ syslog

④ error.log

FTP 프로그램으로 파일을 업로드하거나 다운로드하면 그 로그가 xferlog에 기록된다. 일자와 시간, IP 주소, 전송 크기, 파일명, 아스키 혹은 바이너리 구분, 업로드 다운로드 구분, 사용자 계정 등이 xferlog 파일에 기록된다.

정답 ①

13 다음 중 트로이 목마에 대한 설명으로 옳지 않은 것은?

① 개인정보를 유출한다.
② 인터넷을 통해서 감염되고 컴퓨터 정보를 유출한다.
③ 악성코드를 전파한다.
④ 사용자가 누른 자판정보를 외부에 알려 신용카드나 비밀번호 등을 유출한다.

트로이목마는 자기복제를 하지 않는 악성코드이다. 그러므로 악성코드를 전파하지 않는다.

정답 ③

14 리눅스에서 로그인 시에 사용자 패스워드가 실패하는 경우 기록되는 로그파일은 무엇인가?

① secure

② utmp

③ btmp

④ wtmp

리눅스 로그인 시에 패스워드 실패 오류는 btmp 파일에 기록되며 lastb 명령어로 확인이 가능하다.

정답 ③

15 다음의 설명 중 올바른 것은?

> root는 프로그램을 컴파일하였고 a.out 파일이 생성되었다. 그리고 chmod 4755 a.out 명령을 실행하였다. a.out 파일의 소유자는 root이고 그룹은 staff이다.

① a.out은 실행하면 파일을 실행한 사용자의 권한으로 실행된다.
② a.out 파일은 staff 그룹으로 실행된다.
③ a.out 파일을 실행하면 소유자인 root의 권한으로 실행된다.
④ 다른 사용자가 a.out 파일을 실행하면 다른 사용자의 권한으로 실행된다.

> 본 문제는 setUID에 대한 문제로, 실행 시에 파일의 소유자 권한으로 실행된다. 즉, a.out 파일의 root은 소유자이므로 root의 권한으로 실행되는 파일이다.

정답 ③

16 다음 중 TCP Wrapper에 없는 기능은 무엇인가?

① Logging
② 특정 IP에 대한 차단을 수행한다.
③ IP와 Port 번호를 사용해서 접근을 통제할 수 있다.
④ 접근 통제를 수행한다.

> TCP Wrapper는 리눅스 운영체제에서 호스트 기반 패킷 필터링을 수행하는 보안 프로그램으로 특정 IP를 차단하거나 허용할 수가 있으며 네트워크 계층과 트랜스포트 계층에서 실행된다.

정답 ③

17 다음은 리눅스의 PAM 보안 설정이다. 그 설명으로 옳지 않은 것은?

> pam_cracklib.so retry=3 minlen=8 lcredit=−1 ucredit=−1 dcredit=−1 ocredit=−1

① retry는 새로운 패스워드 생성 시에 변경하고자 하는 패스워드의 복잡도가 기준에 허용되지 않을 경우 몇 번 입력을 추가로 허용할 것인지를 결정한다.
② dcredit는 숫자가 가질 수 있는 크레디트 값을 지정한다.
③ ucredit는 대문자가 가질 수 있는 크레디트 값을 지정한다.
④ lcredit는 특수문자가 가질 수 있는 크레디트 값을 지정한다.

> • lcredit는 소문자가 가질 수 있는 크레디트 값을 지정하고 ocredit는 특수문자가 가질 수 있는 크레디트 값을 지정한다.
> • pam_cracklib.s o retry=3 minlen=8 lcredit=−1 ucredit=−1 dcredit=−1 ocredit=−1
> 위의 예는 패스워드 최소길이는 8이고 소문자 1개, 대문자 1개, 숫자 1개, 특수문자 1개 이상의 패스워드를 생성하게 제한하는 것이다.

정답 ④

18 윈도우 레지스트리 루트 키 중 응용 프로그램과 확장자 정보를 가지고 있는 것은 무엇인가?

① HKEY_CLASSES_ROOT

② HKEY_LOCAL_MACHINE

③ HKEY_USERS

④ HKEY_CURRENT_CONFIG

HKEY_CLASSES_ROOT는 파일의 확장자에 대한 정보와 프로그램 간의 연결 정보를 가지고 있다.

정답 ①

19 다음 중 rlogin을 사용하기 위한 설정과 관련 있는 것은?

① hosts

② named.conf

③ hosts.equiv

④ hosts.allow

r-command는 IP만 동일하면 원격으로 Shell과 명령어 등을 실행하는 서비스로 rlogin, rsh, rcp 등의 명령이 있다. 즉, 패스워드를 입력하지 않고 원격으로 명령을 실행할 수가 있는 것이다. r-command와 관련한 설정 파일은 /etc/hosts.equiv와 $HOME/.rhosts가 있다. 특히 /etc/hosts.equiv 파일은 최소한 신뢰할 수 있는 호스트 목록만을 보관해야 한다.

r-command 보안 조치 방법

• /etc/hosts.equiv 및 $HOME/.rhosts 파일 소유자를 root로 변경한다.

• /etc/hosts.equiv 및 $HOME/.rhosts 파일 권한을 600 이하로 변경한다.

• /etc/hosts.equiv 및 $HOME/.rhosts 파일에서 "+"를 제거하고 반드시 필요한 호스트와 계정만 등록한다.

정답 ③

20 다음에서 설명하는 파일 시스템은 무엇인가?

• 파일 시스템의 최대 크기는 2GB이다.

• 파일 이름은 최대 255자까지 가능하다.

• 초기 리눅스 시스템에서 사용되었으며 단편화가 발생한다.

① FAT16   ② FAT32

③ NTFS   ④ EXT

리눅스 파일 시스템은 EXT(Extended File System)로 저널링을 지원하고 파일 수정일자, 접근일자, 삭제일자, 생성일자를 관리한다.

정답 ④

≡ 상 네트워크 보안 〉 네트워크 기반 공격 기술의 이해 및 대응

21 다음의 ARP Table을 보고 어떤 공격을 수행한 것인지 고르시오.

ARP Table (arp –a)

IP Address	MAC Address	Type
192.158.21.1	70–c7–f2–26–66–df	동적

ARP Table (arp –a)

IP Address	MAC Address	Type
192.158.21.1	01–00–5e–00–00–16	동적

① ARP Direct
② ARP Broadcast
③ ARP Jamming
④ Switch Jamming

• ARP Broadcast는 ARP Request 메시지를 같은 네트워크 세그먼트에 전송한다. 그러면 ARP Reply로 응답이 온다.
• Switch Jamming은 스위치 기능을 마비시키는 공격으로 스위치는 자신이 가지고 있는 MAC 주소 테이블의 저장 공간이 가득 차게 되면 네트워크 패킷을 브로드캐스트하는 특성을 가진다. 공격자는 이러한 특성을 가진 스위치의 단점을 악용하여 많은 수의 MAC 주소들을 네트워크상에 전송하여 MAC 주소 테이블을 꽉 차게 한다. **MAC 주소 테이블이 가득 차게 되면 스위치는 더미 허브처럼 동작**한다. 즉, 수신자는 전송해야 할 패킷을 모든 매체에 전송하고 공격자는 스위치를 통해 전송되는 모든 패킷을 스니핑하여 네트워크 정보를 획득한다.

정답 ①

22 ping 명령어를 사용해서 ICMP 패킷을 전송하였다. MTU의 크기는 1500일 때 세 번째 패킷의 크기는 얼마인가?(ping –l 4000 IP 주소)

① 1480

② 1024

③ 2096

④ 1048

윈도우 명령 프롬프트(cmd.exe)에서 "ping –l 4000 IP 주소" 명령을 실행하면 4000바이트 패킷으로 ICMP Echo Request를 전송할 수 있다. MTU 값이 1500이므로 4000바이트는 패킷 분할이 발생하며 크기는 1480, 1480, 1048 크기로 패킷이 분할된다.

ICMP 패킷 분할

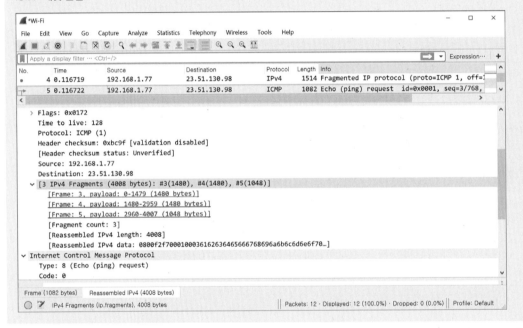

정답 ④

23 다음 중 SSL Handshake 과정에 대한 설명으로 옳지 않은 것은?

① SSL Client Hello에서 Random number를 전송하여 Replay Attack을 방지할 수 있다.

② SSL Server Hello 혹은 Server Hello Done에 암호화 알고리즘을 결정한다.

③ 전자인증서에서는 대칭키를 사용한다.

④ Client Hello에서 Cipher Suite를 웹 서버에게 전송한다.

전자인증서에서 사용되는 암호화 기법은 공개키 암호화 알고리즘을 사용한다. Cipher Suite의 의미는 암호화 알고리즘의 묶음으로 웹 브라우저는 웹 서버에 연결할 때 Client Hello 메시지를 전송하고 Cipher Suite를 전송한다. Cipher Suite는 대칭키 알고리즘, 공개키 알고리즘, 해시함수, 패딩(Padding) 알고리즘을 포함한다.

정답 ③

24 다음은 공격자가 어떤 공격을 수행한 것인가?

> hping 192.168.85.255 --icmp --flood -a 192.168.85.128

① TCP SYN Flooding
② HTTP Get Flooding
③ Smurfing
④ Teardrop

IP 주소를 보면 192.168.85.255번으로 ICMP 프로토콜 사용하여 DDoS 공격을 하고 있다. 즉, 전체 네트워크에 ICMP Echo Request를 전송하여 공격한다. 마지막 IP 주소가 255이므로 ICMP 프로토콜을 브로드캐스트한다.

정답 ③

25 아래 지문의 snort 규칙을 보고 올바르지 않은 것을 고르시오.

> alert tcp !203.262.193.1/24 any -〉 203.262.193.1/24 139
> (flow : established;content : "|343323433434|";)

① 바이너리로 "343323433434"가 203.262.193.1번으로 전송되는 경우 탐지한다.
② 네트워크로 전송되는 패킷 중 TCP를 탐지하고 IP 203.262.193.1, Port 139로 전송되는 패킷을 탐지한다.
③ 이미 연결이 확립된 트랜잭션에 대해서는 검사를 수행하지 않는다.
④ 발신자의 포트 번호와는 관계없이 탐지한다.

snort에서 "established"는 연결이 수립된 TCP 연결 또는 세션에 속한 패킷에 의해서만 활성화된다.

정답 ③

26 합법적인 웹 사이트에 악성코드를 감염시키고 잠복을 수행한 후 사용자들을 감염시키는 공격은?

① SQL Injection
② Drive by Download
③ Watering Hole
④ CSRF

Watering Hole 공격은 신뢰할 수 있는 사이트에 악성코드를 감염시켜서 Drive by Download로 악성코드를 전파하는 타깃 기반(Target base) 공격 기법이다.

정답 ③

27 다음 중 스니핑을 하기 위한 공격이 아닌 것은?

① Wireshark
② tcpdump
③ ICMP Redirect
④ ifconfig 명령어로 ifconfig eth0 promisc 실행

ICMP Redirect는 IP 패킷의 송신자 라우터에 의해서 전송되는 오류 메시지이다. 라우터는 **패킷이 최적으로 라우팅 되고 있**다는 것을 확신하고 다른 게이트웨이(Gateway)를 통해서 패킷을 전달한다고 송신자에게 알릴 때 Redirect를 사용한다.

정답 ③

28 다음에서 설명하고 있는 보안 솔루션은?

> 기업 내부 네트워크에 임의의 단말기가 연결되는 경우 이를 탐지하여 임의로 연결된 단말기를 사용할 수 없도록 하는 End-Point 보안 기술이다.

① SSO
② NAC
③ ESM
④ IPS

NAC(Network Access Control)는 네트워크 기술로 등록되지 않은 단말기가 네트워크에 연결되면 이를 차단한다.

정답 ②

29 라우터에서 내부망에서 외부망으로 연결할 때 패킷을 필터링하거나 접근 통제를 수행하는 것은 무엇인가?

① Inbound
② Outbound
③ Egress Filtering
④ Ingress Filtering

Egress Filtering은 내부 네트워크에서 외부 네트워크로 전송되는 패킷을 필터링 할 수 있는 라우터 기능이다. Ingress Filtering은 외부 네트워크에서 내부 네트워크로 전송되는 패킷을 필터링한다.

정답 ③

30 다음 중 DDoS 공격에 대한 설명으로 틀린 것은?

① TCP SYN Flooding은 피해자 PC에 다량의 SYN 패킷을 전송하여 시스템에 부하를 발생시킨다.

② Teardrop은 패킷 단편화를 이용하는 공격으로 offset을 조작하여 공격한다.

③ CC 공격은 패킷을 단편화하여 공격하는 것이다.

④ Smurf는 ICMP 패킷을 사용해서 공격을 수행한다.

CC(Cache Control)는 HTTP의 no-cache 기능을 사용하는 것으로 패킷 단편화와는 관련이 없다.

Cache Control Attack

- HTTP RFC 2616에 규정되어 있는 **Cache-Control Header 옵션 값을 사용**한다.

- 이 옵션은 Cache 기능을 사용하지 않고 자주 변경되는 데이터에 대해서 새롭게 HTTP 요청과 응답을 요구하는 옵션으로 **no-cache**가 설정되면 항상 최신의 페이지를 요청하여 부하를 발생시킨다.

 정답 ③

31 다음은 VLAN(Virtual Local Area Network)에 대한 설명이다. 올바른 것은?

VLAN은 여러 개의 구별되는 (ㄱ) 도메인을 만들기 위해서 단일 2계층 네트워크를 (ㄴ)으로 분할하고 한 포트에서 보이는 모든 네트워크 패킷 혹은 전체 VLAN의 모든 패킷들을 다른 모니터링 포트로 복제하는 (ㄷ) 기능을 제공한다.

① (ㄱ) 유니케이스   (ㄴ) 물리적   (ㄷ) 네트워크 미러링

② (ㄱ) 브로드캐스트   (ㄴ) 논리적   (ㄷ) 포트 미러링

③ (ㄱ) 유니케이스   (ㄴ) 논리적   (ㄷ) 포트 미러링

④ (ㄱ) 브로드캐스트   (ㄴ) 물리적   (ㄷ) 네트워크 미러링

VLAN(Virtual Local Area Network)

- 가상의 네트워크로 스위치에서 지원하는 기능이다.

- **논리적으로 분리된 IP 서브넷으로 동작하는 것처럼 보이는 LAN이다.**

- 다수의 IP 네트워크와 서브넷을 동일한 스위치 네트워크에 존재하게 한다.

- **브로드캐스트 도메인을 2계층에서 분리해서 2계층 장비인 스위치를 3계층처럼 사용**할 수 있다.

- 하나의 포트를 통해서 여러 개의 VLAN을 전송할 수 있게 하는 포트를 트렁크 포트라고 한다.

정답 ②

32 다음은 IP 패킷의 TTL(Time To Live)에 대한 설명이다. 올바른 것은?

① TTL은 네트워크에서 전송되는 패킷 정보를 가지고 있다.
② TTL은 패킷의 무한반복을 방지하기 위해서 사용한다.
③ TTL은 라우터를 통과할 때마다 1씩 증가한다.
④ TTL 값은 모든 패킷이 동일한 값을 가진다.

TTL(Time To Live)은 네트워크에서 전송되는 데이터 유효기간을 나타내는 것이다. TTL 값은 정해진 유효기간을 나타내며 라우터를 통과할 때마다 1씩 감소된다. 즉, TTL은 **패킷의 무한순환을 방지**하는 역할을 하게 된다.

정답 ②

33 TCP 플래그(Flag)를 모두 Off한 후에 스캐닝하는 방법은 무엇인가?

① SYN Scan
② NULL Scan
③ FIN Scan
④ ACK Scan

TCP Flags는 SYN, FIN, ACK, URG, RST, PSH가 있으며 이것을 모두 사용하지 않고 네트워크 포트를 스캔하는 것은 NULL Scan이다.

정답 ②

34 TCP Stack을 소모하는 공격으로 시스템에 부하를 발생시키는 공격은 무엇인가?

① TCP SYN Flooding
② ICMP Flooding
③ Teardrop
④ Ping of Death

TCP SYN Flooding은 SYN 패킷을 전송하여 TCP Stack을 소모하는 공격 기법이다.

정답 ①

35 다음 중 오용탐지에 대한 설명으로 올바른 것은?

① 정상적인 패턴을 보관하고 정상적인 패턴과 다르면 탐지하는 방식이다.

② False Positive가 매우 높은 특징이 있다.

③ 공격자의 시그니쳐를 보관하고 있다가 등록된 룰(Rule)과 비교하여 공격을 탐지한다.

④ 미리 학습된 사용자 패턴을 사용하며 Zero Day Attack 공격에 대응된다.

오용탐지(Misuse)는 공격자의 패턴을 Rule로 저장하고 해당 Rule과 동일한 패턴이면 침입으로 탐지한다.

정답 ③

36 다음 중 3계층에서 실행되는 VPN은 무엇인가?

① IPSEC VPN

② PPTP VPN

③ L2TP VPN

④ SSL VPN

OSI 7계층에서 3계층은 Network 계층이며 Network 계층에서 사용되는 VPN은 IPSEC VPN이다. OSI 7계층에서 사용되는 VPN의 종류는 정보보안기사 실기 문제에도 출제된 것이다.

정답 ①

37 다음은 리눅스 방화벽 설정 정보를 tmp001로 저장하려는 명령어이다. 올바른 것은?

① iptables-config 〉 tmp001

② iptables-store 〉 tmp001

③ iptables-chain 〉 tmp001

④ iptables-filter 〉 tmp001

iptables는 리눅스 방화벽으로 INPUT, FORWARD, OUTPUT Chain을 통해서 접근 통제를 한다. iptables 환경 설정은 iptables-config에 저장되어 있다.

정답 ①

38 포트 스캐닝 기법 중 포트가 오픈되어 있는 경우 응답이 다른 하나는?

① FIN Scan

② SYN Scan

③ PSH Scan

④ NULL Scan

FIN, PSH, NULL Scan의 경우 포트가 오픈되어 있는 경우 응답이 없다.

오답 피하기

SYN Scan은 포트가 오픈되어 있으면 SYN+ACK가 응답으로 온다.

정답 ②

39 다음 중 IPSEC에 대한 설명으로 옳지 않은 것은?

① IPSEC의 터널 모드는 사설 네트워크를 만들어서 안전한 통신을 실행한다.

② IPSEC의 터널 모드는 새로운 IP 헤더를 사용해서 전송한다.

③ IPSEC의 터널 모드에서 AH 헤더는 AH와 Payload 사이에 새로운 헤더를 사용한다.

④ IPSEC의 전송 모드는 원본 IP 헤더를 사용하고 TCP 헤더 앞에 AH 헤더가 삽입된다.

IPSEC의 터널 모드에서 AH 헤더는 Outer IP 헤더와 원본 IP 헤더 사이에 들어간다.

정답 ③

40 다음 중 인바운드 방화벽 룰에 대한 설명으로 옳지 않은 것은?

출발지(클라이언트)	도착지(서버)	접근 통제
10.10.10.10/24	20.20.20.20/24	거부
10.10.2.10/24	20.20.10.20/24	차단
30.30.20.10/24	20.20.20.20/24	허용

① 출발지의 IP 10.10.10.10은 20.20.20.20 서버에 연결할 수가 없다.

② 20.20.10.20 IP를 가진 서버는 10.10.2.10으로 연결하면 차단된다.

③ 출발지 IP 30.30.20.10은 20.20.20.20 서버에 연결할 수 있다.

④ 10.10.2.10 IP는 50.50.50.50 서버로 연결할 수 있다.

방화벽 룰에 등록된 것이 없으므로, 20.20.10.20 IP가 외부로 나가는 10.10.2.10 IP로 연결할 수 있다.

정답 ②

☰ 하 애플리케이션 보안 〉 보안 취약점 및 개발 보안

41 공격자가 사용자 아이디와 비밀번호를 확보하여 다른 사이트에 입력하여 공격하는 방법을 무엇이라 하는가?

① 로그인 인증우회
② 크리덴셜 스터핑
③ 무작위 대입 공격
④ 크로스 사이트 요청 변조

크리덴셜 스터핑은 이미 확보된 아이디와 패스워드를 가지고 다른 사이트에 입력하여 무작위로 공격하는 방법이다.

정답 ②

☰ 중 애플리케이션 보안 〉 보안 취약점 및 개발 보안

42 디지털 포렌식 과정에서 확보한 증거를 전송 · 저장 · 관리하는 일련의 과정에서 담당자와 책임자를 지정하여 진정성을 확보하는 디지털 포렌식의 기본 원리를 무엇이라 하는가?

① 관리 연속성
② 전문배제성
③ 독수독과성
④ 증거 무결성

디지털 포렌식은 법정에서 증거로서의 효력을 갖기 위해 5가지 원칙을 준수해야 한다. 그리고 본 문제는 정보보안기사 실기에도 출제된 문제이다.

디지털 포렌식의 5가지 원칙

5가지 원칙	세부내용
정당성 원칙	획득한 증거자료가 적법한 절차를 준수해야 하며 위법한 방법으로 수집된 증거는 법적 효력을 상실한다. (1) 위법수집증거 배제 법칙 : 적법한 절차에 따르지 아니하고 수집한 증거는 증거로 사용할 수가 없다. (2) 독수독과 이론 : 위법하게 수집된 증거에 의하여 발견된 제2차 증거의 증거 능력을 인정할 수 없다는 이론이다.
무결성 원칙	수집된 증거가 위조 및 변조되지 않았음을 증명할 수 있어야 한다.
재현 원칙	피해 직전과 같은 조건에서 현장 검증을 실시하거나 재판이나 법정의 검증 과정에서도 동일한 결과가 나와야 한다.
신속성 원칙	휘발성 증거 수집 여부는 신속한 조치에 의해 결정되므로 모든 과정은 지체없이 진행되어야 한다.
절차(관리) 연속성 원칙 (Chain of Custody)	증거물 획득, 이송, 분석, 보관, 법정 제출의 각 단계에서 담당자 및 책임자를 명확히 해야 한다.

정답 ①

43 다음 중 SQL Injection에 대한 설명으로 틀린 것은 무엇인가?

① SQL Injection은 입력 값을 조작하여 사용자 인증을 우회 할 수 있는 SQL 문을 만들고 DB 입력에 사용하는 것을 말한다.

② 준비된 쿼리문(Prepared Statement)을 이용하여 SQL 문을 사용함으로써 공격을 완화할 수 있다.

③ SQL Injection 공격에서 응답 값이 True와 False 값으로 공격하는 것은 Blind SQL Injection이라고 한다.

④ 등록되어 있는 패턴을 입력하지 않도록 관리하는 블랙리스트 방식은 화이트리스트 방식보다 보안이 더 우수하다.

화이트리스트 방식은 등록된 패턴만 입력할 수 있도록 하는 것으로 블랙리스트 방식보다 보안에 우수하다.

정답 ④

44 웹 공격이 탐지되어 방어하고자 아파치(Apache) 웹 로그를 분석하는 내용으로 잘못 된 것은 무엇인가?

① 사용자 클라이언트의 요청 방식(GET, POST)과 요청 URL을 확인한다.

② 사용자 클라이언트의 IP 주소와 접속 시간을 확인한다.

③ 동일한 파일(URL)에 연속적으로 요청이 있을 경우 요청 패턴을 분석한다.

④ 특정 파일(URL)을 집중적으로 요청할 경우 요청 패턴을 분석한다.

웹 서버의 로그파일은 access.log 파일이다. 아파치 웹 서버 로그를 분석하여 침입을 탐지하기 위해서는 접속 시간, IP 주소, 연속적인 요청 패턴 등을 분석해야 한다.

정답 ①

45 FTP의 패시브(Passive) 모드를 사용하는 이유로 적절한 것은 무엇인가?

① UDP를 이용하므로 전송 속도가 빠르다.

② FTP의 20번, 21번 포트를 모두 사용할 수 있다.

③ 클라이언트가 방화벽 뒤에 있어 접속할 수 없는 경우를 해결하기 위하여 사용한다.

④ Passive 모드는 암호화를 이용하므로 Active 모드보다 안전하다.

FTP 패시브 모드는 TCP를 사용하고 명령 전송을 위해서 21번 포트, 데이터 전송을 위해서는 1024번 이상의 포트를 서버가 결정해서 사용한다. 패시브 모드는 암호화를 하지 않으며, FTP에서 암호화를 하는 것을 sFTP라고 한다.

정답 ③

46 클라이언트 서버 방식으로 동작하는 응용 프로그램 중에는 웹 애플리케이션 보안이 취약하다. 웹 애플리케이션 보안 중 SQL Injection을 방어하기 위하여 등록하는 필터의 내용으로 적절한 것을 고르시오.

---

a) insert[[space :]]+into.*values

b) drop[[space :]]+table

c) location.href[[space :]]*=

d) declare.+varchar=fset

---

① abd

② ab

③ cd

④ bd

SQL Injection을 방어하기 위해서는 SQL 문의 DDL, DML, DCL 관련 입력을 필터링해야 한다. DDL로는 Create Table, Alter Table, Drop Table 등이 있으며 DML로는 Insert, Update, Delete 문이 있다. DCL로는 Grant, Revoke 등이다. 그리고 Declare 문과 Varchar는 PL/SQL 문에서 변수를 선언할 때 사용한다.

정답 ①

---

47 KISA의 생체인식 방식을 이용한 공인인증에 대한 설명으로 옳지 않은 것은?

① 루팅이나 탈옥을 한 경우 내부 저장소에 접근이 가능하므로 중요한 자료는 별도의 보안 장소에 저장해야 한다.

② 생체인식을 이용한 인증은 로컬인증 반복회수 제한을 두지 않고 비밀번호는 회수 제한을 둔다.

③ 생체인식의 오인식률 (FAR, False Acceptance Rate)은 5% 이내로 한다.

④ 스마트폰의 지문인식 장치에 문제가 있을 경우 즉시 조치해야 한다.

KISA 바이오 연계 등 스마트폰 환경에서 공인인증서 안전 이용 구현 가이드라인

• 루팅(Rooting), 탈옥(Jail-Break) 등 스마트폰이 불법 변경된 환경에서는 모든 저장소에 접근이 가능하기 때문에 물리적으로 독립된 안전한 하드웨어 저장소를 활용하는 것을 권고한다.

• 비밀번호, 생체정보 등 전자서명생성정보 접근을 위한 로컬인증 실패 시 횟수를 제한해야 한다.

• 스마트폰 내 지문인식 장치의 FAR(오인식률)은 1/50,000을 지원해야 하며, FRR(오거부율)은 2~3% 이하를 지원해야 한다.

• 위조지문 등 스마트폰 내 지문인식 장치의 취약점이 발견되는 즉시 보안 조치가 이루어져야 한다.

• TEE 클라이언트와 TA는 상호인증을 수행하는 것을 권고한다.

정답 ②

48 다음 중 DRM에 대한 설명으로 옳지 않은 것은?

① DRM은 문서보안을 위하여 저장, 확인, 편집하는 권한을 통제할 수 있다.

② 커널에 DRM 기능이 포함된 경우 문서를 저장할 때 암호화하여 디스크에 저장한다.

③ 개인별로 DRM 속성을 설정하여 권한을 할당할 수 있다.

④ DRM은 IP 보호로부터 출발하여 MAC에서 사용하는 주소를 이용하여 접근 통제와 인증을 제공한다.

DRM 솔루션의 기능

• 인가된자와 인가된 애플리케이션만 복호화를 허용한다.

• 커널 모드(Kernel Mode)는 자동 암호화와 복호화를 지원한다.

• 문서 복호화 결재 시스템을 지원한다.

• 작성하는 모든 문서 암호화 및 자동 암호화를 수행한다.

• 개인 PC에 저장된 개인정보 파일 유출 방지 및 암호화를 수행한다.

• 서버 및 전송구간 암호화, 암호화 설정이 가능해 파일 다운로드 횟수와 기간 제한을 설정할 수 있다.

정답 ④

49 다음 중 다이나믹 UI를 구성하는 언어가 아닌 것은 무엇인가?

① ASP   ② JSP

③ HTML   ④ PHP

ASP, JSP, PHP는 모두 SSS(Server Side Script) 언어로 동적 웹 페이지를 구성할 수 있다.

오답 피하기

HTML은 웹 표현 언어로 웹 브라우저에 웹 페이지를 표시한다.

정답 ③

50 OWASP Top10 2017의 내용 중 틀린 것은 무엇인가?

① DDoS : UDP와 같이 사용하지 않는 프로토콜을 막는다.

② 취약한 인증 : 중요한 데이터에 접근할 때 적절한 인증을 하지 않아서 발생한다.

③ 민감 데이터 노출 : 중요 정보를 전송할 때 암호화하지 않아서 발생하는 문제이다.

④ 불충분한 로깅과 모니터링 : 사고대응의 비효율적인 통합 또는 누락과 함께 공격자들이 시스템을 더 공격하고 지속성을 유지하며 더 많은 시스템을 중심으로 공격할 수 있도록 만들고 데이터 변조, 추출, 파괴를 할 수 있다.

2017년 OWASP Top 10은 인젝션, 취약한 인증, 민감한 데이터 노출, XML 외부개체, 취약한 접근 통제, 잘못된 보안 구성, 크로스 사이트 스크립팅, 안전하지 않은 역직렬화, 알려진 취약점이 있는 구성요소 사용, 불충분한 로깅 및 모니터링이다. 이 중 XML 외부개체, 안전하지 않은 역직렬화, 불충분한 로깅 및 모니터링은 신규로 추가된 것이다.

정답 ①

51 다음 중 가장 빠르게 휘발되는 데이터는 무엇인가?

① Register / Cache
② ARP Cache / Routing Table
③ 임시 인터넷 파일
④ 보조기억장치 파일

휘발성 데이터란 전원이 차단되면 데이터가 손실되는 것을 의미하며, CPU 내의 임시저장소 Register, 캐시 메모리, 메인 메모리가 있다.

정답 ①

52 다음 중 FTP 공격으로 틀린 것은 무엇인가?

① Broute Force Attack
② Sniffing
③ Bounce Attack
④ CSRF

FTP(File Transfer Protocol)
• 파일을 업로드하거나 다운로드 하는 프로토콜로 FTP, sFTP, tFTP와 같은 프로그램이 있다.
• FTP의 보안 취약점은 **무작위 공격(Broute Force)**을 통해서 FTP 사용자 아이디와 패스워드를 공격할 수 있다.
• FTP와 tFTP를 사용하는 경우 전송되는 패킷(Packet)을 **스니핑(Sniffing)**하여 데이터를 훔쳐볼 수 있다.
• Bounce Attack은 포트 스캐닝(Scanning)을 통해서 가짜(Fake) 메일을 전송하는 것으로 FTP를 공격한다.

오답 피하기
CSRF는 웹 페이지에 대한 공격 기법이다.

정답 ④

53 다음 중 SSL(Secure Socket Layer)에 대한 설명으로 옳지 않은 것은 무엇인가?

① 웹 브라우저와 웹 서버 간에 전송하는 데이터를 보호하기 위하여 넷스케이프사에서 만들었다.
② Session Layer에서 동작하며 FTP, sHTTP, SYSLOG 등 응용 프로그램을 지원한다.
③ SSL을 이용한 통신은 443 포트를 이용한다.
④ 일반적인 'http : //~'가 아닌 'https : //~' 방식을 이용한다.

SSL은 **전송 계층(Transport Layer)**에 동작하는 것으로 웹 브라우저와 웹 서버 간에 암호화를 지원한다. SSL은 https : //~를 이용한다.

정답 ②

54 전자상거래 업체에서 사용자가 물품을 구매할 때 지불 대금을 보관해 놓았다가 상품을 배송받은 후 판매자에게 대금을 지불하는 방식을 무엇이라 하는가?

① 선불전자지급 수단 발행
② Payment Gateway
③ 결제대금예치(Escrow)
④ EBPP

결제대금예치(Escrow)는 전자상거래 시 판매자와 구매자 사이에 신뢰할 수 있는 제3자가 중개하여 금전 혹은 물품 거래를 하도록 하는 서비스로 거래의 안전성을 확보하기 위한 방법이다.

에스크로 서비스 절차
(1) 구매자는 제삼자에게 대금을 맡긴다.
(2) 판매자는 제삼자에게의 입금을 확인하고 구매자에게 상품을 발송한다.
(3) 구매자는 송부된 상품을 확인하고 제삼자에게 상품이 도착했음을 알린다. 만약 거래내용과 다른 경우에 상품을 반송하거나 거래를 파기할 수 있다.
(4) 제삼자는 판매자에게 대금을 송금한다.
(5) 판매자는 대금을 수령한다.
• 지불결제 사업자(Payment Gateway)는 전자상거래 시 금융기관과 하는 거래를 대행해주는 서비스이다.
• VAN(Value-Added Network)은 금융기관과 가맹점 사이의 네트워크망을 구축해서 카드 등의 사용에 따른 승인을 중계하고 금융기관 대신 전표매입 업무를 대행한다.

정답 ③

55 FTP 공격을 분석하기 위하여 xferlog를 다음과 같이 확인하였다. 관련 내용으로 잘못된 것을 고르시오.

> Thu Apr 10 18 : 30 : 11 2018 / 221.1.1.100 254 / usr/kisa.z b_o r test ftp o * c

① ID는 test이다.
② 전송 데이터의 크기는 254byte이다.
③ 전송된 파일은 'usr/kisa.z'이다.
④ 마지막의 c는 전송 실패를 의미한다.

xferlog 파일 구조

구분	설명
접근 날짜 및 시간	Thu Apr 8 15 : 40 : 32 2016 1
접속IP	201.1.1.10
전송 파일 Size	254
전송 파일	/usr/kisa.z
파일 종류	b(Binary) 혹시 a이면 ASC Ⅱ
행위	_(아무일도 수행하지 않음)
파일 동작	O(파일을 받았음)
사용자 접근 방식	r(인증된 사용자)
로그인 ID	Test
인증 방법	0
전송 형태	c(전송 성공)

오답 피하기

xferlog 파일에서 "c"의 의미는 전송 성공이다.

정답 ④

56 다음 중 버퍼오버플로우 공격을 방어하기 위하여 안전코딩으로 사용하지 않도록 권장하는 함수가 아닌 것은 무엇인가?

① strcpy
② fgets
③ gethostbyname
④ scanf

gethostbyname( ) 함수는 서버 이름을 입력 값으로 해서 IP 주소를 얻는 함수로 입력 값과 출력 값 모두 포인터 형태이다. 즉, 주소를 리턴하기 때문에 길이에 관계가 없다.

정답 ③

57 조각된 SQL 문을 이용하여 전체 공격 SQL 문을 완성하는 기법으로, SQL 결과로 참과 거짓만을 사용하는 SQL Injection 공격 기법은 무엇인가?

① SQL Injection
② Blind SQL Injection
③ Mass SQL Injection
④ Union SQL Injection

SQL Injection 종류 중 Blind SQL Injection은 응답 값의 참과 거짓을 사용해서 값을 알아내는 공격 방법이다.

SQL Injection 공격

공격 기법	설명
Blind SQL Injection	substr( ) 함수에 한 문자씩 입력 값을 넣어 참과 거짓 값을 알아낸다.
Union SQL Injection	입력 값에 Union구를 사용해서 공격한다. 단, 데이터 타입과 컬럼 수가 일치해야 한다.
Mass SQL Injection	대용량의 데이터를 공격하는 방법이다.

정답 ②

58 다음 중 웹 애플리케이션 보안으로 적절하지 않은 것은 무엇인가?

① 입력한 특수문자를 필터링한다.
② 파일 업로드 시에 화이트 리스트 필터링을 해야 한다.
③ 쿠키(Cookie)를 사용한다.
④ 입력 값에 스크립트가 포함되어 있는 경우에 필터링한다.

쿠키(Cookie)는 웹 브라우저에 저장하는 저장소이다. 쿠키를 사용한다고 해서 꼭 보안에 취약하다고 볼 수 없으며, 쿠키 인증에 관련된 데이터를 저장할 때 보안 취약점이 발생한다.

쿠키(Cookie)
• 클라이언트에 저장되는 키와 값이 있는 작은 데이터 파일이다.
• 쿠키에는 이름, 값, 만료날짜(쿠키 저장 기간), 경로 정보가 있다.
• 쿠키는 일정 시간 동안 데이터를 저장할 수 있다.
• 쿠키는 클라이언트의 상태 정보를 로컬에 저장했다가 참조한다.

정답 ③

59 다음 중 CSRF의 설명으로 틀린 것은 무엇인가?

① 특정 사용자가 아닌 불특정 다수를 대상으로 공격한다.

② 사용자가 모르는 가운데 공격자가 원하는 악의적인 기능(정보 업데이트 등)을 수행한다.

③ 실행되는 스크립트를 악용한 것으로 CSRF는 XSS의 발전된 형태로 볼 수 있다.

④ CSRF는 웹브라우저에서 실행되는 스크립트이다.

- CSRF는 스크립트 언어가 포함된 게시물을 올려서 서버가 원하지 않은 행동을 하게 하는 공격이다.
- XSS는 웹 사이트에 URL을 숨겨놓고 쿠키 값을 갈취한다. 즉, XSS의 공격은 쿠키 값 갈취이고 CSRF는 서버 권한 도용이다.

정답 ④

---

60 다음 중 프로세스를 생성하여 실행할 때 점검해야 할 사항이 아닌 것은?

① 모든 파일이 닫혀진 것을 확인한다.

② 메모리 영역에 대해서 버퍼 오버플로우가 발생하지 않는지 확인한다.

③ 프로세스 생성 시에 자식 프로세스가 좀비화되지 않는지 확인한다.

④ 모든 프로세스가 멀티스레드를 실행해서 실행되는지 확인한다.

모든 프로세스는 반드시 하나의 스레드(Thread)가 존재한다. 하나의 프로세스가 여러 개의 스레드를 실행하는 것을 멀티스레드(Multi Thread)라고 한다. 멀티 스레드로 프로그램을 개발하는 경우는 여러 개의 트랜잭션을 빠르게 처리하기 위해서지만 모든 프로세스가 멀티스레드로 실행되어야 하는 것은 아니다.

정답 ④

≡ 중 정보보안 일반 〉 암호학

61 다음 중 블록 암호화 모드에 대한 설명으로 옳은 것은?

> • 먼저 초기화 벡터(IV, Initialization Vector)를 암호화 후 평문과 XOR한다.
> • 이전 블록 암호문이 다음 블록에서 재암호화 후 평문과 XOR한다.
> • 암호문 블록의 에러는 해당 평문 블록과 다음 평문 블록 이렇게 총 2개의 블록에 전파된다.

① ECB(Electronic Codebook) 모드
② CFB(Cipher Feedback) 모드
③ OFB(Output Feedback) 모드
④ Counter 모드

CFB(Cipher Feedback) 모드는 패딩을 추가하지 않고 블록단위 암호화를 스트림 암호화 방식으로 구성하여 비트단위로 암호화를 수행한다(패딩이 필요 없음. 암호문에 대해서 암호화를 반복하면 평문이 됨). CBC와 마찬가지로 IV가 사용되며, 암호화는 순차적으로 처리해야 하며 복호화는 병렬처리가 가능하다. CBC 모드, CFB 두 모드는 암호문 한 개의 블록에서 에러발생 시 현재 복호화되는 평문블록과 다음 복호화되는 평문 블록에 영향을 준다.

정답 ②

≡ 상 정보보안 일반 〉 암호학

62 h(x)=h(x')에 서로 다른 입력은 계산이 불가능하다는 해시함수의 성질은 무엇인가요?

① 무결성
② 일방향성
③ 2번째 역상저항성
④ 충돌저항성

해시함수의 성질

성질	설명
압축	임의의 길이의 이진 문자열을 일정한 크기의 이진 문자열로 변환해야 한다.
계산의 용이성	x가 주어지면 H(x)는 계산하기 쉬워야 한다.
역상저항성 (일방향성)	입력을 모르는 해시 값 y가 주어졌을 때, H(x')=y를 만족하는 x를 찾는 것은 계산적으로 어려워야 한다.
2번째 역상저항성 (약한 충돌 회피성)	x가 주어졌을 때 H(x')=H(x)인 x'(≠x)을 찾는 것은 계산적으로 어려워야 한다.
충돌저항성 (강한 충돌 회피성)	H(x')=H(x)인 서로 다른 임의의 두 입력 x와 x'을 찾는 것은 계산적으로 불가능하다.

정답 ④

≡ 하   정보보안 일반 〉 보안 요소 기술

63 Active Attack과 Passive Attack이 가장 잘 연결된 예시는 무엇인가?

① 트래픽 분석, 전송 구간 도청
② 재생 공격, 메시지 변조 공격
③ 메시지 변조 공격, 전송 구간 도청
④ 삽입 공격, 삭제 공격

Active Attack과 Passive Attack

구분	종류
Passive Attack	• 메시지 내용 공개(Release of Message Contents) • 트래픽 분석(Traffic Analysis)
Active Attack	• 신분위장(Masquerade) 공격 • 재전송(Reply) 공격 • 메시지 수정(Modification of Message) 공격 • 서비스 거부(Denial of Service) 공격 • 삽입(Insert) 공격, 삭제(Delete) 공격

정답 ③

≡ 하   정보보안 일반 〉 암호학

64 단일치환 암호를 해독하는 가장 좋은 방법은 무엇인가?

① 빈도분석
② 알파벳분석
③ 치환분석
④ 순서분석

단일치환 암호를 해독하는 가장 좋은 방법은 보기 ① 빈도 분석으로 평문에 등장하는 문자의 빈도와 암호문에 나오는 문자의 빈도가 일치하는 것을 이용하는 것이다.

오답 피하기
• ② 알파벳 분석 : 알파벳을 가지고 암호화 분석하는 방법이다.
• ③ - 치환 분석 : 문자를 다른 문자로 대체하는 방법, 단일치환, 다중치환 방법이 있다.
  – 전치 분석 : 문자의 위치를 변경하는 암호이다.
• ④ 순서 분석 : 글자의 순서를 바꾸는 방법이다.

정답 ①

65 다음 중 은닉서명(Blind Signature)에 대한 설명으로 가장 옳은 것은?

① 은닉서명은 전자화폐 이용 시 사용자의 신원 노출 문제점을 해결하는 전자서명 기술이다.

② 은닉서명은 사용자 A가 서명자 B에게 자신의 메시지를 보여주고 서명을 얻는 방법이다.

③ 은닉서명은 전자서명발급 이후에 메시지에 대한 서명의 유효성을 확인할 수 없지만 서명 생성자는 수신자의 신원을 알 수 있다.

④ 은닉서명 검증자는 메시지에 대한 서명의 유효성을 확인할 수 없지만 송신자의 신원을 확인할 수 있다.

은닉서명은 **전자서명발급 이후에 메시지에 대한 서명의 유효성을 확인할 수 없지만 서명 생성자는 수신자의 신원을 알 수 있다.**

① 은닉서명은 전자화폐 이용 시 **사용자**(X)→**서명자**(O)의 신원 노출 문제점을 해결하는 전자서명 기술이다.

② 은닉서명은 사용자 A가 서명자 B에게 자신의 메시지를 보여주고 서명을 얻는 방법이다. (X)

→ 서명자가 자신이 서명하는 메시지를 알 수 없는 형식으로 봉투 내의 내용을 보지 않고 겉면에 서명을 하면 내부의 잉크에 의해 서류에 서명되는 원리를 이용하는 방식이다. 즉, **사용자 A는 임의의 문서에 대해 그 내용이 서명자 B에게 알려지지 않고 서명을 받는 방법이다.** (O)

④ 은닉서명 검증자는 메시지에 대한 <u>서명의 유효성을 확인할 수 없지만 송신자의 신원을 확인할 수 있다.</u>(X)

→ **서명의 유효성을 확인할 수 있으나 송신자의 신원을 확인할 수 없다.**(O)

은닉서명은 사용자의 신원과 (메시지, 서명) 쌍을 연결시킬 수 없는 특성을 유지할 수 있는 서명이다.

[참고] 은닉서명(Blind Signature)

1) 은닉서명의 개념

• 1982년 Chaum이 제안. 특수 전자서명으로 서명자가 메시지의 내용을 모르고 서명 하도록 한다.

• 서명자는 후에 (메시지, 서명) 쌍을 보고 자신이 생성한 서명임을 검증할 수 있지만 언제 누구를 위해 그 서명을 생성했는지는 알 수 없다.

2) 은닉서명의 단계

단계	설명
은닉단계 (Blinding)	• 송신자가 서명을 받고자 하는 메시지를 서명자의 공개키와 송신자가 생성한 은닉 파라미터를 이용하여 은닉하는 단계이다. • 묵지가 내장된 봉투에 메시지를 넣는 과정이다.
서명단계 (Signing)	서명자가 은닉된 메시지에 대한 서명문 생성을 생성한다.
은닉해제단계 (Unblinding)	• 은닉된 메시지에 대한 서명문으로부터 원래 서명받고자 하는 메시지에 대한 서명문을 확인하는 단계이다. • 은닉해제는 송신자만이 은닉 파라미터를 알고 있기 때문에 메시지를 보내는 송신자만이 할 수 있다. • 묵지와 문서를 분리하는 과정이다.

※ 은닉서명의 기본원리를 묵지가 내장된 봉투로 설명한다.

3) 은닉서명의 요구조건

요구조건	설명
정당성 (Correctness)	만약 송신자와 서명자 모두 프로토콜을 그대로 수행했다면, 송신자는 자신이 서명을 받고자 했던 메시지에 대한 올바른 서명을 얻는다.
위조 불가 (Security Against Torgeries)	송신자는 서명을 위조하기 위한 정보(서명자 비밀키)에 대한 정보를 얻을 수 없다.
불추적성 (Unlinkability)	서명자는 은닉 서명 발행 프로토콜 수행시의 view와 그 프로토콜을 통해 생성된 (메시지, 서명) 쌍을 연결할 수 없다.

정답 ③

≡ 상 정보보안 일반 〉 암호학

66 대칭키와 공개키를 결합한 하이브리드(Hybrid) 암호화에 대한 설명으로 가장 옳지 않은 것은?

① 공개키 암호화 시스템은 대칭 암호 알고리즘에서 사용할 1회용 세션키를 분배용도로 사용한다.

② 대칭키 암호화 시스템은 1회용 세션키를 데이터 암호화 용도로 이용한다.

③ 공개키 암호화 시스템은 암복호화 속도가 느려 대용량 데이터 암호화에는 부적합하고 속도가 빠른 대칭키와 혼용한다.

④ 키 분배를 암호화 시스템으로 암호화하여 공개하고 암호화할 데이터를 공개키로 암호화한다.

하이브리드(Hybrid) 암호화 시스템 구조
- 메시지 : 대칭 암호화로 암호화
- 대칭 암호의 암호화에서 사용한 세션키는 의사난수 생성기로 생성하고, 세션키는 공개키 암호로 암호화한다.
- 공개키 암호의 암호화에서 사용하는 키는 하이브리드 암호 시스템의 외부로부터 부여한다.

하이브리드(Hybrid) 암호화

암호화	복호화
• 평문 · 키 · 암호문, 메시지의 암호화 • 세션키의 암호화, 결합	• 분할, 세션키의 복호화 • 메시지의 복호화

오답 피하기

암호화할 데이터는 공개키가 아닌 대칭키로 암호화한다.

정답 ④

67 CRL(Certificate Revocation List)과 비교시 OCSP(Online Certificate Status Protocol)에 대한 설명으로 가장 옳지 않은 것은?

① 실시간 인증서의 상태 프로토콜로 인증서의 유효성을 검증할 수 있다.
② OCSP 서버로부터 인증서 상태를 전달받는다.
③ 인증서가 폐기되면 바로 반영된다.
④ 배치 방식을 사용하여 추가 비용 지불없이 사용할 수 있다.

OCSP (Online Certificate Status Protocol)

1) 실시간으로 인증서가 유효한지 검증하는 프로토콜이다.
2) CA와 Repository와는 별도로 OCSP 서버를 하나 두고, 사용자의 검증 요구에 대한 결과를 제공하는 방식이다.
 • OCSP Server는 특정 CA기관과 사용계약을 맺어야하고 사용량에 따라 추가 비용을 지불한다.
 • OCSP Server가 CA 기관과 계약을 맺으면 OCSP Server에 Server 인증서와 개인키가 발급된다.
 • OCSP Server 인증서는 1년마다 교체해야 된다.
3) OCSP 동작 절차
❶ CA 내부에 OCSP Responder가 존재
❷ OCSP Server가 CA내부의 OCSP Responder로 OCSP Request 전송
❸ 인증서의 폐기 여부를 검증함
❹ CA에서 OCSP Server로 OCSP Response 전송

오답 피하기

OCSP는 실시간 처리 방식이며, OCSP Server는 특정 CA 기관과 사용계약을 체결하여 사용량에 따라 추가 비용 지불한다.

정답 ④

68 다음 중 아래의 블록 암호화 모드에 해당되는 것은?

 • IV를 암호화한 후 다음 블록의 암호화 입력 값으로 사용한다.
 • 암호화된 IV와 평문을 XOR하여 암호문을 도출한다.
 • 모든 암호문 블록의 각 비트는 이전 암호문 비트들과 독립하며, 전송중 오류가 발생해도 다음 블록 비트에 영향을 주지 않는다.
 • 키스트림이 평문과 암호문과는 독립적이므로 동기식 스트림 암호화이다.

① ECB(Electronic Codebook) 모드
② CFB(Cipher Feedback) 모드
③ CTR(CounTeR) 모드
④ OFB(Output Feedback) 모드

OFB(Output Feedback) 모드

OFB 평문과 암호문의 길이가 동일하다. 즉, CFB 모드와 동일하게 패딩을 추가하지 않고 블록단위 암호화를 스트림 암호화 방식으로 구성하며, 다른 점은 암호화 함수는 키의 생성시에만 사용되어 암호화와 복호화의 방법이 동일하여 암호문을 다시 암호화 하면 평문이 나온다. 마찬가지로 최초 키의 생성 버퍼로 IV가 사용된다.

정답 ④

69 H(key XOR 3636...36), H(key XOR 5c5c...5c)에서 H는 임의의 암호학적 해시함수, key는 비밀키, 3636....36과 5c5c는 k와 같은 길이의 16진수 데이터이다. 이 수식이 나타내는 의미는 무엇인가?

① 메시지 인증   ② 송신자 부인방지
③ 메시지 기밀성   ④ 서비스 거부공격

> 메시지 인증코드 중 암호학적 해시함수를 기반으로 동작하는 메시지 인증코드 알고리즘인 HMAC 규격의 일부이다.
>
> $$HMAC(K, text) = H((K0\ XOR\ opad)\ ||\ H((K0\ XOR\ ipad)\ ||\ text))$$
>
> 암호키 K로부터 K0를 유도하는 절차를 포함하여, 해시함수 H를 기반 함수로 사용하여 동작하는 HMAC이다.
> - H : 해시함수
> - K0는 암호키 K의 바이트 크기에 따라 사전 계산을 통해 B 바이트가 되도록 유도된 값이다.
> - Opad : Outer pad, 바이트 0x5c를 B번 연접하여 구성
> - ipad : Inner pad, 바이트 0x36을 B번 연접하여 구성

정답 ①

70 다음 중 FIDO(Fast IDentity Online)에 대한 설명으로 옳지 않은 것은?

① 패스워드 문제점을 해결하기 위한 목적이다.
② 인증 기법과 그 인증 정보를 주고받기 위한 인증 프로토콜을 분리하는 것이 핵심 아이디어이다.
③ FIDO 표준은 UAF(Universal Authentication Framework), U2F(Universal 2nd Factor) 등이 포함된다.
④ FIDO UAF에서는 소유기반 인증방식으로 패스워드 문제점을 해결한다.

> FIDO UAF에서는 소유기반(X)→생체기반(자신의 모습 (Something You Are))(O), 인증방식으로 패스워드 문제점을 해결한다.
>
> FIDO(Fast IDentity Online)
> - 보안성을 강화하기 위해 개발된 파이도(FIDO, Fast IDentity Online)는 개인용 스마트 기기에서 지문, 홍채, 안면 등의 바이오 정보를 이용해 본인임을 인증하는 기술이다.
> - 지문, 홍채, 안면 등 고유의 바이오 정보는 개인의 스마트 기기에 저장된다. 인증이 필요한 경우, 개인용 스마트 기기 내 인증 장치에서 검증한 후, 이 결과를 전자서명 값으로 바꾸어 전송함으로써 인증이 이루어진다.
> - 파이도 방식은 해당 정보를 서버에 저장하는 방식에 비해 정보 노출의 위험이 적고, 비밀번호 입력 과정이 없으므로 편리하다.
> - FIDO 1.0 버전의 표준이다.
>
> UAF(Universal Authentication Framework) (TTAE.OT-12.0017)
> - 패스워드 방식 대신 지문, 홍채, 안면 인식 등 다양한 인증 방법을 사용하는 인증 기술
> - 스마트 기기 내의 API와 인증 장치 간의 인터페이스, 온라인 서버로의 전송 프로토콜 등을 정의
>
> U2F(Universal Second Factor) (TTAE.OT-12.0018)
> - 패스워드 방식과 함께 별도의 인증 장치를 사용하는 2차 인증 기술
> ※ 본 문제는 출제 기준이 변경되면서 신규로 출제된 문제이다.

정답 ④

71 대칭키 배송문제를 해결하는 방법이 아닌 것은 무엇인가?

① 키 분배 센터(Key Distribution Center)
② DH(Diffie-Hellman) 키교환
③ 전자서명(Digital Signature)
④ 공개키 암호화(Public Key Cryptography)

---

① 키 분배 센터(Key Distribution Center)

암호 통신이 필요해질 때마다 키 분배 센터에 의뢰해서 개인과 키 분배 센터 사이에서만 키를 사전에 공유하는 방법이다. n명의 사용자가 있다면 n개의 키가 필요하다.

② DH(Diffie-Hellman) 키교환(키 합의)

• 키 분배 센터없이 대칭 세션키를 생성할 수 있다. 대칭키를 만들기 전에 양쪽의 두 개의 소수 P와 q를 선택하고 키 교환이라는 이름이 붙어 있지만 실제로는 키를 교환하는 것이 아니라 공유할 키를 계산하여 만들어 내는 것이다.

• 이산대수 문제를 사용한다.($g^n \bmod p$에서 n을 구하는 문제)

• 완전 순방향 비밀성으로 비밀키가 노출되더라도 그 후의 키 분배 과정에서 얻는 세션키의 안전성에는 영향을 미칠 수 없어야 한다는 성질이다.

④ 공개키 암호화(Public Key Cryptography)

• 수신자는 미리 암호화키(공개키)를 송신자에게 알려준다. 이 암호화키는 도청자에게 알려줘도 괜찮다.

• 송신자는 암호키로 세션키를 암호화하여 수신자에게 전송한다.

• 수신자는 복호화키(개인키)로 암호문을 복호화한다.

정답 ③

---

72 메시지 인증코드(MAC)에서 Replay Attack 방지하는 방법이 아닌 것은?

① 메시지 내부에 One Way Hash를 추가하여 메시지 인증코드를 생성한다.
② 메시지 내부에 매회 1씩 증가하는 순서번호(Sequence Number) 추가하여 메시지 인증코드를 생성한다.
③ 메시지 내부에 현재 시각정보(Timestamp)를 추가하여 메시지 인증코드를 생성한다.
④ 메시지 내부에 난수 형태의 일회용 Nonce 값을 추가하여 메시지 인증코드를 생성한다.

오답 피하기

나머지 보기는 재전송 공격(Replay Attack)을 방지하는 방법이다.

정답 ①

73 다음 중 전자서명의 생성과 검증에 사용하는 키가 올바르게 짝지어진 것은?

① 생성 – 송신자 공개키, 검증 – 송신자의 개인키
② 생성 – 수신자 공개키, 검증 – 송신자의 개인키
③ 생성 – 송신자 개인키, 검증 – 송신자의 공개키
④ 생성 – 수신자 공개키, 검증 – 수신자의 개인키

전자서명의 생성과 검증에 사용하는 키는 생성 – 송신자 개인키, 검증 – 송신자의 공개키이다.

정답 ③

74 다음 중 보기에서 설명하고 있는 서명 방식은?

> SET에서 고객의 프라이버시 보호 및 거래의 정당성 인증을 위해 고안된 전자서명 프로토콜이다. SET에서는 고객의 결제정보가 판매자를 통하여 해당 지급정보중계기관 (이하 'PG')으로 전송됨에 따라 고객의 결제정보가 판매자에게 노출될 가능성과 판매자에 의한 결제 정보의 위변조의 가능성이 있으므로, 판매자에게 결제정보를 노출시키지 않으면서도 판매자가 해당 고객의 정당성 및 구매내용의 정당성을 확인 할 수 있고 PG는 판매자가 전송한 결제요청이 실제고객이 의뢰한 전문인지를 확인할 수 있도록 하는 이 서명 기술 도입이 필요하게 되었다.

① 이중서명
② 은닉서명
③ 커버로스
④ 대리서명

매번 출제되는 문제로 보기의 서명 방식은 ① 이중서명에 대한 설명이다.

정답 ①

75 MAC(Message Authentication Code)에 대한 설명으로 옳지 않은 것은?

① 메시지와 비밀키를 입력하여 인증 값으로 사용될 고정길이 값을 생성한다.
② 메시지에 붙여지는 작은 데이터 블록을 생성하기 위해 비밀키를 이용한다.
③ 송신자는 수신된 메시지에 동일키를 이용해서 MAC를 생성하기 위해 동일한 계산을 수행한다.
④ 송신자는 메시지를 공개키로 암호화하여 보냄으로써 메시지 송신에 대한 부인방지를 한다.

MAC는 부인방지, 제3자에게 증명이 불가하다. 이를 대응하기 위하여 전자서명, 서명 기반 송신 부인방지 기능을 이용한다.
오답 피하기
나머지 설명은 MAC에 대한 설명이다.

정답 ④

76 강제적 접근 통제(MAC : Mandatory Access Control)에 대한 특징으로 옳지 않은 것은?

① 접근 규칙 수가 적어 통제가 용이하다
② 중앙집중적 관리 통제가 용이하다.
③ 이직률이 높은 기업에 적합하다.
④ 사용자와 데이터에 대한 보안 등급을 부여한다.

강제적 접근 통제에 대한 보안정책은 경직적이므로 이직률이 높은 기업에는 다소 적합하지 않다.

정답 ③

77 대칭키 암호문 공격 중 일정량 알려진 평문에 대응하는 암호문을 알고 있을 때, 암호문과 평문의 관계로부터 키나 평문 추정이 가능한 것은?

① 암호문 단독 공격
② 기지 평문 공격
③ 선택 평문 공격
④ 선택 암호문 공격

암호문 공격

공격 기법	설명
암호문 단독 공격(COA)	• 해독자가 단지 암호문(C)만을 갖고 이로부터 평문(P)나 키(K)를 찾아내는 방법이다. • 평문(P)의 통계적 성질. 문장의 특성 등을 추정하여 해독 하는 방법이다.
선택 암호문 공격(CCA)	• 해독자가 암 · 복호화기에 접근할 수 있어 암호문(C)에 대응 하는 평문(P)를 얻어내어 해독하는 방법이다. • 공격자는 해독하고자 하는 암호문을 제외한 모든 암호문에 대해 평문을 획득할 수 있는 능력을 가진다고 본다.
선택 평문 공격(CPA)	• 해독자가 사용된 암호화기에 접근할 수 있어 평문(P)를 선택하여 평문에 대응하는 암호문(C)를 얻어 키(K)나 평문(P)를 해독하는 공격이다. **예** 차분 공격
기지 평문 공격(KPA)	• 암호 해독자는 일정량의 평문(P)에 대응하는 암호문(C) 쌍을 이미 알고 있는 상태에서 암호문(C)와 평문(P)의 관계로부터 키(K)나 평문(P)를 추정한다. • 암호문에 대응하는 일부 평문이 사용 가능한 상황에서의 공격이다. **예** 선형 공격

정답 ②

78 다음 중 인증방식의 예로 틀린 것은?

① 알고 있는 것(Something You Know) – 아이디(ID), 비밀번호, OTP 생성기
② 자신의 모습 (Something You Are) – 지문, 망막, 홍채
③ 가지고 있는 것(Something You Have) – 스마트카드, 신분증
④ 위치해 있는 곳(Somewhere You Are) – 사용자 IP 주소, callback(콜백)

OTP 생성기는 가지고 있는 것(Something You Have)에 해당되며, 아이디(ID), 비밀번호는 알고 있는 것(Something You Know)에 해당된다.

정답 ①

79 다음 중 아래 지문에서 설명하고 있는 접근 통제 보안 모델은 무엇인가?

> 정보의 기밀성 보호에 중점을 둔 최초의 수학적 모델이다. 주체와 객체의 보안 수준을 등급으로 구분하여 강제적 접근 제어 (MAC) 정책을 적용한 모델이다. 이 모델은 정보가 하위에서 상위로 흐른다(bottom-up)는 개념을 적용한 모델로 기밀성을 강조하는 군사용 보안모델로 사용된다. 보안 수준이 낮은 주체(S)는 보안 수준이 높은 객체(O)를 읽어서는 안 되는 정책이다. 주체의 등급이 객체의 등급보다 높거나 같을 경우에만 그 객체를 읽을 수 있다.

① 상태기계 모델(State Machine Model)
② 벨라파둘라 모델(Bell–LaPadula Model)
③ 비바 모델(Biba Model)
④ 격자 모델(Lattice Model)

오답 피하기

• 상태기계모델(State Machine Model) : 상태개념, 모든 권한과 객체에 접근한 주체 통제한다.
• 비바 모델(Biba Model) : BLP을 보완한 최초의 수학적 무결성 모델, 비인가자들의 데이터 변형 방지만 취급하며, 부적절한 변조 방지(무결성)을 목적으로 한다.
• 격자 모델(Lattice Model) : 정보흐름을 안전하게 통제하기 위한 보안 모델이다.

정답 ②

80 SSL, IPsec 등 대부분 네트워크 보안프로토콜에서 RSA 공개키 암호를 이용하여 송신자와 수신자 간에 비밀 세션키를 공유하는 키 분배 방식을 지원한다. 이때, 송수신 세션키 암호화할 때 필요한 키는 무엇인가?

① 송신자의 개인키   ② 수신자의 공개키
③ 수신자의 개인키   ④ 송신자의 공개키

RSA 공개키 암호를 이용하여 송수신 세션키 암호화할 때 필요한 키는 수신자의 공개키이다.

정답 ②

☰ 하　정보보안 관리 및 법규 〉 정보보호 관련 윤리 및 법규

81 정보통신망 이용촉진 및 정보보호 등에 관한 법률에 대한 내용이다. (　　)에 들어갈 알맞은 것은?

> 정보통신망법에 있는 개인정보보호 관련 조항은 기본적으로 정보통신서비스제공자와 (　　) 간의 관계를 규정하고 있다.

① 이용자
② 기간통신사업자
③ 별정통신사업자
④ 부가통신사업자

정보통신망법에 있는 개인정보보호 관련 조항은 기본적으로 정보통신서비스제공자와 '이용자'간의 관계를 규정하고 있다.

 정답 ①

☰ 하　정보보안 관리 및 법규 〉 정보보호 관련 윤리 및 법규

82 정보통신 기반 보호법에 명시된 정보통신기반보호위원회의 주요 기능에 해당되지 않는 것은?

① 주요정보통신기반시설에 관한 보호계획의 종합·조정
② 주요정보통신기반시설 보호정책의 조정
③ 주요정보통신기반시설의 지정 및 지정 취소
④ 주요정보통신기반시설보호 대책의 수립

「정보통신기반보호법」제4조(위원회의 기능) 위원회는 다음 각호의 사항을 심의한다. 〈개정 2007. 12. 21., 2018. 2. 21.〉

> 1. 주요정보통신기반시설 보호정책의 조정에 관한 사항
> 2. 제6조 제1항에 따른 주요정보통신기반시설에 관한 보호계획의 종합·조정에 관한 사항
> 3. 제6조 제1항에 따른 주요정보통신기반시설에 관한 보호계획의 추진 실적에 관한 사항
> 4. 주요정보통신기반시설 보호와 관련된 제도의 개선에 관한 사항
> – 4의2. 제8조 제5항에 따른 주요정보통신기반시설의 지정 및 지정 취소에 관한 사항
> – 4의3. 제8조의2제1항 후단에 따른 주요정보통신기반시설의 지정 여부에 관한 사항
> 5. 그 밖에 주요정보통신기반시설 보호와 관련된 주요 정책사항으로서 위원장이 부의하는 사항

정답 ④

83 다음 중 전자서명법상 공인인증서 폐지 사유에 해당되지 않은 것은?

① 가입자 또는 그 대리인이 공인인증서의 폐지를 신청한 경우
② 공인인증서의 유효기간이 경과한 경우
③ 가입자가 사위 기타 부정한 방법으로 공인인증서를 발급받은 사실을 인지한 경우
④ 가입자의 전자서명생성정보가 분실 · 훼손 또는 도난 · 유출된 사실을 인지한 경우

공인인증서의 유효기간이 경과한 경우는 제16조에 따른 인증서의 효력의 소멸 등에 해당하는 사유이다.

오답 피하기

제18조(공인인증서의 폐지) ① 공인인증기관은 공인인증서에 관하여 다음 각호의 1에 해당하는 사유가 발생한 경우에는 당해 공인인증서를 폐지하여야 한다. 〈개정 2001. 12. 31.〉

1. 가입자 또는 그 대리인이 공인인증서의 폐지를 신청한 경우
2. 가입자가 사위 기타 부정한 방법으로 공인인증서를 발급받은 사실을 인지한 경우
3. 가입자의 사망 · 실종선고 또는 해산 사실을 인지한 경우
4. 가입자의 전자서명생성정보가 분실 · 훼손 또는 도난 · 유출된 사실을 인지한 경우

정답 ②

84 다음 중 전자서명법상 용어에 대한 설명이 틀린 것은?

① 전자문서는 정보처리시스템에 의하여 전자적 형태로 작성되어 송신 또는 수신되거나 저장된 정보를 말한다.
② 전자서명은 서명자를 확인하고 서명자가 당해 전자문서에 서명을 하였음을 나타내는 데 이용하기 위하여 당해 전자문서에 첨부되거나 논리적으로 결합된 전자적 형태의 정보를 말한다.
③ 전저서명 검증은 전자서명 생성정보가 가입자에게 유일하게 속한다는 사실 등을 확인하고 이를 증명하는 전자적 정보를 말한다.
④ 공인인증서 업무는 공인인증서의 발급, 인증 관련 기록의 관리 등 공인인증역무를 제공하는 업무를 말한다.

보기 ③은 인증에 대한 설명이며 전자서명 검증은 전자서명을 검증하기 위하여 이용하는 전자적 정보를 말한다.

정답 ③

85 다음 중 정보보호 관리체계에 대한 설명에 해당되지 않은 것은?

① 정보보호 관리체계는 조직에서 비즈니스 연속성 확보를 위하여 각종 위협으로부터 정보자산을 보호하기 위한 위험관리 기반의 체계적이고 지속적인 프로세스 개선 활동이다.

② 정보보호 관리체계를 BSI에서는 기업이 민감한 정보를 안전하게 보존하도록 관리할 수 있는 체계적 경영시스템이라고 정의하였다.

③ 정보보호 관리체계는 주로 갑작스런 인사변동을 고려하며, 일반적으로 정보보호 운용 또는 인증관리는 관리대상에서 제외한다.

④ 정보보호 관리체계 PDCA 모형을 응용한 정보보호경영 PDCA 모형을 개발했으며, 개발된 모형의 계획(Plan), 실행(Do), 점검(Check), 개선(Act)을 기준으로 한 단계별 정보보호경영을 위한 수행 활동을 분석하였다.

> 정보보호 관리체계 범위에는 사업(서비스)와 관련된 임직원, 정보시스템, 정보, 시설 등 유 · 무형의 핵심 자산을 누락 없이 포함되어야 한다.

정답 ③

86 침해사고 등이 발생될 경우 클라우드 서비스 제공자의 의무로 적절하지 않은 것은?

① 클라우드서비스 제공자는 이용자 정보가 유출되었을 때 즉시 그 사실을 과학기술정보통신부장관에게 알린다.

② 클라우드서비스 제공자는 사전예고없이 대통령령이 정하는 기간 이상 서비스 중단이 발생했을 때 지체없이 그 사실을 과학기술정보통신부장관에게 알린다.

③ 클라우드서비스 제공자는 정보통신망법에 따라 침해사고가 발생될 때 지체없이 그 사실을 이용자에게 알린다.

④ 클라우드서비스 제공자는 이용자 정보가 유출될 때 지체없이 그 사실을 해당 이용자에게 알려야 한다.

> 본 문제는 13회, 14회 재출제된 문제이다.
> 클라우드서비스 제공자는 사전예고없이 대통령령이 정하는 기간 이상 서비스 중단이 발생했을 때 지체 없이 그 사실을 해당 이용자에게 알려야 하며, 이용자의 정보가 유출된 때에만 즉시 그 사실을 과학기술정보통신부장관에게 알려야 한다.
>
> **클라우드컴퓨팅 발전 및 이용자 보호에 관한 법률**
> 25조(침해사고 등의 통지 등) ① 클라우드컴퓨팅 서비스 제공자는 다음 각호의 어느 하나에 해당하는 경우에는 지체 없이 그 사실을 해당 이용자에게 알려야 한다.
> 1. 「정보통신망 이용촉진 및 정보보호 등에 관한 법률」 제2조 제7호에 따른 침해사고(이하 "침해사고"라 한다)가 발생한 때
> 2. 이용자 정보가 유출된 때
> 3. 사전예고 없이 대통령령으로 정하는 기간(당사자 간 계약으로 기간을 정하였을 경우에는 그 기간을 말한다) 이상 서비스 중단이 발생한 때

동법 시행령 제16조(통지가 필요한 클라우드컴퓨팅 서비스의 중단 기간) 법 제25조 제1항 제3호에서 "대통령령으로 정하는 기간"이란 다음 각호의 어느 하나에 해당하는 경우를 말한다.

1. 클라우드컴퓨팅 서비스의 중단 기간이 연속해서 10분 이상인 경우
2. 클라우드컴퓨팅 서비스의 중단 사고가 발생한 때부터 24시간 이내에 클라우드컴퓨팅 서비스가 2회 이상 중단된 경우로서 그 중단된 기간을 합하여 15분 이상인 경우

② 클라우드컴퓨팅 서비스 제공자는 **제1항 제2호에 해당하는 경우에는 즉시 그 사실을 과학기술정보통신부장관에게 알려야 한다.** 〈개정 2017. 7. 26.〉

③ 과학기술정보통신부장관은 제2항에 따른 통지를 받거나 해당 사실을 알게 되면 피해 확산 및 재발의 방지와 복구 등을 위하여 필요한 조치를 할 수 있다. 〈개정 2017. 7. 26.〉

④ 제1항부터 제3항까지의 규정에 따른 통지 및 조치에 필요한 사항은 대통령령으로 정한다.

제17조(통지의 내용 및 방법) ① 클라우드컴퓨팅 서비스를 제공하는 자(이하 "클라우드컴퓨팅 서비스 제공자"라 한다)는 법 제25조 제1항 각호의 어느 하나에 해당하는 경우에는 지체 없이 다음 각호의 사항을 해당 이용자에게 알려야 한다. 다만, 제2호의 발생 원인을 바로 알기 어려운 경우에는 나머지 사항을 먼저 알리고, 발생 원인이 확인되면 지체 없이 해당 이용자에게 알려야 한다.

1. 발생 내용
2. 발생 원인
3. 클라우드컴퓨팅 서비스 제공자의 피해 확산 방지 조치 현황
4. 클라우드컴퓨팅 서비스 이용자(이하 "이용자"라 한다)의 피해 예방 또는 확산 방지 방법
5. 담당부서 및 연락처

② 클라우드컴퓨팅 서비스 제공자는 제1항에 따른 통지를 전화, 휴대전화, 우편, 전자우편, 문자메시지, 클라우드컴퓨팅 서비스 접속화면 게시 또는 이와 유사한 방법 중 어느 하나 이상의 방법으로 하여야 한다. 다만, 클라우드컴퓨팅 서비스 접속화면을 통하여 알리는 경우에는 15일 이상 게시하여야 한다.

③ 천재지변이나 그 밖의 불가피한 사유로 제1항에 따른 통지가 곤란한 경우에는 「신문 등의 진흥에 관한 법률」 제2조 제1호 가목에 따른 전국을 보급지역으로 하는 둘 이상의 일반일간신문에 1회 이상 공고하는 것으로 통지를 갈음할 수 있다.

④ 제3항에 따라 공고한 클라우드컴퓨팅 서비스 제공자는 천재지변이나 그 밖의 불가피한 사유와 공고 내용을 지체 없이 문서(전자문서를 포함한다)로 과학기술정보통신부장관에게 통보하여야 한다. 〈개정 2017. 7. 26.〉

⑤ 클라우드컴퓨팅 서비스 제공자는 법 제25조 제2항에 따라 같은 조 제1항제2호에 따른 이용자 정보의 유출 사실을 과학기술정보통신부장관에게 알릴 때에는 다음 각호의 사항을 포함하여야 한다. 〈개정 2017. 7. 26.〉

1. 유출된 이용자 정보의 개요(파악된 경우에 한정한다)
2. 유출된 시점과 그 경위
3. 클라우드컴퓨팅 서비스 제공자의 피해 확산 방지 조치 현황

정답 ②

87 다음 중 개인정보 영향평가 시 고려사항에 해당되지 않은 것은?

① 처리하는 개인정보의 수
② 개인정보의 제3자 제공 여부
③ 정보주체의 권리를 해할 가능성 및 그 위험 정도
④ 수탁업체의 관리 · 감독

개인정보 영향평가시 고려사항

구분	고려사항
개인정보보호법	1. 처리하는 개인정보의 수 2. 개인정보의 제3자 제공 여부 3. 정보주체의 권리를 해할 가능성 및 그 위험 정도
시행령 제36조	4. 민감정보 또는 고유식별정보의 처리 여부 5. 개인정보 보유기간

정답 ④

88 다음 중 취약점 분석 · 평가가 가능한 곳에 해당되지 않은 것은?

① 정보화진흥원
② 정보공유분석센터
③ 정보보호 전문 서비스 기업
④ 한국전자통신연구원

「정보통신 기반 보호법」 9조(취약점의 분석 · 평가) 제3호에서 정한 기관이다.

1. 「정보통신망 이용촉진 및 정보보호 등에 관한 법률」 제52조의 규정에 의한 **한국인터넷진흥원** (이하 "인터넷진흥원"이라 한다)
2. 제16조의 규정에 의한 **정보공유 · 분석센터**(대통령령이 정하는 기준을 충족하는 정보공유 · 분석센터에 한한다)
3. 「정보보호산업의 진흥에 관한 법률」 제23조에 따라 지정된 **정보보호 전문서비스 기업**
4. 「정부출연연구기관 등의 설립 · 운영 및 육성에 관한 법률」 제8조의 규정에 의한 **한국전자통신연구원**

정답 ①

89 다음 중 재해복구센터의 주센터와 동일한 수준의 정보기술자원을 원격지에 구축, Active-Standby 상태로 유지하는 것은 무엇인가?

① 핫 사이트(Hot Site)
② 웜 사이트(Warm Site)
③ 콜드 사이트(Cold Site)
④ 미러 사이트(Mirror Site)

핫 사이트(Hot Site)는 미러 사이트(Mirror Site)와 다르게 Active-Standby 구조로 주 서버는 업무를 처리하고 백업서버는 운영하지 않은 상태로 대기하고 있다. 그리고 만약 주 서버에 장애가 발생하면 Standby에 있던 백업서버가 Active 되어 주 서버의 모든 업무를 처리하는 것이다.

정답 ①

90 다음 중 기술적 보호조치에 대한 설명에 해당되지 않는 것은?

① 바이러스 · 웜 · 트로이목마 · 랜섬웨어 등의 악성코드로부터 개인정보 및 중요정보, 정보시스템 및 업무용 단말기 등을 보호하기 위하여 악성코드 예방, 탐지, 대응 등의 보호 대책을 수립하고 예방탐지활동을 지속적으로 수행하고 최신 보안정책을 적용한다.
② 클라우드 보안을 위하여 클라우드 서비스 이용 시 관리자 권한은 역할에 따라 최소화하여 부여하고 관리자 권한에 대한 비인가 된 접근, 권한 오 · 남용 등을 방지할 수 있도록 강화된 인증, 암호화, 접근 통제, 감사기록 등 보호 대책을 수립하여야 한다.
③ 보조저장매체를 통하여 개인정보 또는 중요정보의 유출이 발생하거나 악성코드가 감염되지 않도록 관리 절차를 수립 · 이행하고, 개인정보 또는 중요정보가 포함된 보조저장매체는 반출입 통제절차 및 안전한 장소에 보관하여야 한다.
④ 보안시스템 유형별로 관리자 지정, 최신 정책 업데이트, 룰셋 변경, 이벤트 모니터링 등의 운영절차를 수립 · 이행하고 보안시스템별 정책적용 현황을 관리하여야 한다.

③은 보조저장매체에 대한 기술적 보호조치와 물리적 보호조치에 대한 내용이 혼재되어있다.
보조저장매체 반출입 통제절차는 물리적 보호조치에 해당되는 내용이고, 그 외 악성코드에 감염되지 않도록 관리절차 수립 · 이행, 안전한 장소 보관은 기술적 보호조치에 해당되는 내용이다.

오답 피하기

본 문제가 제일 까다로운 문제라고 본다. 기억에 의존한 복기로 답안 및 문제 미공개로 논란이 있을 수 있다.

정답 ③

91 정보보호 위험의 구성요소에 해당되지 않은 것은?

① 자산(Asset)
② 위협(Weakness)
③ 취약점(vulnerability)
④ 정책(Policy)

정보보호 위험의 구성요소에 해당되지 않은 것은 정책(Policy)이다.

정답 ④

92 다음 위험분석 기법 중 정량적 평가 방법에 해당되지 않은 것은?

① 과거 자료 분석법
② 수학공식 접근법
③ 확률 분포법
④ 델파이법

델파이법은 정성적 위험평가 방법에 속하며, 델파이법 외 시나리오법, 순위 결정법이 정성적 위험평가 기법에 속한다.

정답 ④

93 다음 중 ISMS-P 인증제도에 대한 설명으로 옳지 않은 것은?

① ISMS-P는 인증 신청인의 정보보호 및 개인정보보호를 위한 일련의 조치와 활동이 인증기준에 적합함을 한국인터넷진흥원 또는 인증기관이 증명하는 것을 말한다.
② ISMS-P는 정보보호 및 개인정보보호 관리체계 인증기준은 크게 '1. 관리체계 수립 및 운영', '2. 보호 대책 요구사항', '3. 개인정보처리 단계별 요구사항' 3개의 영역에서 총 102개의 인증기준으로 구성되어 있다.
③ ISMS-P 인증기관 및 심사기관 지정의 유효기간은 5년이며 유효기간이 끝나기 전 6개월부터 끝나는 날까지 재지정을 신청을 할 수 있으며 제6조 제2항 각호의 서류를 과학기술정보통신부장관, 행정안전부장관 및 방송통신위원회에 제출하여야 한다.
④ 정보보호 관리체계 인증을 신청한 자가 ISO/IEC 27001 인증, 주요정보통신기반시설의 취약점 분석·평가 중 어느 하나에 해당하는 인증을 받거나 정보보호 조치를 취한 경우 인증심사 일부 생략의 범위 내에서 인증심사의 일부를 생략할 수 있다.

ISMS-P 인증기관 및 심사기관 지정의 유효기간은 5년(x) → 3년(o)이며 유효기간이 끝나기 전 6개월부터 끝나는 날까지 재지정을 신청할 수 있으며 제6조 제2항 각호의 서류를 과학기술정보통신부장관, 행정안전부장관 및 방송통신위원회에 제출하여야 한다.
「정보보호 및 개인정보보호 관리체계 인증 등에 관한 고시」(2018.11.7. 전부개정) 제9조

정답 ③

94 다음 중 정보보호 관리체계 수립 과정에 대한 연결이 가장 알맞은 것은?

> ㄱ. 위험관리   ㄴ. 경영진 책임과 조직구성
> ㄷ. 정책수립 및 범위 설정   ㄹ. 사후관리
> ㅁ. 정보보호 대책 구현

① ㄷ - ㄱ - ㄴ - ㄹ - ㅁ

② ㄷ - ㄴ - ㄱ - ㄹ - ㅁ

③ ㄷ - ㄹ - ㄱ - ㄴ - ㅁ

④ ㄷ - ㄴ - ㄱ - ㅁ - ㄹ

정보보호 관리체계 수립 과정 순서는, 정립수립 및 범위 설정 → 경영진 책임 및 조직구성 → 위험관리 → 정보보호 대책 구현 → 사후관리이다.

정답 ④

95 다음 중 개인정보보호법에서 정한 정보주체 권리에 해당되지 않은 것은?

① 개인정보의 처리에 관한 동의 여부, 동의 범위 등을 선택하고 결정할 권리

② 개인정보의 처리에 관한 정보를 제공받을 권리

③ 개인정보의 처리 여부를 확인하고 개인정보에 대하여 열람(사본의 발급을 포함한다. 이하 같다)을 요구할 권리

④ 개인정보처리로 인하여 발생할 금전적 이익을 배상받을 권리

「개인정보보호법」 제4조(정보주체의 권리)

> 1. 개인정보의 처리에 관한 정보를 제공받을 권리
> 2. 개인정보의 처리에 관한 동의 여부, 동의 범위 등을 선택하고 결정할 권리
> 3. 개인정보의 처리 여부를 확인하고 개인정보에 대하여 열람(사본의 발급을 포함한다. 이하 같다)을 요구할 권리
> 4. 개인정보의 처리 정지, 정정·삭제 및 파기를 요구할 권리
> 5. 개인정보의 처리로 인하여 발생한 피해를 신속하고 공정한 절차에 따라 구제받을 권리

「개인정보보호법」 제5장 정보주체의 권리보장에서 정한 내용은 아래와 같다.

35조(개인정보의 열람), 제36조(개인정보의 정정·삭제), 37조(개인정보의 처리정지 등), 제38조(권리행사의 방법 및 절차), 제39조(손해배상책임), 제39조의2(법정손해배상의 청구)

정답 ④

96 다음 중 자동화된 위험분석 도구의 특징에 대한 설명으로 틀린 것은?

① 위험분석의 일반적인 요구사항과 절차는 자동화한 도구이다.
② 위험분석에 소요되는 시간과 비용을 절감할 수 있다.
③ 수작업시 실수로 인한 오차를 줄일 수 있기 때문에 수작업에 비해 결과 신뢰도가 높다.
④ 분석 과정에서 정확한 자료입력이 매우 중요하다.

수작업 시 실수로 인한 오차를 줄일 수 있으나 수작업에 비해 결과 신뢰도가 낮은 편이다. 그래서 위험분석 시 1차에는 자동화를 통해서 취약점과 위협 요소를 확인하고 2차에는 전문가에 의한 수동진단을 통해 신뢰도를 높일 수 있다.

정답 ③

97 다음 중 개인정보보호책임자와 정보보호 최고 책임자에 대한 업무를 설명한 것 중 틀린 설명은?

① 정보통신서비스 제공자 등은 개인정보호호책임자를 지정하지 않은 경우에는 정보보호 최고 책임자와 개인정보보호책임자를 겸직한다.
② 개인정보보호책임자는 법적 요구사항의 준수 여부를 정기적으로 검토하고, 검토결과 법률 위반사항이 발생한 문제점에 대해서 신속하게 개선조치를 하여야 한다.
③ 정보통신서비스 제공자는 정보통신시스템 등에 대한 보안 및 정보의 안전한 관리를 위하여 임원급의 정보보호 최고책임자를 지정하고 과학기술정보통신부장관에게 신고하여야 한다
④ 정보보호 최고책임자는 정보보호관리체계의 수립 및 관리·운영, 정보보호 취약점 분석·평가 및 개선, 침해사고의 예방 및 대응 등의 역할을 수행한다.

정보통신서비스 제공자 등이 개인정보보호책임자를 지정하지 아니하는 경우에는 그 **사업주 또는 대표자가 개인정보보호책임자가 된다.** → 정보통신망법 제27조(개인정보보호책임자의 지정) 제2호

지정 및 신고된 정보보호 최고책임자는 업무 외의 다른 업무를 겸직할 수 없다. → 정보통신망법 제45조의3(정보보호 최고책임자의 지정 등) 제3호

제45조의3(정보보호 최고책임자의 지정 등)

> ① 정보통신서비스 제공자는 정보통신시스템 등에 대한 보안 및 정보의 안전한 관리를 위하여 <u>임원급의 정보보호 최고책임자를 지정하고 과학기술정보통신부장관에게 신고하여야 한다.</u> 다만, 자산총액, 매출액 등이 대통령령으로 정하는 기준에 해당하는 정보통신서비스 제공자의 경우에는 정보보호 최고 책임자를 지정하지 아니할 수 있다. 〈개정 2014. 5. 28., 2017. 7. 26., 2018. 6. 12.〉
>
> <u>동법 시행령 제36조의6(정보보호 최고책임자의 지정 및 겸직금지 등)</u> ① 법 제45조의3제1항 단서에서 "자산총액, 매출액 등이 대통령령으로 정하는 기준에 해당하는 정보통신서비스 제공자"란 정보통신서비스 제공자로서 다음 각호의 어느 하나에 해당하는 자를 말한다.
>
> 1. 「전기통신사업법」 제22조 제4항 제1호에 따라 부가통신사업을 신고한 것으로 보는 자
> 2. 「소상공인 보호 및 지원에 관한 법률」 제2조에 따른 소상공인
> 3. 「중소기업기본법」 제2조제2항에 따른 소기업[「전기통신사업법」 제2조제8호에 따른 전기통신사업자와 타인의 정보통신서비스 제공을 위하여 집적된 정보통신시설을 운영·관리하는 사업자(이하 "집적정보통신시설사업자"라 한다)는 제외한다]으로서 전년도 말 기준 직전 3개월간의 일일평균 이용자 수가 100만 명 미만이고 전년도 정보통신서비스 부문 매출액이 100억 원 미만인 자

② 법 제45조의3제1항 및 제7항에 따라 정보통신서비스 제공자가 지정·신고해야 하는 정보보호 최고책임자는 다음 각 호의 어느 하나에 해당하는 자격을 갖추어야 한다. 이 경우 정보보호 또는 정보기술 분야의 학위는 「고등교육법」 제 2조 각호의 학교에서 「전자금융거래법 시행령」 별표 1 비고 제1호 각 목에 따른 학과의 과정을 이수하고 졸업하거나 그 밖의 관계법령에 따라 이와 같은 수준 이상으로 인정되는 학위를, 정보보호 또는 정보기술 분야의 업무는 같은 비고 제3호 및 제4호에 따른 업무를 말한다.

1. 정보보호 또는 정보기술 분야의 국내 또는 외국의 석사학위 이상 학위를 취득한 사람
2. 정보보호 또는 정보기술 분야의 국내 또는 외국의 학사학위를 취득한 사람으로서 정보보호 또는 정보기술 분야의 업무를 3년 이상 수행한 경력이 있는 사람
3. 정보보호 또는 정보기술 분야의 국내 또는 외국의 전문학사학위를 취득한 사람으로서 정보보호 또는 정보기술 분야의 업무를 5년 이상 수행한 경력이 있는 사람
4. 정보보호 또는 정보기술 분야의 업무를 10년 이상 수행한 경력이 있는 사람
5. 법 제47조제6항제5호에 따른 정보보호 관리체계 인증심사원의 자격을 취득한 사람
6. 해당 정보통신서비스 제공자의 소속인 정보보호 관련 업무를 담당하는 부서의 장으로 1년 이상 근무한 경력이 있는 사람

② 제1항에 따른 신고의 방법 및 절차 등에 대해서는 대통령령으로 정한다.
③ 제1항 본문에 따라 **지정 및 신고된 정보보호 최고책임자(자산총액, 매출액 등 대통령령으로 정하는 기준에 해당하는 정보통신서비스 제공자의 경우로 한정한다)는 제4항의 업무 외의 다른 업무를 겸직할 수 없다.** 〈신설 2018. 6. 12.〉
③ 법 제45조의3제3항에서 "자산총액, 매출액 등 대통령령으로 정하는 기준에 해당하는 정보통신서비스 제공자"란 정보통신서비스 제공자로서 다음 각호의 어느 하나에 해당하는 자를 말한다.

1. **직전 사업연도 말 기준 자산총액이 5조원 이상인 자**
2. **법 제47조 제2항에 따라 정보보호 관리체계 인증을 받아야 하는 자 중 직전 사업연도 말 기준 자산총액 5천억원 이상인 자**

④ 제3항에 따른 정보통신서비스 제공자가 지정·신고해야 하는 정보보호 최고책임자는 제2항에 따른 자격 요건을 충족하고, 상근하는 자로서 다음 각호의 어느 하나에 해당하는 자격을 갖추어야 한다.
이 경우 정보보호 또는 정보기술 분야의 업무는 「전자금융거래법 시행령」 별표 1 비고 제3호 및 제4호에 따른 업무를 말한다.

1. 정보보호 분야의 업무를 4년 이상 수행한 경력이 있는 사람
2. 정보보호 분야의 업무를 수행한 경력과 정보기술 분야의 업무를 수행한 경력을 합산한 기간이 5년(그 중 2년 이상은 정보보호 분야의 업무를 수행한 경력이어야 한다) 이상인 사람

「정보통신망법」 시행령 전문개정 2019.6.11

정답 ①

98 다음의 지문에서 설명하고 있는 위험처리 방식은 무엇인가?

> 조직 내 인터넷을 이용하여 고액의 전자거래 시스템을 운영하고자 위험분석을 수행하였다. 위험분석 결과 기업내 자료 전송 간 유출 위험이 탐지되었다. 논의결과 자료 전송 시 유출로 인한 기업의 손실처리비용이 높다고 판단하여 이에 대한 보호 대책으로 전자서명, 인증, 암호화를 적용하는 위험 처리 전략을 수립하였다.

① 위험회피(Risk Avoidance)
② 위험감소(Risk Reduction)
③ 위험전가(Risk Transfer)
④ 위험수용(Risk Perception)

위험분석(=위험대책, 위험처리 방식)

위험대책	구분	설명
위험수용 (Risk Perception)	내용	• 현재의 위험을 받아들이고 잠재적 손실 비용을 감수하는 것이다. • 어떠한 대책이든 위험을 완전히 제거할 수 없으므로 감수하고 사업을 진행한다.
	예시	패스워드 도용의 위험을 줄이기 위해 개인정보처리시스템의 로그인 패스워드 복잡도와 길이를 3가지 문자조합 및 8글자 이상으로 강제 설정되도록 패스워드 설정 모듈을 개발하여 적용한다.
위험감소 (Risk Reduction)	내용	• 잠재적인 위험에 대해 정보보호 대책을 구현하는 것이다. • 위험을 도출하는데 필요한 자산, 취약성, 위험 중 하나의 수준을 낮춘다. • 수용가능한 위험수준을 넘어서는 위험에 대해 취약성을 해결한다. • 위험의 빈도를 낮출 수 있는 통제를 적용하여 위험을 감소한다.
	예시	유지보수 등 협력업체, 개인정보처리 수탁자 중 당사에서 직접 관리·감독할 수 없는 PG사, 본인확인기관 등과 같은 대형 수탁자에 대하여는 해당 수탁자가 법령에 의한 정부 감독을 받거나 정부로부터 보안인증을 획득한 경우에는 개인정보보호법에 따른 문서체결 이외의 별도 관리·감독은 생략할 수 있도록 한다.
위험회피 (Risk Avoidance)	내용	위험이 존재하는 프로세스나 사업을 수행하지 않고 포기한다.
	예시	회사 홍보용 인터넷 홈페이지에서는 회원 관리에 따른 리스크가 크므로 회원 가입을 받지 않는 것으로 변경하고 기존 회원정보는 모두 파기한다.
위험전가 (Risk Transfer)	내용	보험이나 외주 등으로 잠재적 비용을 제3자에게 이전하거나 할당한다.
	예시	중요정보 및 개인정보 유출 시 손해배상 소송 등에 따른 비용 손실을 줄이기 위해 관련 보험에 가입한다.

정답 ②

99 다음 중 정보보호 조직 구성원과 그 책임에 대한 설명으로 옳지 않은 것은?

① 최고경영자 – 조직의 전반적인 정보보호 관련 업무를 총괄 책임진다.

② 정보보호관리자 – 정보보호책임자의 임무를 위임받아 정보보호 업무를 수행하는 인력을 말한다.

③ 데이터관리자 – 정보시스템에 저장된 데이터의 정확성과 무결성을 유지하고 데이터의 중요성 및 분류를 결정할 책임이 있다.

④ 정보보호위원회 – 정보보안 정책을 제 · 개정하여 독립적으로 검토해서 관리자의 정책을 보증 한다.

---

①은 최고경영자가 아닌 정보보호 최고책임자의 책임에 해당된다.

왜냐하면 궁극적으로 정보보호 관련 전반적이고 총괄책임을 지닌다고 볼 수 있으나 최고경영자는 조직 내에 정보보호 관리 활동을 효과적으로 추진하기 위하여 이를 총괄하여 책임질 수 있는 정보보호 책임자를 인사발령 등의 절차를 통해서 임원 급으로 공식적으로 지정해야 하므로 최고경영자의 역할이기보다는 정보보호 최고 책임자의 역할로 보는 것이 맞다고 판단 된다.

정답 ①

100 다음 중 아래 보기에서 설명하고 있는 문서의 명칭은 무엇인가?

> 가. 프로젝트 범위 설정 및 기획
> 다. 업무영향분석
> 마. 계획 승인 및 구현
>
> 나. 조직 및 역할 정의
> 라. 사업 연속성 계획

① 위험관리 지침
② 정보보호 정책
③ 업무 연속성 관리 지침
④ 침해사고대응지침

오답 피하기

위험관리 지침

- 위험평가 방법 선정 :
- 비즈니스 및 조직의 특성 반영 : 조직의 비전 및 미션, 비즈니스 목표, 서비스 유형, 컴플라이언스 등
- 최신 취약점 및 위협동향 등

정보보호 정책

- 정보보호에 대한 최고경영자 등 경영진의 의지 및 방향
- 정보보호를 위한 역할과 책임 및 대상과 범위
- 관리적, 기술적, 물리적 정보보호의 활동 근거

침해사고대응지침

- 침해사고의 정의 및 범위(개인정보 유출사고, 서비스 거부 공격 등)
- 침해사고 유형 및 중요도
- 침해사고 선포절차 및 방법
- 비상연락망 등의 연락체계
- 침해사고 탐지 체계
- 침해사고 발생시 기록, 보고절차
- 침해사고 신고 및 통지 절차(관계기관, 정보주체 및 이용자 등)
- 침해사고 보고서 작성
- 침해사고 중요도 및 유형에 따른 대응 및 복구절차
- 침해사고 복구조직의 구성, 책임 및 역할
- 침해사고 복구장비 및 자원 조달
- 침해사고 대응 및 복구훈련, 훈련 시나리오
- 외부 전문가나 전문기관의 활용방안
- 기타 보안사고 예방 및 복구를 위하여 필요한 사항

정답 ③

* 본 문제는 실제 시험지를 기준으로 작성된 것으로, 저자가 시험응시 후 복원한 문제입니다.

| **1과목** | **시스템 보안** |

≡ 중   시스템 보안 〉 시스템 보안 위협 및 공격에 대한 예방 및 대응

01 IP 카메라, DVR(Digital Video Recorder) 등의 사물인터넷 기기에 증식하여 DDoS 공격과 같은 것을 수행하는 사물인터넷 악성코드는 무엇인가?

① Darlloz
② WannaCry
③ Mirai
④ Back Orifice

Mirai 감염대상

IoT 장비(NAS, IP Camera, 인터넷 공유기, 셋톱박스 등)는 제조사마다 다양한 CPU(ARM, MIPS, PowerPC, SuperH 등)를 사용하고 있고 이러한 CPU 환경에 적합한 리눅스 운영체제를 적용하고 있다. 리눅스 운영체제를 기반으로 제작된 소스코드는 크로스 컴파일을 통해 다양한 CPU 환경에서 실행 가능하도록 만들어진다. 이로 인해 대부분의 IoT 장비가 공격의 대상이 된다. 실제 발견된 악성코드를 보면 기능은 동일하지만 ARM, MIPS, PowerPC 등 다양한 환경에서 실행되도록 제작되었음을 확인할 수 있다(KISA, 2016년 Mirai 동향 보고서).

Mirai 동작원리

「관리자 계정 설정이 취약한 임베디드 기기(CCTV, NAS 등) 스캐닝 접속 → 악성코드 전파 감염 → 취약한 他기기 검색 감염으로 좀비 확보로 봇넷 구성 → 봇넷을 이용해 디도스 공격」 순서로 진행한다.

정답 ③

≡ 하   시스템 보안 〉 시스템 보안 위협 및 공격 기법 〉 리눅스 인증과 권한 관리

02 리눅스 시스템에서 사용자의 패스워드를 가지고 있는 파일은 무엇인가?

① /etc/passwd
② /etc/shadow
③ /etc/password
④ /bin/passwd

이용자 패스워드에 대해서 암호화된 해시 값은 shadow 파일에 보관되어 있다.

정답 ②

03 다음 중 윈도우 시스템의 보안 조치 설명으로 가장 부적절한 것은?

① ftp 서비스를 사용하지 말고 만약 사용해야 한다면 sftp를 사용한다.
② DNS 영역 전송 기능을 사용하지 않는다.
③ 윈도우 인증 시에 로컬 인증보다 혼합인증을 사용해서 인증을 수행한다.
④ 윈도우에서 사용하는 공유폴더를 제거한다.

DNS 영역 전송 기능의 다른 말은 Zone Transfer인데, 주 DNS 서버로부터 보조 DNS 서버에게 Zone 정보를 전송하는 기능이다. 그러므로 DNS 영역 전송 기능은 윈도우 보안 조치와는 관련이 없고 DNS에서 사용해야 하는 기능이다.

정답 ②

04 다음 중 FTP의 접근 여부 검토 파일로 올바른 것은?

① wtmp ② utmp
③ xferlog ④ sulog

FTP 서버의 **로그파일은 xferlog 파일**이다. ftp 프로그램 실행 시에 "–l" 옵션을 사용해야 한다.

정답 ③

05 다음 중 윈도우에서 Null Session 공유 취약점을 가지고 있는 것은?

① C$ ② IPC$
③ ADMIN$ ④ PRINT$

Null Session이란 IPC$를 사용해서 윈도우 서버에 자유롭게 접근 가능한 익명의 접속을 의미한다.

Null Session 연결 설정

net use \\[[IP 주소|IP address]]_or_[[호스트명|host name]]\ipc$ " "/user : " "

정답 ②

06 다음에서 설명하는 공격 기법은 무엇인가?

> 입력 값에 대한 검사를 제대로 하지 않은 폼에 조작된 질의문을 삽입하여 인증을 우회하고, XML 문서로부터 인가되지 않은 데이터를 열람하는 공격이다.

① SQL Injection   ② XPath Injection
③ XSS   ④ CSRF

XPath Injection 공격은 웹 사이트에서 사용자 정보를 이용해서 XML 데이터에 대한 XPath 쿼리를 구성할 때 발생하는 공격으로 의도적으로 조작된 정보를 전송하여 액세스할 수 없는 데이터에 접근하는 공격 방식이다.

XPath Injection 공격(Visual Basic)

```
Username : blah'or 1=1 or 'a'='a'
Password : blah


FindUserXPath becomes //Employee[UserName/text()='blah'or 1=1 or
'a'='a'And Password/text()='blah']
```

XPath Inejction 공격(C#)

```
String FindUserXPath;
FindUserXPath =" //Employee[UserName/text()='"+ Request("Username") +" ' And
        Password/text()='"+ Request("Password") +" ']
```

정답 ②

07 다음 중 RAID 5에 대한 설명으로 올바른 것을 모두 고르시오.

> (ㄱ) 디스크 장애가 발생하면 패리티 비트를 사용해서 데이터를 복구한다.
> (ㄴ) 하나의 디스크가 깨져도 복구가 가능하다.
> (ㄷ) 패리티 비트 정보가 모든 디스크에 나누어 저장된다.
> (ㄹ) RAID 3과 4의 단점을 해결한 형태이다.

① ㄱ, ㄴ   ② ㄱ, ㄴ, ㄷ
③ ㄴ, ㄷ, ㄹ   ④ ㄱ, ㄴ, ㄷ, ㄹ

RAID 5는 모든 디스크에 패리티 비트를 분산 저장한 형태로 최소 3개의 드라이브가 필요하다. RAID 5는 RAID 3, 4의 단점을 해결한 형태이지만 디스크 재구성이 느리고 패리티 비트를 끊임없이 갱신해야 하는 단점이 있다.

정답 ④

08 다음은 리눅스 시스템에 공격자가 침입 한 후에 파일을 변조한 명령어의 설명으로 옳지 않은 것은?

① top, ps – 프로세스 목록에서 악성코드를 은닉한다.
② rc.local – 리눅스 부팅단계에서 악성코드를 은닉한다.
③ ls, du – 파일명과 디렉터리명을 은닉한다.
④ ifconfig – 현재 연결 정보를 은닉한다.

ifconfig는 리눅스에서 네트워크 인터페이스 정보를 조회하거나 스니핑 시에 무차별 모드를 설정할 수 있는 명령이다. 현재 연결된 세션에 대한 정보는 netstat 명령어이다.

정답 ④

09 다음은 리눅스 특수 권한에 대한 설명이다. 올바르지 않은 것은?

① setuid는 실행 시에 소유자의 권한으로 실행되며 소유자 권한 필드에서 x권한이 s로 설정된다.
② setgid는 실행 시에 그룹의 권한으로 실행되며 그룹 권한 필드에서 x권한이 s로 설정된다.
③ sticky bit는 다른 사용자의 권한 필드가 x에서 s로 설정된다.
④ sticky bit가 설정된 디렉터리는 /tmp이다.

Sticky bit가 지정되면 다른 사용자 권한 필드에서 x 부분이 t로 설정된다.

정답 ③

10 다음에서 설명하는 악성코드는 무엇인가?

> 가상화폐에서 이용자 PC에 증식하여 비트코인을 채굴하는 채굴용 악성코드이다.

① Cryptolocker　　　　　② Cryptojacking
③ Hijacking　　　　　　④ Miner

마이너(Miner) 악성코드는 사용자 몰래 시스템 자원을 사용해서 비트코인을 채굴하는 악성코드이다.

마이너 악성코드 유포방식

유포방식	설명
브라우저 기반 마이닝 (드라이브 바이 마이닝)	• 시스템에 악성코드 및 애드웨어를 설치 및 감염시키지 않아도 악성코드를 웹 사이트에 삽입하여 웹 사이트를 방문하거나 공격자가 의도한 웹 사이트로 이동하면 비트코인 채굴을 수행한다. • 웹 브라우저를 실행할 때만 실행되는 단점이 있다.
불법 소프트웨어	이용자 PC에서 불법 소프트웨어를 다운로드 하거나 설치할 때 마이너 악성코드가 설치된다.
애드웨어	특정 소프트웨어를 실행할 때 자동적으로 광고가 실행되는 프로그램을 애드웨어(Adware)라고 한다. 즉, 특정 프로그램을 실행할 때 자동적으로 채굴이 시작되게 된다.

오답 피하기

크립토재킹(Cryptojacking)은 가상화폐 채굴 기능이 포함되어 있는 악성코드 공격 기법이다.

정답 ④

11 다음에서 설명하고 있는 정보보안 도구로 올바른 것은?

> 네트워크 패킷에 대해서 실시간으로 트래픽을 분석하고 패킷 로깅을 할 수 있는 경량화된 침입탐지시스템이다.

① Wireshark　　　　　　　　② iptables

③ snort　　　　　　　　　　 ④ nmap

snort는 경량화된 침입탐지시스템으로 네트워크 패킷을 스니핑하고 탐지를 수행한 관련 정보를 로그파일에 기록한다.

정답 ③

12 다음 설명 중 (   )에 올바른 것은?

> 불특정 웹 사이트에 악성코드를 심어 놓고 이용자가 접속하면 자동으로 다운로드 되는 공격을 (ㄱ)이라고 한다. (ㄱ)이 실행되면 취약점을 이용한 (ㄴ)을 하게 된다.

① (ㄱ) Watering Hole (ㄴ) Shell Code

② (ㄱ) Spear Phishing (ㄴ) RPC

③ (ㄱ) CSRF (ㄴ) Hacking

④ (ㄱ) Drive by Download (ㄴ) Exploit

Drive by download와 Exploit

구분	설명
Drive by Download	특정 웹 사이트에 접속하면 자동으로 다운로드되어서 발생되는 공격이다.
Exploit	취약점을 이용한 공격을 Exploit이라고 한다.

정답 ④

13 다음은 Supply Chain Attack에 대한 설명이다. 올바르지 않은 것은?

① 웹 사이트의 접속만으로도 공격 코드가 자동으로 실행되어서 이용자의 컴퓨터에 침입하게 되는 공격이다.

② 소프트웨어 개발 과정에서 악성코드를 삽입하는 공격 방법이다.

③ 악성코드를 은닉하는 방법을 사용한다.

④ 제품의 유통 과정을 악용하는 방법이다.

Supply Chain Attack은 정상적인 소프트웨어를 배포하거나 업데이트하는 과정에 침투해서 악성코드를 은닉하는 공격 방식이다. 즉, 제품의 유통 과정에서 임의로 악성코드를 삽입하여 공격한다.

[참고] 디페이스 공격(Deface Attack)
웹 서버를 해킹하여 웹 사이트의 화면을 위변조하는 공격이다.

정답 ①

14 다음 중 (ㄱ) 들어갈 올바른 것은?

> (ㄱ)은 원격으로 호출하기 위해서 코딩없이 다른 주소 공간에서 함수와 프로시저를 호출할 수 있다. 하지만 원격 실행으로 악성
> 코드를 유포하여 시스템을 장악할 수 있는 취약점이 존재하는 방식이다.

① Drive by download

② Watering hole

③ Netcat

④ RPC 취약점

RPC(Remote Procedure Call)은 원격 프로시저를 호출할 수 있는 기능으로 사용자는 원격에 있는 함수와 프로시저를 호출하여 서비스를 받는다. **RPC 취약점은 원격 실행 기능을 악용해서 악성코드를 유포**하여 시스템을 장악하는 공격이다.

[참고] RDP(Remote Desktop Protocol)
Microsoft에서 터미널 서버와 터미널 서버 클라이언트 간 통신에 사용되는 다중 채널 프로토콜이다.

정답 ④

15 다음에서 설명하는 것은?

> • Minix에서 제공하는 파일 시스템을 보완했다.
> • 파일 이름의 길이는 최대 255바이트까지 할 수 있다.

① FAT

② NTFS

③ FAT32

④ EXT

Minix는 유닉스 시스템의 계열로 Minix 유닉스 시스템을 보완한 파일 시스템이 리눅스의 EXT이다.

정답 ④

16 다음 중 이벤트로그에 대한 설명으로 올바른 것을 모두 고르시오.

> ㄱ. 윈도우 이벤트로그는 "c : \windows\system32" 하위 디렉터리에 있으며 "evtx" 확장자이다. 이벤트로그는 메모장을 사용해서 그 내용을 볼 수 있다.
> ㄴ. 이벤트 로그파일의 크기는 변경할 수가 없다.
> ㄷ. 윈도우 이벤트 로그는 응용, 보안 시스템으로 구성되며 Event Viewer로 확인할 수 있다.
> ㄹ. 윈도우 이벤트 로그파일의 크기는 변경할 수가 있으며 보안로그에는 로그온 횟수, 로그 오류정보, 파일 생성 및 다른 개체 생성 정보를 확인할 수 있다.

① ㄱ, ㄴ, ㄷ, ㄹ

② ㄷ, ㄹ

③ ㄱ, ㄷ, ㄹ

④ ㄴ, ㄷ, ㄹ

이벤트 로그는 일반 메모장으로는 볼 수 없고 이벤트 뷰어를 사용해서 볼 수 있다. 또한 파일의 크기를 변경할 수 있다. 즉, 이벤트 뷰어에서 저장할 이벤트 정보의 크기를 변경할 수 있다.

정답 ②

17 다음은 tcp wrapper에 대한 설명이다. 올바른 것은?

hosts.deny

ALL : ALL

hosts.allow

ALL : ALL

① 모든 IP 주소에 대해서 접근을 불허한다.
② 특정 IP만 접근을 허용한다.
③ 모두 허용한다.
④ 누구도 네트워크를 사용할 수가 없다.

tcp wrapper는 접근 제어를 수행한다. 접근 제어를 하기 위해서 hosts.deny와 hosts.allow 파일을 사용하는데 본 문제에서는 모두 "ALL"로 설정했다. 즉, 어떤 것이 더 우선하느냐에 대한 질문으로 hosts.allow 파일이 우선한다. 따라서 모두 허용되는 것이다. 블랙리스트 기반의 IP 차단 방법에 대해서 추가적으로 학습하여 실기에 대비하기 바란다.

정답 ③

18 다음은 wtmp에 대한 설명이다. 올바르지 않은 것은?

① 사용자의 로그인과 로그아웃 정보를 가지고 있다.
② 로그인 실패 정보를 저장하고 있다.
③ 리눅스 시스템에 대한 재부팅 정보를 가지고 있다.
④ 콘솔 로그인 정보를 가지고 있다.

리눅스 로그인 실패에 대한 정보는 btmp 파일에 저장되며, lastb라는 명령어로 확인이 가능하다.

정답 ②

19 다음에서 설명하고 있는 것은?

리눅스에서 안정적이고 적합한 인증을 위해서 개발된 것으로 응용 프로그램이 사용하는 함수의 라이브러리를 제공한다.

① PAM
② tripwire
③ sudo
④ r-command

본 문제는 PAM 인증에 대한 설명이고 이전 시험에서는 PAM 인증 절차가 출제되었다.

정답 ①

20 crontab 파일에서 매일 1시에 아파치 웹 서버 로그파일을 백업해야 한다. 로그파일의 위치는 /backup/logs에 있고 로그파일을 백업할 때 파일명은 일, 시, 분, 초 등을 포함해서 백업해야 한다. 올바른 것은?

① * * * * * * tar −czpf /backup/logs/access.log.date +%Y%m%d%H%M%S.tgz

② * * * * 0 1 tar −czpf /backup/logs/access.log.date +%Y%m%d%H%M%S.tgz

③ 0 1 * * * * tar −czpf /backup/logs/access.log.date +%Y%m%d%H%M%S.tgz

④ * * * * 1 0 tar −czpf /backup/logs/access.log.date +%Y%m%d%H%M%S.tgz

crontab의 설정은 분, 시, 일, 월, 요일로 설정한다. 따라서 매일 1시에 백업을 해야 하므로 0 1 * * * *가 올바르다. 또한 추가적으로 일자별 파일을 만들기 위해서 사용한 방법을 학습하기 바란다(date +%Y%m%d%H%M%S.tgz).

정답 ③

2과목 네트워크 보안

21 다음 지문에서 설명하는 보안 기술은 무엇인가?

> (ㄱ)는 영업비밀, 고객정보 등의 기업 내부 정보를 단말기에서 유출하는 것을 방지하고 메신저, 웹하드, 클라우드 등의 유출도 방지한다.

① UTM   ② SSO
③ DLP   ④ IPS

DLP(Data Loss Prevention)는 개인정보 및 기업정보 유출을 방지하기 위한 보안 솔루션으로 USB와 같은 매체를 차단하거나 네트워크를 통해서 유출되는 정보를 차단한다.

정답 ③

---

22 다음 중 웹 방화벽에 대한 설명으로 올바른 것은?

> ㄱ : SQL Injection, XSS 등과 같은 웹 공격을 탐지하고 차단한다.
> ㄴ : 웹에 대한 직접적인 공격 이외에도 정보 유출 방지를 수행한다.
> ㄷ : 부정 로그인 방지, 웹 사이트 위변조 방지 등을 수행한다.

① ㄱ   ② ㄱ, ㄴ
③ ㄴ, ㄷ   ④ ㄱ, ㄴ, ㄷ

웹 방화벽(Web Application Firewall)은 SQL Injection, Cross-Site Scripting(XSS), 업로드 취약점 등의 웹 공격을 탐지하고 차단하는 보안 솔루션이다. 또한 정보 유출 방지, 부정 로그인 방지, 웹 사이트 위변조 방지를 지원한다.

정답 ④

23 다음은 NAC 기능에 대한 설명이다. 올바르지 않은 것은?

① 네트워크에 등록되지 않은 단말의 연결을 차단한다.
② IP 주소와 MAC 주소의 변조를 탐지하고 차단한다.
③ 광고메일과 스팸메일 등을 차단한다.
④ 등록된 단말만 네트워크에 연결해서 사용할 수 있게 한다.

NAC(Network Access Control)은 엔드포인트(Endpoint) 보안 기술로 노트북, 스마트폰 등의 유무선 단말기를 차단하는 보안 솔루션이다.

정답 ③

24 다음 중 DDoS 공격에 대한 인지 및 대응 방법으로 올바르지 않은 것은?

① 네트워크 패킷을 샘플링해서 네트워크 연결을 차단한다.
② 웹 서버의 접속로그를 확인해서 평상시 보다 높은 로그인 시도가 발생하면 차단한다.
③ 특정 IP에 대한 호출의 임계치를 관리해서 특정 임계치를 넘으면 차단한다.
④ 트래픽을 관리하고 평균 트래픽을 초과하면 탐지하고 분석하여 차단한다.

본 문제는 어려운 문제이다. 어떻게 보면 모두 답이 된다. 즉, 샘플링이라는 것은 범위와 방법이 있기 때문에 샘플링이라는 것도 꼭 틀렸다고 볼 수는 없지만 가장 틀린 것으로 보면 샘플링이 된다.

정답 ①

25 다음에서 설명하는 DDoS 공격 기법은 무엇인가?

TCP/IP의 Stack 자원을 소모하는 특성이 있고 헤더를 검사해서 오프셋 필드 값이 없는 비정상 패킷을 차단한다.

① SYN Flooding
② UDP Flooding
③ ICMP Flooding
④ Mail Flooding

웹 서버 자원 소모 공격은 SYN(ACK/FIN) Flooding 공격 방법이 있다. 특히 웹 서버 자원 소모 공격은 TCP 스택(Stack) 자원을 소모하는 특징을 가지고 있어서 소스 IP별로 PPS 임계치를 설정하거나 패킷 헤더검사를 통해서 정상적인 옵션 필드 값을 가지지 않는 비정상 패킷을 차단해야 한다(관련자료 2012년10월 DDoS 대응 가이드).
본 문제는 DDoS 대응 가이드에 있는 지문을 그대로 복사해서 출제한 문제이다.

정답 ①

26 다음 중 DDoS 공격에 대한 설명으로 올바른 것을 모두 고르시오.

> ㄱ : 여러 컴퓨터를 이용하여 공격을 수행한다.
> ㄴ : 네트워크에 트래픽을 유발한다.
> ㄷ : 좀비 PC를 사용해서 공격을 한다.
> ㄹ : 웹 사이트를 이용하여 내부망으로 침투한다.

① ㄱ
② ㄱ, ㄴ
③ ㄱ, ㄴ, ㄷ
④ ㄱ, ㄴ, ㄷ, ㄹ

DDoS 공격은 서비스를 거부하게 만드는 공격으로 정상적인 시스템의 가용성을 공격하는 것이다.

오답 피하기

DDoS 공격은 웹 사이트를 이용하여 내부망으로 침투하는 공격과는 관련이 없다.

정답 ③

27 다음은 악성코드와 랜섬웨어에 대한 설명으로 올바른 것을 모두 고르시오.

> ㄱ : 웹 사이트, 이메일, 네트워크 취약점 등을 이용하여 유포한다.
> ㄴ : 소프트웨어 취약점 및 피해자의 실행으로 악성코드 및 랜섬웨어에 감염된다.
> ㄷ : 백신을 사용해서 모두 치료가 가능하다.

① ㄱ, ㄴ
② ㄱ
③ ㄴ, ㄷ
④ ㄱ, ㄴ, ㄷ

2018년 2월 한국인터넷진흥원 랜섬웨어 대응 가이드라인에서 출제된 것이다.

일반 악성코드와 랜섬웨어 공통점과 차이점

구분	일반 악성코드	랜섬웨어
유포	웹 사이트, 이메일, 네트워크 취약점 등 **유포 방식 동일**	
감염	SW 취약점 또는 피해자의 실행으로 **악성코드 감염 동일**	
동작	정보 및 파일 유출, DDoS 공격 등	문서, 사진, MBR 등 데이터 **암호화**
대응	악성코드 유포지 및 명령조정지(C&C) 서버 주소 차단 *C&C : 해커가 악성코드에 감염된 PC에 원격으로 접속하기 위한 서버 PC로 악성코드 감염 시 C&C에 연결되어 해커의 명령을 수행	악성코드 유포지 및 명령조정지(C&C) 서버 주소 차단 *복호화 키가 저장된 서버(도메인/IP)와의 통신 경로는 미차단
치료	백신 등을 통해 악성코드 치료	백신 등을 통해 악성코드 치료 → 암호화된 파일은 복구 어려움
피해	개인, 금융 정보 유출 및 이를 이용한 2차 공격으로 피해 발생	암호화된 파일에 대한 복호화를 빌미로 **가상통화(비트코인 등)로 금전을 요구**

정답 ①

28 다음 중 IP Spoofing 공격에 대한 설명으로 올바르지 않은 것은?

① 호스트의 IP를 변조하는 공격 방법이다.

② 신뢰관계에 있는 두 개의 호스트 간에 IP를 변조해서 인증을 우회할 수 있다.

③ 공격자가 IP를 속여서 세션을 연결한다.

④ Slowloris 공격의 한 형태이다.

Slowloris Attack은 웹 서버와 다수의 커넥션을 연결 한 후에 비정상적인 HTTP 헤더를 천천히 전송하여 웹 서버의 커넥션 자원을 고갈시키는 공격 기법이다.

정답 ④

29 DNS 서버 운영 시에 DDoS 공격에 대한 기술적 조치로 올바르지 않은 것은?

① 특정 IP에서 DNS Request가 임계치를 넘어서면 차단해야 한다.
② TCP/UDP의 패킷이 512byte 이하의 패킷을 차단한다.
③ DNS 서버가 사용하는 53번 포트 호출에 대해서 트래픽을 모니터링한다.
④ DDoS를 수행하는 IP를 방화벽에서 차단한다.

최대 패킷의 크기가 512byte 이하인 패킷을 차단하는 것이 아니라 512byte 이상인 패킷을 차단해야 한다. 다음은 한국인터넷진흥원의 DDoS 대응 가이드 내용이다.

DNS 공격대응 방법

• DNS는 일반적으로 UDP 프로토콜을 이용하여 요청, 응답을 하는 구조로 백본에서 UDP 프로토콜을 차단하지 못한다.
• DNS 정보 또는 IP 변경 시 일정 시간이 소요되기 때문에 즉각적인 IP 변경이 어렵고, 또한 UDP 프로토콜의 특성상 Source IP를 변경할 수 있어 공격 IP에 대한 구별이 어렵다.
• DNS 공격은 대역폭 소진 공격의 특징을 가지므로 대역폭 공격에 대한 방어 자원을 충분히 보유하는 것이 중요하다.

DNS 공격 시 대응 방안

1. 대역폭 공격 발생
① Switch에서 차단
• Switch에서 PBR을 통해 **최대 UDP Size인 512Byte 이상의 패킷을 차단**한다.
• PBR 적용 시 CPU 증가로 현실적으로 사용이 불가하다.
② DNS 장비에서 차단
• 공격양이 크지 않을 경우 DNS 서버에서 명령어를 통해서 차단한다.
• iptables −A INPUT −p udp −−dport 53 −m length −−length 512 : −j DROP

2. Query 증가
• iptables를 이용해서 rate−limit 설정으로 공격 패킷을 차단한다.
• 5초 동안 5번 Query 발생 시에 해당 패킷을 차단한다.
• iptables −A INPUT −p udp −−dport 53 −m recent −−name ddos2 −−set
• iptables −A INPUT −p udp −−dport 53 −m recent −−name ddo2 −−update −−seconds 5 −−hitcount 5 −j DROP

3. 기타
• 다량의 DNS 서버를 구축한다.
• 도메인에 대한 NS는 최대 13개까지 등록이 가능하므로 다량의 DNS 서버를 구축하여 트래픽을 분산 처리한다.
• Anycast 기반의 DNS를 구축한다.
• Anycast로 DNS 서버를 구축하여 공격 트래픽을 분산하고 차단한다.

정답 ②

30 다음 중 포트가 오픈되어 있을 경우 그 응답이 다른 하나는?

① SYN Scan

② FIN Scan

③ UDP Scan

④ NULL Scan

SYN Scan은 포트가 오픈되어 있으면 SYN+ACK 응답이 온다.

정답　①

31 무선 LAN 보안 기술 IEEE 802.11i의 WPA2에서 사용하는 암호화 알고리즘은?

① RC5

② SEED

③ AES

④ ARIA

WPA2에서 사용하는 암호화 기법은 AES 암호화 기법이다.

정답　③

32 다음의 지문이 설명하는 것은 무엇인가?

ANTI APT 솔루션에서 악성코드를 동적으로 분석하기 위해서 악성코드를 실행한 후에 행위로그를 분석한다. 이때 악성코드 분석은 (ㄱ) 환경에서 수행되어야 한다.

① SCADA

② Cloud

③ Sandbox

④ VLAN

샌드박스(Sandbox)는 외부로부터 받은 파일을 바로 실행하지 않고 보호된 영역에서 실행하는 것을 의미한다. 즉, 외부에서 유입되는 악성코드로부터 시스템 내 파일이나 프로세스를 보호한다.

정답　③

33 ICMP Echo Request를 서브넷 전체에 전달하기 위해서 활성화해야 하는 것은?

① ip directed-broadcast
② ip switch
③ ip network
④ ip subnet

ip directed-broadcast는 서브넷 전체로 ICMP Echo Request를 전송한다.

ip directed-broadcast 설정

```
switch # configure terminal
switch (config) # interface ethernet 2/1
switch (config-if) # no switchport
switch (config-if) # ip directed-broadcast
```

정답 ①

34 다음은 TCP/IP 프로토콜에서 전송 계층에 대한 설명으로 올바르지 않은 것은?

① 전송 계층은 TCP와 UDP 프로토콜이 있고 TCP는 신뢰성 있는 전송을 제공한다.
② TCP는 UDP에 비해서 전송속도가 느리다.
③ 같은 포트 번호에 대해서 TCP와 UDP를 동시에 사용할 수가 없다.
④ TCP와 UDP는 Checksum 필드가 모두 있어서 무결성 검사를 한다.

TCP 프로토콜과 UDP 프로토콜을 사용할 때 같은 포트 번호를 사용할 수 있다. 이때는 서로 다른 것으로 인식된다. 즉, TCP 80번 포트와 UDP 80번 포트는 서로 다르다는 것이다.

정답 ③

35 다음은 ARP Spoofing에 대한 설명이다. 올바르지 않은 것은?

구문	공격자	피해자	Gateway
IP	A.ip	B.ip	V.ip
MAC 주소	A.Mac	V.Mac	V.Mac

① ARP Reply에 대해서 공격자 A.MAC 주소를 전송하여 공격한다.
② ARP Reply에 대해서 Gateway의 V.MAC 주소를 전송하여 공격한다.
③ ARP는 ARP Request에 대해서 ARP Reply로 응답하여 ARP Cache Table을 유지한다.
④ ARP Spoofing 공격에 대응하기 위해서 ARP Cache Table을 Static으로 설정한다.

ARP Reply는 MAC 주소를 전송하는 것으로 피해자 PC의 MAC 주소는 V.Mac으로 변경되어 있다. 즉, ARP Reply에 V.MAC 주소를 전송하였다.

정답 ①

36 다음의 지문이 설명하는 것은 무엇인가?

> (ㄱ) 산업제어시스템을 감시하고 제어하는 시스템이다. 산업공정, 기반시설, 설비 등의 작업공정을 감시하고 제어하는 컴퓨터 시스템이다.

① PLC
② SCADA
③ Stuxnet
④ MODBUS

- SCADA 시스템에 대한 질문이고 SCADA 시스템의 보안 취약점이 Stuxnet(스턱스넷)이다.
- MODBUS는 PLC(Programmable Logic Controller)로 대표되는 각종 산업용 자동화 장비들을 감시, 제어하는 통신 프로토콜이다.
- PLC(Programmable Logic Controller)는 산업 플랜트의 자동제어 및 감시에 사용되는 제어 장치이다.

정답 ②

37 다음은 VPN에 대한 설명이다 올바르지 않은 것은?

① VPN은 터널링을 통해서 인터넷을 마치 사설 네트워크인 것처럼 안전하게 사용한다.
② VPN 터널링 기술에는 IPSEC, PPTP, SSL 등이 있다.
③ VPN으로 연결하면 내부 자원에 대한 접근 제어를 제공한다.
④ VPLS는 원격으로 LAN과 LAN을 안전하게 연결한다.

VPN은 사설 네트워크로 터널링과 암호화 기술을 사용하여 안전한 통신을 제공하지만 자원에 대한 접근 제어를 제공하지는 않는다.

정답 ③

38 다음은 DHCP에 대한 설명이다. 올바른 것은?

> DHCP 클라이언트는 (ㄱ) 프로토콜을 사용해서 DHCP Discover를 브로드캐스트한다. 브로드캐스트에 (ㄴ) 포트 번호를 사용하고 DHCP 서버는 DHCP Offer 메시지를 유니캐스트로 응답하며 이때 (ㄷ) 포트를 사용한다.

① (ㄱ) UDP, (ㄴ) 68, (ㄷ) 67
② (ㄱ) UDP, (ㄴ) 67, (ㄷ) 68
③ (ㄱ) TCP, (ㄴ) 67, (ㄷ) 68
④ (ㄱ) TCP, (ㄴ) 68, (ㄷ) 67

DHCP는 UDP 프로토콜을 사용하며 DHCP Discover 메시지는 UDP 67번, DHCP Offer는 68번 포트를 사용한다.

정답 ②

39 다음은 클라우드 보안에 대한 설명이다. 그 내용으로 올바르지 않은 것은?

① 가상화 기술을 사용해서 이용자의 가상머신들을 상호연결하여 공격을 수행할 수 있다.
② 하이퍼바이저 해킹으로 악성코드 전파 및 DDoS 공격을 수행한다.
③ 네트워크 가상화는 가상 네트워크 스니핑을 통해서 패킷 정보를 훔쳐볼 수 있다.
④ 클라우드 가상화에서 메모리 가상화를 수행하는 경우 취약점이 발생하지 않는다.

클라우드 가상화에서 메모리 부분에 취약점이 존재한다.

정답 ④

40 다음 설명으로 올바른 것은?

IEEE 802.11 무선랜 구성 방식에는 두 가지가 있다. (ㄱ)은 무선 AP를 경유하여 네트워크를 사용하는 방식으로 반드시 (ㄱ)를 경유해야 한다. (ㄴ)은 개별 단말기 간에 직접 통신이 이루어지는 방식이다.

① (ㄱ) Network, (ㄴ) Infrastructure
② (ㄱ) Infrastructure, (ㄴ) Ad-hoc
③ (ㄱ) Infrastructure, (ㄴ) Network
④ (ㄱ) Ad-hoc, (ㄴ) Network

본 문제는 한국인터넷진흥원 무선랜보안가이드(2010년 1월)에 출제된 것이다.

무선랜 네트워크 유형

구분	설명
Infrastructure	• 한 개의 무선LAN AP(Access Point)를 구성하고 무선 AP는 기업용 백본라인 또는 개인용 초고속 인터넷 라인 등에 연결되어 통신이 이루어진다. • 단말기 간에 직접 통신은 불가능하고 반드시 무선 AP를 경유하여 통신해야 한다.
Ad-hoc	개별 무선 단말기 사이에서 통신이 이루어지는 무선랜이다.

정답 ②

≡ 하 애플리케이션 보안 〉 인터넷 응용 보안

41 FTP 서비스를 이용한 다음 공격 기법은 무엇인가?

> • FTP 서비스의 포트에 접속을 시도하여 공격 Host로 접속을 유도한다.
> • 공격자 Host의 IP를 숨기면서 공격 대상의 열려있는 포트 번호를 모두 스캔할 수 있는 방법이다.

① Port Attack   ② Bounce Attack

③ Arp Spoofing   ④ IP Spoofing

FTP Bounce Attack
- FTP 프로토콜의 구조적인 허점을 이용한 공격으로 FTP 서버는 클라이언트가 지시한 곳으로 자료를 전송할 때 그 목적지가 어떤 곳인지를 검사하지 않는다.
- FTP 클라이언트가 실행되는 호스트를 다른 호스트가 지정해도 FTP 서버는 작업을 수행한다.
- FTP 클라이언트는 FTP 서버를 거쳐서 임의의 IP와 Port에 접근할 수 있어서 메시지나 파일을 보낼 수 있다. 그리고 포트 스캔을 할 수도 있다.

정답 ②

≡ 하 애플리케이션 보안 〉 보안 취약점 및 개발 보안

42 포렌식 진행 과정 중 일반 원칙에 해당하지 않는 것은 무엇인가?

① 기밀성 : 수집된 정보는 명시적으로 권한이 있는 사람들에게만 오픈해야 한다.
② 무결성 : 수집된 자료나 데이터가 변경되지 않았음을 보장한다
③ 신속성 : 지체없이 신속하게 분석 과정을 거쳐야 한다.
④ 재현성 : 동일한 환경과 조건에서 동일한 결과를 보여야 한다.

디지털 포렌식의 5대 원칙 : 정당성, 무결성, 재현성, 신속성, 절차의 연속성

정답 ①

≡ 중 애플리케이션 보안 〉 보안 취약점 및 개발 보안

43 다음 중 증거수집 과정의 활동으로 적절하지 않은 것은 무엇인가?

① 증거수집 장소에 도착하면 사람과 컴퓨터를 분리하고 전원을 차단하고 현장 스케치를 한다.
② 소프트웨어와 하드웨어를 파악하고 사진을 찍어 놓는다.
③ 전원을 인가하여 컴퓨터의 최종 사용 시간을 확인한다.
④ 검사하는 사람의 역량을 넘어서는 경우 전문가의 도움을 받는다.

증거수집 과정에서 전원을 인가하여 컴퓨터의 최종 사용 시간을 확인하는 것이 잘못되었다. 즉, 증거수집 과정에서 컴퓨터의 전원을 켜면 안된다.

정답 ③

44 HTML이 포함된 이메일을 전송받아 HTML을 해석할 수 있는 클라이언트나 웹 브라우저로 확인할 때, JAVA Script나 VB Script를 실행하여 공격하는 기법은 무엇인가?

① 버퍼오버플로우(Buffer Overflow)
② 액티브콘텐츠(Active Contents)
③ 셸스크립트(Shell Script)
④ 트로이 목마(Trojan Horse)

본 문제의 핵심은 '이메일로 공격할 수 있는 방법이 무엇인가?'이다. 웹 브라우저에서 메일을 확인할 때 스크립트가 실행되는 공격은 액티브콘텐츠(Active Contents) 공격이다.

이메일(전자우편)을 사용한 공격 기법

공격 기법	설명
Active Contents	• 첨부파일을 열면 악성코드가 실행되어서 바이러스가 확산된다. • VBS 및 JAVA Script를 포함시켜서 공격한다.
Shell Script 공격	조작된 메일헤더를 포함한 메일을 발송하여 해당 시스템에서 특정 명령이 실행되도록 한다.

정답 ②

45 FTP 서비스의 보안 대책으로 틀린 것은 무엇인가?

① 가능한 FTP를 사용하지 말고, 꼭 필요할 경우 sFTP나 trivial FTP를 이용한다.
② 관리자 권한이 있는 유저만 쓰기를 허락하고, 다른 유저는 읽기만 허락한다.
③ 중요한 문서나 보안 자료는 FTP에 저장하지 않는다.
④ FTP 서비스의 시간 타임아웃을 설정한다.

tFTP(trivial FTP)는 **인증 과정이 없이 UDP 프로토콜**을 사용하는 것이므로 tFTP를 사용하면 보안에 취약하다.

정답 ①

46 포맷 스트링 공격으로 인한 위험이 아닌 것은 무엇인가?

① 프로세스가 관리자 권한으로 실행 권한을 향상할 수 있다.
② 공격자의 코드를 실행할 수 있다.
③ 프로세스의 메모리 정보를 유출할 수 있다.
④ 메모리 내용을 변경할 수 있다.

포맷 스트링 공격은 출력하고자 하는 형식과 데이터 포맷이 일치하지 않아서 발생되는 보안 취약점이다. 포맷 스트링 공격으로 **임의의 정보 유출, 메모리 영역 침범, 공격자 코드 실행**과 같은 공격을 할 수 있다.

정답 ①

47 iOS, Android에서 인증에 사용하는 OAuth 2.0에 대한 취약점을 설명한 것이다. 이에 대한 설명으로 적절한 것은 무엇인가?

> 공격자가 악의적인 코드를 사용자 핸드폰에 설치하고, 공격자의 권한으로 로그온한다. 사용자의 ID로 변경한 후, 다른 사이트에 접속한다.

① OAuth 2.0은 네트워크 패킷을 스니핑하기 위해서 사용된다.
② SSO를 사용하는 대부분의 앱에서 사용하며, ID Provider 데이터는 검증하지 않는다.
③ 악성코드를 설치하지 않기 위하여 스마트폰을 빌려주지 않으면 된다.
④ 스마트폰을 사용하지 않는 환경에서는 안전하다.

OAuth는 인터넷 사용자가 패스워드를 입력하지 않고도 다른 웹 사이트상에 있는 자신들의 정보에 대해 접근 권한을 부여할 수 있는 개발형 표준이다. 아마존, 구글, 페이스북, 마이크로소프트, 트위터 등에서 제공하고 있으며 애플리케이션이나 웹 사이트의 계정 정보를 공유할 수 있도록 허용해야 한다.

OAuth 2.0 보안 위협

보안 위협	설명
중간자 공격	• 클라이언트의 자격증명을 네트워크 단에서 도청 및 변조한다. • <u>은닉 리다이렉트(Covert Redirect)</u>는 중간자 공격 위협으로 보호된 자원에 불법 접근 및 유출이 가능하다.
웹 서버	클라이언트가 웹 서버일 경우 모든 서비스 이용자의 접근 토큰을 저장 관리하고 있어서 **악의적인 공격에 의한 토큰의 탈취에 위협**이 있다.
이용자 단말	악성코드 감염 단말기에서 **자격증명이 공격자에게 노출 가능** 및 권한 서버와 자원서버에 대한 서비스 거부 공격이 가능하다.
파밍 등	**파밍(Pharming) 또는 클릭재킹(Clickjacking)**을 통해서 자원 소유의 인증 정보 탈취 및 권한 승인을 유도한다.

* 클릭재킹(Clickjacking)은 인터넷 이용자에게 투명한 악성 웹 페이지와 정상 웹 페이지를 겹쳐서 보여줌으로써 공격자가 의도한대로 마우스 클릭을 유도하는 공격이다.

정답 ②

48 SSL 프로토콜 중 End-to-End 통신에서 문제가 생길 경우 확인할 수 있는 것은 무엇인가?

① Authentication Header

② Change Cipher Spec

③ Alert

④ Record

Alert 프로토콜

• SSL 통신을 하는 도중 클라이언트와 웹 서버가 누군가의 에러나 세션의 종료, 비정상적인 동작이 발생할 시에 사용되는 프로토콜로 내부의 첫 번째 바이트에 위험도 수준을 결정하는 Level 필드가 있는데 필드의 값이 1인 경우는 Warning의 의미로서 통신의 중단은 없고 2를 가지는 필드 값은 Fatal로 Alert 즉시 클라이언트와 서버의 통신을 중단하게 된다.

• 두 번째 바이트에는 어떠한 이유로 Alert Protocol이 발생하였는지 나타내는 Description 필드가 있다.

정답 ③

49 SSO(Single Sign On)은 한 번의 로그온으로 여러 서비스를 사용할 수 있어 로그온 시간을 단축하고 유연성, 편의성을 제공한다. 다음 중 SSO와 관련 없는 것은 무엇인가?

① Radius

② SPNEGO

③ Kerberos

④ SESAME

① SPNEGO(Simple and Protected GSS-API Negotiation Mechanism)

HTTP 요청에 대해서 통합인증을 수행하는 SSO이다.

② SESAME

기존 커버러스 구조로 권한 서버를 사용해서 대규모의 분산된 이 기종 환경에서 역할 기반의 통합된 접근 통제 기능을 제공한다.

③ PKI 기반의 Kerberos

PKI 기반 커버로스는 대칭키 기반 구조에서 공개키 기반으로 변환해서 강력한 보안 서비스를 제공한다.

정답 ①

50 SSO(Single Sign On)에 대한 설명 중 틀린 것은 무엇인가?

① SSO는 통합인증을 제공하여 인증의 편의성을 향상시킨다.

② SSO 서버는 인증을 수행하고 SSO Agent에 보안토큰을 전송한다.

③ SSO는 인증의 편의성은 향상시키지만 암호화를 하지는 않는다.

④ SSO는 관리가 효율적이다.

SSO는 SSO Server와 SSO Agent 간에 암호화를 수행한다.

정답 ③

51 SQL Injection은 사용자의 입력 값을 검증하지 않고 사용하여 발생하는 문제이며, SQL 문에서 사용하는 문장을 필터링하여 예방할 수 있다. 대상이 되는 문장에 대한 설명으로 틀린 것은 무엇인가?

① ' : 문자를 표시한다.
② --, # : 한 줄짜리 주석을 처리한다.
③ = : 값을 대입한다.
④ & : 문자열을 결합한다.

본 문제는 기출문제이고 &는 파라미터 구분자이다.

URL 특수문자들의 의미

특수문자	설명
?	질의 문자열 구분자로 ? 문자 오른쪽에 위치한 URL 문자열 부분은 질의 문자열을 의미한다.
&	파라미터 구분자로 질의 문자열에서 이름=값으로 파라미터 쌍을 구분한다.
=	질의 문자열을 사용해서 파라미터를 전달하는 경우 파라미터명과 파라미터 값을 구분한다.
+	공백문자이다.
:	프로토콜 구분자로 URL 문자열이 : 문자를 만나면 리소스 요청 시 사용한 애플리케이션 계층의 프로토콜을 표시한다.
#	웹 페이지에서 어떤 지점을 표시할 때 사용한다.
%	16진수로 인코드된 문자를 표시하기 위해서 사용된다.
@	URL이 인터넷 이메일 주소를 표시할 때 사용한다.

정답 ④

52 애플리케이션 개발단계에서 발생할 수 있는 취약점 목록을 언어와 관계없이 번호로 매기고 정리하여 발표 및 관리하였다. 이것은 무엇인가?

① CMVP
② CVV
③ CVE
④ CWE

CWE(Common Weakness Enumeration)
• 소프트웨어의 주요 취약점, 보안상의 문제점을 분류하여 놓은 목록을 의미한다.
• 소스코드의 결함을 파악할 때 이용하는 결함 검출 서비스를 제공할 수 있다.
• CWE는 뷰, 카테고리, 결함, 복합 요인으로 결함 유형이 구분된다.

보안 약점(Weakness)과 보안 취약점(Vulnerability)

보안 약점	보안 취약점
소스코드 내의 버그, 에러 등을 총칭한다.	보안 약점이 존재하면 공격자가 보안 약점에 접근해서 시스템의 보증이 깨진 것이다.

CWE의 활용
• 소프트웨어 아키텍처, 디자인, 코드에 내재된 결함에 대한 정보를 나타낸다.
• 결함 검사 도구 등 소프트웨어의 보안을 향상시키기 위해서 도구의 표준 척도로 사용한다.
• 결함의 원인을 인식하고 결함을 감소시키며 재발 방지를 위한 공통기준으로 활용된다.

CWSS와 CVE

취약점	설명
CWSS	• Common Weakness Scoring System • 보안 약점의 위험성에 대해서 성문화하여 전달하기 위한 점수체계이다.
CVE	• Common Vulnerabilities and Exposures • 시간에 따라 감지된 보안 취약점을 정리해 둔 목록이다. • CVE-년도-순번의 식별자를 가진다.

정답 ④

---

53 VPN의 접속 과정에서 TLS 하위 버전으로 접속하여 CBC 취약점을 악용하고 패딩 오라클을 유발한다. 이것은 어떠한 공격인가?

① 무작위 공격
② 바운스 공격
③ 패딩 오라클 공격
④ 패딩 DDoS 공격

패딩 오라클 공격(Padding Oracle Attack)은 패딩이 올바르게 되었는지 여부에 따라서 서버의 응답이 다르기 때문에 CBC 취약점을 악용하고 패딩 오라클을 유발한다.

정답 ③

54 XSS(Cross Site Scripting) 공격에 대한 설명 중 틀린 것은 무엇인가?

① 공격자가 서버에 악성코드를 심고 서버가 그 악성코드를 실행하여 세션이나 정보를 탈취한다.
② 서버가 적절한 보안 조치를 취하지 않아서 발생한다.
③ 게시판 등에 악성코드를 저장하여 악성코드를 실행하도록 하는 것은 Stored XSS이다.
④ 사용자에게 악성코드를 담고 있는 사이트의 URL을 전송하고 사용자가 URL을 클릭하도록 하여 공격하는 기법은 Refected XSS이다.

서버에서 실행되는 악성코드는 Web Shell과 같은 Server Side Scripting이다. 즉, 업로드 취약점을 이용하여 서버 스크립트를 업로드하고 원격에서 호출하여 실행하는 공격이다.

정답 ①

55 DNS에 대한 설명으로 틀린 것은 무엇인가?

① DNS는 Resolver와 Name Server로 구성되어 있다.
② Name Server는 도메인 데이터를 보유하고 외부 인터넷으로부터 도메인 네임과 그 네임에 대한 질의를 수행할 때 보유한 데이터를 조회하고 응답한다.
③ Resolver는 도메인 네임의 데이터 조회 기능을 수행하는 소프트웨어 라이브러리 형태 루틴을 가르킨다.
④ DNS는 53번 TCP Port만 사용해서 서비스한다.

DNS는 53번 UDP와 TCP 포트 모두를 사용한다.

정답 ④

56 SET은 전자상거래에서 사용하는 보안 프로토콜로 지불정보와 구매정보의 해시 값을 합쳐서 구매자의 개인키로 서명한다. 이것은 무엇인가?

① NULL 서명
② 그룹서버
③ 이중 서명
④ 은닉 서명

SET는 구매자 정보과 가맹점 정보를 분리해서 서명하는 이중 서명을 지원한다.

정답 ③

57 INTEL, AMD의 CPU 보안 취약점으로 부채널 공격을 유발한다. 이것은 무엇인가?

① Merkle Tree

② Spectre

③ SCADA

④ Miracast

- Spectre 취약점은 인텔, ARM, AMD CPU에서 발생하는 보안 취약점으로 프로그램을 실행하는 다른 사용자의 메모리를 읽을 수 있다.
- Merkle Tree(해시트리)는 데이터에 대한 빠른 검색을 목적으로 하지 않고 데이터를 간편하게 하고 확실한 인증을 위해서 사용되는 트리이다. 즉, 블록체인의 원소 역할을 수행하는 블록에서 저장된 트랜잭션들의 해시트리라고 볼 수 있다.

정답 ②

58 SQL Injection 공격에 대한 대응 방법으로 알맞지 않은 것은 무엇인가?

① Stored Procedure를 사용한다.

② 사용자, Client의 요청을 필터링한다.

③ ODBC의 오류 노출을 최소화한다.

④ 애플리케이션에게 DB에 접근할 수 있는 권한을 가능한 한 많이 할당한다.

애플리케이션은 데이터베이스에 접근할 수 있는 권한을 최소화해야 한다.

정답 ④

59 오픈소스를 기반으로 개발하는 웹 응용 프로그램의 취약점을 선정 발표하는 OWASP Top 10의 2017 내용이 아닌 것은 무엇인가?

① XXE : 권한이 맞지 않는 경우 코드를 실행할 수 있다.

② SQL Injection : 사용자가 입력한 값을 필터링하지 않고 사용하여 발생한다.

③ XSS : 자바 스크립트를 게시판에 입력해서 공격한다.

④ 역직렬화 : 안전하지 않은 역직렬화는 원격코드를 실행할 수 있다.

XXE Injection은 잘못 구성된 XML Parser로 신뢰할 수 없는 XML 공격 코드를 주입시켜서 응용 프로그램을 공격한다.

• 오래되고 설정이 잘못된 많은 XML 프로세서들은 XML 문서 내에서 외부 개체를 참조한다.

• 외부 개체는 파일 URI 처리기, 내부 파일 공유, 내부 포트스캔, 원격코드 실행과 서비스 거부 공격을 사용하여 내부 파일을 공개하는데 사용될 수 있다.

XXE Injection

공격	설명
LFI Attack	상대경로(../)을 사용해서 원하는 파일에 접근한다.
RFI Attack	외부의 악의적인 코드를 실행한다.
XSS Attack	XML 문서를 파싱할 때 CDATA 섹션에 둘러싸인 것은 구문 분석을 하지 않는다.
DDoS Attack	하나의 ENTITY가 다른 ENTITY를 계속 참조하여 응용 프로그램에 부하를 유발한다.

정답 ①

≡ 상 애플리케이션 보안 〉보안 취약점 및 개발 보안

60 사용자가 직접 악성코드가 있는 공격서버로 접속하지 않고 중간에 설치한 서버를 매개체로 하여 접속을 유도하는 공격 방법은 무엇인가?

① DNS Zone Transfer
② Domain Shadowing
③ Fast Flux Hosting
④ DNS Spoofing

도메인 쉐도잉(Domain Shadowing)은 Drive by Download 공격 도구인 Angler Exploit Kit에서 탐지회피를 위해 사용되는 기술이다.

• 도메인을 소유하고 있는 도메인 관리자의 개인정보를 탈취하여 도메인 소유자 몰래 **많은 서브 도메인을 등록 시켜 놓는 기법**이다.

• 희생자를 악성코드 유포 서버에 접속시키고자 할 때 바로 악성코드 유포 서버에 접속시키지 않고 먼저 중간단계의 서버에 접속시킨 다음 그곳으로부터 악성코드 유포 서버로 접속하는 기술이다.

오답 피하기

Fast flux는 봇넷에서 사용하고 있는 DNS 기법으로 한 개의 도메인 주소에 다수의 IP 주소를 매핑시킨다. **미리 확보된 IP 주소를 라운드 로빈 방식으로 지정**하는 기법을 사용한다.

정답 ②

≡ 중   정보보안 일반 〉암호학

61 메시지인증코드(MAC)에 대한 설명으로 옳지 않은 것은?

① MAC 값을 메시지와 함께 송신자 및 수신자만이 공유하고 있는 키 값과 함께 해시함수로 처리한다.

② MAC 값을 활용하면 메시지에 대한 해시 값만 이용하는 경우 발생될 수 있는 메시지 내용과 해시 값을 동시에 변조되는 위협에 대응할 수 있다.

③ 송신자가 전송한 MAC 값을 검증에 성공하는 경우 수신자는 메시지의 무결성과 메시지 출처를 확인할 수 있다.

④ MAC 값을 활용하면 전자서명과 동일한 보안 서비스를 얻을 수 있다.

- 메시지인증코드(MAC)는 블록 암호나 해시함수에 기반을 두기 때문에 전자서명보다는 빠르지만 전자서명에서 제공하는 부인방지기능, 재사용성을 제공하지는 않는다.
- 메시지인증코드(MAC), 공개키 암호화, 해시함수 등 각 기법이 기밀성, 무결성, 인증, 서명 등의 기능을 동시에 제공하지 못한다는 특징이 있다.
- 전자서명은 공개키 암호화와 해시함수를 동시 적용하여 위조 불가, 변경 불가, 서명자 인증, 재사용 불가, 부인 봉쇄의 기능을 제공한다.

정답 ④

62 강제적 접근 통제(MAC) 모델인 BLP(Bell-LaPadula)에 대한 설명으로 옳지 않은 것은?

① BLP(Bell-LaPadula) 모델은 주요 목적인 정보 기밀성과 무결성을 보호한다.

② 모든 주체와 객체에 대한 보안레이블부터 Label이 접근 통제를 한다.

③ 읽기(Read)할 때 Simple Security가 대규모로 적용되며, 주체의 보안 레이블이 객체의 보안 레이블을 지배하는 경우 Read가 허용된다.

④ 주체가 객체에 정보를 Write하려 할 때, *star 규칙을 적용하여 객체의 보안레이블이 주체의 보안레이블과 비교하여 기록(Write)를 허용한다.

- BLP(Bell-LaPadula) 모델은 기밀성은 보장하지만 무결성은 파괴되는 특성이 있다.
- BLP(Bell-LaPadula) 모델은 기밀성을 강조하는 수학적 모델로 시스템 보안을 위한 규칙 준수 규정과 주체의 객체 접근 허용 범위를 규정하고 있다. 정보의 불법적인 파괴나 변조보다는 불법적인 비밀 유출 방지에 중점을 둔 모델이다.

주요 특징

- 정보의 기밀성 보호에 중점을 둔 최초의 수학적 모델이다.
- 주체와 객체의 보안 수준을 등급으로 구분하여 강제적 접근 제어(MAC) 정책을 적용한 모델이다.
- BLP 모델은 정보가 하위에서 상위로 흐른다(bottom-up)는 개념을 적용한 모델로 기밀성을 강조하는 군사용 보안모델로 사용된다.

보안 특성

- SS Property(단순 보안 특성) : No Read Up
  a. 보안 수준이 낮은 주체(S)는 보안 수준이 높은 객체(O)를 읽어서는 안 되는 정책이다.
  b. 주체의 등급이 객체의 등급보다 높거나 같을 경우에만 그 객체를 읽을 수 있다.
- *-property(스타 보안 특성) : No Write Down
  a. 보안 수준이 높은 주체(S)는 보안 수준이 낮은 객체(O)에 기록해서는 안 되는 정책이다.
  b. 주체의 등급이 객체의 등급보다 낮거나 같을 경우에만 그 객체를 기록할 수 있다.
- BLP의 문제점
  a. 접근 권한 수정에 관한 정책이 없다.
  b. 은닉 채널(Covert Channel)을 포함할 수 있다.
  c. 기밀성은 유지되지만 무결성은 파괴될 수 있다(Blind Write가 발생).

정답 ①

63 공개키 암호화에 대한 설명으로 틀린 것은?

① RSA(Rivest, Shamir, Adleman)는 대표적 공개키 알고리즘으로 암호화와 전자서명 모두를 제공한다.

② DSA(Digital Signature Algorithm)는 ElGamal 전자서명방식의 변형으로 암호화와 전자서명 모두를 제공한다.

③ Diffie-Hellman는 이산대수의 난해함과 키 분배 기능, 암호화와 전자서명의 기능을 제공한다.

④ ECC(Elliptic Curve Cryptography)는 타원곡선 기반으로 짧은 키 길이를 사용하면서도 RSA나 ElGamal 암호 방식과 그와 비슷한 수준의 안전성을 제공한다.

③ Diffie-Hellman는 이산대수의 난해함과 키 분배 기능만을 제공하고 전자서명의 기능을 제공하지는 않는다.

전자서명 알고리즘의 종류

미국에서는 1991년 표준 전자서명인 DSS를 공표했으며, 국내에서도 표준안으로 KCDSA를 발표했다. 이밖에도 독일의 Schnorr 서명, Nyberg-Rueppel 서명 등이 있고, 소인수분해 문제를 이용한 RSA 서명, Rabin 서명과 이산대수 문제를 이용한 ElGamal 서명, ID를 이용한 Flat-Shamir 방식과 Ohta 방식, Knapsack 문제를 이용한 Merkle-Hellman 방식 등이 있다.

(1) RSA 전자서명 : Rivest, Shamir, Adleman에 의해서 1978년에 제안된 공개키 암호 방식을 응용한 전자서명 방식이다. 큰 합성수를 소인수분해 하는 문제의 어려움에 근거해 안전도를 결정하는 방식이다.

(2) ElGamal 전자서명 : 이산대수 문제를 기반으로 전자서명만을 위해 고안된 방식이다.

(3) Schnorr 전자서명 : ElGamal 전자서명의 변형으로 이산대수 문제에 안전성을 두고 있다.

(4) DSS(DSA) 전자서명

• 1991년 미국의 NIST(National Institute of Standards and Technology)에서 발표한 전자서명 방식으로 ElGamal 전자서명을 개량한 방식이다.

• ElGamal 전자서명 방식과 유사하지만 서명과 검증에 소요되는 계산량을 획기적으로 줄인 방식으로 미국의 전자서명 표준이다.

• 해시함수 SHA-1을 사용 : 해시코드와 난수가 서명함수의 입력으로 제공된다.

(5) KCDSA 전자서명

• 국내 표준 전자서명 방식으로 이산 대수 문제를 기반으로 한다.

• KCDSA의 계산 효율을 높이고자 타원곡선 암호 시스템을 기반으로 변형한 전자서명은 EC-KCDSA이다.

(6) ECDSA(Elliptic Curve DSA) 전자서명 : 타원곡선(elliptic curve)상에서 군을 정의하고 이에 대한 이산대수 계산의 어려움에 근거를 두고 있다.

정답 ③

64 국내에서 개발한 암호 알고리즘이 아닌 것은??

① AES
② ARIA
③ SEED
④ LEA

- AES 암호 알고리즘은 2001년 미국 표준 기술 연구소(NIST)에 의해 제정된 암호화 방식이다.
- ARIA, SEED, LEA 암호 알고리즘은 모두 국내에서 개발한 암호 알고리즘이다.

정답 ①

65 이전 세션에서의 메시지를 중간에서 공격자가 보관하다가 다음 세션에서 재전송하는 방법으로 인증을 시도하는 공격(Replay Attack)을 방지하는 방법이 아닌 것은?

① 순서번호(Sequence Number)
② 타임스탬프(Time Stamp)
③ CBC(Cipher—Block Chaining)
④ 비표(Nonce)

- 순서번호(Sequence Number) : 양측의 순서번호 추적을 통해 Replay Attack을 판별하여 막는 방법으로 오히려 역으로 공격당할 수 있어서 비실용적인 방법이다.
- 타임스탬프(Time Stamp) : 동기화된 Clock을 통해서 Replay Attack을 판별하여 막는 방법이다.
- 비표(Nonce) : Random한 고유 값을 통해서 Replay Attack을 막는 방법이다.

정답 ③

66 ID/PW 스푸핑 공격에 대해서 방어하는 방법과 가장 거리가 먼 것은?

① 시스템은 사용자가 마지막에 로그인한 시간을 알려준다.
② 사용자가 정상적인 OS 화면에서 ID/PW를 입력한다는 것을 확인할 수 있는 안전한 경로를 제공한다.
③ 사용자 인증뿐만 아니라 시스템 인증을 제공하여 사용자와 시스템 간 상호인증을 한다.
④ 패스워드는 안전한 보안 토크에 저장한다.

IP/PW 스푸핑 공격의 방어 방법
- router에서 소스 라우팅을 허용하지 않는다.
- Sequence 넘버를 랜덤하게 발생시킨다.
- 암호환된 프로토콜을 사용한다.

IP/PW 스푸핑 공격
- 해커가 자신의 IP를 악용하고자 하는 호스트의 IP 주소로 변조하여 공격하는 방법으로 IP 기반의 ACL 통제를 회피할 수 있는 공격 방법이다. 변조된 IP를 사용하기에 공격에 대한 추적이 어렵다.
- TCP/IP의 구조적 결함을 이용한 공격 방법으로 신뢰 관계에 있는 두 시스템 사이에서 공격자의 호스트를 마치 하나의 신뢰 관계에 있는 호스트인 것처럼 속이는 것이다.

신뢰관계(Trust Relationship)
스니핑을 이용한 계정 정보의 유출을 막기 위해 ID/PW를 사용하지 않고 특정 시스템의 IP와 신뢰관계를 맺고 로그인 없이 접속을 허락하는 것이다.

ACL(Access Control List)
라우터를 통과하는 패킷을 필터링하는 목록으로 네트워크에 대한 접근을 허용 또는 거부한다.

정답 ①

67 인증서의 유효성을 확인하는 주기능은 무엇인가?

① PKI(Public Key Infrastructure)
② CA(Certificate Authority)
③ RA(Registration Authority)
④ CRL(Certificate Revocation List)

PKI(Public Key Infrastructure)

공개키 암호 기법을 이용한 인증 수단으로 사전에 공유된 비밀 정보가 없어도 인증서에 기반해 상대방을 인증할 수 있다. 공개키 알고리즘을 통한 암호화 및 전자서명을 제공하기 위한 복합적인 보안 시스템 환경을 말한다.

CA(Certificate Authority)

인증서를 발급해 주는 역할을 하며, 인증서는 사용자가 합법적인 사용자임을 입증한다.

RA(Registration Authority)

인증기관과 사용자 사이에 등록기관을 두어, 사용자의 인증서 신청 시 인증기관 대신 그들의 신분과 소속을 확인하는 기능을 수행한다.

CRL(Certificate Revocation List)

더 이상 유효하지 않은 인증서 목록이다. 인증서 폐기 목록에는 취소된 인증서들의 일련번호가 들어 있으며 이를 받은 당사자는 목록을 참조하여 폐기된 인증서를 사용하지 않도록 해야 한다. 폐기된 인증서를 이용자들이 확인할 수 있도록 하기 위해 주로 인증 기관이 관리하며 메시지를 전달할 때 인증서와 함께 전달된다.

정답 ④

68 FDS(Fraud Detection System)에 해당하는 통제는 무엇인가?

① 예방(Prevention)
② 탐지(Detection)
③ 교정(Correction)
④ 복구(Recovery)

• FDS(Fraud Detection System)은 다양한 금융거래정보 등 수집된 정보를 종합적으로 분석하여 이상 금융거래 유무를 판별하는 복합적인 시스템이다.
• 핀테크 서비스 제공을 위한 사전규제 완화 및 사후점검 강화에 따라 이상징후를 사전에 탐지하고 사고 발생 시 책임 소재 규명에 도움이 될 수 있는 FDS 구축이 요구되고 있다.

FDS(Fraud Detection System)의 주요 기능

• 정보수집 : 이용자의 정보 및 행위에 대한 정보 수집
• 분석 및 탐지 : 수집된 정보를 통해 이상 행위에 대한 분석 수행
• 대응 : 정상 판별 및 이상거래에 대한 대응
• 모니터링 및 감사 : 수집, 분석, 대응단계의 상호 밀접한 관계 유지를 위한 감사, 효율적인 동작을 위한 보안 역할

정답 ②

69 생체인증의 요구사항 특성에 해당되지 않은 것은?

① 보편성

② 유일성

③ 지속성

④ 시간의존성

생체인식 특성

특성	설명
보편성(University)	모든 대상자들이 보편적으로 지닌다.
유일성(Uniqueness)	개개인별로 특징이 확연히 구별된다.
지속성(Permanence)	발생된 특징점은 그 특성을 영속한다.
수집성(Collectability)	특징점의 취득이 용이하다.
성능(Performance)	개인 확인 및 인식이 우수하다.
수용성(Acceptance)	생체인식 대상자의 거부감이 없어야 한다.
위변조 불가능성 (Anti Circumvention)	위조내지 변조가 불가능하다.

※ 제11회 정보보안기사에도 출제된 자주 출제되는 기본 문제 영역이다.

정답 ④

70 아래 보기에서 설명하고 있는 암호화 기법은 무엇인가?

> 하나의 암호 텍스트를 둘 이상의 방법으로 해독하는 정보 보안 형식을 말한다. 이것은 논쟁 대상이 되는 메시지를 상대에게 숨기거나 거부하기 위해 사용된다. 예를 들면, 어떤 회사에서 그 회사 고위 관리자에게 한 암호 전문을 보내면 각자 자기의 키를 사용하여 해독했을 때 한 사람은 전문 'A'로 읽고, 반면에 다른 사람은 동일한 전문을 전문 'B'로 읽게 된다. 또한, 이것은 통신 엿듣기에서 잘못된 정보를 전달하기 위해 사용되기도 한다.

① 스트림 암호화(Stream Encryption)
② 하이브리드 암호화(Hybrid Encryption)
③ 거부적 암호화(Deniable Encryption)
④ 링크 암호화(Link Encryption)

스트림 암호화(Stream Encryption)
작은 길이의 키로부터 긴 길이의 난수를 발생시키는 이진 키 스트림 과정을 통해 얻어진 이진수열과 평문 이진수열의 배타적 논리합(XOR)으로 암호문을 생성하는 방식이다.

하이브리드 암호화(Hybrid Encryption)
대칭키 암호화(비밀키 암호)와 비대칭 암호(공개키 암호)의 장점만을 모아 조합시켜서 만든 것을 말한다. 정확히 말하자면, 대칭키 암호화의 기밀성과 신속성의 장점과 공개키 암호의 키 배송문제의 장점을 이용한다. 데이터 부분은 대칭키 암호화를 이용해서 기밀성과 신속성의 장점으로 키 분배는 키 배송문제를 해결하기 위한 공개키 암호의 장점으로 암호화 및 복호화 시스템을 말한다.

거부적 암호화(Deniable Encryption)
일반적인 암호화 시스템에서 송신자(Sender)와 수신자(Receiver)의 암호화된 비밀 통신 수행 시 제 3자가 숨겨진 평문(plain message)을 알기 위해 암호화 키를 공개하라고 요구할 수 있다. 이렇게 제3자에게 암호화 키를 제공해야 할 때, 가짜 키를 제공하여 숨겨진 평문이 아닌 가짜 평문을 복호화하도록 하여 비밀성을 보장할 수 있다. 이러한 기술을 거부적 암호화(Deniable Encryption)라고 한다.
거부적 암호화는 진짜 키를 이용하여 복호화를 수행하면, 암호화 이전의 진짜 평문을 얻을 수 있다. 그러나 가짜 키를 이용하여 복호화를 수행하면, 숨겨진 진짜 평문과 다르며, 의미는 있지만 중요도가 떨어지는 가짜 평문을 얻을 수 있다.
거부적 암호화는 1996년에 Ran Canetti에 의해서 처음 제시된 이후 너무 많은 연산과 비효율적인 성능으로 인해 실제로는 널리 이용되지 않고 있다.

링크 암호화(Link Encryption)
링크 계층에서 두 지점 간의 네트워크 전송을 암호화하는 방법이다. 데이터 링크를 통과하는 모든 데이터를 암호화하여 다음 링크 지점으로 보내면 거기서 복호화하고, 또 다음 링크 지점으로 계속 전송할 경우 다시 암호화하여 전송하고 수신시에 복호화한다. 각 링크마다 다르게 암호화하며, 데이터가 최종 목적지에 도착할 때까지 이런 과정을 반복한다. 전송 보안이 취약한 회선에서 유용하나 중간에 복호화되기 때문에 전송 보안에 유의해야 한다.

정답 ③

71 아래의 보기에 들어가는 용어는 무엇인가?

- 메시지 변조 공격 : 전송되는 메시지들의 순서를 바꾸거나 또는 메시지의 일부분을 다른 메시지로 대체하여 불법적인 (ㄱ)를 발생시키는 공격
- 삽입 공격 : 불법적인 공격자가 정당한 송신자로 (ㄴ)하여 특정 수신자에게 메시지를 보내 역시 불법적인 효과를 발생시키는공격
- 삭제 공격 : 정상적인 통신 시설의 사용, 관리를 방해하는 (ㄷ) 공격, 특정 수신자에게 전송되는 메시지의 전부 또는 일부가 공격자에 의해 삭제되는 것
- 재생 공격 : 공격자가 이전에 특정 송신자와 수신자 간에 행해졌던 통화 내용을 (ㄹ) 하여 보관하고 있다가 나중에 재생하여 전송하는 공격

① (ㄱ) 변조   (ㄴ) 거부   (ㄷ) 노출   (ㄹ) 저장
② (ㄱ) 전송   (ㄴ) 파악   (ㄷ) 삭제   (ㄹ) 혼동
③ (ㄱ) 노출   (ㄴ) 거부   (ㄷ) 버전   (ㄹ) 삭제
④ (ㄱ) 피해   (ㄴ) 가장   (ㄷ) 서비스 거부   (ㄹ) 도청

능동적 공격 방법

공격 방법	설명
메시지 변조	전송되는 메시지들의 순서를 바꾸거나 또는 메시지의 일부분을 다른 메시지로 대체하여 불법적인 피해를 발생시키는 공격
삽입 공격	불법적인 공격자가 정당한 송신자로 가장하여 특정 수신자에게 메시지를 보내 역시 불법적인 효과를 발생시키는 공격
삭제 공격	정상적인 통신시설의 사용, 관리를 방해하는 서비스 거부 공격, 특정 수신자에게 전송되는 메시지의 전부 또는 일부가 공격자에 의해 삭제되는 것
재생 공격	공격자가 이전에 특정 송신자와 수신자간에 행해졌던 통화내용을 도청하여 보관하고 있다가 나중에 재생하여 전송하는 공격

정답 ④

72 전자서명에 대한 특징으로 올바르게 짝지어진 것은?

> ㄱ. 메시지의 무결성
> ㄴ. 메시지의 인증을 수행한다.
> ㄷ. 메시지의 기밀성을 보장한다.
> ㄹ. 신뢰받는 제3자를 이용하면 부인봉쇄를 할 수 있다.
> ㅁ. 대칭키 시스템을 이용한다.

① ㄱ
② ㄱ, ㄴ, ㄷ
③ ㄱ, ㄴ, ㄷ, ㄹ
④ ㄱ, ㄴ, ㄷ, ㄹ, ㅁ

전자서명은 메시지의 무결성, 인증, 기밀성, 부인봉쇄, 위조 불가, 변경 불가, 재사용성 불가의 특징을 가지고 있다.

오답 피하기
- ㄹ → 신뢰받은 제3자를 이용하면 부인봉쇄가 아니라 인증을 할 수 있다.
- ㅁ → 대칭키 시스템을 이용하는 것이 아니라 공개키 시스템을 이용한다.

정답 ②

73 OTP(One Time Password) 동작 방식 중 아래 보기에서 설명하고 있는 방식은 무엇인가?

> 서버에서 난수를 생성하고 임의의 수를 만들어 클라이언트에게 그 값을 전송하면 클라이언트가 그 값으로 OTP를 생성하여 응답한 값으로 인증하는 방식이다.

① 시간 동기화
② 질의응답 방식
③ 이벤트 동기화
④ S/KEY 방식

보기에서 설명하고 있는 OTP(One Time Password) 동작 방식은 질의응답 방식이다.

정답 ②

74 타원곡선을 적용하기에 적합한 알고리즘은 무엇인가?

① ECC
② Rabin
③ RSA
④ HIGHT

타원곡선암호시스템(Elliptic Curve Cryptosystem)은 공개키 암호화 방식의 하나로 데이터 암호화 디지털 인증 등 현재 가장 많이 쓰이는 공개키 암호방식이다. ECC는 큰 수의 소인수분해가 어렵다는 것에 착안해 만든 RSA 암호화와 달리 이산로그 문제에 착안해 만들어졌다. 256비트의 ECC 키는 3072비트의 RSA 키와 비슷한 암호화 레벨이며 키 값이 커질수록 RSA보다 암호화 레벨이 급격하게 높아진다.

오답 피하기

② 라빈 암호(Rabin Cryptosystem)는 미하엘 라빈이 1979년 1월에 발표한, 소인수분해 기반 공개키 암호(비대칭 암호)이다. 공개키로 암호화하고, 개인키로 복호화한다. 중국인의 나머지정리(Chinese Remainder Theorem, CRT)를 활용한다.

③ RSA(Rivest, Adi Shamir, Leonard Adleman)는 공개키 암호시스템의 하나로, 암호화뿐만 아니라 전자서명이 가능한 최초의 알고리즘이다. RSA 암호체계의 안전성은 큰 숫자를 소인수분해 하는 것이 어렵다는 것에 기반을 두고 있다. 키 사이즈 2048bit 권장하며, 기밀성과 부인방지 기능을 제공한다.

④ HIGHT(HIGh security and light weigHT)는 CHES'06에서 제안한 알고리즘으로써 64비트 블록 사이즈를 가지며 128비트의 키를 사용한다. Feistel구조를 가지며 Whitening연산이 수행된다. $GF(2^8)$상에서의 덧셈과 뺄셈 그리고 XOR, Rotation 연산으로 구성되며, F0, F1는 XOR와 3개의 다른 Rotation으로 구성된다. Whitening 키는 마스터 키에서 8byte를 취한다.

정답 ①

75 생체인증 방식 중 동일한 기반 기술끼리 묶인 것은?

| ㄱ. 홍채 | ㄴ. 스마트 카드 | ㄷ. OTP |
| ㄹ. 음성 | ㅁ. 지문 | ㅂ. USB 토큰 |

① 생체기반(ㄱ, ㄷ, ㅁ), 지식기반(ㄴ, ㄹ, ㅂ)
② 생체기반(ㄴ, ㄷ, ㅂ), 소유기반(ㄱ, ㄹ, ㅁ)
③ 생체기반(ㄱ, ㅁ), 지식기반(ㄴ, ㄷ, ㄹ, ㅂ)
④ 생체기반(ㄱ, ㄹ, ㅁ), 소유기반(ㄴ, ㄷ, ㅂ)

사용자 인증 기술

구분	설명	예시
지식기반	인증자와 검증자만 아는 지식을 비교해 인증	아이디/패스워드, PIN
소유기반	소지한 별도 매체의 고유정보를 제시해 인증	보안토큰, 휴대전화, 스마트 카드
생체기반	인증자의 신체적 특성을 이용해 인증 존재 기반, 행위기반으로 인증	지문, 음성, 홍채 인식 등

• 2 Factor 인증 : 위 타입 중 두 가지 인증 메커니즘을 결합하여 구현한다.
• Multi-Factor 인증 : 가장 강한 인증. 3가지 이상의 메커니즘을 결합한다.

정답 ④

76 강제적 접근 통제(MAC : Mandatory Access Control)에 대한 특징을 설명한 내용으로 옳지 않은 것은?

① 접근 규칙 수가 적어 통제가 용이하다
② 중앙집중적 관리 통제가 용이하다.
③ 이직률이 높은 기업에 적합하다.
④ 사용자와 데이터에 대한 보안 등급을 부여한다.

강제적 접근 통제에 대한 보안정책이 경직적이므로 이직률이 높은 기업에는 다소 적합하지 않다.

MAC, DAC, RBAC의 특징 비교

구분	MAC	DAC	RBAC
정의	주체와 객체의 등급을 비교하여 접근 권한을 부여하는 접근 통제	접근하고자 하는 주체의 신분에 따라 접근 권한을 부여하는 접근 통제	주체와 객체 사이에 역할을 부여하여 임의적, 강제적 접근 통제의 약점을 보완하는 방식
권한 부여	시스템, 관리자	데이터 소유자	Central Authority
접근 결정	Security Label	신분	역할(Role)
정책	경직	유연	유연
장점	중앙집중적, 안정적	유연함, 구현용이	관리용이
단점	• 구현 및 운영의 어려움 • 성능, 비용이 고가	• 트로이목마에 취약 • ID 도용 시 통제 방법 없음	–
적용 사례	방화벽	ACL	HIPAA

정답 ③

77 인증서에 관한 설명으로 틀린 것은?

① 인증서 폐기 요청은 소유자에 의해서만 가능하다.
② 폐기된 인증서 목록은 모두 공개되면 디렉터리에 보관된다.
③ OCSP(Online Certificate Status Protocol)로 인증서 유효성 확인 서비스를 적용한다.
④ CRL(Certificate Revocation List)은 일정 주기마다 생성한다.

인증서 폐기 요청은 가입자 또는 대리인이 모두 가능하다.

인증서 폐기 사유

① 사용자의 개인키가 노출되거나 훼손되어 침해당했을 때
② CA가 사용자를 더 이상 인증하지 않을 때 : 예를 들어 특정 기관에서 더 이상 일을 하지 않게 되었을 경우에 그 기관과 관련지어 발행되었던 사용자의 인증서
③ CA의 인증서가 노출되었거나 훼손되었을 경우

[참고] 전자서명법 제18조(공인인증서 폐지) 조건

제18조(공인인증서의 폐지) ①공인인증기관은 공인인증서에 관하여 다음 각호의 1에 해당하는 사유가 발생한 경우에는 당해 공인인증서를 폐지하여야 한다. 〈개정 2001. 12. 31.〉

1. 가입자 또는 그 대리인이 공인인증서의 폐지를 신청한 경우
2. 가입자가 사위 기타 부정한 방법으로 공인인증서를 발급받은 사실을 인지한 경우
3. 가입자의 사망ㆍ실종선고 또는 해산 사실을 인지한 경우
4. 가입자의 전자서명생성정보가 분실ㆍ훼손 또는 도난ㆍ유출된 사실을 인지한 경우

② 공인인증기관은 제1항의 규정에 의하여 공인인증서를 폐지한 경우에는 그 사실을 항상 확인할 수 있도록 지체없이 필요한 조치를 취하여야 한다.

정답 ①

78 블록 암호화 운영 모드에 대한 설명으로 틀린 것은?

① ECB는 동일한 평문 블록을 동일한 암호문으로 생성하는 방식이다.

② CBC는 이전 블록 암호문과 평문의 블록을 XOR 한 후 암호문 블록을 생성한다.

③ CFB는 이전 블록의 암호문을 다시 암호화한 값과 평문 블록을 XOR하고 다음 암호문 블록을 생성한다.

④ OFB는 한 비트의 전송 오류를 복호화하면 전체에 오류를 유발한다.

OFB는 한 비트 단위의 에러가 있는 암호문을 복호화하면 평문에 대응하는 비트만 에러가 된다.

• **OFB(Output Feedback) 모드** : 모든 암호문 블록의 각 비트는 이전 암호문 비트들과 독립하며, 전송 중 오류가 발생해도 다음 블록 비트에 영향을 주지 않는다.

• **안전성** : 블록 단위의 패턴이 유지되지 않는다. 암호문이 임의로 변조된다면 수신자가 복호화하는 평문에 영향을 준다.

• **오류 파급** : 암호문의 한 비트 오류는 단지 대응되는 평문의 한 비트에만 영향을 준다.

정답 ④

---

79 다음 중 해시함수(Hash Function)에 대한 설명으로 가장 부적합한 것은?

① 임의의 길이의 이진 문자열을 일정한 크기의 이진 문자열로 변환해야 한다.

② x가 주어지면 H(x)는 계산하기 쉬워야 한다.

③ x가 주어졌을 때 H(x')= H(x)인 x'(≠x)를 찾는 것은 계산적으로 어려워야 한다.

④ H(x')= H(x)인 서로 다른 임의의 두 입력 x와 x'를 찾는 것은 계산하기 쉬워야 한다.

주어진 해시함수에 대한 설명으로 가장 부적합한 설명은 보기 ④이다. 해시함수가 갖는 특성은 강한 충돌 회피성으로 "H(x')= H(x)인 서로 다른 임의의 두 입력 x와 x'를 찾는 것은 계산적으로 어려워야 한다."

해시함수 요구사항

요구사항	설명
압축	임의의 길이의 이진 문자열을 일정한 크기의 이진 문자열로 변환해야 한다.
계산의 용이성	x가 주어지면 H(x)는 계산하기 쉬워야 한다.
일방향성	입력을 모르는 해시 값 y가 주어졌을 때, H(x')=y를 만족하는 x를 찾는 것은 계산적으로 어려워야 한다.
약한 충돌 회피성	x가 주어졌을 때 H(x')=H(x)인 x'(≠x)을 찾는 것은 계산적으로 어려워야 한다.
강한 충돌 회피성	H(x')=H(x)인 서로 다른 임의의 두 입력 x와 x'를 찾는 것은 계산적으로 어려워야 한다.

정답 ④

80 완전 자동화된 사람과 컴퓨터를 판별하는 HIP(Human Interaction Proof) 기술의 일종으로, 어떠한 사용자가 실제 사람인지 컴퓨터 프로그램인지를 구별하기 위해 사용되는 방법은 무엇인가?

① CAPTCHA
② Blockchain
③ Preparestatement
④ Nonce

CAPTCHA(Completely Automated Public Turing test to tell Computers and Humans Apart)는 완전 자동화된 사람과 컴퓨터를 판별하는 HIP(Human Interaction Proof) 기술의 일종으로, 어떠한 사용자가 실제 사람인지 컴퓨터 프로그램인지를 구별하기 위해 사용되는 방법이다.

정답 ①

5과목	정보보안 관리 및 법규

81 조직의 정보보호 목표 선정 시 고려사항으로 가장 적합하지 않은 것은?

① 사용자에게 제공하는 서비스의 이점이 위험의 비중보다 크다면 정보보호 관리자는 사용자들이 위험으로부터 서비스를 사용할 수 있도록 보호 대책을 수립한다.
② 영리적 목적의 시스템 사용 안전성 보다는 사용자의 용이성을 최우선 과제로 선정한다.
③ 정책 영역은 정보보호의 문서 형태를 포함한다.
④ 정책은 내용 수준에 따라 기 계산된 보호내용을 포함한다.

• 영리적 목적의 시스템 사용 안전성과 사용자의 용이성은 Trade off 관계이므로 조직의 정보보호 목표 선정 시 정보보호 목표 수준에 따라서 시스템 사용 안전성과 사용자의 용이성의 정도나 크기, 관계 등을 확인하고 적정 수준의 정보보호 대책안을 마련하여야 한다.
• 정보보호 영역에서는 사용자의 용이성보다는 시스템 사용 안전성을 우선적으로 고려해야 한다.

[참고] Trade off
두 개의 정책목표 가운데 하나를 달성하려고 하면 다른 목표의 달성이 늦어지거나 희생되는 양자 간의 관계이다.

정답 ②

82 위험분석과 관련한 사항으로 부적절한 것은?

① 위험은 비정상적인 일이 발생할 수 있는 가능성을 의미한다. 위험의 구성요소는 자산, 위험, 취약성, 보호 대책 등을 구성한다.

② 위험분석을 통한 보호 대책을 선택하는 시간과 노력을 감소할 수 있다면 보호 대책이 낮게 선정되어 비용이 절감되며 효과적인 정보보호 대책을 구현할 수 있다.

③ 위협의 발생 빈도를 계산식으로 이용하여 위험을 계량하는 방법으로 수학적 공식 접근법이 있다.

④ 정성적 위험분석 기법으로 델파이법, 시나리오법, 순위 결정법 등이 있다.

보호 대책을 낮게 설정하면 불충분한 정보보호가 된다. 조직의 자산변동이나 새로운 위협/취약성의 발생 또는 위협 발생률의 변화 등 정보보호 환경의 변화에 적절하게 반영하지 못한다. 그러므로 위험의 심각성 및 시급성, 구현의 용이성, 예산 할당, 자원의 가용성, 선후행 관계 등을 고려하여 보호 대책의 설정하여야 한다.

정답 ②

83 A사에서 사용 목적이 종료되어 파기조치를 수행하는 방법에 대한 설명으로 부적절한 것은?

① HDD의 파기를 위해 하이레벨 포맷을 수행한다.

② 전용소자장비를 이용하여 파기를 수행한다.

③ Data가 복원되지 않도록 초기화 또는 덮어쓰기를 수행한다.

④ 기록물의 일부를 파기 시에 마스킹 및 천공을 수행한다.

• HDD의 파기를 위해 하이레벨 포맷을 수행하는 것이 아니라 로우 레벨 포맷을 수행한다.
• 로우 레벨 포맷은 해당 디스크상의 모든 섹터의 내용을 완전히 지우고 공장 출고 상태처럼 완전히 초기화하는 것이다.

개인정보 안전성 확보 조치 기준 고시
제13조(개인정보의 파기)
① 개인정보처리자는 개인정보를 파기할 경우 다음 각호 중 어느 하나의 조치를 하여야 한다.
1. 완전파괴(소각, 파쇄 등)
2. 전용소자장비를 이용하여 삭제
3. 데이터가 복원되지 않도록 초기화 또는 덮어쓰기 수행
② 개인정보처리자가 개인정보의 일부만을 파기하는 경우, 제1항의 방법으로 파기하는 것이 어려울 때에는 다음 각호의 조치를 하여야 한다.
1. 전자적 파일 형태인 경우 : 개인정보를 삭제한 후 복구 및 재생되지 않도록 관리 및 감독
2. 제1호 외의 기록물, 인쇄물, 서면, 그 밖의 기록 매체인 경우 : 해당 부분을 마스킹, 천공 등으로 삭제

정답 ①

84 침해사고 등이 발생될 경우 클라우드 서비스 제공자의 의무로 적절하지 않은 것은?

① 클라우드 서비스 제공자는 이용자 정보가 유출되었을 때 즉시 그 사실을 과학기술정보통신부 장관에게 알린다.

② 클라우드 서비스 제공자는 사전예고 없이 대통령령이 정하는 기간 이상 서비스 중단이 발생한 때에는 지체없이 그 사실을 과학기술정보통신부장관에게 알린다.

③ 클라우드 서비스 제공자는 정보통신망법에 따라 침해사고가 발생될 때는 지체없이 그 사실을 이용자에게 알린다.

④ 클라우드 서비스 제공자는 이용자 정보가 유출될 때는 지체없이 그 사실을 해당 이용자에게 알려야 한다.

13회 보안기사부터 출제 기준 변경으로 추가된 영역이다.

② 클라우드 서비스 제공자는 사전예고없이 대통령령이 정하는 기간 이상 서비스 중단이 발생한 때에는 지체없이 그 <u>사실을 과학기술정보통신부장관에게 알린다.</u> (x) → 지체 없이 그 사실을 해당 이용자에게 알려야 한다.
이용자의 정보가 유출된 때에만 즉시 그 사실을 과학기술정보통신부장관에게 알려야 한다.

클라우드컴퓨팅 발전 및 이용자 보호에 관한 법률

25조(침해사고 등의 통지 등) ① 클라우드컴퓨팅 서비스 제공자는 다음 각호의 어느 하나에 해당하는 경우에는 지체 없이 그 사실을 해당 이용자에게 알려야 한다.

1. 「정보통신망 이용촉진 및 정보보호 등에 관한 법률」 제2조 제7호에 따른 침해사고(이하 "침해사고"라 한다)가 발생한 때

2. 이용자 정보가 유출된 때

3. 사전예고 없이 대통령령으로 정하는 기간(당사자 간 계약으로 기간을 정하였을 경우에는 그 기간을 말한다) 이상 서비스 중단이 발생한 때

> 동법 시행령 제16조(통지가 필요한 클라우드컴퓨팅 서비스의 중단 기간) 법 제25조 제1항 제3호에서 "대통령령으로 정하는 기간"이란 다음 각호의 어느 하나에 해당하는 경우를 말한다.
>
> 1. 클라우드컴퓨팅 서비스의 중단 기간이 연속해서 10분 이상인 경우
>
> 2. 클라우드컴퓨팅 서비스의 중단 사고가 발생한 때부터 24시간 이내에 클라우드컴퓨팅 서비스가 2회 이상 중단된 경우로서 그 중단된 기간을 합하여 15분 이상인 경우

② 클라우드컴퓨팅 서비스 제공자는 **제1항 제2호에 해당하는 경우에는 즉시 그 사실을 과학기술정보통신부장관에게 알려야 한다.** 〈개정 2017. 7. 26.〉

③ 과학기술정보통신부장관은 제2항에 따른 통지를 받거나 해당 사실을 알게 되면 피해 확산 및 재발의 방지와 복구 등을 위하여 필요한 조치를 할 수 있다. 〈개정 2017. 7. 26.〉

④ 제1항부터 제3항까지의 규정에 따른 통지 및 조치에 필요한 사항은 대통령령으로 정한다.

> 제17조(통지의 내용 및 방법) ① 클라우드컴퓨팅 서비스를 제공하는 자(이하 "클라우드컴퓨팅 서비스 제공자"라 한다)는 법 제25조 제1항 각호의 어느 하나에 해당하는 경우에는 지체 없이 다음 각호의 사항을 해당 이용자에게 알려야 한다. 다만, 제2호의 발생 원인을 바로 알기 어려운 경우에는 나머지 사항을 먼저 알리고, 발생 원인이 확인되면 지체 없이 해당 이용자에게 알려야 한다.
>
> 1. 발생 내용
>
> 2. 발생 원인
>
> 3. 클라우드컴퓨팅 서비스 제공자의 피해 확산 방지 조치 현황

4. 클라우드컴퓨팅 서비스 이용자(이하 "이용자"라 한다)의 피해 예방 또는 확산 방지 방법

5. 담당부서 및 연락처

② 클라우드컴퓨팅 서비스 제공자는 제1항에 따른 통지를 전화, 휴대전화, 우편, 전자우편, 문자메시지, 클라우드컴퓨팅 서비스 접속화면 게시 또는 이와 유사한 방법 중 어느 하나 이상의 방법으로 하여야 한다. 다만, 클라우드컴퓨팅 서비스 접속화면을 통하여 알리는 경우에는 15일 이상 게시하여야 한다.

③ 천재지변이나 그 밖의 불가피한 사유로 제1항에 따른 통지가 곤란한 경우에는 「신문 등의 진흥에 관한 법률」 제2조 제1호가목에 따른 전국을 보급지역으로 하는 둘 이상의 일반일간신문에 1회 이상 공고하는 것으로 통지를 갈음할 수 있다.

④ 제3항에 따라 공고한 클라우드컴퓨팅 서비스 제공자는 천재지변이나 그 밖의 불가피한 사유와 공고 내용을 지체 없이 문서(전자문서를 포함한다)로 과학기술정보통신부장관에게 통보하여야 한다. 〈개정 2017. 7. 26.〉

⑤ 클라우드컴퓨팅 서비스 제공자는 법 제25조 제2항에 따라 같은 조 제1항제2호에 따른 이용자 정보의 유출 사실을 과학기술정보통신부장관에게 알릴 때에는 다음 각호의 사항을 포함하여야 한다. 〈개정 2017. 7. 26.〉

1. 유출된 이용자 정보의 개요(파악된 경우에 한정한다)

2. 유출된 시점과 그 경위

3. 클라우드컴퓨팅 서비스 제공자의 피해 확산 방지 조치 현황

정답 ②

85 개인정보보호법에서 동의없이 개인정보의 목적 외 이용 및 제3자 제공하는 사유로 올바른 것은?

> ㄱ. 정보주체와 계약체결 및 이행을 위하여 불가피하게 필요한 경우
>
> ㄴ. 정당한 이익 달성이 필요한 경우로서 명백하게 정보주체 권리보다 우선한 경우
>
> ㄷ. 정보주체 또는 그 법정대리인이 의사표시를 할 수 없는 상태에 있거나 주소불명 등으로 사전 동의를 받을 수 없는 경우로서 명백히 정보주체 또는 제3자의 급박한 생명, 신체, 재산의 이익을 위하여 필요하다고 인정되는 경우
>
> ㄹ. 통계작성 및 학술연구 등의 목적을 위하여 필요한 경우로서 특정 개인을 알아볼 수 없는 형태로 개인정보를 제공하는 경우

① 모두

② ㄱ, ㄴ

③ ㄴ, ㄷ

④ ㄷ, ㄹ

ㄱ, ㄴ은 개인정보처리자가 개인정보보호법 제15조(개인정보의 수집·이용)에 따른 사유에만 해당하며, 개인정보보호법 제18조(개인정보의 목적 외 이용·제공 제한)에 대한 제공 사유는 아래와 같다.

개인정보보호법 제18조(개인정보의 목적 외 이용·제공 제한)

① 개인정보처리자는 개인정보를 제15조 제1항에 따른 범위를 초과하여 이용하거나 제17조 제1항 및 제3항에 따른 범위를 초과하여 제3자에게 제공하여서는 아니 된다.

② 제1항에도 불구하고 개인정보처리자는 다음 각호의 어느 하나에 해당하는 경우에는 정보주체 또는 제3자의 이익을 부당하게 침해할 우려가 있을 때를 제외하고는 개인정보를 목적 외의 용도로 이용하거나 이를 제3자에게 제공할 수 있다. 다만, 제5호부터 제9호까지의 경우는 공공기관의 경우로 한정한다.

> 1. 정보주체로부터 별도의 동의를 받은 경우
> 2. 다른 법률에 특별한 규정이 있는 경우
> 3. 정보주체 또는 그 법정대리인이 의사표시를 할 수 없는 상태에 있거나 주소불명 등으로 사전 동의를 받을 수 없는 경우로서 명백히 정보주체 또는 제3자의 급박한 생명, 신체, 재산의 이익을 위하여 필요하다고 인정되는 경우
> 4. 통계작성 및 학술연구 등의 목적을 위하여 필요한 경우로서 특정 개인을 알아볼 수 없는 형태로 개인 정보를 제공하는 경우
> 5. 개인정보를 목적 외의 용도로 이용하거나 이를 제3자에게 제공하지 아니하면 다른 법률에서 정하는 소관 업무를 수행할 수 없는 경우로서 보호위원회의 심의·의결을 거친 경우
> 6. 조약, 그 밖의 국제협정의 이행을 위하여 외국 정부 또는 국제기구에 제공하기 위하여 필요한 경우
> 7. 범죄의 수사와 공소의 제기 및 유지를 위하여 필요한 경우
> 8. 법원의 재판업무 수행을 위하여 필요한 경우
> 9. 형(刑) 및 감호, 보호처분의 집행을 위하여 필요한 경우

정답 ④

86 개인정보보호법 상 정보주체 동의를 받은 경우에만 개인정보수집·이용이 가능한 경우는?

① 경력직 직원을 위해 지원자의 종교, 질병, 범죄경력 등의 개인정보를 수집하는 경우
② 개인정보처리자가 도난 및 화재예방을 위해 자재창고 앞에 CCTV를 설치한 경우
③ 교통사고로 인해 정보주체가 의식이 없는 상태로 급박한 수술을 위해 보호자의 전화번호를 수집하는 경우
④ 소비자가 주문한 세탁기 배달을 위하여 소비자의 집주소와 전화번호를 수집한 경우

개인정보보호법 상 정보주체 동의를 받은 경우에만 개인정보수집·이용이 가능한 경우로 보기 ① 경력직 직원을 위해 지원자의 종교, 질병, 범죄경력 등의 개인정보수집하는 경우이다.

오답 피하기

경력직 직원을 위해 지원자의 종교, 질병, 범죄경력 등은 민감정보에 해당하므로 반드시 개인정보의 별도 동의를 받아야 한다.

② 개인정보처리자가 도난 및 화재예방을 위해 자재창고 앞에 CCTV를 설치한 경우
  → 개인정보보호법 제25조 제1항 제3호와 관련
  3. 시설 안전 및 화재 예방을 위하여 필요한 경우
③ 교통사고로 인해 정보주체가 의식이 없는 상태로 급박한 수술을 위해 보호자의 전화번호을 수집하는 경우
  → 개인정보보호법 제15조 제1항 제5호와 관련
  5. 정보주체 또는 그 법정대리인이 의사표시를 할 수 없는 상태에 있거나 주소불명 등으로 사전 동의를 받을 수 없는 경우로서 명백히 정보주체 또는 제3자의 급박한 생명, 신체, 재산의 이익을 위하여 필요하다고 인정되는 경우
④ 소비자가 주문한 세탁기 배달을 위하여 소비자의 집주소와 전화번호를 수집한 경우
  → 개인정보보호법 제15조 제1항 제4호와 관련
  4. 정보주체와의 계약의 체결 및 이행을 위하여 불가피하게 필요한 경우

정답 ①

87 개인정보 영향평가 시에 고려할 사항이 아닌 것은?

① 처리하는 개인정보의 수
② 개인정보의 제3자 제공 여부
③ 정보주체의 권리를 해할 가능성 및 그 위험 정도
④ 개인정보 보유기간

개인정보보호법 제33조 제2항에서 정한 영향평가를 하는 경우에는 다음 각호의 사항을 고려해야 한다.

(1) 처리하는 개인정보의 수

(2) 개인정보의 제3자 제공 여부

(3) 정보주체의 권리를 해할 가능성 및 그 위험 정도

(4) 그 밖에 대통령령으로 정한 사항

동법 시행령 제36조 영향평가 시 고려사항

1. 민감정보 또는 고유식별정보의 처리 여부

2. 개인정보 보유기간

오답 피하기

개인정보 보유기간은 그 밖에 대통령령으로 정한 사항에 해당되는 내용으로 개인정보보호법 제33조 제2항에서 정한 사항이 아니고 동법 시행령 제36조 영향평가 시 정한 사항이기 때문에 주어진 보기에서 "개인정보 보유기간"을 답으로 보아야 한다.

정답 ④

88 국가정보화기본법 제3조에서 정한 "정보통신"이란 정보의 (   )·(   )·(   )·(   )·(   )·(   ) 및 그 활용, 이에 관련되는 기기(器機)·기술·서비스 및 그 밖에 정보화를 촉진하기 위한 일련의 활동과 수단을 말한다. 괄호 안에 들어갈 내용은 무엇인가(순서 상관 없음)?

① 수집, 가공, 저장, 검색, 송신, 수신
② 수집, 보관, 이용, 제공, 파기, 처리
③ 수집, 가공, 저장, 제공, 삭제, 수신
④ 수집, 가공, 보관, 처리, 송신, 삭제

국가정보화기본법 제3조에서 정한 "정보통신"이란 정보의 수집·가공·저장·검색·송신·수신 및 그 활용, 이에 관련되는 기기(器機)·기술·서비스 및 그 밖에 정보화를 촉진하기 위한 일련의 활동과 수단을 말한다.

정답 ①

89 다음 중 아래 보기의 괄호 안에 들어가는 내용은 무엇인가?

> • 정량적 위험분석에서는 손실 및 위험의 크기를 금액으로 나타내며, 위험을 손실액과 같은 숫자 값으로 표현한다. 주로 미국에서 사용하고 있는 방식으로 기대 위험 가치를 분석하는 방법이다.
> • 정량적 위험분석 방법 중 예상손실액을 구하는 계산식이 있다. 연간예상손실액(ALE, Annual Los Expectancy)은 단일예상손실액에 연간 발생률을 곱하는 식을 적용한다.
> • 단일예상손실액(SLE, Simple Loss Expectancy)은 (ㄱ) * (ㄴ) 계수 = 단일예상손실

① 소비가치, 노출
② 자산가치, 소비
③ 자산가치, 노출
④ 소비가치, 생산

(ㄱ) * (ㄴ) 계수 = 단일예상손실은 (자산가치) * (노출계수)이다.

정답 ③

90 망법에서 (   )는 해킹, 컴퓨터바이러스, 논리폭탄, 메일폭탄, 서비스 거부 또는 고출력 전자기파 등의 방법으로 정보통신망 또는 이와 관련된 정보시스템을 공격하는 행위를 하여 발생한 사태를 말한다. (   ) 안에 들어갈 내용은 무엇인가?

① 침해사고
② 보안사고
③ 사이버 공격
④ 물리적 공격

정보통신망 이용촉진 및 정보보호 등에 관한 법률[법률 제16021호, 2018. 12. 24, 일부개정] 제2조 제7호에 따라 정의는 다음과 같다.
7. "침해사고"란 해킹, 컴퓨터바이러스, 논리폭탄, 메일폭탄, 서비스 거부 또는 고출력 전자기파 등의 방법으로 정보통신망 또는 이와 관련된 정보시스템을 공격하는 행위를 하여 발생한 사태를 말한다.

정답 ①

91 정보보호 대책으로 위험을 감소시키기 위한 정보보호 대책이 있다. 정보보호 대책에는 절차, 기준법, 정책 운영 등을 포함하고 있으며, 보호 대책을 통하여 통제를 구분할 수 있다. 다음의 통제에 대한 설명 중 부적절한 것은?

① 오류나 부정이 발생하는 것을 예방할 목적으로 행사하는 통제로서 발생 가능한 잠재적 문제들을 식별하고 사전에 대처하는 능동적인 개념의 통제를 예방통제라고 한다.

② 탐지통제를 통해 발견된 문제들을 해결하기 위한 통제를 향후 문제 발생을 최소화하기 위하여 시스템을 변경하는 등의 일련의 활동을 교정통제라고 한다.

③ 예방통제를 우회하여 발생한 문제들을 찾아내기 위한 통제를 탐지통제라고 한다.

④ 보안이 조직의 필요에 적절한지 아닌지를 판단하는 일의 일부는 잔류위험의 허용인데, 이 프로세스를 위험회피(Risk Avoidance)라 한다.

보기 ④은 위험회피(Risk Avoidance)가 아닌 위험 수용(Risk Perception)에 대한 설명이다.

위험분석(위험대책)

위험대책	설명
위험수용 (Risk Perception)	• 현재의 위험을 받아들이고 잠재적 손실 비용을 감수하는 것이다. • 어떠한 대책이든 위험을 완전히 제거할 수 없으므로 감수하고 사업을 진행한다.
위험감소 (Risk Reduction)	• 잠재적인 위험에 대해 정보보호 대책을 구현하는 것이다. • 위험을 도출하는데 필요한 자산, 취약성, 위험 중 하나의 수준을 낮춘다. • 수용 가능한 위험수준을 넘어서는 위험에 대해 취약성을 해결한다. • 위험의 빈도를 낮출 수 있는 통제를 적용하여 위험을 감소시킨다.
위험회피 (Risk Avoidance)	위험이 존재하는 프로세스나 사업을 수행하지 않고 포기하는 것이다.
위험전가 (Risk Transfer)	보험이나 외주 등으로 잠재적 비용을 제3자에게 이전하거나 할당 **예** 보험가입

보안 통제의 종류

통제 유형	설명
예방 통제	정보보안의 침해가 발생하기 이전 바라지 않은 이벤트를 방지하려는 통제(오류/부정의 방지목적 : 프로그래밍 안전 작성 가이드 등)
탐지 통제	바라지 않은 이벤트 발생 시 이를 조속히 탐지하려는 통제(Anomaly 검출의 목적 : IDS 운영지침, Checksum 등)
저지 통제	의도적인 보안지침 위배를 가급적 하지 못하게 하는 통제방안(복잡한 패스워드 설정규칙 제정, 인터넷뱅킹 OTP 도입, 안면인식 출입 통제시스템 등)
교정 통제	불법적 침해를 당한 상황을 수정하거나 침해 이전의 상황으로 복귀하는 통제(현, 통제 방식에 대한 변화가 수반될 수 있다.)
복구 통제	침해당한 컴퓨터 자원이나 과업수행능력, 금전적 손해를 복구하는 통제(백업파일의 리스토어 등)

정답 ④

92 업무 연속성 관리 및 재난복구계획으로 올바르지 않은 것은?

① 재난복구서비스 중 웜 사이트는 재난 발생 시 새로운 컴퓨터를 설치할 수 있는 컴퓨터실을 미리 준비해 둔 것으로 별다른 장비를 가지고 있지 않은 것을 의미한다.

② 재난복구계획의 5단계 방법론은 프로젝트 범위 설정 및 기획, 사업영향평가, 복구전략 및 개발, 프로젝트 수행 테스트 및 유지보수 등을 포함한다.

③ 재해복구테스트 종류에는 체크리스트, 구조적 점검 테스트, 시뮬레이션, 병렬 테스트, 전체 시스템 중단 테스트 등으로 나눌 수 있다.

④ 사업영향평가의 목적은 운영의 전부 혹은 일부 그리고 컴퓨터 서비스가 작동하지 않을 때 조직을 보호하기 위한 핵심업무를 파악하는 것으로 핵심업무의 정지로 인해 조직에 발생되는 잠재적인 손해 혹은 손실을 파악하는 것이다.

웜 사이트가 아닌 콜드 사이트에 대한 설명이다.

정답 ①

93 정보보호 및 개인정보보호를 위한 일련의 조치와 활동이 인증기준에 적합함을 한국인터넷진흥원 또는 인증기관이 증명하는 것을 말한다. 아래의 보기 중 어떠한 제도에 대한 설명인가?

① CC

② PIMS

③ ISMS

④ ISMS-P

주어진 보기 ④은 ISMS-P에 대한 설명이다.

정답 ④

94 정보통신망법에서 정의된 정보보호최고책임자에 대한 설명으로 적절하지 않은 것은?

① 정보통신서비스 제공자는 정보보호최고책임자를 임원급으로 지정하고, 과학기술정보통신부 신고, 정보보호 관리 체계의 수립 및 관리 · 운영을 수행한다.

② 정보보호최고책임자는 법에서 정한 업무 외 기업의 형편에 따라 겸직할 수 있다.

③ 정보보호 관리 체계, 관리 운영, 취약점 분석 등 침해사고에 예방 및 대응한다.

④ 정보보호 최고책임자를 구성원으로 하는 정보보호 최고책임자 협의회를 구성 · 운영할 수 있다.

정보보호최고책임자는 법에서 정한 업무 외 기업의 형편에 따라 겸직이 불가능하다.

`오답 피하기`

제45조의3(정보보호 최고책임자의 지정 등)

① 정보통신서비스 제공자는 정보통신시스템 등에 대한 보안 및 정보의 안전한 관리를 위하여 임원급의 정보보호 최고책임자를 지정하고 과학기술정보통신부장관에게 신고하여야 한다. 다만, 자산총액, 매출액 등이 대통령령으로 정하는 기준에 해당하는 정보통신서비스 제공자의 경우에는 정보보호 최고책임자를 지정하지 아니할 수 있다. 〈개정 2014. 5. 28., 2017. 7. 26., 2018. 6. 12.〉

② 제1항에 따른 신고의 방법 및 절차 등에 대해서는 대통령령으로 정한다. 〈신설 2014. 5. 28.〉

③ 제1항 본문에 따라 지정 및 신고된 정보보호 최고책임자(자산총액, 매출액 등 대통령령으로 정하는 기준에 해당하는 정보통신서비스 제공자의 경우로 한정한다)는 제4항의 업무 외의 다른 업무를 겸직할 수 없다. 〈신설 2018. 6. 12.〉

④ 정보보호 최고책임자는 다음 각호의 업무를 총괄한다. 〈개정 2014. 5. 28., 2018. 6. 12.〉

1. 정보보호 관리 체계의 수립 및 관리 · 운영

2. 정보보호 취약점 분석 · 평가 및 개선

3. 침해사고의 예방 및 대응

4. 사전 정보보호 대책 마련 및 보안 조치 설계 · 구현 등

5. 정보보호 사전 보안성 검토

6. 중요 정보의 암호화 및 보안서버 적합성 검토

7. 그 밖에 이 법 또는 관계 법령에 따라 정보보호를 위하여 필요한 조치의 이행

⑤ 정보통신서비스 제공자는 침해사고에 대한 공동 예방 및 대응, 필요한 정보의 교류, 그 밖에 대통령령으로 정하는 공동의 사업을 수행하기 위하여 제1항에 따른 정보보호 최고책임자를 구성원으로 하는 정보보호 최고책임자 협의회를 구성 · 운영할 수 있다. 〈개정 2014. 5. 28., 2018. 6. 12.〉

⑥ 정부는 제5항에 따른 정보보호 최고책임자 협의회의 활동에 필요한 경비의 전부 또는 일부를 지원할 수 있다. 〈개정 2014. 5. 28., 2015. 6. 22., 2018. 6. 12.〉

⑦ 정보보호 최고책임자의 자격요건 등에 필요한 사항은 대통령령으로 정한다. 〈신설 2018. 6. 12.〉

[본조신설 2012. 2. 17.] [시행일 : 2019. 6. 13.] 제45조의3

`정답` ②

95 개인정보의 안전성 확보 조치 고시 기준에 따라 암호화를 수행하는 내용으로 적절하지 않은 것은?

① 개인정보처리자는 고유식별정보를 정보통신망을 통하여 송신하거나 보조 저장매체 등을 통하여 전달하는 경우에는 이를 암호화하여야 한다.

② 개인정보처리자는 비밀번호 및 바이오정보를 암호화하여 저장하여야 한다. 다만, 비밀번호를 저장하는 경우에는 복호화되지 아니하도록 양방향 암호화하여 저장하여야 한다.

③ 개인정보처리자는 인터넷 구간 및 인터넷 구간과 내부망의 중간 지점(DMZ : Demilitarized Zone)에 고유식별정보를 저장하는 경우에는 이를 암호화하여야 한다.

④ 개인정보처리자는 업무용 컴퓨터 또는 모바일 기기에 고유식별정보를 저장하여 관리하는 경우 상용 암호화 소프트웨어 또는 안전한 암호화 알고리즘을 사용하여 암호화한 후 저장하여야 한다.

개인정보처리자는 비밀번호 및 바이오정보를 암호화하여 저장하여야 한다. 다만, 비밀번호를 저장하는 경우에는 복호화되지 아니하도록 <u>일방향 암호화</u>하여 저장하여야 한다.

정답 ②

96 개인정보보호법 제34조에 따라 아래 보기의 (ㄱ)과 (ㄴ)에 해당하는 내용은 무엇인가?

> [개인정보 유출 신고의 범위 및 기관]
> 개인정보 유출 신고 범위 : (ㄱ) 이상의 정보주체에 관한 개인정보
> 통지 및 신고 기관 : 행정안전부장관 또는 (ㄴ)
> [개인정보 유출 사실 통지 내용]
> 1. 유출된 개인정보의 항목
> 2. 유출된 시점과 그 경위
> 3. 유출로 인하여 발생할 수 있는 피해를 최소화하기 위하여 정보주체가 할 수 있는 방법 등에 관한 정보
> 4. 개인정보처리자의 대응조치 및 피해 구제 절차
> 5. 정보주체에게 피해가 발생한 경우 신고 등을 접수할 수 있는 담당부서 및 연락처

① ㄱ. 1천 명   ㄴ. 한국인터넷진흥원
② ㄱ. 1만 명   ㄴ. 한국인터넷진흥원
③ ㄱ. 1만 명   ㄴ. 한국정보화진흥원
④ ㄱ. 5천 명   ㄴ. 한국정보화진흥원

개인정보보호법 제34조(개인정보 유출 통지 등)

① 개인정보처리자는 개인정보가 유출되었음을 알게 되었을 때에는 지체 없이 해당 정보주체에게 다음 각호의 사실을 알려야 한다.

1. 유출된 개인정보의 항목

2. 유출된 시점과 그 경위

3. 유출로 인하여 발생할 수 있는 피해를 최소화하기 위하여 정보주체가 할 수 있는 방법 등에 관한 정보

4. 개인정보처리자의 대응조치 및 피해 구제 절차

5. 정보주체에게 피해가 발생한 경우 신고 등을 접수할 수 있는 담당부서 및 연락처

② 개인정보처리자는 개인정보가 유출된 경우 그 피해를 최소화하기 위한 대책을 마련하고 필요한 조치를 하여야 한다.

③ 개인정보처리자는 대통령령으로 정한 규모 이상의 개인정보가 유출된 경우에는 제1항에 따른 통지 및 제2항에 따른 조치 결과를 지체 없이 **행정안전부장관 또는 대통령령으로 정하는 전문기관에 신고**하여야 한다. 이 경우 행정안전부장관 또는 대통령령으로 정하는 전문기관은 피해 확산방지, 피해 복구 등을 위한 기술을 지원할 수 있다. 〈개정 2013. 3. 23., 2014. 11. 19., 2017. 7. 26.〉

④ 제1항에 따른 통지의 시기, 방법 및 절차 등에 관하여 필요한 사항은 대통령령으로 정한다.

개인정보보호법 시행령 제39조

제39조(개인정보 유출 신고의 범위 및 기관) ① 법 제34조 제3항 전단에서 "대통령령으로 정한 규모 이상의 개인정보"란 **1천명 이상의 정보주체에 관한 개인정보**를 말한다. 〈개정 2017. 10. 17.〉

② 법 제34조 제3항 전단 및 후단에서 "대통령령으로 정하는 전문기관"이란 각각 한국인터넷진흥원을 말한다. 〈개정 2015. 12. 30., 2016. 7. 22.〉

정답 ①

≡ 하 　정보보안 관리 및 법규 〉 정보보호 관련 윤리 및 법규

97 정보보호 내부감사 시 고려해야 할 사항으로 가장 부적절한 것은?

① 내부감사 수행 시 구성원은 정보보호 전문가들로 제한한다.

② 내부감사의 범위는 다양한 위험분석 및 검토를 할 수 있도록 가능한 포괄적으로 이를 수행한다.

③ 감사 활동은 기업의 내외부로부터 독립성을 유지할 수 있도록 해야 한다.

④ 내부감사는 조직의 위험을 파악하여 개선사항을 제시할 수 있다.

정보보호 내부감사 수행 시 구성원은 정보보호 측면의 전문성을 위해 객관성과 전문성을 지닌 사람을 감사인으로 회사 내 독립된 감사조직을 시행하거나 정보보호정책 기능을 담당하는 조직이 담당하게 하여 감사의 독립성 및 전문성을 확보해야 한다.

오답 피하기

감사의 객관성을 확보하기 위해 제3자가 감사를 수행하는 것이 원칙이다. 다만, 불가피한 경우 제3자 인력을 포함하여 정보보호조직이 감사를 수행할 수 있다.

정답 ①

98 다음 중 정보주체가 동의하지 않거나 법적준거성이 적용되지 않은 경우 개인정보처리 제한에 해당하지 않은 것은?

① 민감정보의 처리 제한
② 고유식별정보의 처리 제한
③ 주민 등록번호의 처리의 제한
④ 개인정보 열람 · 정정 등 자기 결정권에 대한 처리 제한

개인정보 열람 · 정정 등 자기 결정권에 대한 처리 제한은 개인정보처리자가 정보주체에게 요구한 개인정보 열람 또는 정정 사항에 대해서 거부할 수 있는 제한 사유이므로 민감정보의 처리 제한, 고유식별정보의 처리 제한, 주민 등록번호의 처리 제한과는 성격이 다르다.

정답 ④

99 (ㄱ)과 (ㄴ)에 들어갈 내용은 무엇인가?

> 정보보호 및 개인정보보호 관리체계 인증 등에 관한 고시(과학기술정보통신부 고시 제2018-80호) 제10조에 의하면 ((ㄱ) 및
> (ㄴ) 확보) 인증기관 및 심사기관은 인증심사의 (ㄱ) 및 (ㄴ) 확보를 위해 다음 각호의 행위가 발생되지 않도록 노력하여야 한다.
> 1. 정보보호 및 개인정보보호 관리체계 구축과 관련된 컨설팅 업무를 수행하는 행위
> 2. 정당한 사유 없이 인증절차, 인증기준 등의 일부를 생략하는 행위
> 3. 조직의 이익 등을 위해 인증심사 결과에 영향을 주는 행위
> 4. 그 밖에 인증심사의 공정성 및 독립성을 훼손할 수 있는 행위

① ㄱ. 기밀성, ㄴ. 객관성
② ㄱ. 신뢰성, ㄴ. 무결성
③ ㄱ. 공정성, ㄴ. 독립성
④ ㄱ. 투명성, ㄴ. 지속성

정보보호 및 개인정보보호 관리체계 인증 등에 관한 고시
(과학기술정보통신부 고시 제2018-80호) 제10조는 다음과 같다.
제10조(**공정성 및 독립성 확보**) 인증기관 및 심사기관은 인증심사의 공정성 및 독립성 확보를 위해 다음 각호의 행위가 발생되지 않도록 노력하여야 한다.
1. 정보보호 및 개인정보보호 관리체계 구축과 관련된 컨설팅 업무를 수행하는 행위
2. 정당한 사유 없이 인증절차, 인증기준 등의 일부를 생략하는 행위
3. 조직의 이익 등을 위해 인증심사 결과에 영향을 주는 행위
4. 그 밖에 인증심사의 공정성 및 독립성을 훼손할 수 있는 행위

정답 ③

100 아래 보기에서 피의자 K씨가 행한 행위에 대해 처벌할 가장 적합한 법률은 무엇인가?

> 피의자 K씨는 어느 온라인 사이트를 운영하여 이용자의 개인정보를 수집하고 있고 2차로 많은 명품을 추첨한다는 거짓 이벤트를 실시하여 이용자의 민감정보를 수집하고 있다. 하지만 이에 대한 동의를 하지 않고 목적 외 이용 및 제3자 제공 사실을 고지하지 않고 있으며, 온라인 사이트를 통해 악성코드 프로그램을 유포하고 있다.

① 정보통신망 이용촉진 및 정보보호 등에 관한 법률
② 정보통신기반보호법
③ 통신비밀보호법
④ 사행 행위 등 규제 및 처벌 특례법

제22조(개인정보의 수집·이용 동의 등) 위반하여 처벌할 수 있다.
방송통신위원회는 매출액의 100분의 3 이하에 해당하는 금액을 과징금으로 부과할 수 있다(제64조의3(과징금의 부과 등)).
5년 이하의 징역 또는 5천만 원 이하의 벌금에 처한다(제71조(과징금의 부과 등)).

제22조(개인정보의 수집·이용 동의 등)
① 정보통신서비스 제공자는 이용자의 개인정보를 이용하려고 수집하는 경우에는 다음 각호의 모든 사항을 이용자에게 알리고 동의를 받아야 한다. 다음 각호의 어느 하나의 사항을 변경하려는 경우에도 또한 같다.
1. 개인정보의 수집·이용 목적
2. 수집하는 개인정보의 항목
3. 개인정보의 보유·이용 기간

제48조(정보통신망 침해행위 등의 금지) 위반하여 처벌할 수 있다.
5년 이하의 징역 또는 5천만원 이하의 벌금에 처한다(제71조(과징금의 부과 등)).

제48조(정보통신망 침해행위 등의 금지)
① 누구든지 정당한 접근 권한 없이 또는 허용된 접근 권한을 넘어 정보통신망에 침입하여서는 아니 된다.
② 누구든지 정당한 사유 없이 정보통신시스템, 데이터 또는 프로그램 등을 훼손·멸실·변경·위조하거나 그 운용을 방해할 수 있는 프로그램(이하 "악성프로 그램"이라 한다)을 전달 또는 유포하여서는 아니 된다.
③ 누구든지 정보통신망의 안정적 운영을 방해할 목적으로 대량의 신호 또는 데이터를 보내거나 부정한 명령을 처리하도록 하는 등의 방법으로 정보통신망에 장애가 발생하게 하여서는 아니 된다.

정답 ①

* 본 문제는 실제 시험지를 기준으로 작성된 것으로, 저자가 시험응시 후 복원한 문제입니다.

1과목 시스템 보안

상 시스템 보안 〉 시스템 보안 위협 및 공격에 대한 예방 및 대응

01 다음 보기의 내용은 무슨 공격을 방어하기 위한 것인가?

> DEP(Data Execution Protection), NX(No Execution)

① XSS   ② CSRF

③ Brute force   ④ Heap Spray

본 문제는 제9회 정보보안기사 필기 A형 1번 기출문제를 그대로 출제한 문제이다.
Heap Spray는 짧은 기계어 코드인 Shell Code를 Heap 영역에 뿌리는 것으로 Heap 영역에 임의적으로 Shell Code를 삽입하여 실행시키는 공격 기법이다. Heap Spray 공격을 방지하기 위해서는 메모리에서 실행하는 권한을 제거하면 된다.

정답 ④

하 시스템 보안 〉 시스템 보안 위협 및 공격에 대한 예방 및 대응

02 다음은 윈도우 이벤트 로그에 대한 설명이다. 그 내용으로 올바르지 않은 것은?

① 윈도우 이벤트 로그는 "C : ₩windows₩system32" 하위 디렉터리에 있으며 "evtx" 확장자이다. 이벤트 로그는 메모장을 사용해서 그 내용을 볼 수 있다.
② 윈도우 이벤트 로그파일은 파일로 저장되고 관리된다.
③ 윈도우 이벤트 로그는 응용, 보안, 시스템으로 구성되며 Event Viewer로 확인할 수 있다.
④ 윈도우 이벤트 로그파일의 크기는 변경할 수가 있으며 보안 로그에는 로그온 횟수, 로그 오류 정보, 파일생성 및 다른 개체 생성 정보를 확인할 수 있다.

윈도우 이벤트 로그는 매번 한 문제씩 출제된다. 이벤트 로그는 이벤트 뷰어를 사용해서 볼 수 있다.

정답 ①

하 시스템 보안 〉 시스템 보안 위협 및 공격 기법

03 다음 중에서 유닉스/리눅스 로그파일이 아닌 것은?

① wtmp   ② find
③ utmp   ④ pacct

find는 유닉스/리눅스 로그파일이 아니라 파일을 검색하는 명령어이다.

정답 ②

04 다음은 무슨 공격을 위한 도구인가?

John the ripper

Medusa

Hydra

① Buffer Overflow

② SQL Injection

③ Brute Force Attack

④ CSRF

John the ripper, Medusa, Hydra는 모두 무작위 공격(Brute Force) 도구이다.

hydra를 사용한 무작위 공격(Brute force Attack)

정답 ③

05 리눅스에서 패스워드를 생성할 때 12비트의 난수를 생성하는 것을 무엇이라고 하는가?

① sha

② md

③ salt

④ text

정보보안에서 패스워드를 만들 때 임의의 값을 추가하는 것을 Salt 값이라고 하고 이것은 개발 보안 약점에서도 salt를 추가해서 패스워드를 생성하게 가이드하고 있다.

정답 ③

06 다음은 리눅스 아이노드(inode)에 대한 설명이다. 아이노드에 포함되어 있지 않은 것은?

① 파일 이름
② 파일 권한
③ 파일 유형
④ 링크 정보

inode는 UFS(Unix File System)과 같은 유닉스 계열의 파일 시스템에서 사용하는 자료구조이다.

inode 구조

구성요소	특징
inode number	inode를 식별할 수 있는 식별자이다.
Link 수	inode에 대한 디렉터리 참조 수이다.
소유자 아이디	파일에 대한 소유자이다.
그룹 아이디	파일에 대한 그룹 소유자이다.
파일 크기	파일의 바이트 수이다.
파일 주소	파일에 대한 주소 정보이다.
마지막 접근 시간	마지막으로 파일에 접근한 시간이다.
마지막 수정 시간	마지막으로 파일을 수정한 시간이다.
Inode 수정 시간	마지막으로 아이노드를 수정한 시간이다.

정답 ①

07 리눅스 운영체제는 init 프로세스를 실행하고 init 프로세스는 /etc/inittab에 있는 파일을 읽어서 Run Level을 실행한다. 다음에서 설명하는 실행단계로 올바른 것은?

(ㄱ) 관리상태 단계로 단일 사용자로 부팅된다.
(ㄴ) 리눅스 운영체제를 재부팅한다.
(ㄷ) 리눅스를 정상적으로 사용할 수 있도록 부팅하면서 파일 시스템을 마운트하고 다중 사용자를 지원한다.

① (ㄱ) 0, (ㄴ) 1, (ㄷ) 5
② (ㄱ) 1, (ㄴ) 4, (ㄷ) 5
③ (ㄱ) 1, (ㄴ) 6, (ㄷ) 3
④ (ㄱ) 0, (ㄴ) 6, (ㄷ) 3

Run Level

실행 단계	내용
0	PROM 감사 단계이다.
1	• 관리 상태의 단계로 사용자 로그인의 접근이 불가능한 단일 사용자 단계로 여러 개의 파일 시스템이 로드(Load)되어 있다. • 암호를 변경할 때 사용된다.
2	공유된 자원을 가지 않은 다중 사용자 단계이다.
3	기본 실행 단계로 공유 자원을 가진 다중 사용자 단계, 텍스트 유저모드이다.
4	현재 사용되지 않는다.
5	Run Level 3으로 기동 후에 그래픽 모드인 X-Windows를 실행한다.
6	재부팅 단계로 실행 단계 3의 상태로 재부팅한다.

정답 ③

08 윈도우 그룹계정에 대한 설명으로 올바르지 않은 것은?

① Administrators는 윈도우 운영체제의 모든 자원을 관리할 수 있는 계정으로 권한 관리를 수행할 수 있다.

② Power user는 로컬 사용자 계정을 생성 · 수정할 수 있고 Administrators보다 높은 권한을 가지고 있다.

③ Backup Operators는 윈도우 운영체제의 백업을 위해서 파일과 폴더를 백업할 수 있는 권한을 가지고 있다.

④ Users는 기본적인 권한을 가지고 있는 그룹계정으로 로컬 사용자 계정이 포함된다.

Administrators가 가장 높은 권한을 가지고 있다.

유니버셜 그룹 계정

구분	설명
Administrators	• 해당 컴퓨터의 모든 관리 권한과 사용 권한을 가진다. • 기본적으로 Administrator가 사용자 계정과 Domain Admins를 포함한다.
Users	• 기본적인 권한은 가지고 있지 않다. • 컴퓨터에서 생성되는 로컬 사용자 계정이 포함한다. • Domain Users 글로벌 그룹이 구성원으로 포함한다.
Guests	관리자에 의해 허락된 자원과 권한만을 사용하여 네트워크 자원에 접근 가능하다.
Backup Operators	Windows 백업을 이용하여 모든 도메인의 컨트롤러에 있는 파일과 폴더를 백업하고 복구할 수 있는 권한이 있다.
Power Users	• 그 컴퓨터에서 로컬 사용자 계정을 생성하고 수정할 수 있는 권한을 갖고 있으며 자원을 공유하거나 멈출 수 있다. • 시스템에 대한 전체 권한은 없지만, 시스템 관리를 할 수 있는 권한이 부여된 그룹이다.

정답 ②

09 윈도우 운영체제에서 로그인에 대한 검증을 수행하고 시스템 자원 및 파일 등에 대한 접근 권한을 검사하는 것은 무엇인가?

① LSA(Local Security Authority)
② SRM(Service Reference Monitor)
③ SAM(Security Account Manager)
④ NTLM

LSA(Local Security Authority)
• 모든 윈도우 계정의 로그인을 검사한다.
• 시스템 자원 및 파일 등에 대한 접근 권한을 검사한다.
• SRM(Service Reference Monitor)이 생성한 감사 로그를 기록한다.
• 사용자 인증 및 세션 처리를 수행한다.

LSA 프로세스

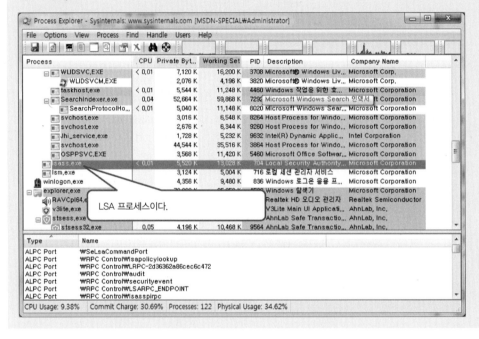

LSA 프로세스이다.

정답 ①

10 다음 중 악성코드에 대한 설명으로 올바르지 않은 것은?

① 루트킷은 컴퓨터 소프트웨어 중에서 악의적인 프로그램의 모음이다.
② 논리 폭탄은 특정 조건이 되면 자동으로 실행되는 악성코드이다.
③ 트로이목마는 자기복제를 통해서 악성코드를 네트워크로 전파시킨다.
④ 백도어는 인증을 우회해서 시스템 내부에 접근할 수 있도록 한다.

트로이목마(Trojan) Horse는 **자기복제 능력이 없으며** 시스템 정보, 개인정보 등을 유출하거나 특정 시스템 파일을 삭제한다.

정답 ③

11 다음은 윈도우 파일 시스템 중에서 FAT와 NTFS에 대한 설명이다. 올바르지 않은 것은?

① FAT 뒤에 나오는 숫자는 파일시스템의 클러스터 수이다.

② FAT는 최대 파일 크기가 4G로 제한되지만, NTFS는 16ExaByte까지 가능하다.

③ NTFS는 EFS(Encryption File System)을 지원하고 다른 파일 시스템을 연동할 수도 있다.

④ 작은 크기의 파일 시스템을 사용하는 경우 NTFS보다 FAT가 더 빠르다.

- FAT 뒤에 나오는 숫자는 FAT 엔트리의 크기이다.
- NTFS와 FAT16/32는 볼륨의 크기가 상당히 크지 않으면 FAT가 단순하기 때문에 더 빠르다.
- FAT32는 NTFS가 제공하는 보안 기능이 없기 때문에 FAT32 파티션에 있는 파일에 모든 사용자가 접근할 수 있다.
- FAT32는 크기 제한이 있으며 32GB보다 큰 파티션을 만들 수가 없다.
- FAT32는 한 개의 파일 크기는 4GB를 초과할 수가 없다.
- NTFS는 FAT32 보다 보안성. 안정성 등은 우수하지만. 프로그램 엑세스는 FAT32가 더 빠르다.

정답 ①

12 다음은 리눅스 PAM(Pluggable Authentication Module)의 인증 절차이다. 올바른 것은?

ㄱ. 서비스 인증 결과는 True 혹은 False의 내용 결과로 진행 또는 거절을 한다.
ㄴ. 서비스는 PAM에게 인증을 요청한다.
ㄷ. 사용자가 PAM 서비스에 접근한다.
ㄹ. PAM은 요청한 서비스의 설정 파일을 확인한다.
ㅁ. 서비스는 설정 파일에 있는 인증 절차에 맞게 수행한 후 그 결과를 서비스에 반환한다.

① ㄱ－ㄴ－ㄷ－ㄹ－ㅁ　　　　② ㄷ－ㄴ－ㄹ－ㅁ－ㄱ
③ ㄷ－ㄹ－ㄴ－ㅁ－ㄱ　　　　④ ㄷ－ㄱ－ㄴ－ㅁ－ㄹ

PAM(Pluggable Authentication Module) 인증 과정은 다음과 같다.

(1) 사용자가 PAM 서비스에 접근한다.
(2) 서비스는 PAM에게 인증을 요청한다.
(3) PAM은 요청한 서비스의 설정 파일을 확인한다.
(4) 서비스는 설정 파일에 있는 인증 절차에 맞게 수행한 후 그 결과를 서비스에 반환한다.
(5) 서비스 인증 결과는 True 혹은 False의 내용 결과로 진행 또는 거절을 한다.

정답 ②

13 다음 중에서 무결성 검사를 위한 활동으로 올바르지 않은 것은?

① 파일의 변경 날짜를 확인한다.　　② 파일 크기 변경 여부를 확인한다.
③ 파일의 소유자 변경을 확인한다.　　④ 심볼릭 링크 수를 점검한다.

무결성 검사는 변경 여부를 확인하는 것으로 변경 날짜, 파일 크기, 파일 소유자 변경을 확인해야 한다. 무결성 검사는 매번 출제되는 문제이다.

정답 ④

14 윈도우 레지스트리 중에서 설치된 하드웨어와 소프트웨어 드라이버 정보를 포함하고 있는 것은?

① HKEY_CLASSES_ROOT　　② HKEY_LOCAL_MACHINE
③ HKEY_USERS　　④ HKEY_CURRENT_CONFIG

HKEY_LOCAL_MACHINE은 설치된 하드웨어와 소프트웨어 드라이버 정보를 포함하고 있다.

정답 ②

15 SECaaS에 대한 설명으로 그 내용이 올바르지 않은 것은?

① SECaaS는 인터넷을 사용해서 안전한 보안 서비스를 제공한다.
② SECaaS는 Standalone 방식은 end-point 보안 서비스를 제공하고 Cloud 방식은 클라이언트에 대한 보호 서비스를 제공한다.
③ 클라우드 서비스의 PaaS에 해당된다.
④ SECaaS는 안전한 서비스를 위해서 방화벽, 메일보안, 백신 등의 서비스를 제공한다.

SECaaS(SECurity as a Service)는 SaaS의 한 종류로 방화벽, 메일보안, 백신 등의 보안 서비스를 제공하는 것이다.

정답 ③

16 윈도우의 SRM(Security Reference Monitor)에 대한 설명으로 올바르지 않은 것은?

① 사용자 계정과 패스워드 일치 여부를 확인한다.
② 윈도우는 SID로 자원에 대한 접근 권한을 관리한다.
③ 파일과 디렉터리에 대한 접근을 제어한다.
④ 감사 메시지를 생성한다.

사용자 계정과 패스워드 일치 여부를 확인하는 것은 SAM(Security Account Manager)이다.

정답 ①

17 다음 리눅스 명령어 중에서 문자열 조작과 관련이 없는 명령어는 무엇인가?

① wc

② awk

③ grep

④ nohup

nohup 명령어는 리눅스 셸 스크립트 파일을 데몬 프로세스 형태로 실행하는 명령어이다. 실행하려면 셸스크립트는 755권한이 있어야 하며 nohup으로 실행하면 nohup.log라는 로그파일이 생성된다.

정답　④

18 최근 랜섬웨어 악성코드로 워너크라이(WannaCry)와 페티야(Petya)가 있다. 이 중에서 페티야만 가지는 특징으로 올바른 것은?

① 스파이웨어 처럼 전파를 시킨다.

② 파일을 암호화한다.

③ SMB 취약점을 이용한 공격이다.

④ 윈도우 MBR의 부트 정보를 삭제하여 부팅할 수가 없다.

페티야 랜섬웨어는 컴퓨터 하드디스크의 MBR 섹션을 덮어써서 윈도우가 부팅되지 않도록 한다.

• SMB(Server Message Block) 취약점을 이용한 랜섬웨어이다.

• MBR(Master Boot Record)을 파괴하여 부팅을 할 수가 없다.

페티야(Petya) 공격 시나리오

① 공격자는 Office 파일에 랜섬웨어 코드를 삽입하고 피해자에게 메일을 발송한다.

② 피해자는 메일의 첨부파일을 클릭한다.

③ 페티야는 감염 PC를 재부팅하고 하드디스크의 MFT(Master File Table)를 암호화한다.

④ MBR(Master Boot Record)을 파괴한다.

⑤ 공격자는 300$의 비트코인을 요구한다.

정답　④

19 유닉스/리눅스의 secure.txt 파일에서 소유자는 읽고, 실행할 수 있는 권한을 추가하고 다른 사용자는 읽는 권한을 제거하는 명령어는?

① chmod 604 secure.txt

② chmod 666 secure.txt

③ chmod u+rx,o−r secure.txt

④ chmod u−rx,o−r secure.txt

권한 부여는 chmod 명령을 사용한다.

chmod 명령실행

정답 ③

20 다음은 유닉스/리눅스 로그파일에 대한 설명이다. 올바르지 않은 것은?

① wtmp는 사용자 로그인, 로그아웃, 시스템 종료, 부팅 정보를 포함하고 있다.

② utmp는 현재 로그인된 사용자 정보를 확인할 수 있다.

③ syslog는 프로그램들이 생성하는 메시지를 저장한다.

④ xferlog는 메일 서버의 로그를 기록하고 관리한다.

xferlog는 ftp 프로그램의 로그를 기록하는 로그파일이다.

xferlog 파일 구조

구분	설명
접근 날짜 및 시간	Thu Apr 8 15 : 40 : 32 2016 1
접속 IP	201.1.1.10
전송 파일 Size	254
전송 파일	/usr/kisa.z
파일 종류	b(Binary) 혹시 a이면 ASC Ⅱ
행위	_(아무 일도 수행하지 않음)
파일 동작	O(파일을 받았음)
사용자 접근 방식	r(인증된 사용자)
로그인 ID	Test
인증 방법	0
전송 형태	c(전송 성공)

정답 ④

≡ 상 네트워크 보안 〉 네트워크 보안 기술

21 다음은 UTM(Unified Threat Management) 보안 솔루션에 대한 설명이다. 올바르지 않은 것은?

① 통합보안 솔루션으로 통합보안 정책을 수립한다.
② UTM은 보안 로그를 사용해서 심층분석을 수행한다.
③ 방화벽, IDS, IPS 등의 보안 솔루션을 하나로 통합하였다.
④ 패킷 필터링, 블랙리스트 IP 차단, 화이트 리스트 관리가 가능하다.

심층분석을 할 수 있는 보안 솔루션은 DPI(Deep Packet Inspection)이다. DPI는 패킷의 출발지와 목적지 정보, 패킷의 메시지까지 모두 검사하는 보안 솔루션으로 OSI 7계층까지 분석을 수행한다. DPI는 패킷의 메시지까지 분석을 하기 때문에 프라이버시 침해의 문제가 있다.

정답 ②

≡ 중 네트워크 보안 〉 네트워크 위협 및 대응 기술

22 다음 중 APT(Advanced Persistent Threats) 공격 기법에 가장 해당되지 않는 것은?

① 이메일을 사용한 APT 공격
② DDoS APT 공격 기법
③ Zero day Attack
④ Watering hole

APT 공격은 대부분의 정보보안기사 필기시험에서 한 문제씩 매번 출제된다. 본 문제에서 APT와 가장 관련이 없는 것은 DDoS 공격이다. 물론 APT를 하기 위한 초기 단계로 DDoS 기법을 사용할 수는 있지만, 실제 제12회 정보보안기사 필기시험 문제 지문에 "가장 해당되지 않는 것"을 선택하라고 했으므로 DDoS APT 공격 기법이 된다.

정답 ②

≡ 중 네트워크 보안 〉 네트워크 위협 및 대응 기술

23 NAT는 사설 IP 주소를 사용해서 IP 주소를 확대할 수 있다. NAT 종류 중에서 출발지와 목적지 모두를 변환하는 NAT는 무엇인가?

① 동적 NAT
② 정적 NAT
③ Bypass NAT
④ Policy NAT

NAT는 정보보안기사 필기시험에 처음 등장한 문제이다. NAT(Network Address Translation)는 외부에 공개된 공인(Public) IP와 내부에서 사용하는 사설(Private) IP가 다른 경우에 두 개의 IP 주소를 매핑하는 기술이다. NAT를 사용하는 이유는 IP 주소 부족 문제와 내부 네트워크의 IP 주소를 별도로 관리해서 보안성을 향상시킨다.

NAT 종류

구분	설명
정적(Static) NAT	수동으로 외부의 공인 IP와 내부의 사설 IP를 1대1로 매핑한다.
동적(Dynamic) NAT	사설 IP 주소를 Pool에 등록하고 자동으로 공인 IP와 매핑하는 방법이다.
정책(Policy) NAT	정책 NAT는 출발지 주소와 목적지 주소 모두를 변환한다.

정답 ④

24 다음은 DDoS 공격에 대한 대응절차이다. 순서로 올바른 것은?

> ㄱ. 모니터링
> ㄴ. 초동대응
> ㄷ. 침입탐지
> ㄹ. 상세분석
> ㅁ. 보고

① ㄱ → ㄷ → ㄴ → ㄹ → ㅁ　　　　② ㄴ → ㄷ → ㄹ → ㄱ → ㅁ

③ ㄴ → ㄷ → ㄹ → ㅁ → ㄱ　　　　④ ㄷ → ㄹ → ㄴ → ㅁ → ㄱ

2012년에 발간한 한국인터넷진흥원 "DDoS 공격 대응 가이드"에 의하면 DDoS 대응절차를 (1) 공격인식, (2) 공격유형 파악, (3) 차단정책 정의 및 대응, (4) 공격 대응 및 사후조치, (5) DNS 공격 대응방안으로 정의하고 있다.

또한 2010년 10월 금융보안연구원의 "DDoS 공격 대응절차서"에는 (1) 모니터링, (2) 공격탐지, (3) 초동조치, (4) 공격분석, (5) 공격차단으로 정의하고 있다.

DDoS 공격 대응 절차서

1. 1단계(모니터링)
- 네트워크, 보안장비, 서버 담당자는 각각의 장비 부하량, 차단 및 탐지 로그, 사용량 등을 지속적으로 모니터링하고 장비 상태 점검을 수시로 수행
- 모든 장비는 가능한 최신 버전의 운영체제와 보안패치를 적용해야 하며, 최신 공격 기법에 대한 차단 정책을 적용해야 함

2. 2단계(공격탐지)
- 장비별 모니터링 결과가 자체적으로 선정한 공격탐지 기준 초과 여부를 판단하고 담당자는 정보보호 실무책임자에게 통보
- 정보보호 실무책임자는 네트워크, 보안장비, 서버 담당자들과의 협의를 통해 공격 탐지 여부를 결정하고 정보보호 책임자에게 통보

3. 3단계(초동조치)
- 상세분석을 수행하기 전에 간단한 대응조치 수행
- ISP, 유지보수 업체에 통보하고 협조 요청
- 부문별 관제센터, 상급회사 등 유관회사에 통보
- 네트워크 담당자는 해외 IP 및 스푸핑 된 IP 주소는 Null 라우팅 처리
- 보안장비 담당자는 트래픽 차단 임계치를 낮추고 상태 모니터링
- 서버 담당자는 자원 사용 임계치를 높이고 상태 모니터링

4. 4단계(공격분석)
- 장비의 상태를 확인하고 공격과 관련된 정보를 수집하여 공격 기법, 사고원인 등을 분석
- 피해 범위를 분석하고, 공격현황 보고서 작성
- 장비 설정 변경, 별도 대응 조치 등 차단조치 방안 수립

5. 5단계(공격차단)
- URL Redirection 등 별도 대응 조치 수행 – 분석 결과를 이용해 각 장비별 설정 변경 수행

정답 ①

25 다음 보기에 대한 설명으로 올바른 것은?

> Tcpdump는 네트워크에서 전송되는 패킷을 스니핑하는 도구이다. 특정 포트로 전송되는 패킷을 (ㄱ)하고 스니핑 모드를 (ㄴ)으로 설정해야 한다.

① (ㄱ) 포트 미러링, (ㄴ) 정규 모드
② (ㄱ) 무차별 모드, (ㄴ) 포트 미러링
③ (ㄱ) 포트 미러링, (ㄴ) 무차별 모드
④ (ㄱ) 무차별 모드, (ㄴ) 정규 모드

- 포트 미러링(Port Mirroring)은 네트워크 패킷을 복사하는 것으로 패킷을 복사하여 탐지하기 위한 용도로 많이 사용된다. 네트워크 관리자는 패킷 복사용 포트와 송신용 포트를 설정한다.
- 무차별 모드(Promiscuous mode)는 제11회 정보보안기사 실기에도 출제된 문제로 네트워크 패킷을 스니핑하기 위해서 NIC(Network Interface Card)로 전송되는 모든 패킷을 스니핑한다.

정답 ③

26 다음 중에서 VoIP 공격에 해당되지 않는 것은?

① SIP Flooding
② Invite Flooding
③ Get Flooding
④ RTP Flooding

VoIP(Voice over Internet Protocol)을 음성(아날로그 신호)을 인터넷을 통해서 전송하는 기술로 정보보안기사 필기에서 두 번째 출제되었다.

SIP(Session Initiation Protocol)

- VoIP에서 사용되는 프로토콜의 한 종류로 과거에는 H.323 프로토콜을 많이 사용했지만, 최근에 SIP로 대체 되었다. VoIP에서 음성을 전달하기 위해서 사용되는 프로토콜이 RTP(Real Time Protocol)이고 에러처리를 위해서 RTCP(Real Time Control Protocol)가 사용된다. INVITE 메시지(연결요청)는 SIP에서 전송하는 메시지로 DoS 공격에 악용된다. 또한 BYE method는 DoS 공격은 연결종료 신호를 지속적으로 보내서 공격한다.
- VoIP 인증 및 도청 공격에 대한 대응 방법으로 SIPS(SIP over TLS), SRTP(Secure RTP)가 있다.

정답 ③

27 다음은 4000byte 패킷을 전송할 때 분할된 것이다. (   ) 안에 들어갈 내용 중 올바른 것은?

패킷 사이즈	flag	Offset
1500	1	0
1500	1	185
(ㄱ)	0	(ㄴ)

① 1000, 370

② 1040, 370

③ 1040, 375

④ 1000, 375

Offset은 두 번째 패킷의 Offset이 185이므로 185*2=370이다. 패킷사이즈는 1000바이트 사이즈에 헤더 정보를 포함해서 1040이 된다.

정답 ②

28 다음은 TCP 프로토콜이 연결해제를 할 때 사용하는 4-Way Handshaking이다. (   )의 내용으로 올바른 것은?

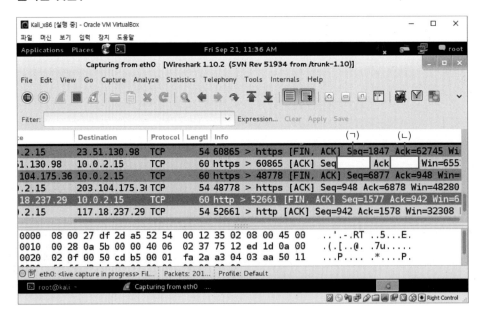

① (ㄱ) 62745, (ㄴ) 1847

② (ㄱ) 62745, (ㄴ) 1848

③ (ㄱ) 1847, (ㄴ) 62745

④ (ㄱ) 1847, (ㄴ) 62746

4-Way Handshaking은 TCP 연결 종료 과정으로 FIN, ACK, FIN, ACK의 과정을 의미한다.

TCP 4-Way Handshaking

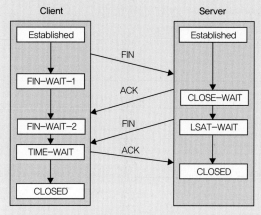

클라이언트가 FIN을 보내면 서버는 CLOSE-WAIT 상태가 된다. CLOSE-WAIT 상태는 종료 전에 일정시간 대기한다. 그리고 서버는 ACK를 클라이언트에 보내고 CLOSE-WAIT이 끝나면 FIN을 클라이언트에게 보낸다. 클라이언트는 FIN-WAIT-1에서 서버에게 ACK를 받으면 FIN-WAIT-2가 된다. 서버에게 FIN을 전송받으면 다시 TIME-WAIT 상태가 되고 ACK를 서버에 전송한 후에 종료한다.

패킷 스니핑

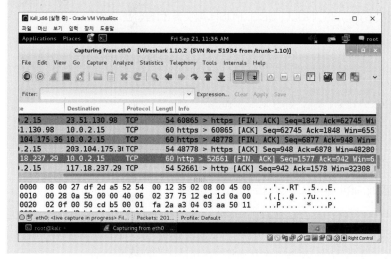

정답 ②

━━ 중   네트워크 보안 〉 네트워크 기반 공격 기술의 이해 및 대응

29 DDoS 공격 기법 중에서 발신자의 IP와 수신자의 IP를 동일하게 하여 전송하는 공격 기법은 무엇인가?

① Ping of Death
② Smurfing
③ Land Attack
④ Tear drop

Land Attack은 매번 출제되는 문제로 발신자의 IP와 수신자의 IP를 동일하게 하여 공격한다.

정답 ③

30 다음은 포트 스캐닝에 대한 설명이다. 올바른 것을 모두 고르시오.

> ㄱ. SYN SCAN은 SYN 신호를 전송하여 SYN+ACK 응답이 오면 포트가 오픈된 것으로 식별한다.
> ㄴ. FIN SCAN은 FIN 패킷을 전송하고 해당 포트가 닫혀 있으면 RST+ACK가 전송된다.
> ㄷ. NULL SCAN은 포트가 닫혀 있는 경우에 응답하지 않는다.
> ㄹ. UDP SCAN은 포트가 닫혀 있으면 응답이 없다.

① ㄱ, ㄴ　　　　　　　　　　② ㄱ, ㄴ, ㄷ
③ ㄱ, ㄴ, ㄷ, ㄹ　　　　　　④ ㄱ, ㄷ, ㄹ

포트 스캐닝 문제는 매번 정보보안기사에서 한 문제는 반드시 출제된다.
• SYN SCAN은 SYN 신호를 전송하여 SYN+ACK 응답이 오면 포트가 오픈된 것으로 식별한다.
• FIN SCAN은 FIN 패킷을 전송하고 해당 포트가 닫혀 있으면 RST가 전송된다.
• NULL SCAN은 포트가 닫혀 있는 경우에 RST+ACK가 온다.
• UDP SCAN은 포트가 닫혀 있으면 ICMP(Destination Unreachable) 메시지가 응답온다.

정답 ①

31 포트스캐닝 공격 기법 중에서 SYN, FIN, NULL, URG, PUSH 패킷을 전송하는 기법은 무엇인가?

① SYN SCAN　　　　　　　　② FIN SCAN
③ XMAS SCAN　　　　　　　　④ NULL SCAN

XMAS SCAN은 스텔스 스캐닝 기법으로 SYN, FIN, NULL, URG, PUSH 패킷을 전송하는 포트 스캐닝이다.

정답 ③

32 다음 중에서 SYN/ACK 패킷에 대한 설명으로 올바르지 않은 것은?

① SYN/ACK는 클라이언트가 SYN 패킷을 전송하면 응답으로 수신된다.
② 반사 공격은 SYN/ACK의 패킷이 공격자에게 발신되게 해서 공격하는 DDoS 공격 기법이다.
③ SYN/ACK에 대한 응답으로 ACK를 전송하면 TCP는 Established 상태가 된다.
④ SYN/ACK의 특정 피해자에게 집중적으로 전송하여 DDoS 공격을 할 수 있다.

DRDoS는 제12회 정보보안기사 필기시험에 많은 문제가 출제되었다. DRDoS는 SYN/ACK의 패킷을 피해자에게 전송하게 하는 DDoS 공격 기법이다. DRDoS는 TCP Half Open을 이용한 공격 기법이다.

정답 ②

33 다음에서 설명하는 공격 기법은 무엇인가?

> 특정 사용자가 자주 방문하는 웹 사이트를 접속하는 경우 Drive by Download과 같은 공격 기법으로 악성코드를 전파한다. 즉, 특정인을 대상으로 신뢰된 사이트에 접속하는 경우 공격하는 기법이다.

① Botnet   ② Spear phishing

③ Watering hole   ④ Phishing

Watering hole 공격은 타켓기반 공격(Target Attack)으로 신뢰된 사이트에 특정인이 접속하면 Drive by download로 악성코드를 전파한다.

정답 ③

34 Switch 기법 중에서 전체 프레임을 모두 검사 후 데이터를 전송하는 방법은 무엇인가?

① Cut Through 방식   ② Store and Forwarding

③ Fragment Free   ④ Lan switching

Store and forwarding 기법은 전체 프레임(Frame)을 모두 검사 후 데이터를 전송하는 스위칭 기법이다.

정답 ②

35 다음 중에서 HTTP 공격으로만 바르게 묶은 것은?

> ㄱ. Slowloris
> ㄴ. HTTP Flood
> ㄷ. 증폭 공격
> ㄹ. NTP

① ㄴ   ② ㄱ, ㄴ

③ ㄴ, ㄷ   ④ ㄷ, ㄹ

HTTP Flood와 Slowloris는 HTTP를 대상으로 공격하는 것으로 Slowloris으로 Slow HTTP GET Flooding, Slow HTTP POST Flooding 기법 등이 있다.

정답 ②

36 다음 중 DRDoS에 대한 설명으로 올바르지 않은 것은?

> ㄱ. 반사 공격으로 공격자가 피해자의 IP 주소로 발신자의 IP 주소를 변조해서 공격한다.
> ㄴ. 1024 포트 이후를 차단한다.
> ㄷ. 반사공격 목록을 보관하고 있다가 주기적으로 공격한다.
> ㄹ. 피해자의 PC에는 SYN+ACK 패킷이 수신된다.

① ㄱ, ㄴ 　　　　　　　　　　　② ㄷ, ㄹ

③ ㄴ 　　　　　　　　　　　④ ㄷ

DRDoS는 차단하기 위해서 1024 포트 이후를 차단해도 차단되지 않는다. TCP 프로토콜인 21, 22, 23, 80 등을 공격할 수 있기 때문이다.

정답 ③

37 다음은 보안과 위협에 대한 설명이다. 올바르지 않은 것은?

① Blind SQL Injection : 응답 값의 True와 False에 따라 공격하는 것이다.

② SQL Injection : 데이터베이스를 공격 대상으로 해서 SQL을 변조 공격한다.

③ CSRF : 재인증 시에 추가적인 인증 기법을 제공하여 인증해야 한다.

④ XSS : 네트워크에 전송되는 패킷에 대해서 변조해서 웹 서버를 공격한다.

XSS는 웹 사이트에 악성 스크립트를 업로드하여 공격하는 것으로 사용자가 악성 스크립트를 클릭 시에 공격이 발생한다.

정답 ④

38 다음과 관련 있는 공격 기법은 무엇인가?

> • ACK Storm
> • RST 패킷을 전송

① 무작위 공격 　　　　　　　　　② XSS

③ 세션하이재킹 　　　　　　　　　④ CSRF

• 세션하이재킹은 이미 인증을 받아 세션을 생성, 유지하고 있는 연결을 빼앗는 공격을 총칭한다. TCP를 이용해서 통신하고 있을 때 RST(Reset) 패킷을 보내 일시적으로 TCP 세션을 끊고 시퀀스 넘버를 새로 생성하여 세션을 빼앗고 인증을 회피한다.

• 세션을 스니핑 추측(Brute-force guessing)을 통해 도용이나 가로채어 자신이 원하는 데이터를 보낼 수 있는 공격 방법이다.

정답 ③

39 L2 스위치를 Spoofing 할 경우 공격 방법이 아닌 것은?

① L2 스위치 환경의 공격 방법은 ICMP Redirect, ARP Spoofing, ARP Redirect가 있다.
② ARP Cache Table을 삭제한다.
③ ARP Spoofing 시에 주기적으로 ARP Request를 전송하여 공격한다.
④ ARP Spoofing은 ARP Cache Table을 정적으로 설정해서 보호한다.

ARP Spoofing 공격은 주기적으로 ARP Reply를 전송시켜서 피해자의 ARP Cache Table을 업데이트하게 만드는 것이다.

정답 ③

40 다음은 ICMP 프로토콜에 대한 설명이다. 올바른 것은?

- ICMP 프로토콜의 네트워크 오류를 확인하기 위해서 목적지 주소로 (ㄱ)을 전송한다. (ㄴ)은 패킷이 너무 빨리 전송되는 경우 네트워크에 무리를 주지 않기 위해서 제지한다. (ㄷ)은 ICMP 패킷에 대한 응답이다.
- (ㄹ)은 ICMP 패킷이 목적지를 찾지 못할 경우 발생된다.

① (ㄱ) ICMP Echo Reply, (ㄴ) Destination unreachable, (ㄷ) Source quench, (ㄹ) ICMP Echo request
② (ㄱ) ICMP Echo request, (ㄴ) Time exceeded, (ㄷ) ICMP Echo Reply, (ㄹ) Destination unreachable
③ (ㄱ) ICMP Echo Reply, (ㄴ) Time exceeded, (ㄷ) ICMP Echo Reply, (ㄹ) Destination unreachable
④ (ㄱ)ICMP Echo request, (ㄴ) Source quench, (ㄷ) ICMP Echo Reply, (ㄹ) Destination unreachable

ICMP는 에러를 탐지하고 보고하는 프로토콜로 매번 정보보안기사 시험에 출제된다.

ICMP Type과 Message

Type	Message	설명
3	Destination unreachable	Router가 목적지를 찾지 못할 경우 보내는 메시지
4	Source quench	패킷을 너무 빨리 보내 Network에 무리를 주는 호스트를 제지할 때 사용
5	Redirection	패킷 Routing 경로를 수정, Smurf 공격에서 사용
8 or 0	Echo request or reply	Host의 존재를 확인
11	Time exceeded	패킷을 보냈으나 시간이 경과하여 Packet이 삭제되었을 때 보내는 메시지
12	Parameter problem	IP Header field에 잘못된 정보가 있다는 것을 알림
13 or 14	Timestamp request and reply	Echo와 비슷하나 시간에 대한 정보가 추가

정답 ④

하 애플리케이션 보안 〉 전자상거래 보안

41 다음 중 Web 기반 XML 기술이 아닌 것은 무엇인가?

① OCSP
② UDDI
③ WSDL
④ SOAP

OCSP(Online Certificate Status Protocol)는 PKI(Public Key Infrastructure)에서 상호인증한 기술이다. 웹 서비스는 인터넷을 이용해서 서비스를 호출하는 기술로 어떤 웹 서비스가 있는지 정보를 확인할 수 있는 UDDI와 웹 서비스를 어떻게 호출하는지에 대한 정보를 보유한 WSDL이 있다. SOAP은 웹 서비스를 호출하는 프로토콜이다.

Web Service 표준 기술

표준 기술	세부내용
WSDL (Web Service Description Language)	서비스 제공자와 서비스 사용자 간의 웹 서비스 파라메터의 이름, 서비스가 위치한 URL 및 웹 서비스 호출에 관한 정보를 기술하는 표준
UDDI (Universal Description, Discovery and Integration)	서비스 제공자가 웹 서비스를 등록하고 서비스 사용자가 웹 서비스를 검색하기 위한 레지스트리
SOAP (Simple Object Access Protocol)	XML을 기반으로 하는 메시지 표준으로 서비스 사용자가 서비스 제공자에 의해서 노출된 웹 서비스를 호출하고 결과를 받기 위한 표준 프로토콜

정답 ①

하 애플리케이션 보안 〉 전자상거래 보안

42 전자입찰시스템 및 프로토콜에 대한 설명으로 틀린 것은 무엇인가?

① 전자입찰 개발도구는 XML, JAVA, HTML이다.
② 여러 개의 서버로 구성된 시스템은 마감 시 순차적으로 입찰 서버를 마감한다.
③ 입찰시스템은 입찰자, 구매자, 시스템으로 구성된다.
④ 전자입찰시스템은 보안성, 안정성을 요구한다.

전자입찰시스템의 예로 국내 공공사업에서 사용하는 "나라장터"라는 사이트가 있다. 전자입찰은 인터넷을 사용해서 입찰에 참여하는 시스템이다. 따라서 인터넷 표준 도구인 HTML, JAVA, XML 등을 사용하고 높은 보안성과 안정성을 요구하고 있다. 전자입찰시스템은 여러 개의 서버로 구성되어서 높은 가용성과 성능을 제공해야 한다. 하지만 서버가 여러 개로 되어 있다고 입찰 마감 시에 순차적으로 입찰 서버를 마감하지 않는다.

정답 ②

43 FTP(File Transport Protocol)에 대한 설명으로 틀린 것은?

① TCP를 이용한다.

② IETF 959 표준이다.

③ Active Mode와 Passive Mode가 있다.

④ 제어는 21번 포트, 데이터 전송은 512 이후의 포트를 이용한다.

FTP는 Active Mode와 Passive Mode 모두 명령을 위해서는 21번 포트를 사용한다. 그리고 Active Mode는 데이터를 전송하기 위해서 20번 포트를 사용하고 Passive Mode는 데이터 전송을 위해서 1024 포트 번호 이후의 포트를 결정해서 FTP 클라이언트에게 알려준다.

오답 피하기

FTP는 정보보안기사에 매번 출제되며 가장 많이 출제된 부분은 Active Mode와 Passive Mode에서 사용하는 포트 구분이다. 또 FTP 문제 중에 제12회 정보보안기사 시험까지 가장 어려웠던 문제는 xferlog의 파일 구조이다. 그러므로 FTP는 쉽게 점수를 확보할 수 있는 문제이다.

정답 ④

44 디지털 핑거프린팅은 저작권자나 판매자의 정보가 아닌 디지털 콘텐츠를 구매한 사용자의 정보를 삽입하여, 이후에 발생하게 될 콘텐츠 불법 배포자를 추적하는데 사용하는 기술이다. 디지털 핑거프린팅에 대한 설명으로 잘못된 것은?

① 유출시 구매자의 정보를 이용하여 역추적할 수 있다.

② 콘텐츠마다 다른 구매자 정보가 추가되므로 콘텐츠가 달라진다.

③ 여러 사람이 저작물을 비교하여 핑거프린팅이 삽입된 위치를 파악한 다음 핑거프린팅을 지우거나 새로운 핑거프린팅을 삽입 혹은 조립하여 배포하는 것을 공모 공격이라 하는데 디지털 핑거프린팅은 공모 공격에 강하다.

④ 추가되는 정보가 다른 것을 제외하면, 디지털 워터마크 기법과 동일하다.

• 디지털 핑거프린트는 디지털콘텐츠 유통 시에 디지털콘텐츠의 원저작자 정보와 디지털콘텐츠 구매자 정보를 모두 삽입하여 불법적인 유통을 추적할 수 있는 정보은닉 기술이다. 디지털 핑거프린트는 마치 서점에서 책을 구매할 때 구매한 사람의 이름을 책에 찍어주는 것과 비슷한 방법을 사용한다.

• 디지털 핑거프린트는 원저작자와 구매자 정보를 모두 삽입하므로 Dual watermarking이라고도 한다.

• 디지털 핑거프린트의 문제점은 공모 공격에 취약하다는 것이다. 공모공격이란, 디지털콘텐츠 제작자와 구매자가 디지털콘텐츠 유통회사를 속이거나, 여러 디지털콘텐츠 구매자가 함께 공격하는 방법을 의미한다.

정답 ③

45 포맷스트링 공격은 형식을 정확히 정의하지 않아 발생하는 취약점이다. 위험요소로 거리가 먼 것은?

① 임의의 정보 유출　　　　　　　　② 메모리 영역 침범

③ 공격자 코드 실행　　　　　　　　④ 시스템 자원 고갈

포맷스트링 공격(Format String Attack)은 제11회 정보보안기사 필기시험에 유사한 문제가 출제되었고 제12회에서도 거의 그대로 출제되었다. 포맷스트링 공격은 출력하고자 하는 형식과 데이터 포맷이 일치하지 않아서 발생되는 보안 취약점이다. 포맷스트링 공격으로 임의의 정보유출, 메모리 영역 침범, 공격자 코드 실행과 같은 공격을 할 수 있다.

하지만 시스템 자원고갈 공격은 프로세스 고갈 공격으로 무한루프에서 자식 프로세스를 계속적으로 생성하여 CPU가 연산을 처리하지 못하고 너무 많은 프로세스로 인하여 자원이 고갈되는 공격이다.

포맷 인자의 의미

인자	입력 데이터 타입	출력 데이터 타입
%d	값	10진수
%u	값	부호없는 10진수
%x	값	16진수
%s	포인터	문자열
%n	포인터	지금까지 출력한 바이트 수

정답 ④

46 인터넷에서 자료를 공유하기 위한 표준인 SGML과 HTML의 특징을 결합하여 1996년에 표준화된 형식으로, 최근 전자상거래 등의 발전에 따라 많이 사용하고 있는 표준 형식은 무엇인가?

① SWIFT

② ebXML

③ EDI(Electronic Data Interchange)

④ XML

XML(eXtensible Markup Language)은 HTML과 SGML(Standard Generalized Markup Language)의 장점을 결합하여 W3C에서 표준으로 확정한 마크업언어이다. XML은 SGML의 기능을 간략히하고 표현(View), 구조(Structure), 데이터(Data)를 분리하였다. W3C 표준 XML은 기업 간에 문서교환에 사용되는데 그것이 XML/EDI(Exchange Document Integration)이다. 그리고 ebXML은 XML/EDI에서 발전된 것으로 기업 간 전자상거래 시에 협업할 수 있는 표준 기술이다. 즉, 단순히 문서만 교환하는 것이 아니라 비즈니스 프로세스 표준, 컴포넌트 연동, 문서 등을 모두 포함하고 있다.

정답 ④

47 다음은 Web Page를 대상으로 한 공격이다. 어떤 공격 유형인가?

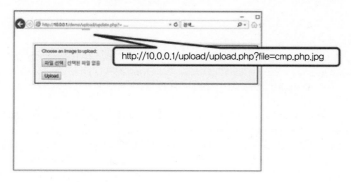

① 관리자 페이지 노출

② 파일 다운로드 취약점

③ 파일 업로드 취약점

④ 디렉터리 리스팅

업로드 취약점은 웹 셸(Web Shell)과 같은 악성 스크립트를 웹 서버에 업로드하여 공격하는 것이다. 그리고 제12회 정보보안 기사 필기 문제로 "cmd.php^jpg"라는 예제로 출제되었다. 즉, 마지막 확장자가 "JPG"이기 때문에 파일 업로드 시 마지막 확장자만 검사하여 관리한다면 취약점이 발생한다.

정답 ③

48 다음 중 SSO(Single Sign On) 인증 기법이 아닌 것은 무엇인가?

① Delegation

② Propagation

③ 웹 기반 쿠키 SSO

④ 보안 토큰

SSO 인증 방식은 Propagation, Delegation, Web 기반 One Cookie Domain SSO 방식이 있다. Propagation 방식은 통합 인증을 수행하는 곳에서 토큰을 발급받고 발급된 토큰으로 해당 시스템을 인증하는 방법이다. Delegation은 인증을 원하는 대상 시스템에 SSO Agent가 설치되어서 인증하는 방법이고 인증을 원하는 시스템은 변경할 필요가 없다. Web 기반 One Cookie Domain SSO는 통합인증을 받는 사용자에게 토큰을 발급하고 토큰은 쿠키에 설정되어서 인증에 사용된다.

정답 ④

49 보안 담당자가 서비스의 JAVA Script 소스를 입수하여 확인하였더니 다음과 같았다. 어떤 기법을 적용한 것인가?

```
var _0x3a63=['l0lBw78/','w6/CicK2w6PCpA==','wqDCq8Kiw7HDuQ==','w4o/
wpp5bMOGwqk=','w7QVw6zDoDnDvsO0','ccOLwpwX','wowfdlYhw4fDrw==','wpLCvG86w5l=','BsObwpUqDUnDo
A=','GDvDicKF','woHChsKEVcKuw43Cig==','wopZwrvDtcKSGcO1w7wj','bDvDv8KjQ8KPLQ=','wopOYyvCng==
','wpkHTMOlfkQ0w43ChG1Mw74=','wqPDniVZGiw=','EcK4TMKswprClSVYw5LDlsKKwp9tLkU=','B8KgVcKswoY=',
BcK/
UMKuwovDkH8=','ZR7DnsKgaw==','bW1mw7YM','wrzDvQfCmsOMEsOoTcOEw6QRGwnDusO1LA==','wojCoMOa
CcOyc8OUwrx9UXMDw6lpHicuwqFxWV3Ct8KUfcO5TcObw6XCqEfDt8KfQizCtV48w7c2GV0EaT7CjMKiwqvCjsKK
GRjDvFXCn3zDqQvDuVUqRMKC','wp3DlMOTwpY=','wozDg8OBbA==','w7zDgQJCWQ=','w5vDo8KqwpY=','wrg
MUMO8ZQ==','FsOuasOhw7bCvg=','wqtawpkzUA==','wpjCv2YDw6A=','wpvDicOca2rCpsOlw7XDi8KPw7k=','wq
JtwpXCgQ==','wowRdEk=','w7YZw7bDujnDvA==','w4jDocK8wpA=','wo5RwqjDvMKb','OgI0X8KM','wq/CisKlw47Ds
A==','wpbDvSTCvMOa','w5sPw4/
DljQ=','wohJwrjCnQ4=','w6HCp80WSD4=','wrJdwoAR','wqFZwpAKYg==','M8KdwqvCiw==','Xl9pw5vDkQ=','w7r
DkQBOR8ORwpHCjcO8','wqUQQcOqdA==','wrLCjWwWw7o=','F80+wpbChQ=','XEp
+w4Y=','woxAwrTDvA=','w4ttw67CucOawow=','MsOYTBrCgA=','w6cCw6TDizs=','woXDt0nCsx/
Ci8KywrPCqDLDq0vCucK1w4vChw==','wobCozXDksKYUcKvHMOewpF9SwHDr8KTXsO6 DFBmfMOXw47DlkxG
CwtGw47DpALCksO2esOZKzHCv8KWfGA+AsK5w6RaDy/DmMOzw44Cwr8vwqjDqXlXwrzCm8KH','OcOHTgU=','J
Al/
Wg==','wqDDrsO1Vg==','w7bDhxNeQw==','a2Vmw7kK','w7jCtMKkw5jCng==','w4LDjQrDpsKX','clJOw6gb','wpd1w
7JQwrU=','BMOuwpjCscKc','w5A0w7HDqTs=','KcKGZRt7','J8Otw7nDn8KG','wpHDp1PCp RnCjMO9w7XDrm3DmQ
DDrcO2w7jDgMKBw64U','wo/Dh8KUwoF/UXDCokkjw5DCtUUow5hxwpgtw 5tQwprCgmTDrXtSJUnCsQF8Sg==','w
pRcw7bDs8KNA8Ovw6c/wofCgkTDnQ7Cm8O/
wr9bKsOrEFrCvhbDgBvDrlrDrnlGPQ==','wqLCtMK8w67Dr8O1HA==','wpfCqBY=','wpgRaks=','w45rw7jCpcO
S','wr3DpcOgTQ==','Q80wAsODIA==','NcORRBTCkkzDiSFq','L2llw5Qo'];(function(_0x42ac9e,_0x6d123a){var
_0x1e92b0=function(_0x2bad80){while(—_0x2bad80){_0x42ac9e['push'](_0x42ac9e['shift']());}};
```

① 암호화   ② 난독화
③ 복잡화   ④ 정규화

난독화란 소스코드를 식별할 수 없도록 자리바꿈, 치환 등을 사용하는 것이다. 일반적으로 난독화라고 하면 소스코드 난독화를 의미한다. 하지만 난독화의 종류는 소스코드 난독화와 바이너리 난독화로 구분된다. 바이너리 난독화는 일반적으로 모바일 앱에서 많이 사용되는 방법으로 안드로이드 앱에 암호화 모듈을 포함시켜서 배포하는 방법이다. 그러면 안드로이드 앱이 실행될 때 암호화 모듈을 복호화하고 실행된다.

또한 본 문제에서 헷갈릴 수 있는 부분이 있는데 그것은 인코딩(Encoding)이다. 인코딩 기법도 소스코드의 원본을 알아볼 수 없도록 특정한 코드로 변환하는 방법이다. 물론 공격자가 악성 스크립트를 은닉하기 위해서 사용하는 방법이기도하다. 하지만 제12회 정보보안기사 문제의 지문에서는 인코딩이 없었다.

마지막으로 정보보안에서 정규화란 어떤 데이터를 표준화된 형식으로 변환하는 것이다. 그래서 정규화라는 표현보다는 "정규 표현식으로 변환한다"라는 말을 더 많이 사용한다.

정답 ②

50 전자화폐를 이용한 상거래의 프로토콜을 정확히 설명한 것은 무엇인가?

> (a) 사용자가 은행으로부터 전자화폐를 발급받는다.
> (b) 사용자가 온라인 상점에서 물품을 전자화폐로 구매한다.
> (c) 상점이 은행에게 전자화폐에 대한 비용을 청구한다.

① (a) 인출 프로토콜, (b) 지불 프로토콜, (c) 예치 프로토콜
② (a) 인출 프로토콜, (b) 예치 프로토콜, (c) 지불 프로토콜
③ (a) 지불 프로토콜, (b) 인출 프로토콜, (c) 예치 프로토콜
④ (a) 예치 프로토콜, (b) 지불 프로토콜, (c) 인출 프로토콜

인출 프로토콜은 전자현금을 인출할 때 사용되는 프로토콜이고 지불 프로토콜을 상품을 구매할 때 사용된다. 예치 프로토콜은 전자화폐가 은행에 예치될 때 사용되는 프로토콜이다.

SET 프로토콜

SET 프로토콜	설명
발행 프로토콜	사용자와 금융기관 간에 이루어지며 이 프로토콜을 통해 사용자는 금융기관으로부터 전자화폐를 발행받는다.
지불 프로토콜	사용자와 상점 간에 이루어지며 이 프로토콜을 통해 사용자는 전자화폐를 사용하여 물건을 사거나 서비스를 제공받는다.
예치 프로토콜	상점과 금융기관 간에 이루어지며 이 프로토콜을 통해 상점은 자신의 계좌로 전자화폐에 해당하는 금액을 예치한다.

정답 ①

51 폼의 중복 구성, 기능 처리를 잘못 하여 발생하는 문제점은 무엇인가?

① HTTP Splitting   ② Struts
③ Buffer Overflow   ④ Format String

Apache Struts 2 취약점(CVE-2017-9805)은 원격 공격자는 Struts 프레임워크와 REST 통신 플러그인을 사용하여 개발된 응용 프로그램을 실행하는 서버에서 임의적으로 코드를 실행할 수 있는 취약점이다.

HTTP Splitting은 사용자의 입력 값을 검증하지 않아서 발생하는 취약점으로 사용자 입력 값 이외에 CR & LF를 추가해서 서버 응답에 다른 응답을 추가하는 방법이다. 여기서 CR은 커서의 위치를 맨 처음 자리로 이동시키는 것이고 LF는 커서를 다음 줄로 넘기라는 의미이다.

HTTP Response Splitting은 웹 애플리케이션에서 HTTP Response가 분리되게 하는 보안 취약점으로 Web Proxy(웹 Burp)를 사용해서 공격자가 HTTP Response를 임의적으로 조작한다. 이 방법을 사용하면 피해자의 웹 페이지는 조작된 페이지를 볼 수 있다.

정답 ①

52 시스템 로그 분석 과정에서 다음과 같은 로그를 발견하였다. 이에 대하여 잘못 설명한 것은 무엇인가?

> [ATTEMPT] 10.0.0.1 – login – user – pass – "aaaa" – 1 of 456976
> [ATTEMPT] 10.0.0.1 – login – user – pass – "aaab" – 2 of 456976
> [ATTEMPT] 10.0.0.1 – login – user – pass – "aaac" – 3 of 456976

① 일반적으로 암호의 길이를 길게 하거나 특수문자를 포함하여, 공격을 지연시킬 수 있다.

② 하나의 주소로부터 동일한 요청이 올 경우 횟수의 제한을 두어, 공격을 지연시킬 수 있다.

③ 알려진 아이디와 추측이 가능한 패스워드를 사용하지 않는다.

④ 암호화를 하지 않은 평문 전송이 문제가 된 것으로, 암호화 SSL을 이용하면 공격을 방지할 수 있다.

위의 로그를 보면 Login ID와 Password를 순서적으로 입력하는 것을 확인할 수 있다. 따라서 1부터 3까지 증가되고 입력 값도 Login ID는 "user"로 공정한 후에 패스워드를 "aaaa", "aaab", "aaac"로 변경해가면서 입력하고 있다.

따라서 위의 로그파일로 확인할 수 있는 것은 무작위 공격(Brute Attack)이다. 무작위 공격은 입력할 수 있는 패스워드를 제한함으로써 대응할 수가 있지만, 전송되는 데이터를 암호화하는 SSL로는 대응할 수가 없다.

또한 위와 같은 로그를 만들어서 무작위 공격을 하려면 "hydra"라는 공격 도구를 사용할 수 있고 "–P" 옵션으로 사전 파일 (Data Dictionary)을 지정해서 할 수 있다.

정답 ④

53 vsftpd 설정 파일의 특징에 대한 설명으로 맞는 것은 무엇인가?

> ㄱ. anonymous_enable : 익명 사용자 로그온 여부를 결정하며, NO를 권장한다.
> ㄴ. port_enable: PASSIVE 모드를 사용할 수 있도록 한다.
> ㄷ. xfertlog_enable : ftp 로그를 남기는 것으로, /var/log/vsftpd.log 파일에 기록된다.
> ㄹ. local_enable: 로컬 사용자가 로그온할 수 있다.

① ㄱ, ㄴ, ㄷ   ② ㄱ, ㄷ

③ ㄱ, ㄴ, ㄷ, ㄹ   ④ ㄱ, ㄷ, ㄹ

vsftpd의 설정 파일은 vsftpd.conf 파일이다.

vsftpd 설정 파일

설정	설명
anonymous_enable=NO	"NO"로 설정하면 익명 사용자의 FTP 접속을 차단한다.
xferflog_enable=YES	"YES"로 설정하면 FTP 로그를 기록하게 한다.
pasv_enable=YES	"YES"로 설정하면 Passive Mode를 허용한다.
pasv_min_port=5001	Passive Mode에서 최소 포트 번호를 지정한다.
pasv_max_port=5005	Passive Mode에서 최대 포트 번호를 지정한다.
local_enable=YES	"YES"로 설정하면 로컬 사용자 로그인을 허용한다.
tcp_wrapper=YES	네트워크 접근 제어 기능을 실행한다.

정답 ④

54 다음은 전자상거래 시 전자서명 과정이다. 관련이 있는 것으로 올바른 것은?

> 지불 프로토콜 기능이 있고 가맹점과 사용자 정보를 분리해서 서명한다.

① 전자화폐   ② 전자수표
③ PKI   ④ SET

SET

Master와 VISA 카드가 안전한 신용카드의 사용을 위해서 개발한 전자상거래 보안 프로토콜이다. 신용카드 사용을 위해서 개발했기 때문에 지불처리 기능을 가지고 있다. SET에서 지불처리를 하기 위해서는 상점(카드 가맹점), 카드 소지자, PG(Payment Gateway), 카드사가 관여하는데 상점과 카드 소지자는 전자서명 시에 서로의 서명결과를 분리해서 서명한다. 즉, SET은 이중서명(Dual Signature)을 지원한다.
이중서명은 거의 매회 정보보안기사 필기시험에 출제되었다.

정답 ④

---

55 DRM을 이용하여 패키지 하기 전의 정보를 무엇이라고 하는가?

① 콘텐츠   ② 워터마크
③ DOI   ④ 컨트롤

패키지란 배포하기 위해서 디지털 콘텐츠를 묶는 것을 의미한다. 패키지하기 전에 정보는 디지털 콘텐츠다.

정답 ①

---

56 SSL의 취약점으로 bound check 미비로 인하여 64k 분량의 평문 정보를 반복하여 유출, 조합을 통해 비밀번호 등을 탈취할 수 있는 보안 취약점은 무엇인가?

① Format String   ② Web Shell
③ ShellShock   ④ Heart Bleed

하트블리드(Heart Bleed) 취약점은 OpenSSL 1.0.1a, 1.0.1beta 등의 취약한 버전을 사용하는 경우 **랜덤하게 메모리 내에서 64Kilo byte의 평문이 노출되는 취약점**이다. 따라서 하트블리드 취약점을 예상하기 위해서는 OpenSSL을 최신 버전으로 패치해야 한다. 본 문제는 정보보안기사 필기와 실기 모두 출제된 기출문제이다.

정답 ④

57 Web 서비스 관련 파일의 권한이 순서대로 바르게 설정된 것은 무엇인가?

httpd	640	root	(ㄱ)
htpasswd	640	(ㄴ)	511
httpd.conf	640	none	(ㄷ)

① 640 root 511

② 511 none 640

③ 640 none 511

④ 511 root 640

본 문제는 아파치 웹 서버에 대한 보안 설정에 대한 문제이다. httpd는 아파치 웹 서버의 실행 파일로 root이외에 다른 사용자도 실행할 수 있다. httpd는 실행은 511로 설정하고 htpasswd의 소유자는 root로 설정한다. 그리고 httpd.conf 파일은 아파치 웹 서버의 설정 파일로 다른 사용자는 수정해서는 안 된다. 따라서 640 권한을 설정한다.

정답 ④

58 SSL/TLS에 대한 설명으로 잘못된 것은 무엇인가?

① 상위레벨의 보안을 담당한다.

② 종단 (End-to-End) 간 보안을 담당한다.

③ 레코드 프로토콜은 암호화 방법을 상대방에게 전송한다.

④ 암호화를 지원한다.

SSL에서 Change Cipher Spect 프로토콜은 암호통신을 위해서 수행하는 보안 알고리즘 정보를 협의하기 위해서 사용된다. 즉, 보안 매개변수를 상대방에게 전송하는 역할을 수행한다.
SSL Record Protocol은 데이터 교환에 사용되는 것으로 메시지 분할, 압축, 무결성, 인증, 암호화를 제공한다.

정답 ③

59 다음 중 메일 서버의 구성항목으로 이루어진 것은 무엇인가?

① MUA, MTA, MDA

② iMAP, POP3, MDA

③ iMAP, MTA, POP3

④ SPF, MTA, iMAP

POP3와 iMAP은 메일 서버의 MBOX(Mail BOX)에서 메일을 읽어오는 프로토콜이다. 그리고 SPF(Sender Policy Frame)는 스팸메일을 차단한다. 본 문제에서의 메일 서버 구성요소에서 POP3와 iMAP이 포함되면 안 된다.

메일 서버

구성요소	설명
MTA(Mail Transfer Agent)	메일을 전송하는 서버이다.
MDA(Mail Delivery Agent)	수신 측에 고용된 우체부의 역할. MTA에게 받은 메일을 사용자에게 전달한다.
MUA(Mail User Agent)	사용자들이 사용하는 클라이언트 애플리케이션이다.

정답 ①

60 비트코인 블록체인에 대한 설명으로 틀린 것은 무엇인가?

① P2P 방식의 분산저장 기법을 이용한다.
② 거래시 개인키를 이용하여 전자서명한다.
③ 지갑의 주소는 개인키의 해시 값을 이용한다.
④ 블록체인 기술을 이용하여 저장한다.

본 문제와 관련된 것은 금융보안원에서 만든 "블록체인 및 비트코인 보안 기술" 문서이다. 비트코인의 암호 기술은 복호화가 가능한 공개키 기반 검증과 해시함수(SHA-2)를 사용한다. 공개키 암호화는 개인 간 거래 시에 디지털 서명을 검증하고 거래 내역이 변경되지 않았음을 검증하며 ECDSA 전자서명 알고리즘을 사용한다. 익명의 공개키를 계좌정보로 이용하여 어떤 사람이 다른 사람에게 얼마를 송금했는지는 알 수 있으나, 거래 당사자 정보는 알 수가 없다.

비트코인 전자서명 과정

- Alice는 Bob에게 1 비트코인을 보내기 위한 거래 전문과 해시 값을 생성한 후 Alice의 개인키를 이용하여 해시 값을 암호화한다.
- 거래 전문과 암호화된 거래 전문의 해시 값을 Bob에게 전송한다.
- Bob은 거래 전문 정보로 해시 값을 만들고, 암호화된 해시 값을 Alice의 공개키로 복호화한 후 생성된 해시 값과 비교하여 무결성을 검증한다.

정답 ②

4과목 **정보보안 일반**

61 다음 중 전자서명의 조건에 해당되지 않는 것은?

ㄱ. 위조 불가능 조건 : 서명자만이 서명문을 생성할 수 있다.
ㄴ. 사용자 인증 조건 : 서명문의 서명자를 확인 가능하다.
ㄷ. 부인가능 조건 : 서명자는 후에 서명한 사실을 부인 가능하다.
ㄹ. 변경불가 조건 : 서명된 문서의 내용 변경은 불가능하다.
ㅁ. 재사용 가능 조건 : 서명문의 서명은 다른 문서의 서명으로 사용 가능하다.

① ㄷ, ㅁ
② ㄱ, ㄴ, ㄹ
③ ㄴ, ㄹ
④ ㄷ, ㄹ, ㅁ

전자서명의 조건에 해당하지 않는 것은 ㄷ. 부인가능 조건, ㅁ. 재사용 가능 조건이다. 전자서명의 조건은 부인불가 및 재사용이 불가능하다.

정답 ①

62 다음 중 2-Factor 인증에 해당되지 않는 것은?

① USB 토큰, 비밀번호

② 스마트 카드, PIN

③ 지문, 비밀번호

④ 음성인식, 수기서명

2-Factor 인증에 해당되지 않는 것은 음성인식, 수기서명이다. 이 두가지 모두 생체기반의 인증 기술에 해당된다.
- USB 토큰(소유기반), 비밀번호(지식기반)
- 스마트 카드(소유기반), PIN(지식기반)
- 지문(생체기반), 비밀번호(지식기반)

사용자 인증 기술

구분	설명	예시
지식기반	인증자와 검증자만 아는 지식을 비교해 인증	아이디/패스워드, PIN
소유기반	소지한 별도 매체의 고유정보를 제시해 인증	보안토큰, 휴대전화, 스마트카드
생체기반	인증자의 신체적 특성을 이용해 인증 존재기반, 행위기반으로 인증	지문, 음성, 홍채 인식 등

- 2 Factor 인증 : 위 타입 중 두 가지 인증 매커니즘을 결합하여 구현한다.
- Multi Factor 인증 : 가장 강한 인증, 3가지 이상의 매커니즘 결합한다.

정답 ④

63 다음 중 공개키 암호 방식에 따라 인터넷 쇼핑몰을 운영하는 사이트에서 개인을 식별하는 과정에 대한 설명으로 옳은 것은?

> ㄱ. 사용자가 인터넷 쇼핑몰에 (A)만 등록한다.
> ㄴ. 인터넷 쇼핑몰은 임의의 난수 r을 선택하여 사용자에게 보낸다.
> ㄷ. 사용자는 자신의 (B)를 암호화한 r을 인터넷 쇼핑몰에 보낸다.
> ㄹ. 인터넷 쇼핑몰은 r을 사용자의 (A)로 복호화하여 r의 암호를 가진 개인을 식별한다.

① A : 공개키, B : 개인키   ② A : 개인키, B : 공개키

③ A : 비밀키, B : 개인키   ④ A : 공개키, B : 공개키

개인을 식별하는 과정에서 위의 보기에 들어갈 내용은 A : 공개키, B : 개인키이다.

정답 ①

64 다음 중 아래 절차도를 보고, 이중서명(Dual Signatures)과 관련한 것에 해당되는 것은 무엇인가?

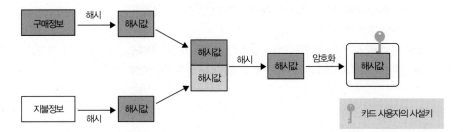

① SET(Secure Electronic Transaction)
② PKI(Public Key Infrastructure)
③ 전자화폐(Electronic Money)
④ 전자수표(Electronic Check)

이중 서명(Dual signatures)과 관련한 프로토콜은 SET 프로토콜이다.

이중 서명(Dual Signatures)

전자지불결제시스템인 SET 프로토콜에서 고객의 프라이버시를 보호하기 위해 채택된 알고리즘이다. 신용카드 소지자가 인터넷 쇼핑몰에게는 주문 정보만 전달하고 금융기관에게는 신용카드 관련 지불정보만을 전달하기 위해 사용된다.

• 이중 서명의 생성
  – 카드 사용자가 구매정보와 지불정보를 각각 해시
  – 두 해시 값을 합한 뒤 다시 해시
  – 최종 해시 값을 카드 사용자의 사설키로 암호화(서명)
• 이중 서명의 목적
  – 상점이 카드 사용자의 계좌번호 같은 지불정보를 모르게 한다.
  – 상점에 대금을 지불하는 은행이 카드 사용자가 상점에서 산 물건이 무엇인지 모르면서 상점이 요구한 결제 대금이 정확한지 확인할 수 있게 하는 데 있다.

정답 ①

65 다음 중 커버로스 세션키 발급 순서의 연결이 올바른 것은?

> ㄱ. 클라이언트는 KDC(Key Distribution Center)에 접속한다.
> ㄴ. KDC는 AS(Authentication Server)로부터 인증을 받고 TGT(Ticket Granting Ticket)을 받는다.
> ㄷ. 클라이언트는 TGT를 이용해 KDC의 TGS(Ticket Granting Server)로부터 세션키와, 세션키로 암호화된 서비스 티켓을 받는다.
> ㄹ. 클라이언트는 접속을 원하는 서버에, 서비스 티켓을 이용해 인증받는다.
> ㅁ. 티켓의 타임스탬프는 이용시간을 제한하는 용도로 사용하며 이는 제3자가 티켓을 복사해 사용하는 것을 방지한다.

① ㄱ-ㄴ-ㄷ-ㄹ-ㅁ   ② ㄱ-ㄷ-ㄹ-ㄴ-ㅁ
③ ㄱ-ㄷ-ㄹ-ㅁ-ㄴ   ④ ㄱ-ㄹ-ㄷ-ㄴ-ㅁ

커버로스(Kerberos)의 세션키 발급 순서의 연결이 올바른 것은 보기 ①이다.

정답 ①

66 다음 중 DAC(Discretionary Access Control)에 대한 설명으로 옳지 않은 것은?

① 사용자가 그들이 소유한 데이터를 보호할 수 있다.

② 중앙집중적으로 통제되는 환경에서 적합하다.

③ 모든 주체와 객체에 대해 일정하며, 하나의 주체와 하나의 객체 단위로 접근 제어가 가능하다.

④ 객체의 소유자가 주체와 객체 간의 접근 통제 권한을 부여한다.

DAC는 신분기반 접근 통제, MAC는 중앙집중적 접근 통제 환경에 적합하다.

MAC, DAC, RBAC의 특징 비교

구분	MAC	DAC	RBAC
정의	주체와 객체의 등급을 비교하여 접근 권한을 부여하는 접근 통제	접근하고자 하는 주체의 신분에 따라 접근 권한을 부여하는 접근 통제	주체와 객체사이에 역할을 부여하여 임의적, 강제적 접근 통제의 약점 보완하는 방식
권한 부여	시스템, 관리자	데이터 소유자	Central Authority
접근 결정	Security Label	신분	역할(Role)
정책	경직	유연	유연
장점	중앙집중적, 안정적	유연함, 구현 용이	관리 용이
단점	구현 및 운영의 어려움 성능, 비용이 고가	트로이목마에 취약 ID 도용시 통제 방법 없음	–
적용 사례	방화벽	ACL	HIPAA

정답 ②

67 다음 중 전자서명 및 전자인증서에 대한 설명으로 올바르지 않은 것은?

① 부가형 전자서명 생성 과정은 메시지를 일정한 크기의 해시 값으로 변환한 후 해시 값과 생성자의 개인키를 이용하여 전자서명을 생성한다.

② 검증 과정 시 전자서명 생성자의 공개키가 필요하며 해당 공개키는 네트워크를 통해서 전송되며 별다른 기능이 없어도 보안상 문제가 없다. 즉, 스니핑이 되어서 서명문이 없기 때문에 공개키가 유출되어도 된다.

③ 전자인증서의 사용자 신원정보, 유효기간, 공개키를 통해 인증 정보를 확인할 수 있다. 정보의 신뢰성을 보장하기 위해 인증기관의 전자서명 값이 함께 포함한다.

④ 사용자 목적과 기능에 따라 여러 인증서를 보유할 수 있고 해당 인증서 용도에 대한 정보가 포함되어 있다.

전자서명의 단점인 중간자 공격(Man in the Middle Attack)이 가능하다. 즉, 수신자가 공개키로 복호화할 때 공개키가 정말 송신자의 것인지 검증하므로 전자서명 생성자가 수신자에게 안전하게 전달하였는지를 알 수 없다.

부가형 전자서명

임의의 길이의 메시지에 서명 부분을 부가하는 방식으로서 서명생성 및 검증 과정에서 메시지가 입력의 일부분이 되는 것을 부가형 전자서명이라 하며 생성 및 검증 과정에서 동일한 해시함수를 사용한다.

부가형 전자서명은 공개 검증키의 관리 방법에 따라 식별자를 이용한 서명과 공개키 확인서를 이용한 서명으로 나눌 수 있다.

서명 검증 과정에서 서명자의 올바른 공개 검증키를 얻어야 하는데 일반적으로 CA(Certification Authority)라 부르는 모든 사람이 인정하는 제3자가 각 개인의 ID와 공개키 등을 결합한 공개 검증키 **정보를 비밀키**로 서명한 확인서(인증서)를 포함함으로써 공개 검증키의 소유자를 보증한다. 이와 같이 CA가 발급하는 공개 검증키를 결합시킴으로써 사용자가 해당 비공개 서명키를 이용해 생성한 전자서명을 그 사용자의 공개 검증키를 이용하여 전자서명을 검증하는 방식이 확인서 이용 전자서명 방식이다.

이에 반해 식별자 이용 전자서명은 개인식별 정보가 공개 검증키이거나 이로부터 공개 검증키를 유추해낼 수 있는 전자서명 방식으로 공개 검증키를 보증해 주는 신뢰 기관은 필요치 않으나 개인식별 정보와 쌍을 이루는 서명 생성키 비밀키를 발급해 주는 고객 신뢰 센터가 필요하다.

정답 ②

---

68 다음 중 인증서 폐기 사유에 해당되지 않는 것은?

① 발행기관 탈퇴   ② 개인키 손상
③ 개인키 유출 의심   ④ 인증서 유효기간의 완료

인증서 폐기 사유

① 사용자의 개인키가 노출되거나 훼손되어 침해당했을 때
② CA가 사용자를 더 이상 인증하지 않을 때
   (**에**) 특정 기관에서 더 이상 일을 하지 않게 되었을 경우에 그 기관과 관련지어 발행되었던 사용자의 인증서)
③ CA의 인증서가 노출되었거나 훼손되었을 경우

[참고] 전자서명법 제18조(공인인증서 폐지) 조건

제18조(공인인증서의 폐지)
1. 공인인증기관은 공인인증서에 관하여 다음 각호의 1에 해당하는 사유가 발생한 경우에는 당해 공인인증서를 폐지하여야 한다. 〈개정 2001. 12. 31.〉
   ① 가입자 또는 그 대리인이 공인인증서의 폐지를 신청한 경우
   ② 가입자가 사위 기타 부정한 방법으로 공인인증서를 발급받은 사실을 인지한 경우
   ③ 가입자의 사망ㆍ실종선고 또는 해산 사실을 인지한 경우
   ④ 가입자의 전자서명생성정보가 분실ㆍ훼손 또는 도난ㆍ유출된 사실을 인지한 경우
2. 공인인증기관은 제1항의 규정에 의하여 공인인증서를 폐지한 경우에는 그 사실을 항상 확인할 수 있도록 지체없이 필요한 조치를 취하여야 한다.

정답 ④

69 아래 그림에서 설명하고 있는 블록 암호 모드에 해당되는 것은 무엇인가?

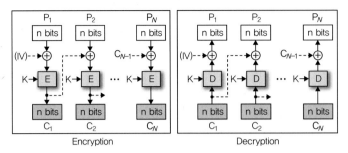

① CBC(Cipher Block Chaining)
② ECB(Electronic Code Book)
③ CTR(CounTeR)
④ CFB(Cipher FeedBack)

위의 보기의 암호 과정은 블록 암호 모드 중 보기 ①은 CBC(Cipher Block Chaining)에 해당되는 것이다.

CBC(Cipher Block Chaining)
• 장점 : 평문의 반복은 암호문에 반영되지 않는다. 임의의 암호문 블록을 복호화 가능하다.
• 단점 : 암호문 블록에서 전송 도중 한 비트 오류가 발생하면 블록에는 대부분의 비트에서 오류가 발생되고, 평문 블록에서는 암호문의 오류비트와 같은 위치에서 한 비트 오류가 발생한다. 암호화에서는 병렬 처리가 불가능하다.

정답 ①

70 다음 보기가 설명하는 장단점을 가진 인증 기술은 무엇인가?

장점 : 데이터의 기밀성, 무결성이 가능하다.
단점 : 모든 당사자와 서비스의 암호화 키를 키 분배 서버에서 보유하고 있고 인증서버에서 티켓을 발급하고 있기 때문에 단일 오류 지점이 되어 키 분배 센터에 오류가 발생하면 전체 서비스 사용이 불가하다.

① 커버로스(Kerberos)
② Challenge−Response 인증
③ 아이디/패스워드 기반의 디바이스 인증
④ MAC(Message Authentication Code)

Challenge−Response 인증
OTP에서의 Challenge−Response와 유사하게, 일회성 해시 값을 생성해 사용자를 인증하는 방법이다.
인증서버가 난수를 만들어 클라이언트로 전송하면, 클라이언트는 패스워드 해시 알고리즘을 적용해 반환한다.

아이디/패스워드 기반의 디바이스 인증
지식기반의 인증 방식을 이용하여 일반적으로 많이 사용되는 인증 방식이다.

MAC(Message Authentication Code)
메시지출처 인증 기술 중에 하나로 메시지와 대칭키를 입력해 인증 값으로 쓰기 위해 만들어진 코드이다.
사전에 송신자와 수신자 간의 대칭키의 공유가 필요하다.
수신자는 수신한 메시지와 대칭키를 가지고 직접 MAC을 만들어 수신한 MAC과 비교해 인증을 수행한다.

정답 ①

71 키 관리 방식에는 다수의 사용자가 공동으로 비밀키를 설정하는 키 공유 방식과 한 사용자 또는 기관이 비밀키를 설정하여 다른 사용자에게 전달하는 키 분배 방식이 있다. 키 분배 방식에 해당되는 것은?

① Diffie—Hellman 방식

② Matsumoto—Takashima—Imai 방식

③ Okamoto—Nakamura 방식

④ Needham—Schroeder 프로토콜

키 분배 방식에 해당하는 것은 보기 4번 Needham—Schroeder 프로토콜이다.

Needham—Schroeder 프로토콜

KDC를 사용하여 비밀키를 분배하는 데 사용 가능한 프로토콜이다.

KDC를 통해 통신 주체인A, B는 세션키(Ks)를 공유하게 된다.

프로토콜구성

2. KDC → A : E(Ka, [Ks|| IDB|| N1|| E(Kb ,[Ks||IDA)])

3. A àB : E(Kb , [Ks||IDA])

4. B àA : E(Ks , N2)

5. A àB : E(Ks , f(N2))

– Ka, Kb는 A와 KDC, B와 KDC 간에 이미 공유되어 있다고 가정한다.

– 2에서 A는 KDC로부터 session key Ks를 얻는다.

– 3에서 B는 Ks를 얻는다.

– 4에서 B는 자신이 Ks를 가지고 있음을 A에게 알릴 수 있으며, 5를 통해 A는 B에게 자신이 Ks를 가지고 있으며, fresh message임을 B에게 알린다.

• replay attack에 취약하므로 Timestamp를 추가하거나 extra nonce 값을 사용한다.

키 관리 방식 구분

사전 키 분배	키공유	기타 키 분배
Bloom 방식 중앙집중식 공개키 분배(KDC)	Diffie—Hellman Matsumoto—Takashima—Imai 방식 Okamoto—Nakamura 방식	Neddham—Schroeder 방식 Diffie—Hellman RSA

• Matsumoto—Takashima—Imai 방식

 – Diffie—Hellman 방식에서, 사용자 A와 B가 항상 동일한 세션키를 가지는 문제를 개선한 방식이다.

• Okamoto—Nakamura 방식

 – 사용자는 암호 통신 때마다 다른 세션키 사용이 가능하다.

정답 ④

72 다음 중 해시함수(Hash Function)에 대한 설명으로 옳지 않은 것은?

① 임의의 길이를 입력하여 정해진 고정 크기의 해시코드를 생성한다.

② 일방향성(One—way Function)의 특성을 가진다.

③ 약한 충돌 회피성과 강한 충돌 회피성을 가진다.

④ 안전한 키를 사용하며, 계산이 불가능하도록 하여 안전성을 보장한다.

해시함수는 키를 사용하지 않으며, 계산이 용이해야 하며, 충돌 발생이 적어야 한다.

해시함수 요구사항

요구사항	설명
압축	임의의 길이의 이진 문자열을 일정한 크기의 이진 문자열로 변환해야 한다.
계산의 용이성	x가 주어지면 H(x)는 계산하기 쉬워야 한다.
일방향성	입력을 모르는 해시 값 y가 주어졌을 때, H(x′) = y를 만족하는 x를 찾는 것은 계산적으로 어려워야 한다.
약한 충돌 회피성	x가 주어졌을 때 H(x′) = H(x)인 x′(≠x)을 찾는 것은 계산적으로 어려워야 한다.
강한 충돌 회피성	H(x′) = H(x)인 서로 다른 임의의 두 입력 x와 x′을 찾는 것은 계산적으로 어려워야 한다.

정답 ④

하 정보보안 일반 〉 보안 요소 기술

73 다음 중 수동적 공격에 해당하는 것은?

① 트래픽 분석
② 메시지 순서 변경 공격
③ 메시지 위조 공격
④ 삭제 공격

수동적 공격 방법

공격 방법	설명
전송되는 파일을 도청 (Sniffing)	불법적인 공격자가 전송되는 메시지를 도중에 가로채어 그 내용을 외부로 노출시키는 공격 (메시지의 내용 공격)
트래픽 분석	전송 메시지의 암호화로 도청을 통한 메시지 내용 파악이 불가능하더라도 메시지의 송신측과 수신측 신원의 파악 가능(메시지 존재에 대한 공격 – 익명성 제공으로 방어)

능동적 공격 방법

공격 방법	설명
메시지 변조	전송되는 메시지들의 순서를 바꾸거나 또는 메시지의 일부분을 다른 메시지로 대체하여 불법적인 피해를 발생시키는 공격
삽입 공격	불법적인 공격자가 정당한 송신자로 가장하여 특정 수신자에게 메시지를 보내어 역시 불법적인 효과를 발생시키는 공격
삭제 공격	정상적인 통신 시설의 사용, 관리를 방해하는 서비스 거부 공격. 특정 수신자에게 전송되는 메시지의 전부 또는 일부가 공격자에 의해 삭제되는 것
재생 공격	공격자가 이전에 특정 송신자와 수신자 간에 행해졌던 통화 내용을 도청하여 보관하고 있다가 나중에 재생하여 전송하는 공격

능동적 공격(적극적 공격)은 데이터에 대해 변조를 하거나 직접 패킷을 보내서 시스템의 무결성, 가용성, 기밀성을 공격하는 것으로 직접적인 피해를 입힌다.

정답 ①

74 다음 중 강제적 접근 제어 정책에 대한 설명에 해당하지 않는 것은?

① 시스템 보안관리자에 의해 부여된 사용자와 정보객체의 보안 등급에 의해 정보에 대한 접근 허가 여부를 결정한다.

② 보안 규칙 기반의 접근 통제 정책을 지원한다.

③ 일반적으로 군사 분야의 응용에 적합하도록 설계되었고, BLP(Bell-LaPadula), Biba 모델이 강제적 접근 제어 모델에 속한다.

④ Capability List와 ACL(Access Control List)로 적용한다.

- Capability List와 ACL(Access Control List)로 적용한 접근 통제 모델은 DAC에 해당된다.
- MAC는 보안 레이블(security label)과 보안등급을 관계로 정의한다.

MAC, DAC, RBAC의 특징 비교

구분	MAC	DAC	RBAC
정의	주체와 객체의 등급을 비교하여 접근 권한을 부여하는 접근 통제	접근하고자 하는 주체의 신분에 따라 접근 권한을 부여하는 접근 통제	주체와 객체 사이에 역할을 부여하여 임의적, 강제적 접근 통제의 약점을 보완하는 방식
권한 부여	시스템, 관리자	데이터 소유자	Central Authority
접근 결정	Security Label	신분	역할(Role)
정책	경직	유연	유연
장점	중앙집중적, 안정적	유연함, 구현 용이	관리 용이
단점	구현 및 운영의 어려움 성능, 비용이 고가	트로이목마에 취약 ID 도용시 통제 방법 없음	–
적용 사례	방화벽	ACL	HIPAA

정답 ④

75 키 교환 프로토콜 중 아래 보기에서 설명하고 있는 것은 무엇인가?

- 실제로 키를 교환하는 것이 아니라 공유할 암호키를 계산하여 만들어 낸 것이다.
- 유한체 상의 이산대수를 풀기 어렵다는 사실에 근거한다.
- 중간자 공격에 취약하여 이를 해결하기 위한 방법으로 재인증 절차를 거친다.

① Needham-Schroeder 프로토콜

② 공개키 암호화

③ KDC(Key Distribution Center) 키 분배

④ DH(Diffie-Hellman) 키 교환

Needham–Schroeder 프로토콜

- Roger Needham과 Michael Schroeder가 1978년 대칭키와 Trent(인증 서버 : KDC) 개념을 사용하여 제안한 프로토콜이다. 인증기관에 대한 방식을 처음 제안하였다.
- 현재 공개키 알고리즘인 디피헬만이나 RSA 등과 함께 신분 위장 공격을 보완하기 위해 사용된다.

공개키 암호화

공개키 암호화에서는 암호화 키와 복호화 키가 분리되어 있다. 송신자는 암호화 키를 사용하여 메시지를 암호화하고, 수신자는 복호화 키를 사용하여 암호문을 복호화한다.

- 장점 : 전자문서의 무결성, 부인방지 기능을 갖고 있는 전자서명을 구현하는데 활용될 수 있고 다양한 암호 알고리즘에 사용된다.
- 단점 : 중간자 공격에 취약하며, 속도가 느리다.

KDC(Key Distribution Center) 키 분배

암호 통신이 필요할 때마다 통신용 키를 키 배포 센터에 의뢰해서 개인과 키 배포 센터 사이에서만 키를 사전에 공유하는 것이다.

정답 ④

≡ 중 정보보안 일반 〉 암호화

76 아래에서 설명하고 있는 블록 암호화 공격 기법에 해당하는 것은?

> 1977년 Diffie와 Hellman이 제안한 방법으로 암호화할 때 일어날 수 있는 모든 가능한 경우에 대하여 조사하는 방법으로 경우의 수가 적을 때는 가장 정확한 방법이지만, 일반적으로 경우의 수 많은 경우에는 실현 불가능한 방법이다.

① 차분 공격 ② 선형 공격
③ 전수 공격 ④ 통계적 분석

블록 암호화 공격 기법

공격 방법	설명
차분 공격 (Differential Cryptanalysis)	1990년 Biham과 Shamir에 의해 개발된 평문 공격법으로, 두 개의 평문 블록들의 비트 차이에 대응되는 암호문 블록들의 비트 차이를 이용하여 사용된 암호열쇠를 찾아내는 방법이다.
선형 공격 (Linear Cryptanalysis)	1993년 Matsui에 의해 개발되어 알려진 평문 공격법으로, 알고리즘 내부의 비선형 구조를 적당히 선형화시켜 열쇠를 찾는 방법이다.
전수 공격법 (Exhaustive Key Search)	1977년 Diffie와 Hellman이 제안한 방법으로 암호화할 때 일어날 수 있는 모든 가능한 경우에 대하여 조사하는 방법으로 경우의 수가 적을 때는 가장 정확한 방법이지만, 일반적으로 경우의 수가 많은 경우에는 실현 불가능한 방법이다.
통계적 분석 (Statistical Analysis)	암호문에 대한 평문의 각 단어의 빈도에 관한 자료를 포함하는 지금까지 알려진 모든 통계적인 자료를 이용하여 해독하는 방법이다.
수학적 분석 (Mathematical Analysis)	통계적인 방법을 포함하며 수학적 이론을 이용하여 해독하는 방법이다.

정답 ③

77 다음 중 Diffie-Hellman에 대한 설명으로 옳지 않은 것은?

① 비밀키와 세션키를 사용하지 않는다.
② 세션키를 암호화하여 전달하지 않는다.
③ 복제 방지 및 효율적인 키 교환이 가능하도록 무결성을 보장한다.
④ 신분 위장 공격에 취약하며, 서명을 위한 것은 아니다.

효율적인 키 교환이 가능하도록 하나 신분 위장 공격에 취약하며, 재전송 공격, 중간자 공격에 취약하며, 기밀성을 보장한다.

Diffie-Hellman 키 교환 알고리즘의 특징

• 상대방의 공개키와 나의 개인키를 이용하여 계산을 하면 비밀키가 나온다는 것이다.
• 그 후 나와 상대방은 비밀키를 사용하여 데이터를 암호화한 후 전달하면 된다.
• 이러한 DH 알고리즘은 "키 교환(key exchange)" 알고리즘으로 대칭키를 공유하는 데 사용한다.
• 이는 암호화나 서명을 위한 것은 아니다.
• 이는 이산대수 문제(Discrete Logarithm Problem)(혹은 이산 로그)라는 방식을 이용하는데 이때 g와 x와 p를 안다면 y는 구하기 쉽지만 g와 y와 p를 알땐 x를 구하기는 어렵다는 방식에 착안하여 만들어진 알고리즘이다.

Diffie-Hellman 키 교환 알고리즘의 공식

사용자 A의 비밀키 = B의 공개키^A의 개인키 mod p
= (g^B의 개인키 mod p)^A의 개인키 mod p

정답 ③

78 다음 블록 암호화 공격 중 1990년 Biham과 Shamir에 의하여 개발된 평문 공격법으로, 두개의 평문 블록들의 비트 차이에 대응되는 암호문 블록들의 비트 차이를 이용하여 사용된 암호키를 찾아내는 방법은 무엇인가?

① 선형 공격
② 차분 공격
③ 수학적 분석
④ 전수 공격

블록 암호화 공격 기법

공격 방법	설명
차분 공격 (Differential Cryptanalysis)	1990년 Biham과 Shamir에 의해 개발된 평문 공격법으로, 두 개의 평문 블록들의 비트 차이에 대응되는 암호문 블록들의 비트 차이를 이용하여 사용된 암호열쇠를 찾아내는 방법이다.
선형 공격 (Linear Cryptanalysis)	1993년 Matsui에 의해 개발되어 알려진 평문 공격법으로, 알고리즘 내부의 비선형 구조를 적당히 선형화시켜 열쇠를 찾는 방법이다.
전수 공격법 (Exhaustive Key Search)	1977년 Diffie와 Hellman이 제안한 방법으로 암호화할 때 일어날 수 있는 모든 가능한 경우에 대하여 조사하는 방법으로 경우의 수가 적을 때는 가장 정확한 방법이지만, 일반적으로 경우의 수가 많은 경우에는 실현 불가능한 방법이다.
통계적 분석 (Statistical Analysis)	암호문에 대한 평문의 각 단어의 빈도에 관한 자료를 포함하며 지금까지 알려진 모든 통계적인 자료를 이용하여 해독하는 방법이다.
수학적 분석 (Mathematical Analysis)	통계적인 방법을 포함하며 수학적 이론을 이용하여 해독하는 방법이다.

정답 ②

79 다음 중 스트림 암호(Stream Cipher)에 대한 설명으로 옳지 않은 것은?

① One Time Pad를 이용한 일회용 암호에 사용한다.
② 짧은 주기와 높은 성능을 요구하며, 선형 복잡도가 높은 LFSR(Linear Feedback Shift Register)을 이용한다.
③ 블록 암호화 대비 비트 단위로 암호화하며, 암호시간이 빠르다.
④ 블록 암호화 모드 OFB, CFB가 스트림 암호화 모드와 유사하다.

스트림 암호(Stream Cipher)
• 작은 길이의 키로부터 긴 길이의 난수를 발생시키는 이진 키 스트림 과정을 통해 얻어진 이진수열과 평문 이진수열의 배타적 논리합(XOR)으로 암호문을 생성하는 방식이다.
• 짧은 주기와 높은 성능을 요구하며, 비선형 복잡도가 높은 LFSR(Linear Feedback Shift Register)을 이용한다.

스트림 암호(Stream Cipher)의 주요 특징
• 1970년대부터 유럽을 중심으로 발달하였다.
• 안전성을 수학적으로 증명 가능하다.
• 알고리즘 구현이 쉽다.
• 군사, 외교용으로 널리 사용한다.
• 이동통신 같은 무선통신 환경에서 구현이 용이하다.

• 안전성을 증가시키기 위해 LFSR(Linear Feedback Shift Register)를 여러 개 결합하거나, 비선형 변환을 결합하는 방식을 사용하기도 한다.
• 일회용 패드(One Time Pad)도 스트림 암호이다.
• 암호문 중 한 비트가 손실되면 복호화가 불가능한 등기식과 복호화를 할 수 있는 비등기식으로 구분한다.

정답 ②

80 n명 대칭키 암호통신 시 몇 개의 대칭키가 필요한가?

① $n(n+1)/2$
② $n(n-1)/2$
③ $2N$
④ N

시스템에 가입한 사용자마다 하나의 키를 공유해야 하기 때문에 n명이 가입한 시스템에는 $n(n-1)/2$의 키가 필요하다. 또 각 사용자는 n-1개의 키를 관리해야 하는 부담감이 있다. 이는 사용에 불편함을 주며, 이러한 이유로 키 분배(관리)가 상대적으로 용이한 공개키 암호 시스템이 출현하게 되었다.

정답 ②

상 정보보안 관리 및 법규 〉 정보보호 관리

81 위험분석전략 장단점에 대한 설명 중 옳지 않은 것은?

① 비공식접근(Informal Approach)은 구조적인 방법론에 기반하지 않고 경험자의 지식을 사용하여 위험분석을 수행하는 것이다. 이러한 방식은 대규모 조직에 적합하며 수행자의 경험에 따라 중요 위험 중심으로 분석한다.

② 복합접근(Combined Approach)은 고위험 영역을 식별하여 이 영역에는 상세 위험분석을 수행하고 다른 영역은 베이스라인 접근법을 사용하는 방식이다. 고위험 영역을 빠르게 식별하고 적절하게 처리할 수 있다는 장점이 있다.

③ 상세위험(Detailed Risk Analysis)은 조직의 자산 및 보안 요구사항을 구체적으로 분석하여 가장 적절한 대책을 수립할 수 있으며, 시간과 노력이 많이 소요된다는 단점이 있다.

④ 기준선접근(Baseline Approach)은 모든 시스템에 대하여 표준화된 보안대책의 세트를 체크리스트 형태로 제공한다. 분석의 비용과 시간이 절약된다는 장점은 있으나 과보호 또는 부족한 보호가 될 가능성이 상존하게 된다.

비공식접근(Informal Approach)은 특정 위험분석 모델과 기법을 선정하여 수행하지 않고 수행자의 경험에 따라 중요 위험 중심으로 분석한다. 이러한 방식은 작은 규모의 조직에는 적합할 수 있으나 새로이 나타나거나 수행자의 경험 분야가 적은 위험 영역을 놓칠 가능성이 있다.

정답 ①

중 정보보안 관리 및 법규 〉 정보보호 관리

82 다음 보기의 설명 중 (   ) 안에 알맞은 용어는 무엇인가?

위험(Risk)이란 원하지 않는 사건이 발생하여 손실 또는 부정적인 영향을 미칠 가능성을 말한다. 위험의 유형과 규모를 확인하기 위해서는 위험에 관련된 모든 요소들과 그들이 어떻게 위험의 규모에 영향을 미치는지를 분석하여야 한다. 위험을 구성하는 요소인 (A), 위협, (B) 보호 대책의 요소들은 서로 영향을 미치게 된다. 위협은 (B)을 공격하여 이용하게 되며 (B)은 (A)을 노출시킨다. 또한 (A)은 가치를 보유하는데 이러한 위협, (B), (A), 가치는 모두 위험을 증가시킨다. 한편 위험을 파악함으로써 보안 요구사항을 파악할 수 있고 보안 요구사항을 만족시키는 정보보호 대책을 선정하여 구현함으로써 위협을 방어할 수 있다.

① (A) 자본, (B) 취약성   ② (A) 자산, (B) 취약성

③ (A) 자본, (B) 발생 가능성   ④ (A) 취약성, (B) 자산

위의 보기에 해당되는 용어는 (A) 자산, (B) 취약성이다.

정답 ②

83 다음 중 개인정보보호법에 따라 고유식별정보를 처리하는 경우에 해당되는 것은?

① 정보주체 동의를 받는 경우
② 법령에서 구체적으로 고유식별정보의 처리를 요구하거나 허용하는 경우
③ 교통단속을 위하여 필요한 경우
④ 시설안전 및 화재 예방을 위하여 필요한 경우

개인정보보호법 제24조(고유식별정보의 처리 제한)

1. 개인정보처리자는 다음 각호의 경우를 제외하고는 법령에 따라 개인을 고유하게 구별하기 위하여 부여된 식별정보로서 대통령령으로 정하는 정보(이하 "고유식별정보"라 한다)를 처리할 수 없다.

   ① 정보주체에게 제15조 제2항 각호 또는 제17조 제2항 각호의 사항을 알리고 다른 개인정보의 처리에 대한 동의와 별도로 동의를 받은 경우
   ② 법령에서 구체적으로 고유식별정보의 처리를 요구하거나 허용하는 경우

정답 ②

84 다음 중 개인정보보호법에는 포함되지 않지만 정보통신망법에는 포함되는 민감정보에 해당되는 것은?

① 신념   ② 사상
③ 유전자 정보   ④ 친인척 관계

민간정보 처리 제한 비교

개인정보보호법 제23조, 시행령18조	정보통신망법 제24조
사상 · 신념, 노동조합 · 정당의 가입 · 탈퇴, 정치적 견해, 건강, 성생활 등에 관한 정보 1. 유전자검사 등의 결과로 얻어진 유전정보 2. 「형의 실효 등에 관한 법률」 제2조 제5호에 따른 범죄경력자료에 해당하는 정보	정보통신서비스 제공자는 사상, 신념, 가족 및 친인척 관계, 학력(學歷) · 병력(病歷), 기타 사회활동 경력 등 개인의 권리 · 이익이나 사생활을 뚜렷하게 침해할 우려가 있는 개인정보를 수집하여서는 아니 된다.

정답 ④

85 다음 중 주요정보통신기반시설의 취약점을 분석 · 평가하는 기관에 해당되지 않는 것은?

① 한국인터넷진흥원　　　　　　　　② 국가정보원
③ 정보공유 · 분석센터　　　　　　　④ 정보보호 전문서비스 기업

정보통신기반보호법 제9조(취약점의 분석 · 평가) 제3항

1. 「정보통신망 이용촉진 및 정보보호 등에 관한 법률」 제52조의 규정에 의한 한국인터넷진흥원(이하 "인터넷진흥원"이라 한다)
2. 제16조의 규정에 의한 정보공유 · 분석센터(대통령령이 정하는 기준을 충족하는 정보공유 · 분석센터에 한한다)
3. 「정보보호 산업의 진흥에 관한 법률」 제23조에 따라 지정된 정보보호 전문서비스 기업
4. 「정부출연연구기관 등의 설립 · 운영 및 육성에 관한 법률」 제8조의 규정에 의한 한국전자통신연구원

정답　②

86 다음 중 정보통신서비스 제공자가 이용자의 개인정보를 제3자에게 제공 시 동의 항목이 아닌 것은 무엇인가?

① 동의를 거부할 권리가 있다는 사실 및 동의 거부에 따른 불이익이 있는 경우 그 불이익에 해당되는 내용
② 개인정보를 제공받는 자
③ 개인정보의 이용목적
④ 개인정보의 보유 및 이용기간

정보통신망법 제24조의2

제22조(개인정보의 수집 · 이용동의)	제24조의2(개인정보의 제공 동의 등)
1. 개인정보의 수집 · 이용 목적 2. 수집하려는 개인정보의 항목 3. 개인정보의 보유 및 이용 기간	1. 개인정보를 제공받는 자 2. 개인정보를 제공받는 자의 개인정보 이용 목적 3. 제공하는 개인정보의 항목 4. 개인정보를 제공받는 자의 개인정보 보유 및 이용 기간

개인정보보호법 제15조와 제17조

제15조(개인정보의 수집 · 이용)	제17조(개인정보의 제공)
1. 개인정보의 수집 · 이용 목적 2. 수집하려는 개인정보의 항목 3. 개인정보의 보유 및 이용 기간 4. 동의를 거부할 권리가 있다는 사실 및 동의 거부에 따른 불이익이 있는 경우에는 그 불이익의 내용	1. 개인정보를 제공받는 자 2. 개인정보를 제공받는 자의 개인정보 이용 목적 3. 제공하는 개인정보의 항목 4. 개인정보를 제공받는 자의 개인정보 보유 및 이용 기간 5. 동의를 거부할 권리가 있다는 사실 및 동의 거부에 따른 불이익이 있는 경우에는 그 불이익의 내용

정답　①

87 다음 중 개인정보보호법에서 정한 주민등록번호 처리에 대한 설명으로 가장 옳은 것은 무엇인가?

① 정보주체 또는 제3자의 급박한 생명, 신체, 재산의 이익을 위하여 명백히 필요하다고 인정되는 경우라 하더라도 원칙적으로 주민등록번호 처리를 제한한다.

② 고유식별정보와 같이 별도의 동의를 받으면 주민등록번호의 처리가 가능하다.

③ 정보주체가 인터넷 홈페이지를 통하여 회원으로 가입하는 단계에서는 주민등록번호를 사용하지 아니하고도 회원으로 가입할 수 있는 방법을 제공하지 않아도 된다.

④ 법령에서 구체적으로 주민등록번호의 처리를 요구하거나 허용한 경우란 법률시행령, 시행규칙 중 최소한 어느 하나에 개인정보처리자로 하여금 주민등록번호의 처리를 요구하거나 허용하도록 하는 구체적인 규정이 존재하는 것을 말한다.

개인정보보호법에서 정한 주민등록번호를 처리에 대한 설명으로 가장 옳은 것은 보기 1번이다.

보기 ①은 정보주체 또는 제3자의 급박한 생명, 신체, 재산의 이익을 위하여 명백히 필요하다고 인정되는 경우에 주민등록번호를 처리에 대한 예외 조항에 해당되는 것은 맞다.

이는 단순히 정보주체의 생명, 신체, 재산상의 이익을 위한다는 이유만으로 바로 허용되는 것이 아니고, 명백히 주민등록번호의 처리가 정보주체나 제3자의 생명, 신체, 재산상의 이익을 위한 것이어야 하며 반드시 급박성이 인정되어야 한다. 충분한 시간적 여유가 있거나 다른 수단에 의하여 생명, 신체, 재산의 이익을 보호할 수 있다면 급박한 상태에 있다고 볼 수 없다.

오답 피하기
- 고유식별정보와 같이 별도의 동의를 받으면 주민등록번호의 처리가 가능하지 않다.
- 개인정보처리자는 제1항 각호에 따라 주민등록번호를 처리하는 경우에도 정보주체가 인터넷 홈페이지를 통하여 회원으로 가입하는 단계에서는 주민등록번호를 사용하지 아니하고도 회원으로 가입할 수 있는 방법을 제공하여야 한다.
- 2017.3.30부터 시행규칙에 근거가 있는 주민등록번호의 처리를 요구하거나 주민등록번호를 처리할 수 있는 법령의 범위에서 시행규칙은 제외되고 법률ㆍ대통령령ㆍ국회규칙ㆍ대법원규칙ㆍ헌법재판소규칙ㆍ중앙선거관리위원회규칙및감사원규칙에서 구체적으로 주민등록번호의 처리를 요구하거나 허용한 경우

정답 ①

88 다음 중 개인정보 정의에 대해서 아래 보기에 들어갈 용어에 해당되는 것은 무엇인가?

ㄱ. 개인정보보호법에서 정한 개인정보란 살아 있는 개인에 관한 정보로서 성명, (a) 및 영상 등을 통하여 개인을 알아볼 수 있는 정보(해당 정보만으로는 특정 개인을 알아볼 수 없더라도 다른 정보와 쉽게 (c)하여 알아볼 수 있는 것을 포함한다)를 말한다.

ㄴ. 정보통신망법에서 정한 개인정보란 생존하는 개인에 관한 정보로서 성명ㆍ(a) 등에 의하여 특정한 개인을 알아볼 수 있는 부호ㆍ문자ㆍ(b)ㆍ음향 및 영상 등의 정보(해당 정보만으로는 특정 개인을 알아볼 수 없어도 다른 정보와 쉽게 (c)하여 알아볼 수 있는 경우에는 그 정보를 포함한다)를 말한다.

① a : 주민등록번호, b : 음성, c : 결합

② a : 주민등록번호, b : 목소리, c : 구분

③ a : 성별, b : 음성, c : 유추

④ a : 성별, b : 음성, c : 구분

위의 보기에 개인정보보호의 정의에 들어갈 용어는 a : 주민등록번호, b : 음성, c : 결합이다.

정답 ①

89 다음 중 아래 보기에서 설명하고 있는 제도에 해당되는 것은 무엇인가?

> IT 제품의 보안성 평가 국제표준(ISO/IEC 15408)인 공통평가기준(Common Criteria)에 따라 정보보호 시스템에 대해 기능 및 취약성 등을 평가 · 인증하는 제도이다. 이 인증 제도는 평가보증등급은 EAL1~EAL7로 구성되어 있으며, 숫자가 높아질수록 보증 수준이 높아진다.

① ISMS 인증
② CC 인증
③ PIMS 인증
④ ISO 27001 인증

ISMS 인증

기업이 주요 정보자산을 보호하기 위해 수립 · 관리 · 운영하는 정보보호 관리체계가 인증 기준에 적합한지를 심사하여 인증을 부여하는 제도이다.

PIMS 인증

기관 및 기업이 개인정보보호 관리체계를 갖추고 체계적 · 지속적으로 보호 업무를 수행하는지에 대해 객관적으로 심사하여 기준 만족 시 인증을 부여한다.

ISO 27001 인증

영국 표준(BS, British Standard)이던 BS7799이었으나 2005년 11월에 ISO 표준으로 승격됐다. 인증 범위는 정보보호 정책, 통신 · 운영, 접근 통제, 정보보호 사고 대응 등 정보보호 관리 14개 영역, 114개 항목에 대해 얼마나 잘 계획하고 구현하며, 점검하고, 개선하는가를 평가하고 이에 대해 인증을 수여한다.

정답 ②

90 다음 중 아래에서 설명하고 있는 것은?

> 재난 발생 시 비즈니스 연속성을 유지하기 위한 방법론이다. 이는 재해, 재난으로 정상적으로 운용이 어려운 데이터 백업과 같은 단순복구뿐만 아니라 고객 서비스 지속성 보장, 핵심 업무기능을 지속하는 환경을 조성해 기업가치를 최대화하는 것을 말한다. 이를 위해 우선 기업이 운용하고 있는 시스템에 대한 평가와 비즈니스 프로세스를 파악, 재해에 따른 업무 손실을 최소화하기 위한 방법을 구축하는 작업이 필요하다.

① 재난대응관리
② 위험관리
③ 업무 연속성 계획
④ 데이터 백업

위의 보기에서 설명하고 있는 것은 업무 연속성 계획이다.

정답 ③

91 다음 중 개인정보처리와 관련하여 설명한 내용으로 옳은 것은?

① 공공기관이 법령 등에서 정하는 소관 업무의 수행을 위하여 불가피한 경우에 개인 정보의 목적 외 이용 · 제공할 수 있다.

② 보험회사가 「상법」 제735조의3(단체 보험)에 따른 단체보험계약의 체결 등의 사무를 수행하기 위하여 필요한 범위에서 피보험자의 주민등록번호를 처리할 수 있도록 규정, 단체보험은 구성원으로부터 서면 동의를 받지 아니하고 단체가 보험계약자로 피보험자인 구성원을 위하여 보험회사와 일괄계약하는 보험으로서, 회사는 단체보험 가입 목적으로 직원의 주민등록번호를 보험회사에 제공할 수 있다.

③ 개인정보처리자의 정당한 이익을 달성하기 위하여 필요한 경우로서 명백하게 정보주체의 권리보다 우선하는 경우. 이 경우 개인정보처리자의 정당한 이익과 상당한 관련이 있고 합리적인 범위를 초과하지 아니하는 경우에 한하여 개인정보를 제3자에게 제공이 가능하다.

④ 범죄예방 및 수사, 시설안전 및 화재 예방을 위하여 공개된 장소에 영상정보처리 기기를 설치 · 운영하여 처리되는 개인정보에 대해서도 개인정보의 수집 · 이용 동의를 받아야 한다.

제18조(개인정보의 목적 외 이용 · 제공 제한)

개인정보를 목적 외의 용도로 이용하거나 이를 제3자에게 제공하지 아니하면 다른 법률에서 정하는 소관 업무를 수행할 수 없는 경우로서 보호위원회의 심의 · 의결을 거친 경우에만 개인정보의 목적 외 이용 · 제공이 가능하다.

> **제18조(개인정보의 목적 외 이용 · 제공 제한)**
>
> 2. 제1항에도 불구하고 개인정보처리자는 다음 각호의 어느 하나에 해당하는 경우에는 정보주체 또는 제3자의 이익을 부당하게 침해할 우려가 있을 때를 제외하고는 개인정보를 목적 외의 용도로 이용하거나 이를 제3자에게 제공할 수 있다. 다만, 제5호부터 제9호까지의 경우는 공공기관의 경우로 한정한다.
>
> ① 정보주체로부터 별도의 동의를 받은 경우
>
> ② 다른 법률에 특별한 규정이 있는 경우
>
> ③ 정보주체 또는 그 법정대리인이 의사표시를 할 수 없는 상태에 있거나 주소불명 등으로 사전 동의를 받을 수 없는 경우로서 명백히 정보주체 또는 제3자의 급박한 생명, 신체, 재산의 이익을 위하여 필요하다고 인정되는 경우
>
> ④ 통계작성 및 학술연구 등의 목적을 위하여 필요한 경우로서 특정 개인을 알아볼 수 없는 형태로 개인정보를 제공하는 경우
>
> ⑤ 개인정보를 목적 외의 용도로 이용하거나 이를 제3자에게 제공하지 아니하면 다른 법률에서 정하는 소관 업무를 수행할 수 없는 경우로서 보호위원회의 심의 · 의결을 거친 경우
>
> ⑥ 조약, 그 밖의 국제협정의 이행을 위하여 외국정부 또는 국제기구에 제공하기 위하여 필요한 경우
>
> ⑦ 범죄의 수사와 공소의 제기 및 유지를 위하여 필요한 경우
>
> ⑧ 법원의 재판업무 수행을 위하여 필요한 경우

개인정보보호법 17조(개인정보의 제공)

1. 개인정보처리자는 다음 각호의 어느 하나에 해당되는 경우에는 정보주체의 개인정보를 제3자에게 제공(공유를 포함한다. 이하 같다)할 수 있다.

　① 정보주체의 동의를 받은 경우

　② 제15조 제1항 제2호 · 제3호 및 제5호에 따라 개인정보를 수집한 목적 범위에서 개인정보를 제공하는 경우

> ① 정보주체의 동의를 받은 경우
>
> ② 법률에 특별한 규정이 있거나 법령상 의무를 준수하기 위하여 불가피한 경우
>
> ③ 공공기관이 법령 등에서 정하는 소관 업무의 수행을 위하여 불가피한 경우
>
> ④ 정보주체 또는 그 법정대리인이 의사표시를 할 수 없는 상태에 있거나 주소불명 등으로 사전 동의를 받을 수 없는 경우로서 명백히 정보주체 또는 제3자의 급박한 생명, 신체, 재산의 이익을 위하여 필요하다고 인정되는 경우

개인정보보호법 제58조(적용의 일부 제외) 제2항

제25조 제1항 각호에 따라 공개된 장소에 영상정보처리기기를 설치 · 운영하여 처리되는 개인정보에 대하여는 제15조, 제22조, 제27조 제1항 · 제2항, 제34조 및 제37조를 적용하지 아니한다.

정답 ②

≡ 상 　정보보안 관리 및 법규 > 정보보호 관련 윤리 및 법규

92 다음 중 개인정보 유출 통지 등의 통지신고에 관하여 아래 보기에 해당되는 것을 고르시오.

> 개인정보처리자는 개인정보가 유출되었음을 알게 되었을 때에는 서면 등의 방법으로 (a) 법 제34조 제1항 각호의 사항인 1. 유출된 개인정보의 항목, 2. 유출된 시점과 그 경위, 3. 유출로 인하여 발생할 수 있는 피해를 최소화하기 위하여 정보주체가 할 수 있는 방법 등에 관한 정보, 4. 개인정보처리자의 대응조치 및 피해 구제 절차, 5. 정보주체에게 피해가 발생한 경우 신고 등을 접수할 수 있는 (b) 및 연락처를 정보주체에게 알려야 한다. 다만, 유출된 개인정보의 확산 및 추가 유출을 방지하기 위하여 접속경로의 차단, 취약점 점검 · 보완, 유출된 개인정보의 삭제 등 긴급한 조치가 필요한 경우에는 그 조치를 한 후 지체 없이 정보주체에게 알릴 수 있다.
>
> 개인정보처리자는 대통령령으로 정한 규모 이상의 개인정보가 유출된 경우에는 제1항에 따른 통지 및 제2항에 따른 조치 결과를 지체 없이 행정안전부장관 또는 대통령령으로 정하는 전문기관에 신고하여야 한다. 이 경우 (c) 이상의 정보주체에 관한 개인정보가 유출된 경우에는 서면 등의 방법과 함께 인터넷 홈페이지에 정보주체가 알아보기 쉽도록 법 제34조 제1항 각호의 사항을 7일 이상 게재하여야 한다. 다만, 인터넷 홈페이지를 운영하지 아니하는 개인정보처리자의 경우에는 서면 등의 방법과 함께 사업장 등의 보기 쉬운 장소에 법 제34조 제1항 각호의 사항을 7일 이상 게시하여야 한다.

① a : 7일 이내, b : 담당부서, c : 1만 명 이상
② a : 지체없이, b : 책임자, c : 1천 명 이상
③ a : 10일 이내, b : 책임자, c : 1만 명 이상
④ a : 지체없이, b : 담당부서, c : 1천 명 이상

개인정보 유출 통지 등의 통지신고에 해당되는 것은 a : 지체없이, b : 담당부서, c : 1천 명 이상이다.

정답 ④

93 다음 중 공공기관이 개인정보보호법에 따라서 개인정보 영향평가를 실시하는 경우 고려사항에 해당되지 않는 것은?

① 처리하는 개인정보의 수
② 개인정보의 제3자 제공 여부
③ 개인정보의 업무위탁 관리 감독
④ 개인정보 보유 기간

개인정보보호법 제33조 및 동법 시행령 제36조에 따라 개인정보 영향평가 시 고려사항은 다음과 같다.
① 처리하는 개인정보의 수
② 개인정보의 제3자 제공 여부
③ 정보주체의 권리를 해할 가능성 및 그 위험 정도
④ 민감정보 또는 고유식별정보의 처리 여부
⑤ 개인정보 보유 기간
정보보안기사 필기시험에는 2회 출제 및 정보보안기사 실기에서도 1회 출제되었으므로 반드시 암기해두기 바랍니다.

정답 ③

94 다음 중 개인정보보호법에 따라 정보주체의 권리 보장에 대한 설명으로 가장 옳지 않은 것은 무엇인가?

① 개인정보처리자는 개인정보처리방침 등 개인정보의 처리에 관한 사항을 공개하여야 하며, 열람청구권 등 정보주체의 권리를 보장하여야 한다.
② 개인정보처리자는 개인정보의 처리 목적에 필요한 범위에서 개인정보의 정확성, 완전성 및 최신성이 보장되도록 하여야 한다.
③ 개인정보처리자는 정보주체가 자신의 개인정보에 대한 열람을 요구하려면 반드시 본인이 실명으로 요구하고 처리될 수 있도록 한다.
④ 개인정보처리자는 정보주체가 열람 등 요구에 대한 거절 등 조치에 대하여 불복이 있는 경우 이의를 제기할 수 있도록 필요한 절차를 마련하고 안내하여야 한다.

개인정보보호법 제38조(권리행사의 방법 및 절차) 제1항에 따라
1. 정보주체는 제35조에 따른 열람, 제36조에 따른 정정·삭제, 제37조에 따른 처리정지 등의 요구(이하 "열람등요구"라 한다)를 문서 등 대통령령으로 정하는 방법·절차에 따라 대리인에게 하게 할 수 있다.
제3조(개인정보보호원칙)에 따라서 개인정보처리자는 개인정보의 익명처리가 가능한 경우에는 익명에 의하여 처리될 수 있도록 하여야 한다.

정답 ③

95 다음 중 개인정보보호법에 따라서 개인정보처리자는 정보주체 이외로부터 수집한 개인정보를 처리하는 때에는 정보주체의 요구가 있으면 즉시 정보주체에게 고지하여야 하는 사항에 해당하지 않는 것은?

① 개인정보처리의 정지를 요구할 권리가 있다는 사실
② 개인정보의 보유 및 이용 기간
③ 개인정보의 수집 출처
④ 개인정보의 처리 목적

제20조(정보주체 이외로부터 수집한 개인정보의 수집 출처 등 고지)

1. 개인정보처리자가 정보주체 이외로부터 수집한 개인정보를 처리하는 때에는 정보주체의 요구가 있으면 즉시 다음 각호의 모든 사항을 정보주체에게 알려야 한다.

   ① 개인정보의 수집 출처
   ② 개인정보의 처리 목적
   ③ 제37조에 따른 개인정보처리의 정지를 요구할 권리가 있다는 사실

2. 제1항에도 불구하고 처리하는 개인정보의 종류 · 규모, 종업원 수 및 매출액 규모 등을 고려하여 대통령령으로 정하는 기준에 해당하는 개인정보처리자가 제17조 제1항 제1호에 따라 정보주체 이외로부터 개인정보를 수집하여 처리하는 때에는 제1항 각호의 모든 사항을 정보주체에게 알려야 한다. 다만, 개인정보처리자가 수집한 정보에 연락처 등 정보주체에게 알릴 수 있는 개인정보가 포함되지 아니한 경우에는 그러하지 아니하다. 〈신설 2016. 3. 29.〉

3. 제2항 본문에 따라 알리는 경우 정보주체에게 알리는 시기 · 방법 및 절차 등 필요한 사항은 대통령령으로 정한다. 〈신설 2016. 3. 29.〉

4. 제1항과 제2항 본문은 다음 각호의 어느 하나에 해당하는 경우에는 적용하지 아니한다. 다만, 이 법에 따른 정보주체의 권리보다 명백히 우선하는 경우에 한한다. 〈개정 2016. 3. 29.〉

   ① 고지를 요구하는 대상이 되는 개인정보가 제32조 제2항 각호의 어느 하나에 해당하는 개인정보파일에 포함되어 있는 경우
   ② 고지로 인하여 다른 사람의 생명 · 신체를 해할 우려가 있거나 다른 사람의 재산과 그 밖의 이익을 부당하게 침해할 우려가 있는 경우

동법 시행령 제15조의2(개인정보수집 출처 등 고지 대상 · 방법 · 절차)

1. 법 제20조 제2항 본문에서 "대통령령으로 정하는 기준에 해당하는 개인정보처리자"란 다음 각호의 어느 하나에 해당하는 개인정보처리자를 말한다.

   ① 5만 명 이상의 정보주체에 관하여 법 제23조에 따른 민감정보(이하 "민감정보"라 한다) 또는 법 제24조 제1항에 따른 고유식별정보(이하 "고유식별정보"라 한다)를 처리하는 자
   ② 100만 명 이상의 정보주체에 관하여 개인정보를 처리하는 자

2. 제1항 각호의 어느 하나에 해당하는 개인정보처리자는 법 제20조 제1항 각호의 사항을 서면 · 전화 · 문자전송 · 전자우편 등 정보주체가 쉽게 알 수 있는 방법으로 개인 정보를 제공받은 날부터 3개월 이내에 정보주체에게 알려야 한다. 다만, 법 제17조 제2항 제1호부터 제4호까지의 사항에 대하여 같은 조 제1항제1호에 따라 정보주체의 동의를 받은 범위에서 연 2회 이상 주기적으로 개인정보를 제공받아 처리하는 경우에는 개인정보를 제공받은 날부터 3개월 이내에 정보주체에게 알리거나 그 동의를 받은 날부터 기산하여 연 1회 이상 정보주체에게 알려야 한다.

3. 제1항 각호의 어느 하나에 해당하는 개인정보처리자는 제2항에 따라 알린 경우 다음 각호의 사항을 법 제21조 또는 제37조 제4항에 따라 해당 개인정보를 파기할 때까지 보관 · 관리하여야 한다.

   ① 정보주체에게 알린 사실
   ② 알린 시기
   ③ 알린 방법

정답 ②

96 다음 위험분석 방법론 중 아래 설명에 해당되는 내용은 무엇인가?

> 시스템에 관한 전문적인 지식을 가진 전문가의 집단을 구성하고, 정보시스템이 직면한 다양한 위협과 취약성을 토론을 통해 분석하는 방법

① 과거 자료 분석법　　　　　　　② 시나리오법
③ 델파이법　　　　　　　　　　　④ 확률분석법

- 과거 자료 분석법 : 미래 사건의 발생 가능성을 예측하는 방법으로 과거의 자료를 통해 위험발생 가능성을 예측한다. 위협에 대한 과거 자료가 많을수록 정확도가 높아진다.
  과거에 일어났던 사건이 미래에도 일어난다는 가정이 필요하며, 과거의 사건 중 발생 빈도가 낮은 자료에 대해서는 적용이 어렵다는 단점이 있다.
- 시나리오법 : 어떤 사실도 기대대로 되지 않는다는 가정하에 시나리오를 통해 분석하는 방법이다.
- 확률 분포법 : <u>미지의 사건을 추정</u>하는 데 사용하는 방법으로 확률적 편차를 이용하여 최저, 보통, 최고의 위험 평가를 예측할 수 있다. 정확성은 낮다.

정답 ③

97 다음 중 개인정보의 기술적 관리적 보호조치 기준에 따른 비밀번호 작성 규칙에 대한 설명으로 옳은 것을 모두 고른 것은?

> a. 비밀번호는 영문, 숫자, 특수문자 중 2가지를 포함해 최소 10자리 이상이어야 한다.
> b. 비밀번호 관리 편의를 위해 반기별로 1회 비밀번호를 변경한다.
> c. SMS 인증 등 최근에 많이 사용하고 있는 핸드폰을 이용하여 추가적인 인증을 사용할 경우에 비밀번호 작성 규칙을 사용하지 않아도 된다.

① a, c　　　　　　　　　　　　　② a, b
③ a, b, c　　　　　　　　　　　　④ c

- 보기 b의 경우 비밀번호 관리 편의를 위해 반기별로 1회 비밀번호를 변경하는 것이 아니라 최소 6개월마다 변경하도록 변경 기간을 적용하는 등 장기간 사용하지 않는다.
  보기의 지문이 약간 애매하여 정답이 공개되지 않은 상황에서 보기 b는 오답으로 본다. 왜냐하면, 반기별 1회 비밀번호 변경 주기를 설정하는 것은 맞으나 비밀번호 관리 편의성 때문이 아니라 최소한의 변경 주기를 설정을 정한 것이기 때문이다.
- 보기 c는 비밀번호 이외의 추가적인 인증에 사용되는 SMS 인증, 일회용 비밀번호(OTP) 등은 비밀번호 작성규칙을 적용하지 아니할 수 있다.

> 정보통신서비스 제공자 등은 개인정보취급자를 대상으로 다음 각호의 사항을 포함하는 비밀번호 작성규칙을 수립하고, 이를 적용·운용하여야 한다.
> 1. 영문, 숫자, 특수문자 중 2종류 이상을 조합하여 최소 10자리 이상 또는 3종류 이상을 조합하여 최소 8자리 이상의 길이로 구성
> 2. 연속적인 숫자나 생일, 전화번호 등 추측하기 쉬운 개인정보 및 아이디와 비슷한 비밀번호는 사용하지 않는 것을 권고
> 3. 비밀번호에 유효기간을 설정하여 반기별 1회 이상 변경

정답 ①

98 다음 중 접속기록에 대한 설명으로 옳지 않은 것은?

> a. 식별자 : 개인정보처리시스템에서 개인정보취급자를 식별할 수 있도록 부여된 아이디(ID)를 말한다.
> b. 접속일시 : 개인정보처리시스템에 접속한 시점 또는 업무를 수행한 시점을 말한다.
>   (년-월-일, 시 : 분 : 초)
> c. 접속지 : 개인정보처리시스템에 접속한 자의 근무 주소지를 말한다.
> d. 수행업무 : 개인정보취급자가 개인정보처리시스템을 이용하여 개인정보를 처리한 내용을 알 수 있는 정보를 말한다.

① a   ② c

③ b, c   ④ a, d

접속기록 접속지 : 개인정보처리시스템에 접속한 자의 컴퓨터 또는 서버의 IP 주소 등을 말한다.

정답 ②

99 다음 중 시스템 개발 보안에 대한 설명으로 옳지 않은 것은?

> a. 개발 및 시험 시스템은 운영 시스템에 대한 비인가 접근 및 변경의 위험을 감소하기 위해 원칙적으로 분리하여야 한다.
> b. 운영 환경으로의 이관은 통제된 절차에 따라 이루어져야 하고 실행코드는 시험과 사용자 인수 후 실행하여야 하며, 소스 프로그램은 별도의 환경에 저장하지 않고 인가된 담당자에게만 접근을 허용하여야 한다.
> c. 시스템 시험 과정에서 운영 데이터 유출을 예방하기 위해 시험데이터 생성, 이용 및 관리, 파기, 기술적 보호조치만을 이행하여도 무방하다.
> d. 정보시스템 개발을 외주 위탁하는 경우 분석 및 설계단계에서 구현 및 이관까지의 준수해야 할 보안 요구사항을 계약서에 명시하고 이행 여부를 관리 · 감독하여야 한다.

① b   ② a, d

③ b, c   ④ a, b, c

b. 소스 프로그램은 <u>**운영 환경이 아닌 별도의 환경에 저장하여야 하며**(o)</u>, 운영 환경에 저장하여 인가된 담당자에게만 접근을 허용하여야 한다.
c. 시스템 시험 과정에서 운영 데이터 유출을 예방하기 위해 시험데이터 생성, 이용 및 관리, 파기, <u>**기술적 보호조치에 관한 절차를 수립하여 이행하여야 한다.**</u>
정보보호 관리체계 인증 항목 기준에 따른 시스템 개발 보안에 대한 통제내용은 다음과 같다.

정답 ③

100 정보통신기반보호법 제8조에서 중앙행정기관의 장은 소관 분야의 정보통신 기반시설 중 다음 각호의 사항을 고려하여 전자적 침해행위로부터의 보호가 필요하다고 인정되는 정보통신기반시설을 주요정보통신기반시설로 지정할 수 있는데, 아래 보기에 들어갈 용어에 해당하는 것은 무엇인가?

---

1. 당해 정보통신기반시설을 관리하는 기관이 수행하는 업무의 국가사회적 (a)
2. 제1호의 규정에 의한 기관이 수행하는 업무의 정보통신기반시설에 대한 (b)
3. 다른 정보통신기반시설과의 (c)
4. 침해사고가 발생할 경우 국가안전보장과 경제사회에 미치는 피해 규모 및 범위
5. 침해사고의 (d) 또는 그 복구의 (e)

---

① a : 중요성, b : 의존도, c : 상호연계성, d : 발생 가능성, e : 용이성
② a : 중요성, b : 확장성, c : 상호호환성, d : 발생 가능성, e : 수용성
③ a : 기여도, b : 의존도, c : 상호연계성, d : 발생 가능성, e : 수용성
④ a : 기여도, b : 확장성, c : 상호호환성, d : 발생 가능성, e : 용이성

위의 보기의 해당되는 용어는 a : 중요성, b : 의존도, c : 상호연계성, d : 발생 가능성, e : 용이성이다.

정답 ①

[부록]
한 방에 끝내는
보안 마인드맵

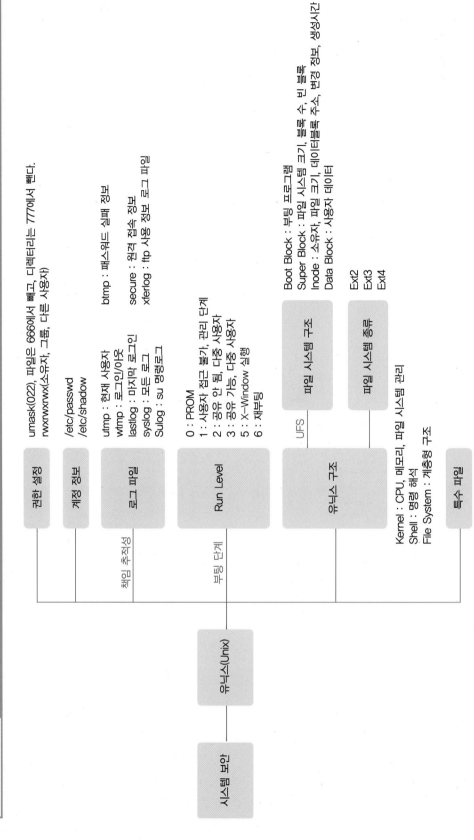

시스템 보안

유닉스(Unix)

권한 설정
- umask(022), 파일은 6660에서 빼고, 디렉터리는 7770에서 뺀다.
- rwxrwxrwx(소유자, 그룹, 다른 사용자)

계정 정보
- /etc/passwd
- /etc/shadow

책임 추적성

로그 파일
- utmp : 현재 사용자
- wtmp : 로그인/이웃
- lastlog : 마지막 로그인
- syslog : 모든 로그
- Sulog : su 명령로그
- btmp : 패스워드 실패 정보
- secure : 원격 접속 정보
- xferlog : ftp 사용 정보 로그 파일

부팅 단계

Run Level
- 0 : PROM
- 1 : 사용자 접근 불가, 관리 단계
- 2 : 공유 안 됨, 다중 사용자
- 3 : 공유 가능, 다중 사용자
- 5 : X-Window 실행
- 6 : 재부팅

유닉스 구조
- Kernel : CPU, 메모리, 파일 시스템 관리
- Shell : 명령 해석
- File System : 계층형 구조

파일 시스템 구조 ── UFS
- Boot Block : 부팅 프로그램
- Super Block : 파일 시스템 크기, 블록 수, 빈 블록
- Inode : 소유자, 파일 크기, 데이터블록 주소, 변경 정보, 생성시간
- Data Block : 사용자 데이터

파일 시스템 종류
- Ext2
- Ext3
- Ext4

특수 파일
- Setuid : 4000, 실행 시에 소유자의 권한으로 실행
- Setgid : 2000, 실행 시에 그룹의 권한으로 실행
- Sticky bit : 1000, /tmp, 임시 디렉터리

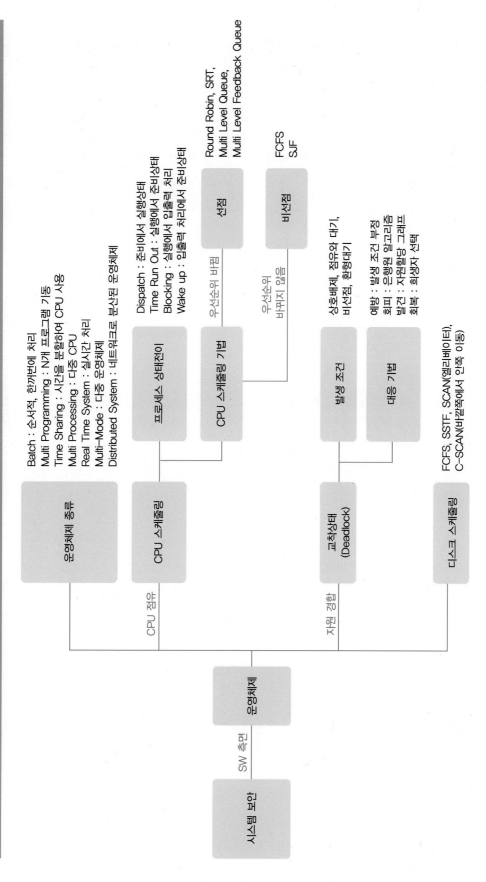

시스템 보안

SW 측면

운영체제

CPU 점유

자원 경합

운영체제 종류

Batch : 순서적, 한꺼번에 처리
Multi Programming : N개 프로그램 기동
Time Sharing : 시간을 분할하여 CPU 사용
Multi Processing : 다중 CPU
Real Time System : 실시간 처리
Multi-Mode : 다중 운영체제
Distributed System : 네트워크로 분산된 운영체제

CPU 스케줄링

프로세스 상태전이

Dispatch : 준비에서 실행상태
Time Run Out : 실행에서 준비상태
Blocking : 실행에서 입출력 처리
Wake up : 입출력 처리에서 준비상태

CPU 스케줄링 기법

우선순위 바뀜

우선순위 바뀌지 않음

선점

Round Robin, SRT,
Multi Level Queue,
Multi Level Feedback Queue

비선점

FCFS
SJF

교착상태 (Deadlock)

발생 조건

상호배제, 점유와 대기,
비선점, 환형대기

대응 기법

예방 : 발생 조건 부정
회피 : 은행원 알고리즘
발견 : 자원할당 그래프
회복 : 희생자 선택

디스크 스케줄링

FCFS, SSTF, SCAN(엘리베이터),
C-SCAN(바깥쪽에서 안쪽 이동)

시스템 보안

HW 측면

컴퓨터 구조

연산처리 — CPU

속도 빠름, 고가

임시 기억 — 메모리

영구 저장 — Disk 보조기억장치

CPU 구조 — 연산장치, 레지스터, 제어장치, 버스로 구성

Register — MBR, MAR, IR, PC(임시저장공간)

Instruction Cycle
- 메모리에서 읽어오는 Fetch
- 메모리를 참조하는 Indirect
- CPU에서 실행하는 Execution
- 갑작스러운 작업처리 Interrupt

캐시 메모리
- CPU와 Memory 속도 차이 해결

캐시사상 방법 — 직접사상, 연관사상(가장 빠름), 집합연관사상

교체기법 — Random, FIFO, LFU, LRU, Optimal, NUR(참조비트, 수정비트), SCR(참조비트)

페이지 부재 예방 — Locality, Working Set, PFF(Page Fault Frequency)

메모리 공간 확대 — 가상 메모리

할당기법 — 고정크기 Paging, 가변크기 Segmentation

호출기법 — Demand Fetch, Pre Fetch

배치기법 — First Fit, Next Fit, Best Fit, Worst Fit

교체기법 — Random, FIFO, LFU, LRU, Optimal, NUR(참조비트, 수정비트), SCR(참조비트)

입출력기법

- Program에 의한 입출력
- Interrupt 기법
- DMA – Cycle Stealing
- IO Channel – Byte Multiplexer
- – Selector Channel
- – Block Multiplexer

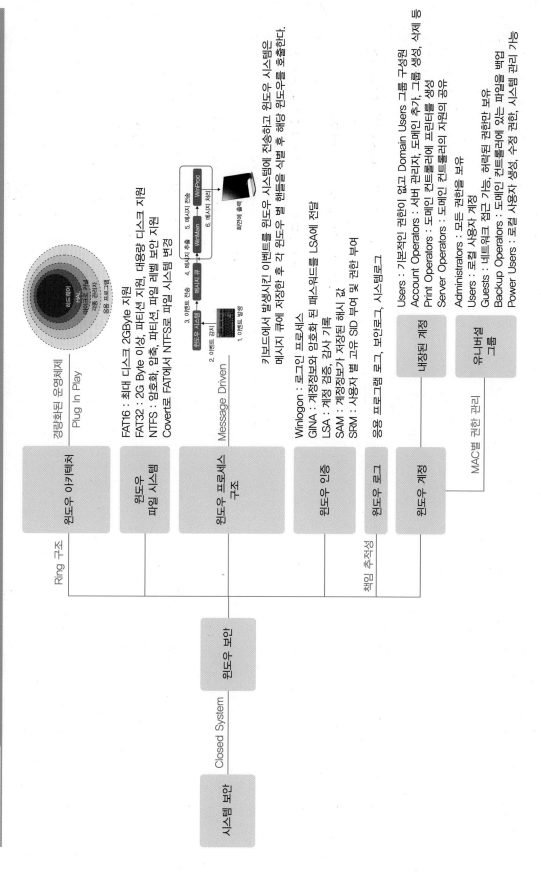

시스템 보안 ── Closed System ── 윈도우 보안

윈도우 아키텍처
Ring 구조
경량화된 운영체제
Plug In Play

윈도우 파일 시스템
FAT16 : 최대 디스크 2GByte 지원
FAT32 : 2G Byte 이상, 파티션 지원, 대용량 디스크 지원
NTFS : 암호화, 압축, 파티션, 파일 레벨 보안 지원
Covert로 FAT에서 NTFS로 파일 시스템 변경

윈도우 프로세스 구조
Message Driven

키보드에서 발생시킨 이벤트를 윈도우 시스템에 전송하고 윈도우 시스템은
메시지 큐에 저장한 후 각 윈도우 별 핸들을 식별 후 해당 윈도우를 호출한다.

1. 이벤트 발생
2. 이벤트 감지
3. 이벤트 전송
4. 메시지 추출
5. 메시지 전송
6. 메시지 처리
윈도우 시스템 → 메시지 큐 → WinMain → WinProc
화면에 출력

윈도우 인증
Winlogon : 로그인 프로세스
GINA : 계정정보와 암호화 된 패스워드를 LSA에 전달
LSA : 계정 검증, 감사 기록
SAM : 계정정보가 저장된 해시 값
SRM : 사용자 별 고유 SID 부여 및 권한 부여

윈도우 로그
응용 프로그램 로그, 보안로그, 시스템로그
책임 추적성

윈도우 계정
내장된 계정
Users : 기본적인 권한이 없고 Domain Users 그룹 구성원
Account Operators : 서버 관리자, 도메인 추가, 그룹 생성, 삭제 등
Print Operators : 도메인 컨트롤러에 프린터를 생성
Server Operators : 도메인 컨트롤러의 자원의 공유
Administrators : 모든 권한을 보유
Users : 로컬 사용자 계정
Guests : 네트워크 접근 가능, 허락된 권한만 보유
Backup Operators : 도메인 컨트롤러에 있는 파일을 백업
Power Users : 로컬 사용자 생성, 수정 권한, 시스템 관리 가능

유니버설 그룹
MAC별 권한 관리

네트워크 보안 — 네트워크 공격기법

수동적 공격

기법	설명
Sniffing	Normal Mode : 자신의 패킷만 수신 Promiscuous : MAC과 관계없이 모두 수신(# ifconfig eth0 promisc)
IP Spoofing	IP 주소를 변조, DNS 캐시 테이블 변조
ARP Spoofing	ARP 캐시 변조, MAC과 IP 주소 변조, arp -a로 확인, 정적과 동적
TCP Syn Flooding	3 Way Handshaking 취약점 이용, SYN 신호를 범람
Dr Dos	반사 공격, 발신자의 IP를 피해자의 IP로 변경하고 SYN 패킷을 전송
ICMP Flooding	특정 Host로 ICMP 패킷 응답이 가도록 하는 DDoS
Tear Drop	패킷이 조립되지 못하도록 Sequence Number 조작
Ping of Death	커다란 ICMP 패킷이 분할되도록 하는 DDoS
Land Attack	송신자의 IP와 수신자의 IP를 동일하게 전송하는 DDoS
HTTP Get Flooding	커다란 HTTP Get을 호출하는 DDoS 공격
HTTP Read DOS	TCP Window 사이즈 조작
HTTP Header DOS	HTTP Header 개행 문자 조작
Session Hijacking	정상적인 세션 가로채기, RST 신호 재연결을 이용

시스템 부하 발생

네트워크 보안 — 네트워크 보안 솔루션

- IPS : 침입탐지 및 대응까지 하는 보안 솔루션

- Firewall : Screening Router, Dual Home, Screened Host, Screened Subnet, SPI, DPI

- IDS : 오용탐지(False Negative가 큼), 이상탐지(False Positive가 큼)
  - False Positive : 공격이라고 오판
  - False Negative : 공격이 아니라고 오판

- VPN : 터널링을 통한 데이터 전송 PPTP, L2TF, SSL, IPSEC, MPLS

- Honey Pot : Zero Day Attack 대응, 일종의 함정(유인)

- NAC : 네트워크 접근 통제, 무결성 확인(MAC 변조)

- ESM : 통합 보안 관제 시스템, ESM Agent, ESM Manager, ESM Console로 구성

- SIEM : 빅데이터 기반의 통합 보안 관제 시스템

MIND MAP 2

네트워크 보안 3

네트워크 보안

구문, 의미, 콘텐츠

프로토콜 (Protocol)

네트워크 토폴로지

계층형, 버스형, 스타형, 링형, 망형

OSI 7계층

7. Application(Gateway)
6. Presentation
5. Session
4. Transport
3. Network(Router)
2. Data Link(Switch, Bridge)
1. Physical(Repeater)

TCP/IP

Connection Oriented — **TCP**

- **특징** : 신뢰성 전송, CRC 무결성 검사(FEC), G-Back-N(BEC), 슬라이딩 윈도우, 흐름제어, 혼잡제어(Slow Start), 순서제어
- **Control Flag** :
  - SYN : 연결 동기화
  - ACK : 응답 확인
  - PSH : 버퍼링 미 수행, 송신요구
  - URG : 긴급 포인터
  - FIN : 정상 접속 종료
  - RST : 비정상 종료를 위한 Reset

Connection less — **UDP**

- 비신뢰성 전송, CRC 무결성 검사, 빠른 전송

Datagram — **IP**

- **IPv4** : 32Bit 주소, Anycast 미지원
- **IPv6** : 128Bit 주소, Broadcast 미지원
  - ALL IP
  - 경로 결정 — **라우터** : Distance Vector(RIP), Link State(OSPF)
  - **변환 상태** : Dual Stack, Tunneling, Header Translation

오류 제어 — **ICMP**

- Destination Unreachable, Time Exceeded, Parameter Problem, Source Quench, Redirect, Echo Request/Reply, Timestamp Request/Reply

ARP/RARP

- ARP : IP 주소를 MAC 주소로 변환
- RARP : MAC 주소를 IP 주소로 변환

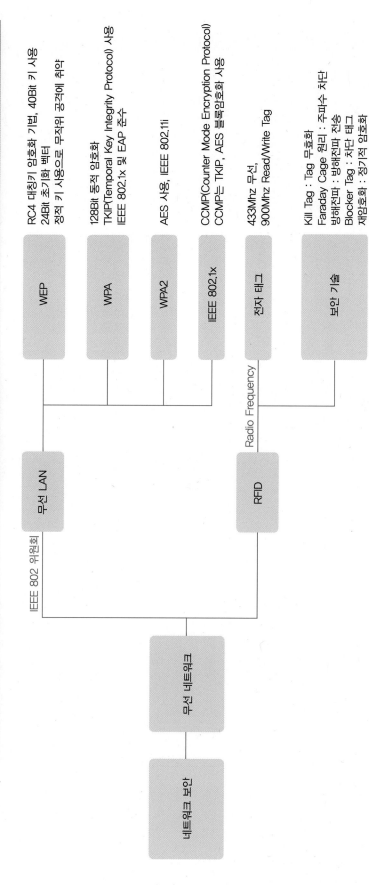

네트워크 보안

무선 네트워크

IEEE 802 위원회

무선 LAN

WEP
- RC4 대칭키 암호화 기법, 40Bit 키 사용
- 24Bit 초기화 벡터
- 정적 키 사용으로 무작위 공격에 취약

WPA
- 128Bit 동적 암호화
- TKIP(Temporal Key Integrity Protocol) 사용
- IEEE 802.1x 및 EAP 준수

WPA2
- AES 사용, IEEE 802.11i

IEEE 802.1x
- CCMP(Counter Mode Encryption Protocol)
- CCMP는 TKIP, AES 블록암호화 사용

Radio Frequency

RFID

전자 태그
- 433Mhz 무선,
- 900Mhz Read/Write Tag

보안 기술
- Kill Tag : Tag 무효화
- Faraday Cage 원리 : 주파수 차단
- 방해전파 : 방해전파 전송
- Blocker Tag : 차단 태그
- 재암호화 : 정기적 암호화

애플리케이션 보안 ── B2C, B2B 등 ── 전자상거래

전자상거래 ── 전송구간 암호화 ──

전자화폐
- 종류
  - 몬덱스 : 해외사용, 송금
  - PC Pay : 스마트카드
  - Net Cash : 전자수표
  - 비자캐시 : 소액 지불
  - Ecash : 은닉서명 지원
- 특징
  - 불추적성, 양도성, 분할성, 독립성,
  - 이중사용 방지, 익명성(또는 익명성 취소)

SET
- Master와 Visa가 만든 신용카드 지불 프로토콜
- 이중서명으로 가맹점과 카드 소유자 정보를 분리해서 서명

SSL
- 구성요소 : Handshaking, Change Cipher Spec, Alert, Record
- Handshaking : Client Hello, Server Hello, Server Hello Done, Client 인증서, Premaster Key 전송, Change Cipher Spec, Finished, Change Cipher Spec, Finished

sHTTP : 전용 웹 서버를 사용해서 전송구간 암호화를 수행하는 보안 프로토콜

IPSEC
- 전송 모드
  - 터널 모드 : IP 헤더까지 암호화
  - 전송 모드 : 메시지 암호화
- 구성 요소
  - AH : 인증과 무결성
  - ISAKMP : SA 설정
  - ESP : 암호화와 무결성
  - IKE : 키 교환

ebXML ── 전자상거래 표준 프레임워크
- 비즈니스 프로세스, 핵심 컴포넌트, 등록 저장소,
- 거래 당사자, 전송 · 교환 및 패키징

Web Service
- XML 전자서명
- XACML : 접근통제
- SAML : 권한정보 명세
- XML 암호화
- XKMS : 공개키 관리

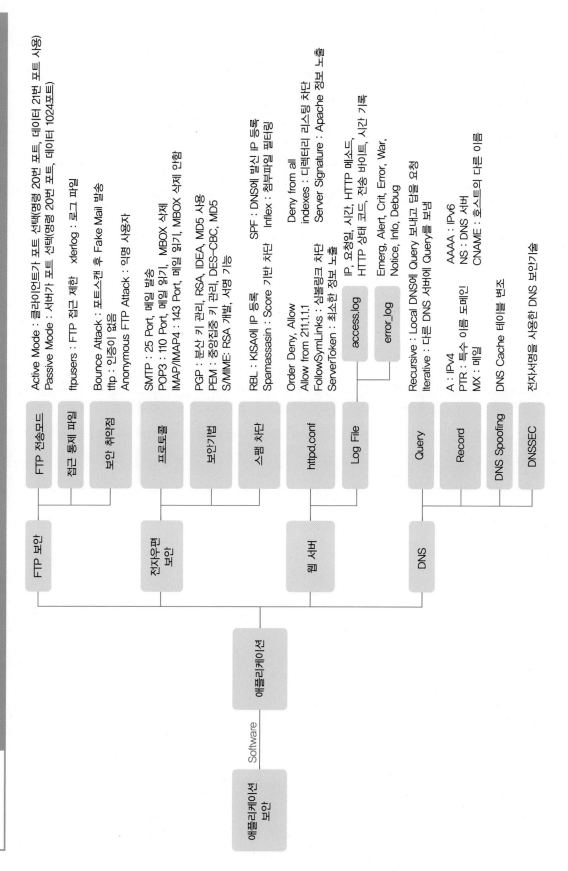

애플리케이션 보안 — Software — **애플리케이션 보안**

FTP 보안
- **FTP 전송모드**
  - Active Mode : 클라이언트가 포트 선택(명령 20번 포트, 데이터 21번 포트 사용)
  - Passive Mode : 서버가 포트 선택(명령 20번 포트, 데이터 1024포트)
- **접근 통제 파일**
  - ftpusers : FTP 접근 제한 xferlog : 로그 파일
- **보안 취약점**
  - Bounce Attack : 포트스캔 후 Fake Mail 발송
  - tftp : 인증이 없음
  - Anonymous FTP Attack : 익명 사용자

전자우편 보안
- **프로토콜**
  - SMTP : 25 Port, 메일 발송
  - POP3 : 110 Port, 메일 읽기, MBOX 삭제
  - IMAP/IMAP4 : 143 Port, 메일 읽기, MBOX 삭제 안함
- **보안기법**
  - PGP : 분산 키 관리, RSA, IDEA, MD5 사용
  - PEM : 중앙집중 키 관리, DES-CBC, MD5
  - S/MIME : RSA 개발, 서명 기능
- **스팸 차단**
  - RBL : KISA에 IP 등록
  - Spamassasin : Score 기반 차단
  - SPF : DNS에 발신 IP 등록
  - Inflex : 첨부파일 필터링

웹 서버
- **httpd.conf**
  - Order Deny, Allow
  - Allow from 211.1.1.1
  - FollowSymLinks : 심볼릭링크 차단
  - ServerToken : 최소한 정보 노출
  - Deny from all
  - indexes : 디렉터리 리스팅 차단
  - Server Signature : Apache 정보 노출
- **Log File**
  - access.log
    - IP, 요청일, 시간, HTTP 메소드, HTTP 상태 코드, 전송 바이트, 시간 기록
  - error_log
    - Emerg, Alert, Crit, Error, War, Notice, Info, Debug

DNS
- **Query**
  - Recursive : Local DNS에 Query 보내고 답을 요청
  - Iterative : 다른 DNS 서버에 Query를 보냄
- **Record**
  - A : IPv4
  - PTR : 특수 이름 도메인
  - MX : 메일
  - AAAA : IPv6
  - NS : DNS 서버
  - CNAME : 호스트의 다른 이름
- **DNS Spoofing**
  - DNS Cache 테이블 변조
- **DNSSEC**
  - 전자서명을 사용한 DNS 보안기술

애플리케이션 보안 3

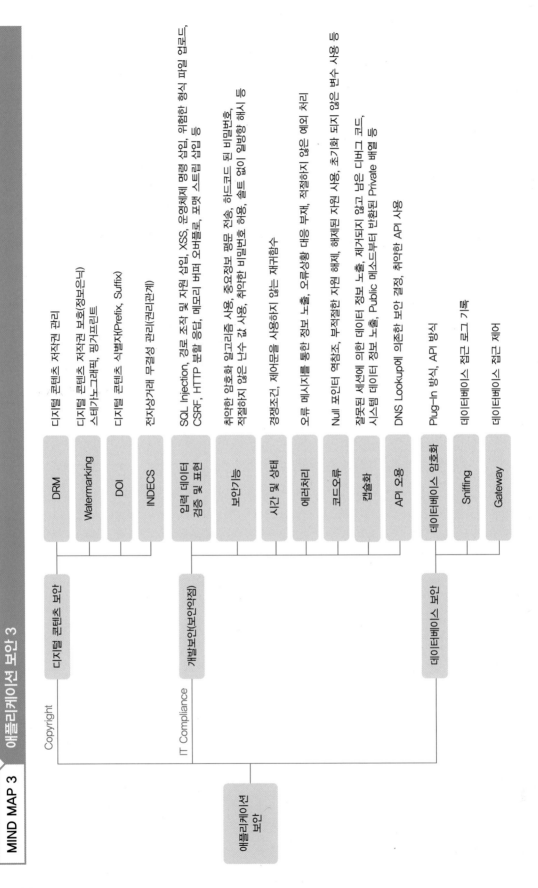

	DRM	디지털 콘텐츠 저작권 관리
	Watermarking	디지털 콘텐츠 저작권 보호(정보은닉) 스테가노그래픽, 핑거프린트
디지털 콘텐츠 보안	DOI	디지털 콘텐츠 식별자(Prefix, Suffix)
Copyright	INDECS	전자상거래 무결성 관리(권리관계)
	입력 데이터 검증 및 표현	SQL Injection, 경로 조작 및 자원 삽입, XSS, 운영체제 명령 삽입, 위험한 형식 파일 업로드, CSRF, HTTP 분할 응답, 메모리 버퍼 오버플로, 포맷 스트링 삽입 등
	보안기능	취약한 암호화 알고리즘 사용, 중요정보 평문 전송, 하드코드 된 비밀번호, 적절하지 않은 난수 값 사용, 취약한 비밀번호 허용, 솔트 없이 일방향 해시 등
	시간 및 상태	경쟁조건, 제어문을 사용하지 않는 재귀함수
개발보안(보안약점)	에러처리	오류 메시지를 통한 정보 노출, 오류상황 대응 부재, 적절하지 않은 예외 처리
IT Compliance	코드오류	Null 포인터 역참조, 부적절한 자원 해제, 해제된 자원 사용, 초기화 되지 않은 변수 사용 등
	캡슐화	잘못된 세션에 의한 데이터 정보 노출, 제거되지 않고 남은 디버그 코드, 시스템 데이터 정보 노출, Public 메소드로부터 반환된 Private 배열 등
	API 오용	DNS Lookup에 의존한 보안 결정, 취약한 API 사용
	데이터베이스 암호화	Plug-In 방식, API 방식
데이터베이스 보안	Sniffing	데이터베이스 접근 로그 기록
	Gateway	데이터베이스 접근 제어

애플리케이션 보안

정보보안 일반 1

정보보안 일반

인증

인증 서버 ── Kerberos ── 특징 ── 중앙 집중 인증, 대칭키 기반, 티켓 기반

인증방식

AS : 접근 권한 인증, ERP 서비스가 DB에 있는지 확인, TGT 생성

사용자 ① → AS ② → 사용자
사용자 ③ → TGS ④ → 사용자
TGS ⑤ → 회계서버 / 은행업무 / ERP ⑥

SSO ── 특징 ── 중앙집중 인증, 통합 인증, 통합 보안서버

종류 ── Delegation 방식, Delegation & Propagation 방식, Web 기반 One Cookie Domain SSO

공인인증 ── PKI ── 정책승인기관(PAA), 정책인증기관(PCA), 인증기관(CA), 등록기관(RA), 인증서 폐기 목록(CRL), 디렉터리(X.500 및 LDAP), X.509 인증서

PMI ── 속성 인증서(Attribute Certificate) : 신원 확인 및 권한 관리

전자서명 ── 송신자 개인키 : 전자서명   송신자 공개키 : 전자서명 확인
수신자 개인키 : 복호화   수신자 공개키 : 암호화

정보보안 일반 2

정보보안 일반 — 허가(인가) → 접근 통제

접근 통제
- 지식기반 인증
- 소유기반 인증
- 존재(생체)기반 인증
- 접근 통제 기술

지식기반 인증
패스워드, 로그인 횟수 제한, 마지막 로그인 시간 제공, 무차별 공격 및 사전공격과 사회공학 공격에 취약

소유기반 인증 → OTP
동기식(시간, 이벤트), 비동기식(질의응답)

존재(생체)기반 인증
• 생체인증
• 보편성, 유일성, 지속성, 성능, 수용성, 저항성
• FRR(False Reject Rate) : 정상적인 사람을 거부함
• FAR(False Acceptance Rate) : 비인가자를 정상적인 인가로 받아들임
• CER(Cross over Error Rate)

접근 통제 기술
- DAC : 신분기반 접근 통제, 자율적 권한 관리, 소유자에 의한 권한 관리
- MAC : 객체기반 접근 통제, 강제적 권한 관리, 관리자에 의한 권한 관리
- RBAC : 사용자의 역할에 의한 권한 부여, 사용자에게 역할을 할당

접근 통제 모델
Capability List, Access Control List

Access Control Matrix

	Data 1	Data 2
김00	Write	Read
이00	Read/Write	No Access
박00	No Access	Read

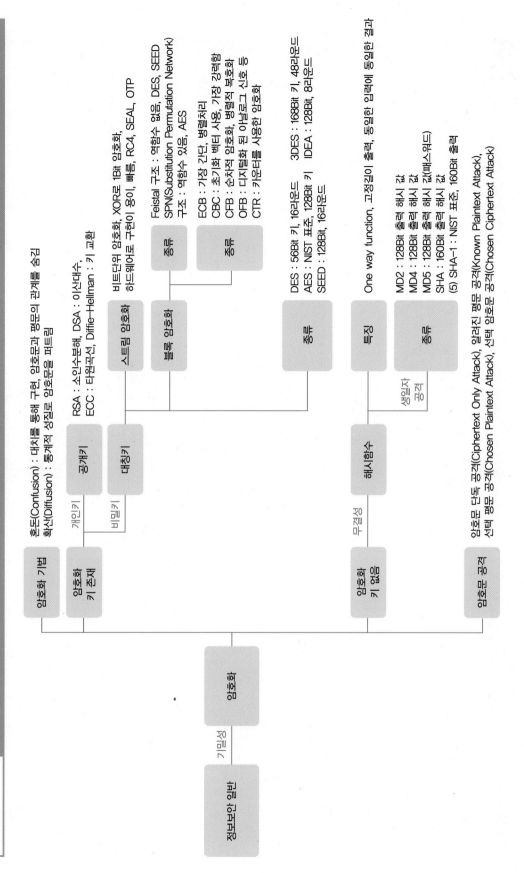

정보보안 일반 ─ 기밀성 ─ 암호화

암호화:
- 혼돈(Confusion) : 대치를 통해 구현, 암호문과 평문의 관계를 숨김
- 확산(Diffusion) : 통계적 성질로 암호문을 퍼트림

암호화 기법

암호화 키 존재 ─ 개인키 ─ 공개키 ─ RSA : 소인수분해, DSA : 이산대수,
　　　　　　　　　　　　　　　　　　　 ECC : 타원곡선, Diffie-Hellman : 키 교환
　　　　　　 └ 비밀키 ─ 대칭기 ─ 스트림 암호화 ─ 비트단위 암호화, XOR로 1Bit 암호화,
　　　　　　　　　　　　　　　　　　　　　　　　　　하드웨어로 구현이 용이, 빠름, RC4, SEAL, OTP
　　　　　　　　　　　　　　　 └ 블록 암호화 ─ 종류 ┬ Feistal 구조 : 역함수 : DES, SEED
　　　　　　　　　　　　　　　　　　　　　　　　　　　　　SPN(Substitution Permutation Network)
　　　　　　　　　　　　　　　　　　　　　　　　　　　　　구조 : 역함수 있음, AES
　　　　　　　　　　　　　　　　　　　　　　　　　　└ 종류 ┬ ECB : 가장 간단, 병렬처리
　　　　　　　　　　　　　　　　　　　　　　　　　　　　　　　CBC : 초기화 벡터 사용, 가장 강력함
　　　　　　　　　　　　　　　　　　　　　　　　　　　　　　　CFB : 순차적 암호화, 병렬적 복호화
　　　　　　　　　　　　　　　　　　　　　　　　　　　　　　　OFB : 디지털화 된 아날로그 신호 등
　　　　　　　　　　　　　　　　　　　　　　　　　　　　　　　CTR : 카운터를 사용한 암호화
　　　　　　　　　　　　　　　　　　　　　　　 └ 종류 ┬ DES : 56Bit 키, 16라운드　　3DES : 168Bit 키, 48라운드
　　　　　　　　　　　　　　　　　　　　　　　　　　　　　AES : NIST 표준, 128Bit 키　IDEA : 128Bit, 8라운드
　　　　　　　　　　　　　　　　　　　　　　　　　　　　　SEED : 128Bit, 16라운드

암호화 키 없음 ─ 무결성 ─ 해시함수 ─ 특징 : One way function, 고정길이 출력, 동일한 입력에 동일한 결과
　　　　　　　　　　　　　　　　　　└ 종류 ┬ MD2 : 128Bit 출력 해시 값
　　　　　　　　　　　　　　　　　　　　　　 MD4 : 128Bit 출력 해시 값
　　　　　　　└ 생일자 공격　　　　　　　　　 MD5 : 128Bit 출력 해시 값(패스워드)
　　　　　　　　　　　　　　　　　　　　　　 SHA : 160Bit 출력 해시 값
　　　　　　　　　　　　　　　　　　　　　　 (5) SHA-1 : NIST 표준, 160Bit 출력

암호문 공격 : 암호문 단독 공격(Ciphertext Only Attack), 알려진 평문 공격(Known Plaintext Attack),
　　　　　　　 선택 평문 공격(Chosen Plaintext Attack), 선택 암호문 공격(Chosen Ciphertext Attack)

정보보호 관리 — ISMS-P

정보통신망법

지속적

- 의무인증
  - 정보통신 서비스 제공자(ISP), 1500억 이상 매출, 정책적 정보통신 시설을 운영 관리하는 사업자(IDC)

- 위험관리
  - 구성
    - 자산 : 조직에 가치가 있는 자원
    - 위험 : 위협, 취약점을 이용하여 조직의 자산에 손실, 피해를 가져올 가능성
    - 위협 : 자산에 악영향을 끼칠 수 있는 조건, 행위
    - 취약점 : 위협이 발생하기 위한 조건
  - 위험분석
    - 기준선별, 전문가 감정, 정성적 위험분석, 정량적 위험분석, 상세위험 분석, 복합적 접근법
  - 위험관리
    - 자산식별, 위협분석, 취약점 분석, 위험분석, 보호대책
  - 위험대응
    - 위험수용, 위험감소, 위험회피, 위험전가

통제항목

- 인증 기준
  - 관리체계 수립 및 운영
    - 관리체계 기반 마련, 위험관리, 관리체계 운영, 관리체계 점검 및 개선
  - 보호대책 요구사항
    - 정책, 조직 자산관리, 인적 보안, 외부자 보안, 물리보안, 인증 및 권한관리, 접근 통제, 암호화 적용, 정보시스템 도입 및 개발보안, 시스템 및 서비스 운영 시스템 및 서비스 보안 관리, 사고예방 및 대응, 재해복구
  - 개인정보 처리 단계별 요구사항
    - 개인정보 수집 시 보호조치, 개인정보 보유 및 이용 시 보호조치 개인정보 제공 시 보호조치, 개인정보 파기 시 보호조치 정보주체 권리보호

IT Compliance

- 기술적 관리적 보호조치
  - •내부관리 계획 : 개인정보관리 책임자 자격지정, 개인정보 취급자 책임과 역할, 기술적 관리적 보호대책 이행 점검, 수탁자 관리 및 감독, 개인정보 분실, 변조 등에 대한 대응절차 등
  - •접근관리 : 3년간 보관
  - •비밀번호 : 작성규칙
  - •접근통제 시스템 : 망 분리
  - •개인정보 암호화 : 패스워드 일방향, 주민번호, 여권번호, 운전면허, 외국등록, 신용카드, 계좌번호, 바이오 정보는 양방향 암호화
  - •접속기록 위변조 : 1년, 매월 검토
  - •보안 프로그램 설치 및 운영 : 일 1회 이상 업데이트
  - •물리적 접근통제 : 출입통제, 잠금장치, 보조 기억장치 보호대책

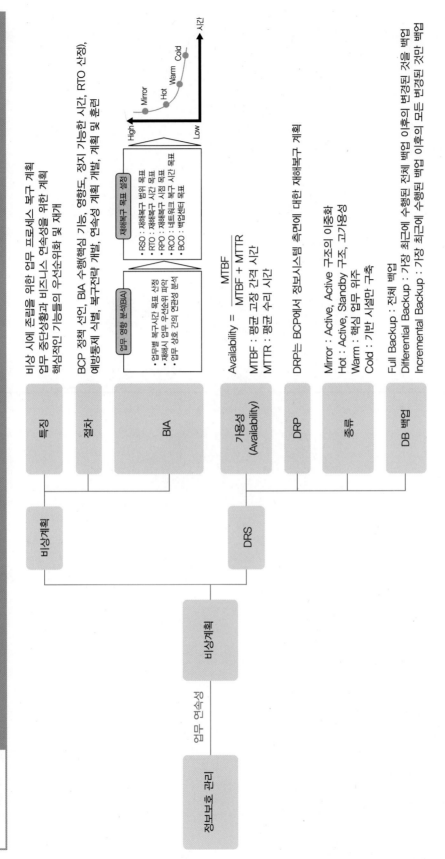

정보보호 관리 ─ 업무 연속성 ─ 비상계획

비상계획
- 특징
- 절차
- BIA

DRS
- 가용성 (Availability)
- DRP
- 종류
- DB 백업

특징
비상 시에 존립을 위한 업무 프로세스 복구 계획
업무 중단상황과 비즈니스 연속성을 위한 계획
핵심적인 기능들의 우선순위화 및 재개

절차
BCP 정책 선언, BIA 수행(핵심 기능, 영향도, 정지 가능한 시간, RTO 선정, 예방통제 식별, 복구전략 개발, 연속성 계획 개발, 계획 및 훈련

BIA

업무 영향 분석(BIA)
- 업무별 복구시간 목표 선정
- 재해시 업무 우선순위 파악
- 업무 상호 간의 연관성 분석

재해복구 목표 설정
- RSO : 재해복구 범위 목표
- RTO : 재해복구 시간 목표
- RPO : 재해복구 시점 목표
- RCO : 네트워크 복구 시간 목표
- BCO : 백업센터 목표

High ──── Low
Mirror
Hot
Warm
Cold
시간

가용성 (Availability)

$$\text{Availability} = \frac{\text{MTBF}}{\text{MTBF} + \text{MTTR}}$$

MTBF : 평균 고장 간격 시간
MTTR : 평균 수리 시간

DRP
DRP는 BCP에서 정보시스템 측면에 대한 재해복구 계획

종류
Mirror : Active, Active 구조의 이중화
Hot : Active, Standby 구조, 고가용성
Warm : 핵심 업무 위주
Cold : 기반 시설만 구축

DB 백업
Full Backup : 전체 백업
Differential Backup : 가장 최근에 수행된 전체 백업 이후의 변경된 것을 백업
Incremental Backup : 가장 최근에 수행된 백업 이후의 모든 변경된 것만 백업

자격증은 이기적!

합격입니다.